高等院校经济与管理核心课经典系列教材
GAODENG YUANXIAO JINGJI YU GUANLI
HEXINKEJINGDIAN XILIE JIAOCAI

世界经济概论

SHIJIE JINGJI GAILUN

修订第三版

陈漓高 赵晓晨 杨新房 编著

首都经济贸易大学出版社
Capital University of Economics and Business Press
·北 京·

图书在版编目(CIP)数据

世界经济概论/陈漓高,赵晓晨,杨新房编著.—3版(修订本).—北京:首都经济贸易大学出版社,2011.8

(高等院校经济与管理核心课经典系列教材)

ISBN 978-7-5638-1302-5

Ⅰ.①世… Ⅱ.①陈… ②赵… ③杨… Ⅲ.①经济—概论—世界 Ⅳ.①F112

中国版本图书馆CIP数据核字(2005)第091195号

世界经济概论(修订第三版)

陈漓高 赵晓晨 杨新房 编著

出版发行 首都经济贸易大学出版社
地　　址 北京市朝阳区红庙(邮编100026)
电　　话 (010)65976483 65065761 65071505(传真)
网　　址 http://www.sjmcb.com
E-mail publish@cueb.edu.cn
经　　销 全国新华书店
照　　排 首都经济贸易大学出版社激光照排服务部
印　　刷 北京永生印刷有限责任公司
开　　本 787毫米×980毫米 1/16
字　　数 513千字
印　　张 27
版　　次 2006年1月第1版 2009年1月修订第2版 **2011年8月修订第3版**
2011年8月总第5次印刷
印　　数 18 001~22 000
书　　号 ISBN 978-7-5638-1302-5/F·759
定　　价 39.00元

再版前言

世界经济这门学科的宗旨，是透过世界经济的现象揭示其本质和规律。

本书再版之际，正值由美国次贷危机引发的全球金融危机和经济衰退向世界蔓延之时。在全球金融海啸的冲击下，世界经济形势从此前的高速增长急转直下，2008 年开始进入“严重低迷”(IMF 报告)时期，其对经济增长的负面影响波及世界各国，无论发达国家还是发展中国家都不同程度地受到牵连。这次被美联储前主席格林斯潘称为“百年一遇”的世界金融危机影响如此之大，使我们不得不对其所发生的原因和世界经济发展的规律与趋势作出深层次的思考。

这次全球金融危机和经济衰退的发生，不能简单地归因于美国的次贷危机。次贷危机只是一个“导火索”。在次贷危机这个偶然性因素后面有必然性的因素在起作用。这次由美国次贷危机引发的全球金融危机，其实质是美国凭借以美元为中心的国际货币地位，依赖向其他国家借贷进行过度消费的经济增长模式的危机，并演变为全球性的经济危机。这既是美国经济增长模式的危机，也是现行国际货币、金融体系的危机。

但是故事并没有到此为止。为什么美国的房地产泡沫会导致一场全球性的金融风暴甚至经济衰退？而日本在 20 世纪 80 年代的房地产泡沫和股市泡沫却只导致了日本经济的 10 年萧条？除了次级住房抵押债券这种金融产品的特殊传导机制以外，更深刻的原因是隐藏在其背后的世界经济长波周期的作用。日本“失去的十年”(1991 ~2000 年)正处于世界第五轮经济长波的繁荣期，也是美国“新经济时期”(1991 ~2001 年)以及中国经济迅速增长的时期。日本经济的萧条逆转不了全球经济总体上升的大趋势。而次贷危机恰好发生在世界第五轮经济长波繁荣期的末端以及衰退期临近的关口。次贷危机的世界性蔓延，有可能发展成为引发世界第五轮经济长波衰退期到来的“导火索”①。

① 关于由美国次贷危机引发的全球金融危机和经济衰退及其与世界第五轮经济长波的关系，在本书再版的第七章和第十一章作了论述。

当前席卷全球的金融危机和经济衰退，令许多人联想起上个世纪20～30年代的那场大危机和大萧条。那是以第三轮世界经济长波衰退期为背景的世界经济危机。但是"历史的事件可以有许多惊人的相似之处，历史的长河却永远不会在它流经的时点复制原貌"。在第二次世界大战以后至今新的历史条件下，世界经济大危机的表现必然会有自己的特点，例如，当前以信息技术为基础的第五轮经济长波下降期持续的时间会相对较短，而且即使在周期的低谷有可能也只表现为增长率的下降而非负增长。

世界经济的发展纷繁复杂、瞬息万变，要求我们世界经济理论工作者密切跟踪世界经济发展的轨迹，对新问题、新现象、新趋势及时作出理论的探讨，以适应中国改革开放事业发展的需要。这也是本书再版的初衷。

作者

2011年7月18日

目录

绪论 < 1
一、世界经济的内涵 < 1
二、世界经济的形成和发展 < 2
三、世界经济学科的研究对象及本书的理论体系和特点 < 10

第一篇

国际分工形成与世界市场建立——世界经济形成和发展的基础

第一章 工业革命与国际分工的形成和发展 < 17
第一节 国际分工概述 < 17
第二节 工业革命与国际分工的形成和发展 < 22
第二章 世界市场的建立和世界经济开始形成 < 32
第一节 世界市场概述 < 32
第二节 世界市场的建立和世界经济的初步形成 < 38
第三章 第二次技术革命和世界经济最终形成 < 45
第一节 第二次技术革命与产业革命的历史背景和主要内容 < 45
第二节 世界经济的最终形成 < 54
第三节 生产国际化与世界经济向纵深发展 < 59

第二篇

国际贸易、国际金融、国际投资的发展及其体制演变
——世界经济运行的机制

第四章　国际贸易的发展及其体制演变　<　65

第一节　国际贸易的产生及发展　<　65

第二节　国际贸易结构及其格局的变化　<　78

第三节　国际贸易体制的形成及其演变　<　91

第五章　国际货币制度的演变及其发展趋势　<　108

第一节　国际货币体系及其演变　<　108

第二节　当代国际货币体系及其改革　<　114

第六章　国际投资与跨国公司的发展　<　129

第一节　国际投资及其发展　<　129

第二节　跨国公司及其发展　<　137

第三篇

不同类型国家经济的演化和发展——世界经济格局演变和发展的制衡力量

第七章　发达资本主义国家经济的演变与世界经济格局　<　161

第一节　经济调整和恢复时期:美国确立世界经济霸主地位　<　162

第二节　经济高速增长时期:美国霸权面临挑战和两极抗衡形成　<　165

第三节　经济"滞胀"及调整时期:从三足鼎立到四极抗衡　<　173

第四节　经济新发展时期:从三足鼎立转向四强主导　<　183

第八章　发展中国家经济的特征及其经济发展战略　<　222

第一节　发展中国家经济的基本特征　<　222

第二节　发展中国家的经济发展理论和战略　<　228

第三节　不同类型发展中国家的经济发展　<　233

第九章　由计划经济向市场经济转轨国家的改革与发展　<　247
第一节　计划经济体制与前苏联、东欧国家剧变前的经济体制改革　<　247
第二节　俄罗斯的经济体制改革　<　253
第三节　东欧国家的经济体制改革　<　258
第四节　中国的经济体制改革　<　264

第四篇

科技进步与社会生产力提高——世界经济发展的动力源泉

第十章　科技进步与世界经济的发展　<　273
第一节　科技进步是世界经济发展的动力源泉　<　273
第二节　第三次科技革命与战后世界经济的恢复和发展　<　280
第三节　现代科技革命与世界经济发展　<　286
第十一章　科技进步与经济周期波动　<　291
第一节　经济周期理论概述　<　291
第二节　当代世界经济的长期波动　<　300
第三节　当代世界经济的周期性波动　<　306
第十二章　新技术革命与知识经济　<　317
第一节　知识经济的由来和内涵　<　317
第二节　从工业经济到知识经济——划时代的变革　<　321
第三节　知识经济的特征　<　324
第十三章　科技进步与世界经济可持续发展　<　338
第一节　可持续发展问题概述　<　338
第二节　可持续发展对世界经济的影响　<　344
第三节　科技进步在世界经济可持续发展中的作用　<　348
第四节　世界经济可持续发展制度设计　<　352

第五篇

区域经济一体化与经济全球化——当代世界经济发展的重大趋势

第十四章　区域经济一体化及其发展　<　359

第一节　区域经济一体化及其发展动因　<　359

第二节　区域经济一体化的形式与特征　<　364

第三节　主要区域经济一体化组织　<　367

第十五章　经济全球化及其发展趋势　<　380

第一节　经济全球化及其发展　<　380

第二节　经济全球化的表现形式及特征　<　383

第三节　经济全球化的影响及趋势　<　392

第十六章　区域经济一体化与经济全球化　<　414

第一节　多边贸易规则对区域经济一体化的规定　<　414

第二节　区域经济一体化与经济全球化的关系　<　417

后　记　<　422

绪论

一、世界经济的内涵

世界经济是一个历史范畴。概括地说，世界经济是人类社会发展到一定历史阶段形成的世界范围的经济活动的有机整体。

这个定义主要包含三层含义：

第一，世界经济是人类社会发展到一定历史阶段的产物。人类在经历原始社会、奴隶社会和封建社会的长期发展过程中，虽然在局部地区或少数国家之间也发生过经济联系和交往（主要表现为商品贸易），但由于还不具备形成世界经济的基础，因此，真正意义上的世界经济还没有出现。只有当人类社会生产力发展到一定高度，在欧美国家先后发生工业革命以及资本主义生产方式在这些国家最终确立，国际分工和世界市场形成以后，世界经济才开始形成。

第二，世界经济是人类社会在世界范围的经济活动的总体。世界经济包含的不是局部地区或部分国家的经济活动，而是世界各地区或各国所进行的生产、分配、交换和消费等经济活动的总体。

第三，世界经济不是世界各地区经济或各国国民经济的简单总和，而是通过各种经济渠道或纽带（在市场经济条件下通过国际贸易、国际金融、国际投资、国际技术交流、劳动力国际流动、国际经济合作等）联系在一起的有机整体。

由于世界经济的形成和发展是一个漫长的历史过程，而且在其发展过程中又表现出了一些较明显的阶段特征，所以可以划分为不同的发展阶段。因此，国内外研究世界经济的学者因为对不同阶段强调的重点不同，或理解不同，对世界经济下了不同的定义，作了不同的表述。

有的学者对世界经济下的定义，充分考虑到了国家消亡前后的情况，指出："世界经济是全世界范围内各地区和各部门的经济通过各种经济纽带紧密联结而成的有机整体。在国家消亡以前，即在全世界进入共产主义时代以前，世界经济是全世界范围内各国国民经济通过各种经济纽带紧密联结而成的有机整体。这就是现在我们所说的世界经济。”①

有的学者是在设定民族国家存在的前提下对世界经济下定义的。其中一些学者指出:“世界经济是人们超越国界,在世界范围内进行生产、分配、交换、消费等经济活动的总体。”②有的学者认为:“世界经济是世界各国的经济相互联系和相互依存而构成的世界范围的经济整体。它是在国际分工和世界市场的基础上,把世界范围内的各国经济通过商品流通、劳务交换、资本流动、外汇交易、国际经济一体化等多种形式和渠道,把各国的生产、生活和其他经济方面有机地联系在一起。”③

还有一些学者以“市场经济制度是世界经济的制度基础。世界经济是在市场经济的基础上逐步形成和发展起来的”这一立论为依据,认为:“世界经济是市场经济超越国家疆界,在世界范围拓展而形成的世界规模的经济体系。它是在国际分工和世界市场的基础上,通过克服民族国家设置的种种壁垒,促进各种生产要素在世界范围的流动和配置而逐步形成和发展起来的;它基本遵循市场经济的运行原则和规律,尽管与一国范围内的市场经济相比,其遭遇的壁垒更多,其运行机制的表现形式也有所差异。”④

以上不同学者(包括本书作者)对世界经济所下的定义,虽然在着眼点和表述上有所区别,但在本质上有若干相通之处,因而可供读者借鉴。

二、世界经济的形成和发展

(一)世界经济初步形成

16世纪~19世纪六七十年代,世界经济开始形成。

国际分工的发展和世界市场的建立是世界经济形成和发展的基础。国际分工是指国内社会分工跨越国界形成的国与国之间的劳动分工,是社会生产力发展到一定阶段的产物。工业革命的完成和资本主义生产方式在欧美国家的确立,是国际分工形成的前提条件。

在前资本主义时期,生产力低下,社会分工不发达,自然经济占统治地位。虽然一些国家或地区之间也有商品交换,例如,公元前3世纪~公元前1世纪,就已经开辟了西自欧洲地中海沿岸,东至中国长安(今陕西西安)的商业通道(即著名的“丝绸

① 仇启华. 世界经济学. 北京:中共中央党校出版社,1989:2

② 世界经济百科全书. 北京:中国大百科全书出版社,1987:1

③ 陶季侃,姜春明. 世界经济概论. 第四版. 天津:天津人民出版社,2003:1

④ 谷源洋,林水源. 世界经济概论. 北京:经济科学出版社,2002:4~5

之路”)；再如，早在9～10世纪就开始在地中海沿岸积极从事商业活动的意大利威尼斯商人，此后与巴尔干半岛国家、中国、伦敦、巴勒斯坦和叙利亚等东西方国家和地区建立了广泛的贸易联系。但是，这时的国际交往，仅限于商品流通领域，而且带有局部性和偶然性，社会分工还未越出国界。因此，真正的国际分工还没有形成。

直到14～15世纪，西欧的一些地区随着农业、手工业生产力的提高以及商品货币关系的发展，出现了以工场手工业为主要标志的资本主义生产关系的萌芽。封建主阶级为了维护封建统治，增加货币收入，进行殖民掠夺，推动了西欧国家15世纪末和16世纪初的大规模海外探险活动。这时期对美洲大陆的发现(即所谓的“地理大发现”)开辟了东西方交通的新航路，促进了西欧国家国内外贸易的发展和早期世界市场的出现，加速了资本原始积累的完成，推动了工场手工业的发展。

1640～1688年，英国取得了资产阶级革命的胜利。法国于18世纪末、美国在18世纪70年代也分别完成了资产阶级革命。随后，德国在19世纪初、俄国和日本在19世纪60年代也各自开始了从封建社会向资本主义社会的过渡。资产阶级革命的成功，清除了资本主义发展的政治经济障碍，为工业革命的发生奠定了基础。

在近代自然科学和技术发展的基础上，从18世纪60年代开始，在英国首先发生了以纺织机和蒸汽机为标志的第一次工业技术革命。随后，从19世纪初开始，法国、美国、德国、俄国和日本也相继进入了工业革命时期。欧美先进国家工业革命的完成，促进了社会生产力的巨大发展，以应用机器为主体的现代工厂取代了以手工技术为基础的手工工场，标志着资本主义生产方式的最终确立。

18世纪中期到19世纪60年代，是欧美国家相继开展和完成工业革命以及资本主义生产方式最终确立的时期，也是资本主义列强在亚洲、非洲、拉丁美洲和澳洲大肆进行殖民扩张和殖民掠夺的时期。由于英国在19世纪三四十年代率先完成了工业革命，机器大工业促进了工业门类和规模的不断扩大，导致本国市场已不能容纳极大增加的产品产量；本国生产的原料也已不能满足大规模生产的需要，这使得大工业的分工逐渐脱离本国基地，而完全依赖于世界市场、国际交换和国际分工。“19世纪中叶，英国一半以上的工业品要靠在国外市场上销售，国内所消费的大部分原料又要靠国外供应”①。“在19世纪的前70年里，仅占世界人口2%左右的英国，一直把世界工业生产的1/3～1/2和世界贸易的1/5～1/4掌握在自己手中”②。英国已成为“世界工厂”和世界贸易中心。

① 宋则行，樊亢．世界经济史(上卷)．修订版．北京：经济科学出版社，1998：214

② 宋则行，樊亢．世界经济史(上卷)．修订版．北京：经济科学出版社，1998：214

欧美资本主义国家为了推行资本主义国际分工，打着自由贸易的旗号，以廉价工业品为武器，打开了世界其他落后民族国家或殖民地、附属国闭关自守的大门，使这些国家成为资本主义国家工业品的销售市场和原料供应地，从而把这些国家纳入资本主义国家主要从事工业生产，亚、非、拉国家主要从事农业生产的资本主义国际分工体系中。"到19世纪中期，基本上形成了世界城市与世界农村既相互对立又相互依存的国际分工体系"①。国际分工体系的形成，是世界市场建立的重要标志和基础。到19世纪六七十年代，一个由地理大发现准备好地域条件，机器大工业的发展作为巨大推动力，各种商品交易所和证券交易中心提供组织保证，以铁路、轮船、电报等近代交通通信工具为物质基础，以各主要资本主义国家的货币相继过渡到金本位制为标志的世界市场已经建立起来。

这样，在资本主义自由竞争阶段的顶点，一个以国际分工和世界市场为基础、资本主义生产关系占主导的世界经济体系开始形成了。但是，由于这时还有相当多的国家和地区尚没有被纳入世界经济或资本主义世界经济体系，世界经济体系主要还是以商品的国际流通为基础。因此，在这个阶段世界经济只是开始形成或初步形成，还没有最终形成。

（二）世界经济最终形成

19世纪70年代~19世纪末20世纪初，世界经济最终形成。

19世纪末20世纪初，欧美先进资本主义国家发生了以电力、炼钢和化工技术为主要标志的第二次工业技术革命。其结果是促进了生产力的迅猛发展和经济社会的巨大变化。工业发达国家的产业结构发生变动，美国、英国、德国、法国和日本等主要资本主义国家相继实现了工业化。工业生产的迅速发展和企业竞争的加剧，促进了生产和资本越来越集中到少数大企业手里。这种集中发展到很高的程度，造成了垄断，出现了在经济生活中起决定作用的垄断组织，确立了由工业垄断资本和银行垄断资本融合而成的金融资本在主要资本主义国家乃至资本主义世界经济中的统治地位。资本主义已经从自由竞争过渡到垄断阶段，即帝国主义阶段。

为了获得有利可图的投资场所，资本主义发达国家开始对外进行大规模的资本输出。为了霸占销售市场、原料产地和投资场所，帝国主义国家加紧了对势力范围的争夺和对殖民地的侵略扩张。垄断资本不仅在经济上，而且在领土上瓜分世界。19世纪末20世纪初，世界已被瓜分完毕，形成了帝国主义的世界殖民体系。

---

① 宋则行，樊亢．世界经济史（上卷）．修订版．北京：经济科学出版社，1998：216

世界上所有国家和地区都被纳入了统一的资本主义世界经济体系。同时,大规模的资本输出极大地推动了资本的国际流动和生产的国际化,并且在世界经济中占有越来越重要的地位。以国际金本位制占主导地位的国际货币金融体系已经建立起来。这样,在19世纪末20世纪初,世界经济最终形成了。

（三）三种类型国家经济的演化

20世纪初~20世纪80年代末90年代初,是三种类型国家经济的演化的时期。

19世纪末20世纪初,在统一的资本主义世界经济体系最终形成的同时,由于帝国主义国家经济发展不平衡加剧,主要资本主义国家的经济实力对比发生了重大变化。美国、德国等后进的资本主义国家在经济上迅速超过头号资本主义强国英国;俄国、日本、意大利和奥匈帝国等后起资本主义国家的经济实力有了极大增强。原先对殖民地和势力范围的占有情况已不适应经济实力对比发生的巨大变化,从而使帝国主义矛盾空前激化,导致了1914~1918年帝国主义国家之间争夺世界霸权,重新瓜分世界的第一次世界大战。

在帝国主义国家互相残杀的时候,1917年,列宁领导的俄国无产阶级突破了帝国主义链条上的最薄弱环节,取得了伟大的十月社会主义革命的胜利,推翻了资产阶级的统治,建立了社会主义制度,开辟了人类历史的新纪元,打破了资本主义世界经济体系一统天下的局面,世界从此进入了社会主义经济体系和资本主义经济体系并存和相互斗争的新时代。

这时的世界经济出现了三种类型国家的经济:一是社会主义国家经济;二是帝国主义国家或主要资本主义国家经济;三是殖民地、半殖民地国家经济。

1. 主要资本主义国家(或称发达资本主义国家)经济的变化。第一次世界大战后,主要资本主义国家经过经济恢复和发展,在20世纪20年代处于相对稳定时期。30年代爆发了资本主义世界经济大危机和大萧条。主要资本主义国家为了摆脱严重的经济危机,实行国家干预经济的政策,国家垄断资本主义有了很大发展。主要资本主义国家经济和军事实力对比的变化,使得帝国主义国家之间的矛盾日益尖锐,终于导致第二次世界大战的爆发。

第二次世界大战不仅使法西斯轴心国集团的德国、日本和意大利的经济因战败而遭到严重破坏,而且作为战胜国的英国和法国也大伤元气,沦为二流帝国主义国家。只有美国通过战争极大地扩充了经济和军事实力,成为头号帝国主义超级大国。为了巩固资本主义体系,遏制前苏联,美国通过"马歇尔计划"对西欧国家和日本提供了大量经济援助,使之从战争的创伤中很快恢复过来。

20世纪50年代至70年代初,主要资本主义国家(二战后又称发达资本主义国家)经历了一个经济高速增长时期,其主要原因包括:一是第二次工业技术革命这时进入高潮和成熟期;开始于20世纪40年代,以电子计算机、原子能、新材料、生物技术和空间技术为主要标志的第三次工业技术革命(亦称科技革命)促使一批高技术产业群兴起。这些极大地提高了社会劳动生产率。二是国家垄断资本主义在发达资本主义国家高度发展,国家加强了对经济生活的全面干预,对缓和资本主义基本矛盾和经济危机,促进经济增长,起了一定的作用。

从20世纪70年代初,尤其是1973～1975年资本主义世界经济危机开始,到80年代初,发达资本主义国家都陷入了"滞胀"即低经济增长率、高失业率与高物价上涨率并存的境地。这时,发达资本主义国家开始对国家干预政策进行调整。从原先普遍推行凯恩斯主义政策调整为同时也运用新经济自由主义学派(如货币主义、供给学派)的经济政策。80年代初,发达资本主义国家走出了"滞胀",但是经济仍处于低经济增长率、高失业率和低物价上涨率并存的困境中。这种状况一直持续到90年代初。

从二战后初期到20世纪80年代,虽然美国一直承担资本主义世界经济火车头的作用,但是,美国在发达资本主义国家中的霸主地位却逐渐削弱。从战后初期到20世纪50年代末,美国在发达资本主义国家的霸主地位达到顶峰。然而,1958年西欧国家成立欧洲经济共同体并日益发展壮大,20世纪60年代末日本迅速发展为资本主义世界仅次于美国的第二经济大国,使得美国的霸主地位开始受到冲击和挑战。资本主义世界经济已从美国一家独霸演变为20世纪80年代末90年代初的美国、欧共体、日本三极并存的格局。

2.殖民地、半殖民地国家(第二次世界大战后称发展中国家)经济的发展。第一次世界大战以后,亚洲、非洲和拉丁美洲的殖民地、半殖民地国家的民族资本主义经济逐渐发展起来。随着民族民主革命力量的成长壮大,在俄国十月革命胜利的鼓舞下,亚非拉国家反对帝国主义殖民统治、争取民族独立的民族解放运动不断掀起,规模日益扩大。帝国主义殖民体系陷入了空前深刻的危机之中。到1945年第二次世界大战结束以前,已有数十个亚非拉国家取得了名义上的政治独立。

第二次世界大战以后,亚非拉民族解放运动风起云涌,到20世纪80年代初,包括战前取得独立的国家在内,共有130多个原殖民地、半殖民地国家获得了政治独立①。这些国家中,有少数国家如中国、朝鲜和越南等,走上了社会主义的发展道路。而绝大多数国家则走上了资本主义的发展道路,称为发展中民族主义国家。

发展中民族主义国家由于实行了不同的经济体制、政策和发展战略,出现了三极发展态势。一些新兴工业化国家和地区到20世纪80年代末已开始向发达国家和地区的行列靠拢;一批准新兴工业化国家正在迅速崛起;而一些非洲国家除政策原因外,又加上自然灾害和战乱,则深陷经济困境和债务泥潭。

3. 社会主义国家经济的演变。1917年第一个社会主义国家苏联的诞生,是人类历史上最伟大的事件,标志着人类社会进入了两种社会经济制度并存和相互斗争的新时代。十月革命胜利后,前苏联在对旧的经济关系进行前所未有的社会主义改造的同时,打败了国内外阶级敌人的武装干涉和猖狂进攻,捍卫了苏维埃政权。在恢复国民经济的基础上,全面开展社会主义建设,实现国家工业化,完成生产关系社会主义改造。在这期间,前苏联同资本主义国家建立了正常的外交和经济关系。形成了两种不同社会经济制度并存和竞赛的新格局。1941年,德国向前苏联发动进攻,前苏联建立战时经济体制,迅速发展战时经济,取得了卫国战争的胜利。

前苏联社会主义革命和建设的伟大成就,为世界上许多国家的无产阶级和劳动人民树立了榜样。第二次世界大战以后到20世纪40年代末,世界上共有13个国家脱离了资本主义体系,走上了社会主义道路,从而形成了与资本主义世界经济体系相抗衡的社会主义世界经济体系。

社会主义制度在与资本主义制度的经济和平竞赛中,曾经表现出巨大的优越性。第二次世界大战后的三四十年时间里,社会主义国家的经济快速增长,在相当长时期经济增长速度普遍高于发达资本主义国家。许多国家从贫穷落后的农业国起步,基本实现了工业化,取得了显著成就。前苏联通过70年的建设,发展为仅次于美国的世界第二工业大国和欧洲第一工业强国。

社会主义国家的共同特点是实行高度集中的计划经济管理体制。这种体制在特定时期,对于战后重建、恢复国民经济、集中有限资源发展特定经济任务等有积极的作用。但是,经过几十年的经济实践,计划经济体制日益显露出许多弱点,如高经济增长率下的低效率、低效益,短缺经济对发展的严重制约,排斥市场机制的经济与世界经济国际化趋势难以相容等,致使社会主义经济的优越性未能得以充

① 宋则行,樊亢. 世界经济史(下卷). 修订版. 北京:经济科学出版社,1998:240

分发挥。

从20世纪50年代初起，前苏联和东欧社会主义国家开始进行经济体制改革。但是由于对计划经济体制弊端的深层原因认识不清，以及改革方式的错误，直到20世纪80年代中期以前，前苏联及东欧国家的改革总是在"放权让利"上兜圈子。最终因传统经济体制严重束缚生产力发展的矛盾，在其他各种社会、政治因素的交织下激化成政治经济危机，导致社会主义经济制度的解体。20世纪80年代末90年代初，前苏联及东欧社会主义国家发生了历史性的社会剧变，各国都放弃了社会主义制度，走上了资本主义道路，向以私有化为基础的市场经济转型。

社会主义国家中另一类国家如中国，则是在坚持社会主义经济制度的前提下实行经济体制改革。中国在经过多年改革的探索之后，终于确立了社会主义市场经济体制的目标模式。

（四）区域经济一体化和经济全球化加速发展

20世纪80年代末90年代初以来，区域经济一体化和经济全球化加速发展，人类社会开始迈向知识经济时代。

第二次世界大战后，继1958年欧洲经济共同体成立以后，各种区域经济一体化组织纷纷成立。20世纪90年代以来，区域经济一体化组织有加速发展的趋势。据统计，到1996年年中，全世界各种形式的地区经济圈达101个，其中69个即68%是在90年代以来建立的。截至2000年5月1日，在关贸总协定及世界贸易组织登记的区域性协定达120个，其中70%是在1990年以后登记的。

20世纪80年代末，尤其是90年代初以来，经济全球化加速发展成为一种时代大趋势。这是因为在这个时期，世界经济的发展出现了促进经济全球化的两个重要条件，即世界经济信息化和市场全球化。

世界经济信息化是20世纪90年代以来世界经济发展的一个重要特征。继1993年美国正式实施信息高速公路建设之后，掀起了全球信息高速公路建设的巨大浪潮，这被称为"第二次信息革命"的开始（1946年世界上第一台电子计算机问世，被称为第一次信息革命），由此世界进入网络时代。计算机网络在全球蔓延和通信技术的飞速发展，使商品、资本、信息、人员的跨国界流动在速度和规模上达到空前的高水平，从而为经济全球化，即生产要素自由流动，各国和各地区经济日益融合，提供了坚实的物质基础和现代化手段。

市场全球化或世界经济市场化是20世纪90年代以来世界经济发展的又一重要特征。冷战结束导致的世界经济大变革之一是两个平行市场对立的消失，市场经济体制在全球范围内取代传统计划经济体制。这就为在全球范围内形成统一的世界市场即市场全球化创造了条件,从而为世界资源的自由流动和合理配置提供了制度基础[①]。

20 世纪 90 年代初,一些学者和联合国有关研究机构陆续提出了一个新名词——"知识经济"。90 年代后期,知识经济的概念开始迅速广泛传播,成为一个全球性的热门话题。1996 年经济合作与发展组织在其发表的《以知识为基础的经济》的报告中,对知识经济的内涵作了明确界定,指出:知识经济是建立在知识和信息的生产、分配和使用之上的经济。知识经济是和农业经济、工业经济相对应的一个概念,它是指当今世界一种新类型的、富有生命力的经济。经济合作与发展组织认为,知识经济的主要特征是:科学和技术的研究开发日益成为知识经济的重要基础;信息和通信技术在知识经济的发展过程中处于中心地位;服务业在知识经济中扮演了主要角色;人力的素质和技能成为知识经济实现的先决条件[②]。

有学者认为:"1990 年美国对信息产业的投资第一次超过对其他产业的投资,这标志着美国已进入知识经济时代。"并认为:"美国率先步入知识经济时代,一些西方发达国家也接踵而至。在即将到来的 21 世纪,知识经济将成为时代的主旋律。可以说,一场社会经济形态更新的无声的革命正在悄然兴起"[③]。

当人们对人类社会正从"工业经济时代"向"知识经济时代"过渡的讨论仍高潮迭起之际,"新经济时代"正浮出水面等类似提法又频繁见诸报端。所谓"新经济",是美国《商业周刊》1996 年 12 月 30 日一期发表的一篇题为《新经济的胜利》的文章中提出的。文章声称美国"已经出现了一个新经济时代"。

到底是"知识经济时代"还是"新经济时代",让一些读者如堕烟海,无所适从。

其实,"新经济"的实质就是"知识经济"。美国是当今世界上第一个迈进"知识经济"门槛的国家。因而"新经济"冲击波发端于美国也就不足为奇了。

"新经济"的原本含义,正如美国"新经济"的倡导者所指出的,是 20 世纪 90 年代以来美国经济在经济全球化和信息技术革命基础上所表现出来的一种新状态:美国经济持续较快增长与低通胀、低失业率并存,且已将近十年,这为传统的经济理论(失业率与通胀率逆向相关)所无法解释,因而称为"新经济"[④]。

---

① 陈漓高. 经济全球化与中国的对外开放. 北京:经济科学出版社,2001:3

② 陶德言. 知识经济浪潮. 北京:中国城市出版社,1998:6~8

③ 荣剑英. 知识经济与中国企业发展趋势. 北京:中国商业出版社,1998:2~3

④ 陈漓高. 新经济挑战中国. 天津:天津人民出版社,2000:序

在当代,经济全球化的迅速发展成为不可阻挡的潮流,科技因素在经济增长中的作用越来越大,以经济和科技为主的综合国力竞争,成为国际竞争的焦点,高科技日益成为各国经济增长的主要动力和角逐焦点。因此,在21世纪,积极适应国际经济全球化的大趋势,迅速赶上知识经济时代的前进步伐,是一个国家和民族在全球竞争中立于不败之地的重要保证。

三、世界经济学科的研究对象及本书的理论体系和特点

世界经济学科的研究对象,是世界经济形成、运行和发展的基本规律。主要内容包括:世界经济形成和发展的基本因素和根本动力,作为世界范围经济活动有机整体的运行机制和制度(体制),不同类型国家经济的演化和发展,以及世界经济发展的重大趋势等。

本书的理论体系,就是根据上述世界经济学科的研究对象和主要内容构建的。或者说,本书的宗旨就是要通过揭示世界经济形成、运行和发展的若干重大基本规律,使读者对促进和推动世界经济形成和发展的基本因素和根本动力,世界经济的运行机制和制度(体制),世界经济格局的演变和发展,以及世界经济发展的重大趋势等有一个明晰的概念和深刻的理解。

本书分为五篇。我们分篇的立意是,每一篇阐述一个世界经济发展的基本规律,也就是五个基本规律。当然,世界经济发展的规律不止这五个,但是受本书篇幅所限,我们着重论述这五个基本规律;而且以这五大基本规律为中心的每一篇之间都有着内在的联系,基本上是按照世界经济发展的历史顺序演绎其逻辑脉络和理论体系。这也是本书的主要特点。

每篇主要思路如下:

第一篇,国际分工形成与世界市场建立——世界经济形成和发展的基础。这是世界经济发展的基本规律之一,也是本书理论体系展开的逻辑起点。

世界经济不是人类社会一产生就有的,它是一个历史范畴。世界经济是人类社会发展到一定历史阶段,社会生产力发展到一定高度的产物。国际分工的形成和世界市场的建立是世界经济形成的基础,而资本主义生产关系的发展和工业革命的产生是国际分工形成和世界市场建立的前提条件。

14~15世纪西欧商品经济的发展和资本主义萌芽的出现,15世纪末和16世纪初的地理大发现,促进了西欧国家国内外贸易的发展和早期世界市场的出现,资本原始积累的完成和工场手工业的发展。加之科学技术的进步,17世纪中期开始

这些国家相继发生的资产阶级革命,这一切都为第一次工业技术革命创造了前提条件。18 世纪中期到 19 世纪 60 年代,欧美先进国家相继开展和完成工业革命,资本主义生产方式最终确立。主要资本主义国家通过殖民扩张和国际贸易,把世界其他民族国家纳入资本主义国际分工体系中。在资本主义国际分工体系形成的基础上,世界市场开始建立起来。这样,一个以国际分工和世界市场为基础、以资本主义生产关系占主导的世界经济体系开始形成。

19 世纪末 20 世纪初,欧美先进资本主义国家发生了第二次工业技术革命,资本主义从自由竞争过渡到垄断阶段。垄断资本不仅在经济上,而且在领土上瓜分世界。19 世纪末 20 世纪初,世界已被瓜分完毕,世界上所有国家和地区都被纳入统一的资本主义世界经济体系,世界经济最终形成。

从世界经济的形成过程可以看出,国际分工和世界市场是基础,科技进步所推动的生产力的大发展则是根本的动力。世界经济形成以后,在其发展过程中,科技进步仍然是其根本动力。关于科技进步在世界经济发展过程中的作用,本书将在第四篇作专门论述。

第二篇,国际贸易、国际金融、国际投资的发展及其体制演变——世界经济运行的机制。这是世界经济发展的基本规律之二。

以国际分工和世界市场为基础的世界经济,在国家消亡以前,是市场经济在世界范围的扩展和深化。世界各地区和国家通过各种经济渠道或纽带(国际贸易、国际金融、国际投资、国际技术交流、劳动力国际流动、国际经济合作等)将其生产、分配、交换和消费等经济活动联系起来,成为世界范围的一个有机整体。

在这些经济渠道或纽带中,国际贸易、国际金融和国际投资是最基本的世界经济运行机制。国际贸易、国际金融和国际投资及其体制随着国际分工和世界生产力的发展而不断演进、扩展和深化:第二次世界大战以后,国际贸易关系、结构和政策发生了巨大变化;国际金融市场结构和国际投资的方式、流向不断发生变化,从而进一步加深了世界各国、各地区之间的经济联系,推动了世界经济的不断发展,成为促进区域经济一体化和经济全球化迅速发展的重要机制。

第三篇,不同类型国家经济的演化和发展——世界经济格局演变和发展的制衡力量。这是世界经济发展的基本规律之三。

1917 年俄国十月社会主义革命的胜利,打破了世界资本主义经济体系一统天下的局面,出现了三种类型的国家经济。到第二次世界大战以后,这三种类型的国家经济演变为社会主义国家经济、发达资本主义国家经济和发展中民族主义国家经济。这三种类型国家经济的演化和发展,成为世界经济格局演变和发展的基础和制衡力量。发达资本主义国家经过战后的繁荣、滞胀、调整与恢复几个时期,成为引领世界科技和经济发展的主要国家,在世界经济格局中充当主要角色。发展中国家经济由于实行了不同的经济体制、政策和发展战略,出现了分化态势,一些新兴工业化国家和地区到20世纪80年代末已开始步入发达国家和地区的行列;一批准新兴工业化国家正在迅速崛起;而一些非洲国家除政策原因外,又加上自然灾害和战乱,则深陷经济困境和债务泥潭。社会主义国家为冲破传统计划经济体制对生产力发展的束缚和适应经济全球化的浪潮,经过发展与动荡,比较与选择,前苏联和东欧国家出现了向西方世界靠拢甚至合流的趋势;中国等国家则正在探索一条坚持社会主义制度的改革道路。

第四篇,科技进步与社会生产力提高——世界经济发展的动力源泉。这是世界经济发展的基本规律之四。

科技进步既是世界经济形成的重要前提条件,也是推动世界经济发展的根本动力。人类社会迄今为止的三次(也有称四次)科技革命把社会生产力不断地迅速向前推进,使人类社会生产力提高到空前的水平。第二次世界大战后,生产力的极大提高和迅猛发展,推动了人类社会经济增长方式从"增加投入型"(或称外延型)向"提高生产率型"(或称内涵型)转变;产业结构不断演变和提升。战后的科技进步还导致作为经济周期波动的物质基础发生变化,从而使战后经济周期波动的进程和表现形式出现了与战前不同的特点。在战后新技术革命的推动下,一些科技水平在世界领先的国家开始进入后工业社会或信息社会;20世纪末21世纪初,在信息化和全球化的浪潮滚滚而来之际,人类社会开始从工业经济时代向知识经济时代迈进。在第一、二次工业技术革命的推动下,发达资本主义国家率先实现了工业化。工业化在促进生产力极大提高,社会财富迅速增长的同时,也带来了自然资源的过度消耗、生态环境的破坏,还伴随着贫富差距的扩大和社会不公平现象的存在。因此,社会、经济和环境的可持续发展问题被提上了包括发达国家和发展中国家的议事日程。世界有关国家已经达成共识,后进国家不能再走发达国家先污染后治理的老路,而要利用新技术革命的成果走世界经济可持续发展的道路。

第五篇,区域经济一体化与经济全球化——当代世界经济发展的重大趋势。这是世界经济发展的基本规律之五。

20世纪80年代末90年代初,区域经济一体化和经济全球化都在加速发展,成为当代世界经济发展的重大趋势。区域经济一体化和经济全球化两者之间既有差异性又有一致性。

经济全球化将越来越多的国家卷入全球经济体系,不仅促使各国加强与区域内其他国家的联系,而且促进了区域间的经济联系,使各区域组织的经济利益逐步接近,促进世界经济日益融为一体。因此,区域经济一体化是经济全球化的基础和推动力量,是实现经济全球化的重要步骤和必经阶段。区域经济一体化的迅猛发展将缩短经济全球化的进程,加快全球化的步伐,区域经济一体化的最终结果必然是走向经济全球化。

另一方面,经济全球化的发展又反过来促进了区域经济一体化的进程。因为经济全球化的发展意味着全球市场的竞争更加广泛和激烈,对任何国家都是一种巨大的外部压力。与分散孤立的各国经济联系相比,组成区域经济一体化组织不仅可以使成员国通过合作获得更多的经济利益从而迅速增强国家的经济实力,而且可以通过区域联合提高一国在国际事务中的地位。随着经济全球化水平的提高,区域经济一体化的活动空间越来越小。当经济全球化实现了它的最终目标,即全部生产要素得以在全球自由流通、合理配置时,区域经济一体化组织也就没有存在的必要,而自然消亡。因此,从这个角度讲,经济全球化为区域经济一体化的发展提供了良好的外部环境,加速了区域经济一体化由发展到消亡的过程。

主要参考文献

1 陈漓高．经济全球化与中国的对外开放．北京:经济科学出版社,2001

2 陈漓高．新经济挑战中国．天津:天津人民出版社,2000

3 谷源洋,林水源．世界经济概论．北京:经济科学出版社,2002

4 仇启华．世界经济学．北京:中共中央党校出版社,1989

5 荣剑英．知识经济与中国企业发展趋势．北京:中国商业出版社,1998

6 世界经济百科全书．北京:中国大百科全书出版社,1987

7 宋则行,樊亢．世界经济史．修订版．北京:经济科学出版社,1998

8 陶德言．知识经济浪潮．北京:中国城市出版社,1998

9 陶季侃,姜春明．世界经济概论．第四版．天津:天津人民出版社,2003

第一篇

国际分工形成与世界市场建立——世界经济形成和发展的基础

➤ 第一章 工业革命与国际分工的形成和发展

➤ 第二章 世界市场的建立和世界经济开始形成

➤ 第三章 第二次技术革命和世界经济最终形成

第一章 工业革命与国际分工的形成和发展

国内社会分工超越国家界限而形成的国与国之间在生产劳动过程中的分工是衍生国与国之间的交换、分配和消费等其他经济活动的基础,因而是世界经济形成的最基本前提。而资本主义生产方式的确立和近代自然科学和技术发展所催生的工业革命,则是国际分工形成和发展的主要推动力量。本章所要介绍的工业革命和国际分工的形成和发展过程,是整个世界经济理论体系的逻辑起点。

第一节 国际分工概述

一、国际分工的概念和内涵

分工是人类社会中人与人之间进行劳动协作的基本形式之一,是实现专业化,提高劳动生产率,增加财富的主要途径。国际分工是世界各国生产者之间通过世界市场而形成的劳动联系,即生产的国际专业化。社会分工、地区分工、国际分工是分工随着社会生产力的发展而不断向前推进的一般路径。国际分工是社会生产力发展到一定阶段的产物,是国内社会分工超越国家界限广泛发展的结果。各国国民经济之所以能够结合成为完整的世界经济,国际分工提供了一个基础性的条件。从整个世界的角度而言,国际分工反映了以各国国民经济为基础的世界经济的地区结构,实际上反映的是各产业在世界范围内的梯度分布状况,这种分布既包括产业间的分布,也包括产业内部各行业的分布以及各行业内部的分布。

需要指出的是,国际分工是以国家的存在为前提的,因而是人类社会一定历史阶段的特殊产物,是一特定的历史范畴,因而,它将随着国家的消亡而最终消亡。但是,到那时人类的分工活动还将存在并且必将更加广泛和深入,只不过其概念和内涵会发生相应的变化。

二、国际分工形成和发展的条件

影响国际分工的因素有很多,但概括起来国际分工的发生和发展主要取决于两类条件。一类是社会经济条件,主要包括各国的科学技术和生产力发展水平的高低,国内市场大小、人口多少和社会经济结构以及各国在社会经济制度和政策等方面的差异,这些条件多是获得性的,或者说是后天形成的;另一类是自然条件,其中包括各国资源、气候、土壤、河流、国土面积的大小等方面的差异,这些因素一般是各个国家先天具有的,因此人们习惯称之为"自然禀赋"。

不同的经济学家对这两类条件的重要性的认识也有差异。如亚当·斯密的绝对优势理论、李嘉图的相对优势理论都强调生产率差异在决定国际分工形态上的重要性,而赫克歇尔和俄林的要素禀赋理论则强调了自然因素在国际分工格局决定中的解释力度。又如,现代贸易理论中的产业内国际分工理论实质上也是强调社会经济条件在国际分工中的作用的;而维农(Raymond Vernon)的产品周期理论实质上强调的是这两种因素的结合。一般来说,自然条件在国际分工形成和发展的早期阶段扮演着重要角色,而随着生产力的发展和社会进步,社会经济条件在国际分工和国际贸易中就会发挥越来越重要的作用。当代国际分工和国际贸易更多的则是这两种因素结合在一起产生的合力的结果。

三、国际分工的基本类型

根据不同的标准,国际分工可以划分为不同的类型。

(一)按国际分工形成基础划分

按国际分工形成的基础划分,国际分工有三种主要类型:

第一种类型是由自然禀赋差异形成的农、矿产品之间的分工。这是较低层次的分工。由于每个国家或地区都有其特定的自然资源,包括土地、气候、河流、矿产等,因此必然有其特有或相对丰富拥有的农矿产品,于是,就会形成农、矿产品即初级产品之间的分工。由于与其他资源相比,土地、气候、矿产等自然资源受时间推移和技术进步影响的变化不大,具有相对稳定性,因此,以自然禀赋差异为基础的国际分工格局最为稳定。

第二种类型是由发展差异形成的不同要素密集型制成品之间的分工。不同国家所拥有的除自然资源之外的生产要素，如劳动、资本、技术、管理、人才等生产要素的丰裕、稀缺程度是不同的。一般来说，发达国家往往是资本和(或)技术要素丰富的国家，而多数发展中国家则是劳动丰富的国家。根据比较利益原理，资本和(或)技术丰富的国家会专业化生产并出口资本密集型和(或)技术密集型产品①，而劳动丰富的国家会专业化生产并出口劳动密集型的产品，从而形成不同要素密集型产品之间的国际分工。但是，这些方面的比较优势并不是一成不变的，由于不同国家劳动、资本等要素的积累或技术进步的速度不同，从而导致一国的经济增长具有某种偏向性②，或者是由于要素在国家之间的流动等原因，一国的比较优势部门通常会发生转变，甚至是逆转。也就是说，一个原来劳动相对丰富、资本相对稀缺的国家，由于资本积累的速度相对较快，这个国家会逐渐转变为资本相对丰富而劳动相对稀缺的国家，国际分工格局也会随之转变。这样，就会出现我们常说的“动态”的国际分工格局。这种国际分工格局的变化主要受到各国政治、经济、教育制度或经济发展战略差异的影响。因此，与前一种分工相比，这种以发展差异为基础而形成的国际分工格局的稳定性较低。

第三种类型是由协议形成的产业内分工。日本经济学家小岛清指出，即便两个(或多数)国家之间的资本、劳动或其他要素禀赋没有多大差别，工业化水平和经济发展阶段大致相同，即各国均不存在明显比较优势的情况下，只要某些产品通过专业化生产，能够获得规模经济效益，那么，在这些产品的生产上同样可以产生国际分工。由于这种分工可以根据国家之间的协议来进行，因此，小岛清的这种分工理论被称为“协议性”国际分工理论。根据协议性分工的条件，这种分工一般是在同一产业内各国之间生产不同类型产品上的分工，由此形成的贸易被称为产业内贸易。产业内分工是追求规模经济效益的结果。根据新贸易理论，这种规模经济可以是内部规模经济也可以是外部规模经济。分工的基础是政府间或跨国公司内部达成的协议。一些发达国家在生产和出口工业制成品的同时又从其他发达国

① 与劳动密集型产品相比，资本密集型产品也常常是技术密集型的，反之亦然，因而也有人称之为“资本—技术密集型”产品。

② 如果一个国家某一部门所密集使用的要素，例如，劳动力丰富的国家进口产品所密集使用的资本的增长速度相对较快，或技术进步的速度相对较快，在国际经济学中，经济学家就将这种情形称为该国是偏向进口的增长。

家进口相似的产品,就形成产业内分工和产业内贸易。由于政府协议或跨国公司之间或内部的协议具有易变性,因此这种分工的稳定性最差。

(二)按生产的关联性质划分

按生产的关联性质划分,国际分工可以分为垂直型分工、水平型分工和混合型分工三种类型。

垂直型国际分工主要是指经济发展水平不同的国家之间的分工。它一般指先进国家与后进国家之间的分工,这种分工主要表现为制造业与农、矿业的分工,以及初级产品和工业制成品、劳动密集型产品和资本密集型或技术密集型产品之间的分工。19 世纪形成的传统国际分工基本上属于垂直型分工。当时少数欧美国家是工业国,而绝大多数亚非拉地区的国家沦为殖民地、半殖民地,成为农矿业国。在这种分工形式中,生产的各个阶段之间存在着密切的前向与后向联系。上游国家主要进口原料和出口工业制成品,下游国家则是出口原料和进口制成品。如日本,地域狭窄,资源贫乏,需要大量进口原料以支持其工业的发展,因此其进口额中原材料占 80% 以上,而制成品却占出口的 90% 以上。日本是典型的垂直型分工的上游国家。另一方面,中东石油输出国则主要以出口原油来换取其所需的大量制成品,它们是处于垂直型分工下游的国家。

水平型国际分工主要是指经济发展水平基本相当的国家之间的专业化和协作生产。20 世纪 70 年代中期以来,由于科技进步和工业迅速发展,发达国家之间的水平型分工取得了较大的发展,特别是在欧美国家之间和欧盟成员国之间,主要表现为制造业内部的分工发展。它不仅包括不同产业之间的分工,还包括相同产业之间的分工,甚至包括产品加工程序的分工。因此,战后发达国家之间的贸易得到迅速发展,而在同一时期发达国家与发展中国家的制成品贸易却相对缩减。水平型分工的发展不仅推动了发达国家经济的进一步发展,成为支持其对外贸易发展的主要动力,也使发达国家之间的经济联系进一步加深,推动了区域性经济集团化的发展。

混合型国际分工,亦称“交叉型国际分工”,是指一国在参加国际分工过程中,既有垂直型分工,又有水平型分工。这种情况一般较多发生在发达国家。例如,美、欧发达国家既参与同发达国家之间的水平型分工,同时又参与同发展中国家之间的垂直型分工。

四、国际分工对世界经济形成和发展的意义

国际分工对世界经济形成和发展的意义主要体现在两个方面。第一个方面体

现在国际分工的形成和发展与世界经济的形成和发展之间的密切联系上。我们知道，社会分工是商品经济的基础，因而也是交换的基础。通过频繁的交换，各个生产者之间和各个地区之间才能建立经常性的市场联系。没有分工，就没有交换，也就没有市场。交换的深度、广度和方式都取决于生产的发展，也取决于分工发展的水平。同样，国际分工也是国际贸易和世界市场的基础。在国际商品交换的背后，隐藏着各国商品生产者之间的分工。如果没有国际分工，就没有国际贸易和世界市场，因而也就没有所谓的世界经济。国际贸易、世界市场和世界经济是随着国际分工的形成和发展而产生和发展的。

在这里，需要进一步解释一下国际分工、国际贸易、世界市场和世界经济这几个概念之间的关系。一般来说，一提起国际分工，与之相对应的一个概念就是国际贸易①，而国际贸易又会自然地和世界市场联系起来。而这三者又同时是世界经济理论所要研究的重要内容。为什么这几个概念经常被"相提并论"呢？这是因为，如果国家之间有了分工即国际分工，那么为了满足各个国家的不同需要就必然要求有国际交换即国际贸易；而国际贸易又是通过世界商品市场（世界市场的最初形态）进行的，世界市场的形成和发展是国际贸易得以实现的要求，又是国际贸易发展的结果。世界市场的主导机制就是以供求规律、竞争规律和价格规律为基础的市场机制。这样，在市场机制这只"看不见的手"的指引下，世界各国的生产、交换、分配和消费等经济活动，就以世界市场为纽带紧密地交织在一起，共同构筑成一个完整的世界经济体。可以这样说，如果把世界经济比作一个立体，那么，国际分工、国际贸易、世界市场就是构成这个立体的不同维度。它们之间有着紧密的内在联系。

国际分工另一方面的重要意义则直接体现在国际分工对世界经济发展的推动作用上。国际分工可以在世界范围内实现专业化分工协作，有助于各国发挥比较优势，以提高资源配置效率；国际分工还通过国际竞争促使各国企业提高技术，改进经营管理，并在产品上推陈出新，以提高生产力和竞争力；国际分工和专业化生产会使各国扩大其优势产业的生产规模，形成规模经济，取得规模经济效益。总之，国际分工的形成和发展对促进世界生产力和世界经济的发展，促进生产现代化和人类社会的进步，有着重要作用。

① 正如在多数国际经济学或国际贸易教科书中看到的，所有国际贸易理论同时又是国际分工理论。

第二节 工业革命与国际分工的形成和发展

国际分工是国际贸易和世界市场的基础，国际分工的形成和发展大致经历了萌芽、形成发展和深化阶段。

一、地理大发现与国际分工的萌芽

（一）前资本主义时期的国际分工

在前资本主义时期，社会生产力水平低下，商品生产不发达，自然经济占统治地位，各个民族、各个国家的生产方式和生活方式差别较小。与此相适应，只存在不发达的社会分工和地域分工，国内贸易和国际贸易都处于不发达的状态。虽然一些国家或地区之间也有商品交换，例如，早在公元前 3 世纪～公元前 1 世纪，就已经开辟了西自欧洲地中海沿岸，东至中国长安（今陕西西安）的商业通道（即著名的“丝绸之路”）；早在 9～10 世纪就开始在地中海沿岸积极从事商业活动的意大利威尼斯商人，此后又与巴尔干半岛国家、中国、伦敦、巴勒斯坦和叙利亚等东西方国家和地区建立了广泛的贸易联系。但是，那时的国际交往，多以自然条件的差异为基础，仅限于商品流通领域，而且带有很强的局部性和偶然性，社会分工还没有越出国界。因此，真正意义上的国际分工并未形成。

（二）地理大发现与国际分工的萌芽

随着生产力的发展，11 世纪欧洲城市兴起、手工业与农业进一步分离，商品经济有了较快的发展。14～15 世纪，西欧的一些地区随着农业、手工业生产力的提高以及商品货币关系的发展，出现了以工场手工业为主要标志的资本主义生产关系的萌芽。封建主阶级为了维护封建统治，增加货币收入，进行殖民掠夺，推动了西欧国家 15 世纪末和 16 世纪初的大规模海外探险活动。这一时期对美洲大陆的发现即所谓的“地理大发现”开辟了东西方交通的新航路，促进了西欧国家国内外贸易的发展和早期世界市场的出现，使原来以西欧为中心的贸易区域迅速从地中海沿岸扩展到大西洋沿岸，贸易的规模也有所扩大。市场的扩大刺激了西欧资本主义商品经济的发展，加速了资本原始积累的完成。

公元 15～17 世纪的“地理大发现”之后，世界市场的萌芽和世界贸易的迅速扩大促进了生产力的发展,使手工业生产向工场手工业生产过渡,也促进了在工场手工业基础上的国际分工的产生和发展。从这个时期起,西班牙、葡萄牙、荷兰、英国、法国、丹麦等西欧国家先后实行了殖民政策,凭借其强大的国力,采用暴力手段和其他超经济的强制手段,在拉丁美洲、亚洲和非洲进行掠夺。他们开矿山,建立种植园,发展了以奴隶劳动为基础的,为世界市场而生产的农场主制度,从而建立了早期的资本主义国际专业化生产。

在这个时期,西欧国家实行重商主义政策。它是保证本国有利的贸易差额的政策,也是建立宗主国与殖民地之间的特殊分工的一种政策。1699 年,英国贸易与种植园的一位高级官员说:"我们的意思就是要把种植园安排在美洲,那里的人民应该专门生产那些英国不生产的产品。"①

西欧国家的殖民政策为工场手工业产品增加了出口,保证了热带产品的输入,防止了金银的外流,并为宗主国的船只提供了货运。当时盛行一时的三角贸易,即由西非提供奴隶劳动力,由西印度群岛生产并出口蔗糖和烟草,而由英国生产并出口工业品,就是宗主国与殖民地之间分工的一种表现形式。这种由英国殖民主义者组织的、由英国航运业进行的国际分工和贸易,从 17 世纪后半期开始扩大到了拉丁美洲、非洲和亚洲。

地理大发现之后的这种宗主国与殖民地之间的最初的国际分工形式,还处于国际分工的萌芽阶段。有的学者将其称为国际分工的"史前阶段",而分别将工业革命和第二次技术革命之后的国际分工定义为国际分工的形成和扩展阶段②。也有的学者将地理大发现之后的国际分工称为国际分工的第一个阶段,将第一次工业革命和第二次工业革命之后的国际分工分别称为国际分工的第二阶段和第三阶段③。当然,这些划分并无实质上的差别。

为什么说这一阶段的国际分工还处于国际分工的萌芽阶段呢? 因为,在这一阶段,作为联系国际分工的纽带——世界市场还未形成,因此,这时的国际分工还不是真正意义上的国际分工。首先,宗主国与殖民地之间的最初的分工形式体现了一种殖民关系,具有明显的掠夺性。殖民关系的出现早于世界市场的形成。其次,这一时期的国际贸易的产生具有偶然性。各国生产产品的主要目的是为了满足本国人民的需要,而不是为了国际交换。因此,处于这一阶段的国际交换是一种

---

① 利普森(E. Lipson). 英国经济史. 第 3 卷. 1934

② 张幼文. 世界经济学. 上海:立信会计出版社,1999:48

③ 钱俊瑞. 世界经济概论. 北京:人民出版社,1983:50

偶然的、附带的现象；其三，参与国际交换的产品是建立在自然条件差异基础上的，是建立在低层次分工基础上的国际交换。此外，在这一阶段，整个世界的分工还未形成体系。

二、工业革命和资本主义生产方式的确立

（一）科技革命、产业革命和生产力发展的关系

鉴于在学习世界经济理论时，会经常遇到"科技革命"、"产业革命"或"工业革命"这样一些似同而异或似异而同的概念，所以有必要先阐释一下它们之间的关系。按照一些学者的定义，革命是一种正在成长中的新传统取代一种旧传统的活动或过程[①]。科学技术革命就是指正在成长中的新科学技术传统取代旧科学技术传统的活动或过程，这种科学技术传统的变换意味着人类的认识和实践手段、实践方式的飞跃[②]；相应地，产业革命是指一种正在形成的新产业传统（产业的技术基础、产业的结构 、产业的运行方式、产业的规模等）取代旧产业传统的活动或过程，这种产业传统的变换，意味着人类社会生产方式及经济结构的飞跃。当技术革命的成果在生产中大规模地应用与推广并引起产业结构、产业运行方式、产业规模相应的变化时，技术革命才转变成产业革命[③]。至于工业革命则是和产业革命近乎相同的一个概念，它们是对同一英文"Industrial Revolution"的不同翻译，在一些文献中，我们可以看到人们通常是根据自己的习惯交替使用这两个概念。但是，严格地说，这两个概念也是有区别的。费舍尔和克拉克在20世纪40年代把产业门类划分为第一产业（即农业）、第二产业（即工业）和第三产业（除第一、第二产业之外的其他行业）。根据我国国家统计局2003年5月公布的《三次产业划分规定》，三次产业划分的具体范围是：第一产业包括农、林、牧、渔业；第二产业包括采矿业，制造业，电力、燃气及水的生产和供应业，建筑业；第三产业包括除第一、二产业以外的其他行业，具体包括：交通运输、仓储和邮政业，信息传输，计算机服务和软件业，批发和零售业，住宿和餐饮业，金融业，房地产业，租赁和商务服务业，科学研究、技术服务和地质勘察业，水利、环境和公共设施管理业，居民服务和其他服务业，教育、卫生、社会保障和社会福利业，文化、体育和娱乐业，公共管理和社会组织，国际

---

① 陈筠泉，殷登祥．科技革命与当代社会．北京：人民出版社，2001：13

② 严格地讲，科学革命和技术革命是两个相互联系但有区别的概念，这里遵照人们的习惯将二者结合在一起使用。

③ 陈筠泉，殷登祥．科技革命与当代社会．北京：人民出版社，2001：15

组织。可见,工业属于第二产业,它只是三种产业中之一种,因此,产业的概念更宽泛。由于第一次产业革命主要发生在工业领域,所以人们更倾向于将之称为工业革命,而后来的产业革命逐渐超越了单纯的工业领域,所以将之直接称为产业革命更符合实际。

"科学技术是生产力"是一个历史命题。在大机器生产方式确立以前,人类的生产主要凭借经验,科学技术尚未成为生产力。18 世纪 80 年代大机器生产方式的确立"第一次使自然科学为直接的生产过程服务","第一次产生了只有用科学方法才能解决的实际问题","第一次达到使科学的应用成为可能和必要的那样一种规模","第一次把物质生产过程变为科学在生产中的应用"①,从而使科学技术成为生产力。

(二)第一次技术革命、工业革命和资本主义生产方式的确立

1640～1688 年,英国取得了资产阶级革命的胜利。法国于 18 世纪末、美国在 18 世纪 70 年代资产阶级革命也获得成功。随后,德国在 19 世纪初、俄国和日本在 19 世纪 60 年代也开始了从封建社会向资本主义社会的过渡。资产阶级革命的成功,清除了资本主义发展的政治经济障碍,为工业革命的发生奠定了基础。

1733 年,英国的凯伊(John Kay)发明了织布用的飞梭,大大提高了织布的速度,因而纺纱跟不上织布的要求。1765 年,英国的哈格里夫斯(James Hargreaves)发明了"珍妮"纺纱机;1769 年,阿尔科莱特(R. Arkwright)发明了水力纺纱机;1779 年,克隆普顿综合珍妮纺纱机和水力纺纱机的优点,发明了自动缧机,可以同时转动三四百个纱锭。纺纱机的革新,使棉纱过剩,出现了新的不平衡。1785 年,英国的卡特莱特(Edmund Cartwright)发明了自动织布机,提高效率几十倍。随之而来的是一系列与之配套的机械发明,初步实现了纺织工业的机械化。工作机的技术革新,要求为它们提供强大而方便的动力,从而产生了动力上革命的要求,瓦特(James Watt)的蒸汽机就是在这种形势下应运而生的。由于蒸汽机在采矿、纺织、冶金、交通运输、机械制造等行业的推广运用,各行业根据自己的特点进行技术革新,结果形成了以蒸汽动力为核心的技术体系。蒸汽机的使用带动了机械化生产的迅速发展与全面铺开,技术革命开始转化为产业革命。

这次技术革命以纺织机械的革新为起点,以蒸汽机的发明为标志,再以蒸汽动力的广泛应用为契机,最终实现了生产技术方式从手工作坊到机械化的转变。

---

① 马克思.机器,自然力和科学应用.北京:人民出版社,1978:206

从18世纪60年代开始，在英国首先发生了以蒸汽机为标志的第一次工业技术革命之后，在近代自然科学和技术发展的基础上，从19世纪初开始，法国、美国、德国、俄国和日本也相继开始了工业革命。欧美先进国家工业革命的完成，促进了社会生产力的巨大发展，以应用机器为主体的现代工厂取代了以手工技术为基础的手工工场，标志着资本主义生产方式的最终确立。

三、国际分工的形成和发展

（一）国际分工的形成

真正意义上的国际分工形成于18世纪60年代的第一次产业革命。

随着产业革命的完成，英国等国家建立了大机器工业，资本主义统治得以完全确立。商业经济高度发展，社会分工更加完善，这一切都有力地推动了国际分工的迅速发展。

产业革命形成了巨大的社会生产力，使生产能力和生产规模迅速扩大，为国际分工发展奠定了物质基础。从供给角度看，大机器工业源源不断地生产出来的工业产品使国内市场趋于饱和，需要寻找新的销售出路——国际产品市场；从需求角度看，生产的急剧膨胀引起对原料的大量需求，大工业要求开辟丰裕的、廉价的原料来源——国际原料市场。机器大工业正是从供给和需求两个方面推动了生产的向外扩张。而且，机器大工业所创造出来的先进交通及通信方式把原料生产国家和工业品生产国家联系在一起，使这种扩展能够得以实现，也使国际分工成为可能。

大机器工业生产的物美价廉的商品成为英国资产阶级征服国外市场的武器，使得其他国家按照英国生产和消费的需要改变他们的产业结构，成为原料产地和商品销售市场。“大机器工业成为开拓市场的‘重炮’，它们轰掉工业脚下的民族基础，消灭了古老的民族工业，打破了以往地方和民族的自给自足和闭关自守的市场，把各类型的国家卷入到世界经济中”①。

由于产业革命首先是在英国完成的，其生产力水平和竞争能力在当时都高于其他国家，加上强大的军事力量，从而能够将其国内的农业与工业的分工推向世界范围，因此，这一时期的国际分工是以英国为中心形成的。

这一时期，英国几乎垄断了世界贸易和世界船运业，英镑也成为当时的世界货

---

① 陈同仇，薛荣久．国际贸易．北京：对外贸易教育出版社，1991：34

币。"英国应当成为'世界工厂',其他一切国家对于英国应当同爱尔兰一样,成为英国工业品的销售市场,同时又供给它原料和粮食"①,而事实上,19 世纪中叶,英国一半以上的工业品要靠在国外市场上销售,国内所消费的大部分原料又要靠国外供应。在 19 世纪的前 70 年里,仅占世界人口 2% 左右的英国,一直把世界工业生产的 1/3 ~ 1/2 和世界贸易的1/5 ~ 1/4掌握在自己手中。显然,英国已成为这一时期的"世界工厂"和世界贸易中心。

欧美资本主义国家为了推行资本主义国际分工,打着自由贸易的旗帜,以廉价工业品为武器,打开了世界其他国家或殖民地、附属国闭关自守的大门,使这些国家成为资本主义国家工业品的销售市场和原料供应地,从而把这些国家纳入资本主义国家主要从事工业生产,亚、非、拉美国家主要从事农业生产的资本主义国际分工体系中去。"到 19 世纪中期,基本上形成了世界城市与世界农村既相互对立又相互依存的国际分工体系"②。

(二)国际分工的发展

国际分工的发展阶段开始于 19 世纪 70 年代的第二次产业革命,终止于第二次世界大战。第二次产业革命标志着人类开始从蒸汽机时代过渡到电力和内燃机时代,社会生产力又一次获得了飞速的发展。第一次产业革命中,资本主义机器大工业还是以生产轻工业品为主的,第二次产业革命推动了电力、汽车制造、钢铁、石化等重工业的发展,并逐步取代了轻工业而居于工业生产的主导地位。在生产力发展的同时,自由资本主义逐渐过渡到了垄断资本主义,资本输出成为资本主义对外扩张的重要手段。这些因素推动了国际分工的进一步发展。这一时期的国际分工,由于建立在更为强大的物质基础之上,因而具有更强的扩张性。卷入国际分工体系的国家进一步增多,在人类历史上各国的国内市场第一次真正联结成为统一的世界市场,生产的专业化倾向进一步加强。一方面,亚、非、拉国家和地区的经济发展进一步畸变为单一经济,其主要作物和出口商品只限于一两种或两三种产品。这些产品绝大部分对工业发达国家出口,造成了亚、非、拉国家的两种依赖性:一是经济生活上依赖少数几种产品;二是高度依赖世界市场,特别是工业发达国家的市场。另一方面,处于国际分工中心地位的欧美先进国家之间也形成了工业品专业化生产的国际分工。例如,挪威专门生产铝,比利时专门生产铁和

① 亚当·斯密. 国民财富的性质和原因的研究(下册). 北京:商务印书馆,1972:28 ~ 35

② 宋则行,樊亢. 世界经济史(上卷). 修订版. 北京:经济科学出版社,1998:216

钢,芬兰专门生产木材加工产品,荷兰和丹麦专门生产农产品,美国成为生产谷物的大国等,从而加强了世界各国之间的相互依赖关系,加强了世界各国对国际分工的依赖性。

四、国际分工的深化

第二次世界大战后,兴起了第三次科技革命,一系列新兴工业部门开始出现,科技在生产中的运用再一次大大解放了生产力。加上这一阶段跨国公司的迅速发展,殖民体系的瓦解,发展中国家的出现,一批社会主义国家的成立,使国际分工进入深化发展阶段。

由于世界产业结构的不断升级,与战前相比,这一时期国际分工的深化发展主要有以下四个方面的表现。

第一,以自然资源为基础的产业间分工不断削弱,而工业部门内部的行业分工得到加强,并进一步发展为以行业内部产品专业化为基础的分工。

一系列新兴产业的出现,使国际分工格局日益走向立体化,形成垂直分工和水平分工的立体结合。新科技革命使知识和技术密集型产业逐渐成为发达国家的支柱产业,于是产生了国家间产业的梯度转移,发达国家便把传统的劳动密集型和资本密集型产业逐渐转移到发展中国家,形成发达国家与发展中国家之间所谓的"大脑—手脚"分工格局。在发达国家与一些新兴工业化国家之间,分工和贸易的基础则由原来的比较优势转化为竞争优势,国际贸易也由产业间贸易转化为产业内贸易,进而演变为跨国公司内部以及跨国公司之间的贸易,发达国家之间以及部分新兴工业化国家之间彼此交换的商品是相同或类似的,而不像以前那样交换不同类的商品。立体格局的国际分工,一方面导致了国家间产业的梯度转移,形成从发达国家到新兴工业化国家到发展中国家的产业链条;另一方面,国际分工的立体化也使各国之间的相互依存性和经济的融合性越来越强。

第二,在国际分工格局中,发达国家之间的分工开始居于主导地位,发达国家与发展中国家之间以及发展中国家相互之间的分工合作发展相对缓慢。

根据关贸总协定(GATT)及世界贸易组织(WTO)的统计资料,自20世纪60年代以来,约2/3甚至更多的世界贸易发生在技术、资源禀赋比较类似的发达国家之间,而发展中国家与发达国家之间的贸易,以及发展中国家之间的贸易,在世界贸易中所占的比重则不足1/3。此外,发达国家之间的贸易主要以制成品贸易为主,其中大部分贸易发生在机械、运输设备等行业内部,说明发达国家之间的贸易是以制造业部门的产业内贸易为主的①。

第三,由于社会主义国家和发展中国家更广泛、深入地参与国际分工,改变了国际分工单一的资本主义性质,结束了资本主义生产关系一统国际分工的时代。

二战后,一批社会主义国家成立,使参与国际分工国家的经济所有制形式发生了变化,改变了国际分工单一的资本主义性质,结束了资本主义生产关系一统国际分工格局的时代。为发展本国经济,实现工业化,社会主义国家和广大发展中国家开始根据本国国民经济的发展规划有目的、有步骤、有计划地(因而也是主动地)参与国际分工。

第四,跨国公司的发展使跨国公司的内部分工成为一种新的国际分工组织形式。

战后跨国公司的普遍发展使国际分工进入到一个新的阶段:跨国公司根据其全球战略进行的由设在不同国家的母公司与子公司之间,子公司与子公司之间的跨国公司内部分工以及不同跨国公司之间的分工,构成了国际生产分工新的重要组成部分。反映在国际贸易上,20 世纪 70、80 年代跨国公司在一些母国(如美国、日本和英国)贸易流量中高达 3/4 以上;跨国公司内部贸易在母国贸易中占 30%。跨国公司在一些发展中东道国的贸易中也占有重要位置,例如,1980 年跨国公司等外资企业占新加坡制成品出口总值的 84.9%②。2000 年由在国外拥有 80 多万个子公司的 6 万多家跨国公司所驱动的外国直接投资流量达到创纪录的 1.3 万亿美元,比上年增长 18%,其速度超过世界产量、资本形成和贸易等其他经济总和的速度③。2007 年大约 79 000 家跨国公司及其 790 000 家外国子公司的外国直接投资流量更是达到 18 330 亿美元,远远高于 2000 年创下的历史最高水平,外国直接投资存量超过 15 万亿美元。贸发会议估计,跨国公司的销售总额达到 31 万亿美元,全球外国子公司的附加值(总产值)约占全球国内生产总值的 11%,雇员人数增加至约 8 200 万人④。可以说,跨国公司已经发展成为国际分工的重要组织者和领导者。国际分工模式已从传统模式转变为以跨国公司为主导的新的国际分工模式。

---

① GATT. International Trade: Trends and Statistics, International Trade 87 ~ 88. 1995. vol Ⅱ. Table A2
② 滕维藻,陈荫枋. 跨国公司概论. 北京:人民出版社,1990:133
③ 联合国贸发会议. 2001 年世界投资报告. 北京:中国财政出版社,2002:1
④ UNCTAD. World Investment Report 2008

此外，随着世界产业结构的升级，国际分工从有形商品生产和贸易领域向服务部门扩展、渗透。

五、生产力发展与国际分工

历史实践证实，真正对国际分工的形成和发展起到决定性作用的，是生产力发展的水平和科技进步的力量。建立在科技进步基础上的产业革命促成了国际分工，人类科学技术的进步和生产力的提高又必将进一步推动国际分工的发展和深化。这种决定性作用体现在以下三个方面：

（一）国际分工是生产力发展的必然结果

一切分工，包括国际分工，都是社会生产力发展的结果。在自给自足的自然经济条件下分工和交换的范围都十分有限，只有在商品经济不断发展的过程中，分工和交换才会变得越来越发达，并最终突破国家界限形成国际分工。在推动生产力发展的各种因素中，最重要的动力是科学技术的进步与革命，迄今为止的三次科技革命深刻地改变了许多生产领域，不断地改善工艺技术、劳动过程和生产过程，使社会分工和国际分工随之发生变革。可以说，没有18世纪60年代到19世纪中期的科技革命，以及大机器工业生产体系的建立，就不会有国际分工这种经济现象的出现。

（二）各国的生产力水平决定其在国际分工中的地位

不同时期所形成的国际分工体系，总是以生产力发展水平高的国家为中心运转的。例如，第一次产业革命中的英国，第二次产业革命中的德国和美国，以及当今世界上以美国为代表的西方发达国家，而那些只占有某些资源优势而不具备技术优势的国家往往在国际分工体系中处于被支配的地位。

（三）生产力的发展决定着国际分工的内容和形式及其广度和深度

随着生产力的发展，各种经济类型的国家都加入到国际分工之中，国际分工已把各国国民经济紧密结合在一起，形成了世界性的分工；随着生产力的发展，产业结构不断升级，使国际分工的产品越来越转向工业制成品、高科技产品、中间产品和服务类产品，传统国际分工中的农产品和资源类产品的地位明显下降；随着生产力的发展，各国参加国际分工的形式从“垂直型”向“水平型”和“混合型”过渡，出现了多类型、多层次的分工形式。

回顾历史，自人类社会产生以来，科技进步和社会生产力发展的脚步就从未停止过。展望未来，国际分工的发展和深化必将是一个不间断的过程。

思考题

1. 国际分工有哪些主要类型?
2. 国际分工对世界经济形成和发展的意义是什么?
3. 概述国际分工形成和发展的脉络。

主要参考文献

1 陈筠泉,殷登祥. 科技进步与当代社会. 北京:人民出版社,2001
2 陈同仇,薛荣久. 国际贸易. 北京:对外贸易教育出版社,1991
3 马克思. 机器,自然力和科学应用. 北京:人民出版社,1978
4 钱俊瑞. 世界经济概论. 北京:人民出版社,1983
5 钱时惕. 科技进步与世界经济发展. 保定:河北大学出版社,2000
6 滕维藻,陈荫枋. 跨国公司概论. 北京:人民出版社,1990
7 王广信,赵丽娜. 当代世界经济. 北京:人民出版社,2002
8 亚当·斯密. 国民财富的性质和原因的研究(下册). 北京:商务印书馆,1972
9 赵莉,王振峰. 世界经济学. 北京:中国经济出版社,2003
10 庄宗明. 世界经济学. 北京:科学出版社,2003
11 宋则行,樊亢. 世界经济史. 修订版. 北京:经济科学出版社,1998
12 郑必坚. 当代世界经济. 北京:中共中央党校出版社,2003

第二章 世界市场的建立和世界经济开始形成

随着资本主义国际分工的形成，以及国际商品交换的出现和发展，资本主义世界市场最终形成。在此基础上，以资本主义生产关系为主导的世界经济体系也开始逐渐形成。一般认为，世界经济的形成和发展主要经历了三个阶段，即商品国际化、资本国际化和生产国际化阶段。就世界经济形成和发展的阶段性特征来看，商品国际化标志着世界经济的初步形成；资本国际化是世界经济最终形成的重要标志；而生产国际化则标志着世界经济的纵深发展。这一章重点介绍的是世界市场的建立，即商品国际化和世界经济的初步形成阶段。而资本国际化和生产国际化则是第三章的主要内容。

第一节 世界市场概述

一、世界市场的内涵

世界市场是商品、货币、资本、劳务和技术等在世界范围进行交换的场所或机制。它是世界各国在国际分工的基础上，通过国际交换而形成的供求关系，是各国的国民价值转换为国际价值并实现价值增值的重要环节。

这一概念包括三个方面的内涵。

第一，就世界市场的"场所"性质而言，世界市场是一个具体的概念，它可以包括所有为跨国交易活动提供服务的具体的商店、集市或交易所等有形的场所；就世界市场的性质而言，世界市场又是一个理论上的抽象概念，它是世界范围内跨越国界的交换过程，反映的是世界各国通过交换而形成的供求关系或者交换机制，包括市场机制和各种非市场机制，其中市场机制是最主要的机制。

第二，世界市场狭义地理解就是世界商品市场，是指世界各国商品交换关系的总体。从世界经济的发展历程看，这也是其最原始的内容。广义地说，世界市场还包括世界劳务市场、世界金融市场、世界技术市场和世界信息市场等，是这些市场有机结合而成的市场体系。这是世界市场的内容随世界经济的发展而不断丰富的必然结果。

第三，世界市场是在各国国内市场的基础上形成的，但又不是各国国内市场的简单加总，因为它还反映了各个国家之间的交换关系。各国国内市场必须具有某种不可分割的联系，才能结合成为世界市场，这种联系的主要纽带就是国际分工和国际贸易。这是其“世界性”的基本要求。

二、世界市场形成的基础条件

世界市场是在资本主义生产及其产生的国际分工的基础上形成和发展起来的。科技越进步，生产越发展，分工越细，交换越频繁，市场就越大。因此，从历史脉络上来看，可以近似地认为，世界市场的形成和发展与国际分工的形成和发展是同步的。

在封建社会，由于生产力水平比较低，社会分工比较简单，商品生产和商品交换的数量和范围很有限，加上地方割据，对外贸易还不能获得较大的发展。因此，在这个历史时期，还没有也不可能产生世界市场。

到了资本主义工场手工业时期，社会分工有了显著发展，欧洲有些先进国家的国内市场已经开始形成；同时，由于“地理大发现”，使世界贸易不断扩大，国际分工也有了较大发展，从而使世界市场开始萌芽。但由于工场手工业生产的局限性，还缺乏形成世界市场的坚固的物质基础。

产业革命爆发以后，欧洲各主要国家和美国先后建立了机器工业。这既使各国国内商品交换获得充分发展，国内统一市场得以最终形成，又使世界贸易获得普遍发展，世界市场基本形成。机器大工业生产日益把各个国家的生产纳入国际分工之中；机器大工业生产不仅需要巨大的商品销售市场，而且需要广阔的原料产地，这样就把经济发展水平不同的国家卷入到世界商品流转之中；机器大工业生产还把大批小商品生产者吸引到世界市场上；机器大工业生产也为世界市场的形成提供了交通运输和通信工具。可以说,机器大工业对世界市场的形成起着决定性的作用。

可见,世界市场作为一种特定的经济现象,它的形成需要具备一定的基础条件。

(一)国际分工体系的建立

在国际分工形成以前,国际贸易实质上只是一种剩余产品在国家之间的交换,它并不构成社会生产的基础条件。国际分工体系的建立,使各国的社会生产全面专业化,每个国家都不能脱离其他国家而生存,国家间商品和劳务的交换活动成为一种稳固的、必然的经济现象。

前面已经指出,国际分工、国际交换和世界市场的形成,是同一过程的三个方面,它们相互依赖、相互促进、不可分割,它们的共同作用,促进了资本主义世界经济的形成。可以这样说,到19世纪60年代,资本主义世界市场真正形成时,资本主义世界经济也就形成了。因为,这时世界上的许多国家通过国际分工、国际交换和世界市场已经在经济上紧密地联系在一起了,这种联系对各国的社会再生产来说已经具有十分重要的意义,甚至是必不可少的了。从这个意义上说,有关各国已经在经济上形成了一个整体,形成了世界经济。之所以把它称作资本主义世界经济,是因为一方面资本主义国家在这个整体中占统治地位;另一方面,把这个整体中的各个国家联系起来的那些要素——国际分工、国际交换和世界市场都具有资本主义的性质。

(二)机器大工业生产体系的建立

机器大工业生产一方面需要一个不断扩大的产品销售市场,另一方面也需要一个不断扩大的原料供应来源,它本身具有很强的扩张性,需要把商品交换关系推向整个世界范围。现代化的交通工具,如远洋轮船、铁路的发展,以及电报、电话等现代化通信工具,都是机器大工业的产物,没有它们,国际交换难以在规模上进一步发展,所以,机器大工业生产体系的建立为世界市场的形成准备了必要的物质技术条件。

资本主义世界市场是在机器大工业的基础上形成的。关于这一点,马克思和恩格斯有过很多论述。1847年,恩格斯在《共产主义原理》中说:“大工业便把世界各国人民相互联系起来,把所有地方性的小市场联合成为一个世界市场,到处为文明和进步准备好地盘,使各文明国家发生的一切必然影响到其余各国。”他还说:“单是大工业建立了世界市场这一点,就把全球各国人民,尤其是各文明国家的人民，彼此紧紧地联系起来……”①1848年，马克思和恩格斯在《共产党宣言》中进一步指出：“资产阶级，由于开拓了世界市场，使一切国家的生产和消费都成为世界性的了。使反动派大为惋惜的是，资产阶级挖掉了工业脚下的民族基础，古老的民族工业被消灭掉了，并且每天都还在被消灭。它们被新的工业排挤掉了，新的工业的建立已经成为一切文明民族的生命攸关的问题；这些工业所加工的，已经不是本地的原料，而是来自极其遥远的地区的原料；它们的产品不仅供本国消费，而且同时供世界各地消费。旧的、靠本国产品来满足的需要，被新的、要靠极其遥远的国家和地带的产品来满足的需要所代替了。过去那种地方的和民族的自给自足和闭关自守状态，被各民族的各方面的相互往来和各方面的互相依赖所代替了。”②

恩格斯在《资本论》第三卷的一个注释中明确地指出了资本主义世界市场真正形成的时间界限。他说：“自1867年最近一次的普遍危机爆发以来，已经发生了巨大的变化。由于交通工具的惊人发展——远洋轮船、铁路、电报、苏伊士运河——第一次真正形成了世界市场。”根据历史事实和马克思、恩格斯的有关论述，可以判断，资本主义世界市场形成的时间是在19世纪40年代至60年代③。

（三）资本主义生产方式的建立

在资本主义生产方式下，一方面，资本的逐利性和竞争的压力促使资本家不断扩大生产规模以保持自己的优势，任何停滞不前的资本家都有被消灭的危险。这一切给资本主义生产提供了巨大的扩张力和对一切过时的生产方式的破坏力，推动着资本主义生产和交换冲破国家和民族的界限而走向世界。另一方面，资本主义生产方式的内在矛盾也使不断开拓国外市场，并利用国外市场转嫁矛盾成为维持再生产循环的必要途径。所以，资本主义生产方式的建立成为推动世界市场形成的内在动力。

三、世界市场建立的主要标志

世界市场形成的基础条件在第一次产业革命后已经基本具备，但直到19世纪末20世纪初，在第二次产业革命中，一个统一的世界市场才得以建立，其主要标志有下述六点。

---

① 马克思，恩格斯．马克思恩格斯选集．第二版．北京：人民出版社，1995，1：234，241

② 马克思，恩格斯．马克思恩格斯选集．第二版．北京：人民出版社，1995，1：276

③ 郑必坚，张伯里．当代世界经济．北京：中共中央党校出版社，2003：34

（一）多边贸易，多边支付体系的形成

在多边贸易、多边支付体系下，贸易国的国际收支平衡并不依靠双向贸易中的收支平衡，而是以对所有贸易伙伴国的综合平衡为基础。英国成为此时多边支付体系的中心，这个体系为所有贸易伙伴国提供购买货物的手段。同时使国家间债权债务的清偿、股息红利的支付能够顺利完成，有助于资本输出和国家间短期资金的流动。这一体系的形成，反映了世界市场机制的充分发挥。

（二）帝国主义殖民体系的建立

第二次工业革命后，发达资本主义国家进入垄断阶段，它们纷纷加强了资本输出。为了保证本国产品的销售市场和原料产地，帝国主义组成的垄断同盟在世界范围内掠夺殖民地或划分势力范围。到20世纪初，世界上已经没有什么国家和地区可以脱离世界市场去进行经济活动了。

（三）世界货币和国际金本位制的出现

只有对外贸易得到扩展，只有市场发展为世界市场，货币才能发展为世界货币。在世界市场上，商品也必须找到和它们相对立并与之交换的一般等价物。这种一般等价物必须是一种特殊的商品，具有独立的价值形态，并且摆脱货币的各种民族形式。这种一般等价物就是世界货币。它采取黄金和白银的自然形态。“货币一越出国内流通领域，便失去了在这一领域内所获得的价格标准、铸币、辅币和价值符号等地方形式，又恢复原来的重金属块的形式”①。世界货币最主要的职能有价值尺度、支付手段和储藏手段。作为价值尺度，世界货币成为衡量世界市场上商品价值量的工具；作为支付手段，世界货币发挥平衡国际贸易差额的作用；作为储藏手段，它还充当财富的绝对社会化身，借以把财富从一国转移到另一国。世界货币的出现，促进了国际商品流通的扩大和世界市场的形成和发展。马克思指出：“金银作为世界货币，既是一般商品流通的产物，又是进一步扩展流通范围的手段。正如炼金术士想炼出黄金时，在他们背后产生了化学一样，商品所有者追求那具有迷人姿态的商品时，在他们背后涌现了世界工业和世界贸易的源泉。”②

随着国际贸易和世界货币的发展，逐步形成了适合资本主义生产方式在全世界推行所需要的国际货币体系。英国于1821年首先从金银复本位制过渡到金本位制。后来，其他主要资本主义国家相继实行了这种过渡。这样就逐渐形成了一

① 马克思，恩格斯．马克思恩格斯全集．北京：人民出版社，1972，23：163

② 马克思，恩格斯．马克思恩格斯全集．北京：人民出版社，1972，23：142

个以英镑为中心、以黄金为唯一基础的国际金本位制度。各国货币的金平价使货币汇率相当稳定,从而使世界市场的价格水平趋于一致。这就为国际贸易和资本输出创造了条件,并加深了价值规律在世界市场上的作用,对资本主义世界经济的形成和发展起到了促进作用。

(四)统一的国际贸易法律和贸易惯例的产生

随着经济生活的国际化,逐步建立了调节各国在国际贸易中的分歧和争执的法律规范。例如,1883 年在巴黎缔结的《保护知识产权巴黎公约》、1891 年在马德里缔结的《商标国际注册马德里协定》等,这些都反映了世界市场秩序的改善。

(五)资本主义各种经济规律对世界市场发展的制约

资本主义社会中各种固有的规律诸如基本经济规律、经济发展不平衡规律、价值规律等在世界市场上居于主导地位,制约着世界市场的发展。

这里需要指出的是,统一的世界市场是全世界所有国家的国内市场、地区市场以及区域集团市场在各种经济规律的作用下有机结合在一起形成的。其中,联结世界市场最基础的力量就是市场机制或市场经济规律。由于第二次世界大战后,世界上长期存在着资本主义国家市场和社会主义国家市场两种不同性质的市场(前者实行的是市场经济体制,而后者则以计划经济为基础),因此,严格地讲,直到 20 世纪 80 年代末,世界市场都很不统一,甚至是分割的①。直到 20 世纪 80 年代末 90 年代初冷战结束,两个平行市场的对立消失,才为在全球范围内形成统一的世界市场即市场全球化创造了条件②。

(六)比较健全的固定的销售渠道的形成

大型的、固定的商品交易所、国际拍卖市场、博览会的形成,航运、保险、银行和各种专业机构的建立健全,以及比较固定的航线、港口、码头的建立,使世界市场有机地结合在一起。

此外,这一时期,发达国家经济周期的长度和变化规律的一致性③,反映出各国国民经济通过世界市场已经紧密地联系在一起,世界市场的传导机制已充分发挥作用。

---

① 陈漓高. 经济全球化与中国的对外开放. 北京:经济科学出版社,2001:50~52

② 陈漓高. 经济全球化与中国的对外开放. 北京:经济科学出版社,2001:50~52

③ 张幼文. 世界经济学. 上海:立信会计出版社,1999:275~278

第二节　世界市场的建立和世界经济的初步形成

世界市场的概念是一个动态的和发展的概念，它的雏形是从区域性国际市场演变而来的，而它形成后又不断地将市场外的国家和地区纳入到这一体系中来。

世界市场的形成和发展贯穿着整个世界经济的形成和发展过程。世界市场的形成大致经历了三个主要阶段，即区域性国际市场阶段、早期的世界市场阶段和世界市场的最终形成阶段。

一、世界市场的形成和发展过程

（一）区域性国际市场

世界市场的形成，是从国别市场发展到区域性国际市场，最终形成统一的世界市场的过程。

远在人类社会的中古时期，跨越国家和民族界限的贸易活动就已经存在。但是由于早期世界生产力发展水平低下，以自给自足为特征的自然经济在各国占据主导地位，可以用于交换的产品很少，再加上国际贸易要以运输的发展为前提，而早期的运输工具主要以人力、畜力和风力为动力，无法保障长途运输的安全性。因此，在当时的经济发展水平和运输条件下，国际贸易中流通的商品仅仅是为数不多的、体积小和重量轻的奢侈品，如香料、茶叶、丝绸和宝石等；贸易范围也相当小，一般主要限于相邻国家之间。中世纪西欧城市兴起之后，手工业和商业开始得到发展，推动了欧洲商品货币关系的发展。而欧洲国家之间贸易的增长，形成了一些固定的国际性集市，又吸引了其他国家和地区的参与，从而推动了更大范围的区域性贸易的发展，并且在此基础上促进了洲与洲之间的贸易发展。因此，在15世纪，区域性市场是当时国际贸易的重要特征。在欧洲，主要的区域性市场有以意大利城市威尼斯、热那亚和比萨为中心的地中海贸易区；以荷兰及比利时城市弗兰德尔、布鲁日为中心的北海和波罗的海贸易区；以德意志北部城市汉堡、律伯克为中心的汉萨同盟；以东欧城市基辅、车尔尼哥夫、斯摩棱斯克为中心的俄罗斯贸易区；以英国为中心的不列颠贸易区等。这些贸易区不仅在区内形成了以自然差异为基础的国际分工和交换，而且各贸易区之间也开始了贸易活动。几乎与此同时，在亚洲地区的一些国家，农业和手工业也达到了比较高的水平，亚洲地区间的贸易也得以发展，并且形成了几个比较重要的贸易区，如日本、中国、朝鲜之间的东亚贸易区，以印度为中心的南亚贸易区以及在东南亚一些国家之间形成的东南亚贸易区等。区域性市场的发展为统一的世界市场的形成奠定了基础。

（二）早期的世界市场

区域性市场通过两个重要的因素联结成了一个统一的早期世界市场。第一个因素是15世纪资本主义生产方式萌芽的产生及其带来的殖民政策；第二个因素是15世纪以来科学技术的发展特别是交通运输工具的改进及其带来的地理大发现。其中，资本主义生产方式的萌芽是决定性的内因。资本主义生产方式一经萌生，就产生了强烈的原始积累的欲望。由于早期欧洲国家资源和财富有限，对外扩张就成为欧洲的封建贵族、商人、手工场主一致的愿望，而地理大发现和交通运输工具的改进则使这种愿望得以转化为现实。从16世纪起，欧洲的殖民主义者先后征服了非洲、美洲和亚洲的大部分地区，殖民主义者一方面将殖民地世世代代积累起来的金银和其他财富源源不断地运往欧洲；另一方面采取"重商主义"贸易政策，垄断对殖民地的贸易。据估计，1521～1544年间，西班牙从拉丁美洲运回的黄金平均每年2 900公斤，白银30 700公斤。1545～1560年间数量激增，黄金每年平均达5 500公斤，白银达246 000公斤。此外，还有大量的糖、棉花和烟草等。而从欧洲运往美洲的商品，往往由当地统治者强迫分配给居民，利润率往往高达400%～500%。欧洲的殖民政策打破了原有的相对封闭的各个区域性国际市场，建立在区域性市场内部的分工开始服从于以欧洲为核心的国际分工体系，世界形成了以欧洲为中心的早期统一市场。由于商品贸易更多地服从于宗主国的意志而不是以国际价值为核心的国际价格机制，因而这个市场带有强烈的不公平性，但它毕竟是人类历史上第一次由不同的民族、不同的制度通过贸易这一渠道联系起来的市场，因此具有重要的意义。

与区域性国际市场相比，早期的世界市场已经有了显著的变化。首先，国际贸易的规模和范围都扩大了，参加贸易的商品除了传统的建立在自然差异基础上的奢侈品外，由于欧洲的手工业的发展，手工业品成为欧洲重要的出口商品，国际贸易开始建立在发展的差异而非自然差异的基础上，从而为国际贸易的发展展示了广阔的前景；其次，国际贸易在这一时期与欧洲的资本主义生产方式结合在一起，贸易不再仅仅作为封建贵族满足消费的工具，而是以商人和手工场主为代表的新兴阶级进行资本原始积累的主要手段；最后，国家开始自觉地参与和干预贸易。贸易被欧洲国家作为发展本国经济的一种重要工具。欧洲国家普遍采用了重商主义政策，追求贸易顺差，保护国内工业，成为日后贸易保护主义的最初形式。

（三）世界市场的最终形成

世界范围内商品市场的基本形成主要发生在18世纪60年代至19世纪末这一历史时期。这一过程主要是借助于国际贸易这一手段实现主要商品在国家间流通的过程。尽管早期的世界市场在16～18世纪就已经初步出现，并且早期世界市场上的贸易从商品种类到涉及的地区范围都在不断丰富，但就总体而言，早期世界市场中交换的商品基本上还未成为各国再生产过程的必要环节。这时，在早期的世界市场上起主导作用的是商业资本，而作为形成世界经济最强推动力的工业资本尚未处于支配地位。不过，早期世界市场的出现和商业资本在世界市场上的活动，既为18世纪后半期开始的西欧工业革命创造了必要的外部条件，也成为西欧资本原始积累的重要来源。

现代意义上的世界市场的形成得益于工业革命的兴起。发生在18世纪60年代以后的工业革命，从生产力和生产关系两方面推动了统一的世界市场的形成。

从生产力发展这一角度来看，起源于英国的工业革命在工业技术和交通运输工具的进步方面，具有划时代的意义。工业技术的变革首先是纺织工具的改进。纺织业采用机器生产带动了造纸、印刷等其他轻工业部门从手工工具生产向机器生产转变，引起了生产工具的革命。随着轻工业工厂的发展，对机器的需求也越来越大，刺激了机器制造业的发展。而这一行业的发展又对冶金等行业提出了技术改造的要求，引起了材料的革命。当机器得到逐渐改进之后，结构日益变得复杂的机器需要大功率而且稳定的动力来推动。蒸汽机的发明正是这种动力的代表。蒸汽机的发明和广泛使用因而被称为动力革命。工具革命、材料革命、动力革命三者相互补充，构成了英国工业技术革命的历史内容。工业技术革命大大推动了生产力的进步，为人类创造了前所未有的物质财富。

世界市场的产生和发展是资本主义生产方式发展的结果。机器大工业以其雄厚的物质基础和巨大的生产能力，对开拓世界市场具有势不可挡的威力。技术的进步已经成为资本主义在世界范围内进行扩张的有力工具。机器大工业本身就是一种世界性的生产。它需要不间断地扩大再生产，从而要求一个不断扩大的市场。这样，必然驱使其从国内市场走向国外，到海外寻求新的市场。19世纪40～60年代，世界贸易的增长速度超过世界工业的增长速度便是机器工业促进世界市场扩展的证明。

正如马克思指出的："一旦工厂制度达到一定的广度和一定的成熟程度，特别是一旦它自己的技术基础即机器本身也用机器来生产，一旦煤和铁的采掘、金属加工以及交通运输业都在发生革命，总之，一旦与大工业相适应的一般生产条件形成起来，这种生产方式就获得了一种弹力，一种突然地跳跃式地扩展的能力，只有原料和销售市场才是它的限制。"①这段话深刻地指出，由于工业革命的推进作用，生产力的发展达到一定阶段后，世界市场的形成已经成为必然。随着生产力的发展，社会产品的迅猛增加已超出生产地范围内的相对需要。相对过剩的社会产品要想实现其价值，必然要开拓新的市场。这就是以西欧为中心的区域性市场逐渐扩张成统一的世界市场的原因。机器大工业不仅需要不断扩大海外销售市场，同时也需要日益扩大原料供应的来源，于是它不仅把工业品销售，而且把原料产地都卷入到世界市场中去。广大殖民地国家沦为西方国家的商品销售市场和原料产地的过程就是这些国家日益卷入世界市场的过程。

随着机器大工业对世界市场的开拓，进入世界市场的商品数量和种类大幅度增加，使世界市场的内涵更加深化，使资本主义生产过程与世界市场紧密相关，世界市场成为资本主义再生产必不可少的条件。这也是它区别于早期世界市场的本质特征之一。

随着世界市场的扩大，各种贸易组织形式的正规化、大型化和专业化，又为世界经济的形成提供了保证。

19 世纪，黄金逐渐成为单一的世界货币，各主要资本主义国家相继过渡到金本位制，这是世界市场和世界经济形成的重要标志。

工业革命促进交通运输业的突飞猛进，直接为世界市场和世界经济的形成提供了物质手段。公路的修筑、铁路的兴建、运河的开凿，尤其是蒸汽动力的推广和使用，促使马车和木制帆船等让位于铁路机车和汽船等先进的交通工具。这样，运输速度大大提高，交通条件大大便利，促使商品在一国生产、在全世界流通和消费成为可能，也促使商品市场向海外扩展成为可能，从而为建立世界商品市场创造了条件。

从生产关系适应生产力的角度来看，工业革命对生产关系的影响，同样对统一世界市场的形成起到了推动作用。工业革命前，生产力先进国家的产业结构是以农业为主体的，稳定的工人阶级和资产阶级还没有形成，资本主义手工业在整个经济结构中，既无法囊括全部工业生产，也无法从根本上改造它。随着工业革命的深

---

① 马克思．资本论(第 1 卷)．马克思恩格斯全集．北京：人民出版社，1972，23：493 ~ 494

入，工业的地位大大提高，国民经济的产业结构出现了前所未有的变化。工业的迅速增长和高额利润，吸引了越来越多的资本和劳动力。在工业中，这种高度集中起来的资本一方面创造了较高的劳动生产率，排挤了手工工业，也排挤了封建地主阶级和一切中间阶级，使社会的阶级结构分化为近代无产阶级和资产阶级；另一方面使工业从原来附属于农业的地位上升为举足轻重的国民经济部门，从而完成了由农业国向工业国的转变。这两个方面的社会后果体现为资本主义制度最终在生产力先进的国家中占据统治地位，从而保证了与资本主义的市场经济制度发展密切相关的世界市场得以建立和完善。

工业革命后世界市场发生的一项显著变化是价格机制的变化。如前所述，早期的世界市场上的贸易表现为宗主国通过战争以及不平等条约对殖民地的掠夺。殖民主义者往往以极低廉的价格从殖民地输入原材料，同时又通过殖民地的代理人将本国的商品强行分配给殖民地居民，获取高额利润。商品的国际交换价格不取决于商品的价值和供求关系，而取决于宗主国的意志。这是一种典型的不平等交换机制，不可能支持世界经济长期稳定地发展。工业革命后，欧洲由于其工业制成品实现了规模生产，成本大幅度降低，已经不再需要使用武力同殖民地进行贸易了，同时殖民地的不断反抗也使得使用武力拓展市场的交易成本急剧上升，因而在这一时期的世界市场中逐步形成了以国际价格为核心的等价交换机制。等价交换机制实质上就是供求决定价格的市场机制，等价交换机制的确立奠定了世界市场的制度基础，标志着世界市场进入了一个有序的发展过程，因而也是真正意义上的世界经济形成的一个重要象征①。

与资本主义国际分工和国际商品交换相适应，这一时期世界市场的格局也是以少数欧美先进国家为中心，而广大落后国家则处于从属地位的。资本主义世界市场的形成最初是以英国为中心的，这是它作为“世界工场”的地位决定的。当时，英国宣扬自由贸易，实际上是英国对世界市场的垄断。以后，随着法、德、美等国家机器大工业的发展和经济实力的增强，英国对世界市场的垄断就为英、法、德、美之间的竞争所代替。于是世界市场就形成了以先进资本主义国家为中心、广大经济落后国家依附于它的格局。

---

① 当然，等价交换并不等同于平等交换。由于对产品的需求弹性的差异等原因，在世界市场上工业制成品的价格形成机制往往相对于原料价格的决定更有利，因而在统一的世界市场上存在着大量等价却不平等的交换。这正是一些发展经济学家以发展中国家贸易条件恶化和“贫困化增长”为论据，反对发达国家和发展中国家之间的“自由”、“平等”贸易的根源。

随着科技进步、生产力提高和国际分工的深化发展,世界市场的内容也不断深化发展。统一的世界市场于19世纪中叶形成之后,先是经历了100多年的以制成品贸易和原材料贸易为主导的商品结构,这种贸易秩序几乎扩展到了世界的每一个角落。在这一期间制成品的内涵不断丰富,在19世纪末第二次科技革命发生后,汽车、钢铁、石油产品代替棉纺织品成为大宗国际贸易货物。这一局面在20世纪中期开始发生变化。第二次世界大战后第三次科技革命的兴起,特别是电子计算机和人工智能的发展将人类带入了信息社会。世界市场的内涵及其分支体系极大地丰富,不仅包括种类繁多的世界商品市场,还包括迅速发展的国际资本流通、劳务、信息与世界科技市场等。世界市场开始成为一个包罗万象的大市场。

二、商品国际化和世界经济的初步形成

从前面对国际分工和世界市场形成和发展过程的分析中我们不难发现,国际分工体系的形成和世界市场的建立过程也正是各国国内商品实现国际化的过程,即各国经济通过商品贸易联结在一起,形成统一的世界经济的过程。这表明世界经济的形成和发展作为人类生产方式的表现,是人类社会生产力历史性进步的必然结果,是和国际分工及世界市场相伴而生的过程,是一个问题的不同方面。

这样,18世纪中期到19世纪60年代,随着主要先进国家工业革命的完成和资产阶级生产方式的最终确立,以及19世纪中期国际分工体系的基本形成和19世纪六七十年代世界市场的建立,在资本主义自由竞争阶段的顶点,一个以国际分工和世界市场为基础、以资本主义生产关系为主导的世界经济体系也就开始形成了。

根据多数学者的定义,世界经济是全世界范围内各国国民经济通过各种经济纽带紧密联结而成的有机整体。因此,一个完善的世界经济体系在参与主体上,不仅应该包含世界上的主要发达资本主义国家,还应该能够涵盖几乎世界上所有的国家;在联系各国经济活动的纽带上,不仅应该包括商品市场,而且还应该包括资本市场、技术市场和劳务市场等;在国际化程度上,不仅能够实现商品的国际化,还必须能实现资本的国际化。但是,由于这时相当多的国家和地区还没有被纳入世界经济或资本主义世界经济体系;世界经济体系主要还是以商品国际流通为基础,在各国经济的国际化程度上也仅仅实现了商品的国际化。因

此,世界经济体系并不完善,世界经济只是开始形成或初步形成,还没有最终形成。

思考题

1. 如何理解世界市场的内涵?
2. 世界市场形成的基础性条件有哪些?
3. 阐述世界市场建立和世界经济形成之间的内在关系。

主要参考文献

1 陈漓高. 经济全球化与中国的对外开放. 北京:经济科学出版社,2001
2 马克思. 资本论(第1卷). 马克思恩格斯全集. 北京:人民出版社,1972,23
3 郑必坚,张伯里. 当代世界经济. 北京:中共中央党校出版社,2003
4 张幼文. 世界经济学. 上海:立信会计出版社,1999

第三章 第二次技术革命和世界经济最终形成

统一的世界市场的建立标志着世界经济的初步形成，而第二次技术革命及随其而来的产业革命则推动了统一的世界经济体系的最终形成。

第一节 第二次技术革命与产业革命的历史背景和主要内容

一、第二次技术革命及产业革命的历史背景

19 世纪中期经过第一次产业革命，各主要资本主义国家都在不同程度上建立了自己的机器大生产的工业体系，使生产得到了迅猛发展。到 19 世纪五六十年代，英国的工业产值翻了一番，法国增长了 2 倍，德国增长了 2 倍多。这个时期各主要资本主义国家一方面广泛利用新的技术成果，一方面积极扩大企业规模，并且通过二者的结合获得了越来越大的经济效益。因此，19 世纪六七十年代，各主要资本主义国家资本与生产的集中都达到了相当高的程度，自由竞争已经向垄断竞争过渡。由于各主要资本主义国家经济实力得到加强，不少大的垄断财团随之出现，因而，竞争也就更为激烈。这种竞争很大程度上表现为对外扩张：瓜分亚非拉的广大领土、大量掠夺殖民地财富、争夺市场。剧烈的竞争推动各国加强了对技术进步的要求。

对技术进步的要求，首先表现在对动力技术的革新方面。蒸汽动力曾经是第

一次产业革命成功的关键,但是随着生产规模的日益扩大,机器品种的专业化及多样化,蒸汽机的体积庞大、启动不便、效率不高、动力传送困难等缺点就暴露出来了。除动力能源之外,对材料、信息、交通运输等技术方面,也提出了更高的要求。另一方面,19 世纪二三十年代,电磁学的发展也已经奠定了电器技术的理论基础。在这种历史背景下,第二次技术革命及产业革命便应运而生。

二、第二次技术革命与产业革命的主要内容

(一)以电的广泛应用为主要内容的第二次产业革命

电的应用包括电能(强电)应用及电信息(弱电)应用两个方面。电能由于具有方便而有效地生产、传输、分配和使用的特点,成为工业生产中取代蒸汽动力的一种新的动力基础;电通信把在空间上远离着的各种活动(科技、经济、军事、文化等)及时联系起来,大大"缩短"了人们在地球上的距离。电的广泛应用改变了工业生产乃至整个社会生活的面貌,成为第二次产业革命的主要内容。

1. 电能的广泛应用。这主要表现在以下几个方面:

(1)西门子发电机的出现。1820 年电流磁效应及 1831 年电磁感应效应的发现,已经为电动机和发电机的制造提供了科学原理。1832 年,法国电器工程师皮克希制成了第一台永磁式发电机;1834 年,德国电学家雅可比研制出第一台电动机。这些发明显示了电力应用的前景,但要广泛应用则还有一系列技术问题需要解决。

19 世纪三四十年代,发电机中使用的磁铁均为永久磁铁,这种永久磁铁的电机由于受到磁铁本身磁场强度的限制,不能提供强大的电力。1857 年,英国物理学家惠斯通制成第一台电磁铁的发电机,为提高发电机容量提供了可能,但由于受到种种限制,还是难以推广。1866 年,德国科技企业家西门子研究成功了第一台自激式发电机,使建造大容量电机成为现实。以后,这种自激式发电机经过比利时工程师格拉姆(1870 年)、德国工程师阿尔特涅夫(1873 年)的改进进入实用阶段。与此同时,电动机的设计与制造工作也在不断完善之中。

西门子电机的出现,对于电的应用来说相当于瓦特蒸汽机对于蒸汽动力的应用。不过,电的应用比蒸汽动力的应用需要解决的技术问题要复杂得多。蒸汽动力的应用,瓦特蒸汽机的主要问题原则上就解决了,而电的应用除了发电机、电动机之外,还必须解决发电站的建设、电的远距离输送等技术问题。

(2)发电站的建成。1882 年,美国发明家爱迪生建成了第一座发电站,该发电

站由三台大型直流发电机组成,可以同时为3 000个灯泡提供照明用电。然而,这种发电站因为发出的是110伏的低电压,因此,在传输中热损耗太大,传不了多远。法国物理学家德普勒研究设计了一个高压输电线路,解决了这个问题。他用一台3马力水轮发电机发出的电能,以1 500~2 000伏的电压输送出57公里,驱动一台水泵以造成一个人工喷泉。该试验装置在1882年慕尼黑国际博览会上表演取得成功。

德普勒的高压输电装置,曾引起马克思、恩格斯的极大关注,并评论道:"这实际上是一次巨大的革命,蒸汽机教我们把热变成机械运动,而电的应用将为我们开辟一条道路,使一切形式的能——热、机械运动、电、磁、光——互相转化,并在工业中加以利用。"①不过,德普勒传输的仍是直流电。要想把直流电大幅升压及降压,不仅当时在技术上无法解决,而且用电安全问题也令人担心。因此,要求有新的技术突破。这就推动了交流高压输电技术的发展。

(3)远距离输电问题的解决。最初,交流输电技术曾遭到美国的发明大王爱迪生、英国著名物理学家汤姆逊等人的强烈反对,引起了"直流"与"交流"的长期争论。这场争论最后由科学实践的结果予以解决。在变压器(斯坦利于1885年发明)、交流电机(特斯拉于1888年发明)的基础上,1889年德国电机制造公司(主要发明者为俄国工程师德布罗里斯基)制成了第一台三相交流发电机。1891年,在德布罗里斯基主持下,用15~30千伏高压送电,把电传输到175公里之外,效率达70%~80%,比直流输电效率的22%高出了3倍。从此,高压输电技术的有效性得到公认,为电力大规模推广使用确立了坚实的基础。

进入20世纪,世界各国根据自身的水力、煤炭的储藏量等资源条件和工业结构的需要,纷纷制订发展电力的计划,建立长距离超高压电力系统,如美国的超电力系统、英国的格里德系统、德国的煤炭—化学—电力联合企业、前苏联的国家电气化计划等大多是在1920年前后完成的。

2. 电信息的应用。随着机器大工业生产方式的确立及电能的广泛应用,工农业生产及国内、国际贸易得到了飞速发展。因此,在市场竞争中,掌握各种信息就变得越来越重要了。

在电磁效应发现以前,人们曾寻求过多种信息联络或传递方式,如烽火台、快马驿站、视力信号机等,但都难以满足远距离、及时传递信息的要求。

---

① 马克思,恩格斯. 马克思恩格斯全集. 北京:人民出版社,1971,35:445~446

19 世纪 20 ~ 60 年代有关电磁学的研究,为电信息的应用提供了科学原理及技术思路。不久,各种电信技术蓬勃发展,迎来了电通信的新时代。

(1)有线电报。1820 年,奥斯特电流磁效应发现以后,在英国,安培等物理学家致力于电磁式通信装置的研究并于 1838 年取得专利;在美国,莫尔斯与亨利于 1837 年研制成第一台电报装置并试验成功。19 世纪 40 年代有线电报已进入实用阶段。

1844 年,第一条有线电报线路(华盛顿—巴尔的摩)建成并投入使用,此后,有线电报在美国及世界各地迅速普及。1866 年,横穿大西洋的海底电报建成;1870 年,通过苏伊士运河、经亚丁湾到孟买的海底电报开通;1871 年,上海—伦敦之间电报业务开通……这些横穿五湖四海的海底电报电缆把世界各地联系起来,对于世界市场的形成和发展起到了重大作用。

(2)电话。电报为人类提供了一种划时代的信息传递手段,但是,电报必须运用编码,使用起来很不方便,不能直接传递语言及思想。1837 年,美国医生帕杰首先研究声电转换装置,曾研制成一种"电话",能在较近距离传递一些单词和简单的短语。1876 年 2 月 14 日,美国工程师格雷与贝尔各自独立地提出了电话发明的专利申请。不过,知道格雷的电话发明的人不多,这是由于 1876 年 7 月,贝尔在纪念美国独立 100 周年的费城博览会上展出了他所研制的电话并进行相距 150 米的电话表演取得成功,引起参观者的巨大轰动。1877 年,贝尔建立了贝尔电话公司,开始电话机的商业性生产,当年 9 月就有 1 300 台投入使用。1878 年 1 月,美国建立了第一个电话交换台——中央电话局。此后,英国、法国及欧洲许多城市都相继开通了电话业务。1891 年,美国人斯特罗齐尔发明了自动电话交换机,电话从此得到广泛应用。

(3)无线电通讯。电报、电话起初都是靠有线线路来传递信息的,受到很多限制。无线电通讯突破了有线线路的限制,实现了信息在更广阔范围的传递。

1864 年,麦克斯韦建立了电磁场方程并从理论上预见了电磁波的存在。1888 年,赫兹用试验证明了这个预见。电磁波发现之后,法国物理学家布朗利及英国物理学家洛奇就试图把电磁波用于通讯并取得初步成功,当时通讯距离最多至 800 米。

在布朗利及洛奇工作的基础上,1895 年,意大利物理学家马可尼与俄国物理学家波波夫各自独立地进行了电磁波的接收与发射试验并取得成功,当时马可尼的通讯距离达 1.6 公里;1898 年,马可尼实现了跨越英吉利海峡的电波通讯;波波夫则于1900年把电波通讯用于“阿普拉克辛将军号”军舰遇难的抢救过程，通讯距离达到43公里。

马可尼与波波夫电波通讯的成功，开辟了无线电通讯的新时代。进入20世纪，好消息不断传来：1901年，电磁波用于电报的发射与接收；1906年，人们第一次听到无线电广播；1911年，电磁波用于导航；1916年，无线电话开通；1923年，无线电传真实现；1923年，微波通讯取得成功；1926年，黑白电视问世；1929年，发明彩色电视；1935年，雷达出现。总之，到20世纪30年代，一个电磁波的技术群基本形成并得到极其广泛的应用，电信工业迅速崛起。

3. 围绕着电的广泛应用，一系列新兴产业部门崛起。电的广泛应用所带来的收获，一方面是使传统产业部门，如纺织、机器制造、冶金、食品和化工等，由于技术改造，特别是新的动力供给而面貌焕然一新，另一方面，则是一系列新兴产业部门的崛起。

(1)电力工业。由于电的广泛应用，对电力的需求急剧增加。据统计，20世纪前60年世界发电总量增长了152倍。这个时期，电力工业的发达程度成为衡量一个国家经济实力的重要标志。20世纪初，由于美国及德国在发展电力工业方面走在各国的前面，使美、德在竞争中处于优势地位。以德国为例，1900年，德国的发电量达10亿千瓦小时，当时的英国只有2亿千瓦小时，意大利只有1.4亿千瓦小时；到1913年，德国的发电量又跃升到80亿千瓦小时，是当时英、俄、意、法四国发电量的总和。这一时期，各国经济实力的排列顺序变化见表3－1。

表3－1　经济实力排列顺序变化情况

年　份	第一位	第二位	第三位	第四位
1860	英	法	美	德
1870	英	美	法	德
1880	英	美	德	法
1900	美	德	英	法

资料来源：鲍琳洁．德国的技术经济．北京：科学技术文献出版社，1992：17。转引自：钱时惕．科技进步与世界经济发展．保定：河北大学出版社，2000：38

(2)电器工业。为满足发电、输电、配电和用电的要求，发电机、电动机、变压器、继电器、电声器、电光源、电车、电梯以及电工仪表等电器的制造、安装、维修蓬勃发展起来，形成了新兴的电器工业部门。

(3)材料工业。为满足电器生产的需要，导电材料、磁性材料、绝缘材料和电热材料等新兴材料工业如雨后春笋般涌现出来。

(4)电信工业。由于电信的广泛使用,电报、电话、广播和电传等电信工业急速发展起来,既包括各种电信设备及器件的生产制造,也包括电报、电话、广播和电传等社会服务。

(5)电加工工业。利用电磁对物质的作用效应,发展起来多种类型的电加工工业,如电冶、电解、电镀、电焊、电弧切割和电化学等。

(二)几个重要部门的技术突破与产业发展

电力技术为工农业生产提供了一种新的动力基础,使工农业生产的面貌焕然一新;电信技术为人们提供了一种新的联络手段,使经济活动乃至整个社会生活进入了一个新的时期。因为电的应用是一种全局性的革命,所以电的广泛应用,构成了第二次产业革命的主要内容。但是,仅仅有电的应用还是不够的,第二次技术革命及随之而来的产业革命还包括若干重要部门的技术突破及产业发展。

1. 冶炼技术的突破及钢铁工业的发展。18 世纪的工业革命实现了从工场手工业向机器大工业的转变。这个时期的机器主要用铁作为基本材料,但由于生铁太脆,熟铁太软,有较大局限。只有把铁炼制成钢,才能满足生产机器以及铺铁路、制枪炮、造轮船等方面对材料性能的要求。19 世纪以前,虽然已经有了把铁炼成钢的一些技术,如“泡钢”法、“铸钢”法等,但它们产量小、效率低,远不能满足社会各方面对钢材的需求。因此,寻找新的、更有效的炼钢方法成为社会发展的急需。正是在这种背景下,19 世纪下半叶,一系列新的炼钢技术出现了。冶炼技术的突破包括英国人贝赛玛发明的转炉炼钢法、托马斯发明的碱性转炉炼钢法以及西门子—马丁的平炉炼钢法等,这些发明使炼钢技术在性能、产量和效率等方面都不断提高。

冶炼技术在 19 世纪五六十年代的突破,加上原有的高炉炼铁技术,使现代钢铁冶炼技术体系基本形成。再加上生产的机械化与电气化,为钢铁的大规模生产奠定了技术基础,使钢铁工业得到迅猛发展。从 1870 年到 1900 年,全世界钢铁年产量从51 万吨提高到2 783万吨,猛增50 多倍。在产量猛增的同时,钢铁的品种增多了,质量也提高了。这个时期,钢铁生产在整个工业生产中处于中心地位,标志着工业生产进入了“钢铁时代”。

2. 有机合成技术的兴起与有机化学工业的发展。随着机器大工业生产方式的确立、电的广泛应用、钢铁生产在量与质上的飞跃及世界市场的产生与形成,人们对生产资料及生活资料的品种提出了日益多样化及优质化的要求。这些要求,在相当程度上要依赖于化工技术及化学工业的发展来解决。

由于第一次技术革命及产业革命的推动,以英国为中心、以三大化工发明(1746 年罗巴克的铅室硫酸法、1791 年卢布兹的制碱法、1798 年泰昂特的漂白粉法)为基础,建立了无机化学工业体系。当时主要的化学工业部门是酸碱工业和硅酸盐工业(水泥、陶瓷)。

在第二次技术革命与产业革命的推动下,化工技术及化学工业有了新的突破,那就是化学合成技术及有机化学工业的兴起。

18 世纪末至 19 世纪初,在科学界"活力论"非常流行。按照"活力论"的观点,有机物质依靠活力(活生命力)而存在,因此,有机物只能在生命体内(即动植物体内)产生,在生命体外则只能合成无机物,而得不到有机物。按照"活力论",在无机物和有机物之间存在着一条不可逾越的"鸿沟"。

1828 年,德国化学家维勒从无机物中合成有机化合物尿素取得成功。尿素的人工合成,突破了无机物与有机物之间的绝对界限,动摇了"活力论"的基础,为 19 世纪化学合成技术及有机化学工业的发展开辟了道路。

在维勒之后,法国化学家贝特罗对有机化合物的合成进行了系统的研究,1854 年合成了乙醇、1856 年合成了甲烷、1857 年合成了甲醇、1862 年合成了乙炔、1866 年用乙炔合成苯并提出"化学合成"这个新名词,使化学进入"合成化学时代"。贝特罗与前人的不同之处在于,他克服了经验性的局限,把化学合成技术建立在布特列洛夫与凯库勒提出的有机化学结构理论的基础之上,从而开创了人工有机合成的新方向。利用有机合成技术并在电力供应的条件下,以煤焦油及乙炔为主要原料的燃料、药品、炸药以及香料、糖精、调味品等工业在欧、美各资本主义国家得到大规模的发展,而在这其中,尤以德国最为突出。例如,在染料生产方面,到 1873 年,德国年产量已达 1 000 吨(英国仅有 435 吨),在世界上所占比重,1880 年为 50%,1896 年为 70%,1900 年则达到 80% ~90%,完全垄断了世界染料市场。由于德国抓住了新兴的有机化学工业,而英国则抱住了原有的无机化学工业不放,使得在竞争中德国超过英国而成为化学工业技术新的中心。加上德国在电力、钢铁、化工方面的飞速发展,使德国的经济实力超过英、法,由 1860 年的排行第四上升到 1900 年的排行第二(见表 3 - 1)。

除有机化学工业之外,在这一时期,酸碱工业、化肥工业也得到新的发展,形成了无机化学工业与有机化学工业相互促进、共同繁荣的局面。化学工业的发展为第二次产业革命提供了丰富大量的原料和材料,成为第二次产业革命重要的一个方面。

3. 内燃机的发明与交通运输业的发展。蒸汽机的广泛应用，引起了第一次产业革命，对世界经济的发展作出了重大贡献。但是，随着生产的发展，蒸汽机固有的某些局限性也日益暴露出来。首先，从结构上说，蒸汽机是一种“外燃机”，这就决定了其热效率（一般只有5% ~8%）无法大幅度提高。其次，由于其笨重、庞大，在用做各种工具机械和运输机械的动力设备时很不方便。19世纪六七十年代，电机的兴起，在很大范围内取代蒸汽机而成为新的动力设备。但它也有一定局限性，主要是它无法用于各种运输机或在行驶中工作的机器。为了克服蒸汽机与电机的不足，一种与蒸汽机这种“外燃机”完全不同的新热机——“内燃机”应运而生。

早在17世纪末，法国的物理学家巴本就曾尝试过内燃机的试验研制，但因设备材料、机械加工和燃料等条件均不具备而失败了。经过近200年的发展，由于各种技术条件的进步，1876年德国工程师奥托终于发明了第一台具有使用价值的内燃机，并取得专利。这是一台用煤气作为燃料、四冲程活塞式的内燃机，其热效率为12% ~14%，输出功率为4马力，运转平稳可靠。经过改进，这台内燃机的功率很快提高到了15 ~20马力，热效率达到20%，相对蒸汽机具有明显优势。但是，奥托内燃机由于燃烧的是煤气，存在热值低等缺陷。在奥托内燃机基础上，德国工程师戴姆勒改用汽油（石油中的轻油成分）作燃料，于1883年成功地制造出第一台汽油内燃机。

随着汽油被用于内燃机作燃料，许多人又开始研究将石油的重油成分用于内燃机的途径。1892年，德国工程师狄塞尔发明了柴油内燃机，并获专利。内燃机由于采用柴油作燃料而具有价格低、功率大的特点。与内燃机的发明大致相同，另外两种新型热机——蒸汽涡轮机（帕森斯于1884年发明）与燃气轮机（斯托兹于1872年发明）也相继问世。

上述这些不同类型热机的发明，极大地推动了交通运输业的发展。交通运输业对世界市场的产生与发展、世界经济体系的形成，起着重要甚至是关键性的作用。

由于蒸汽机的发明，在第一次产业革命期间出现了蒸汽火车与蒸汽轮船，它们对交通运输业的发展作出了重大贡献。但是，由于蒸汽机笨重、庞大、热效率低等缺点而限制了交通运输业的发展。新型热机的发明，引起了交通运输业的巨大革命。其中最为突出的是汽车与飞机的出现。汽车、飞机和无线电通信的迅速发展与普及，成为20世纪初的“三大发明”，它们与19世纪末蓬勃兴起的电力、钢铁和化工等三大支柱产业相呼应构成第二次产业革命的核心内容。

(1)汽车工业的崛起。在蒸汽轮船及蒸汽火车出现后,人们曾设想把蒸汽机装在“马车”上,做成“蒸汽马车”,这就是汽车的最初构想。由于蒸汽机的笨重与庞大,“蒸汽马车”的设想没有成功。小型、高效的汽油内燃机发明后,把内燃机装在马车上的设想于1860年最早被提出来,到1879年德国的本茨将其实现。1879年本茨申请了双冲程发动机汽车的专利并建立了“本茨公司莱茵燃气发动机厂”。不过,汽车工业的出现,则要归功于美国的福特。1902年,福特制造出当时最好的汽车。1903年,他成立了“福特汽车公司”,建立了世界上第一条汽车生产线,大规模进行汽车生产。1904年,通过技术改造与管理革新,福特使汽车售价由8 000美元降低到850美元,大大推进了汽车的大众化,到1913年,他的生产线已达到日产1 000辆的能力。1900～1913年,汽车作为一种陆地的新型交通工具得到惊人的发展,其中,美国在这方面走在了世界的最前列。美国的汽车总数由1900年的8 000辆猛增到1913年的119万辆,表3－2描绘了1900～1913年若干国家私人汽车的拥有量情况。

表3－2　1900～1913年若干国家私人汽车拥有量(千辆)

年度	美国	英国	法国	德国	意大利	加拿大	日本
1900	8		3				
1901	15						
1902	23						
1903	33						
1904	55	8				1	
1905	77	16	22			1	
1906	106	23				1	
1907	140	32				2	
1908	194	41				3	
1909	306	48				5	
1910	458	53	54			9	
1911	619	72			14	22	
1912	902	88			17	36	
1913	1 190	106	91	50	20	54	

资料来源:W. 罗斯托. 经济增长的阶段. 剑桥大学出版社,1960:附录,私用汽车普及情况。转引自:钱时惕. 科技进步与世界经济发展. 保定:河北大学出版社,2000:45

(2)航空运输业的开始。长期以来,由于技术条件的限制,人类实现飞天梦想的种种努力都没有成功。18 世纪末,人们利用新发现的氢气制成氢气球。1852 年,法国人季法尔在气球上装了蒸汽机制成了第一艘"飞船"。但蒸汽机因其笨重而不是"飞船"理想的发动机。寻找体积小而马力大的发动机成了"飞船"改进的关键。1876 年汽油内燃机的发明为"飞船"的改进带来了福音。1903 年,美国的赖特兄弟制成了以内燃机为动力的双翼飞机并在北卡罗来纳飞行成功,宣告"飞机"的诞生,实现了自古以来人类的飞天之梦。经过不断改进,1908 年 9 月,赖特兄弟为陆军所作的一次公开试飞表演获得成功,引起美国政府关注。1909 年,法国人布莱里奥驾飞机成功横穿英吉利海峡,连续飞行 40 千米。1918 年,巴黎—伦敦—华盛顿—芝加哥的定期邮政航班开通,标志着航空运输业的开始,为 20 世纪 30 年代以后飞机工业及航空运输业的更大发展奠定了基础。

由于内燃机的发明,把第二次产业革命推向了新的高潮。如果说第一次产业革命只有蒸汽动力一种动力技术体系的话,那么,第二次产业革命则有电机与热机两大技术体系。因此,第二次产业革命在深度、广度以及所带来的社会后果等方面都是第一次产业革命所无法比拟的。

第二节　世界经济的最终形成

在第二次技术革命与产业革命的推动下,世界各国的国民经济通过国际分工、世界市场、信息市场以及信息业和运输业的发展而逐渐成为相互影响、相互依存、相互补充的整体,从而形成统一的世界经济体系,标志着世界经济的最终形成。

一、第二次技术革命和产业革命的影响

(一)世界主要资本主义国家进入工业化社会

第二次产业革命中,电的广泛应用和钢铁、化工、交通运输业的技术突破,带动了欧美资本主义国家世界工业生产的高速发展。表 3 - 3 给出了 1700 ~ 1971 年的世界工业生产指数,从中可以看到,在第二次产业革命发生的 1870 ~ 1913 年间,世界工业生产增长了 4 倍多,这一增长速度超过了以前任何时期。然而,世界工业生产的增长是不平衡的,表 3 - 4 给出了 1870 ~ 1913 年世界工业生产的分布情况,从中可以看出,世界工业生产总量的 87% 以上主要来自于发生了产业革命的欧美等

主要资本主义国家;而技术上处于落后的广大亚非拉国家,经济上仍处于贫穷状态。在产业结构上,主要资本主义国家的工业产值或国民收入及就业人口都先后超过了农业,说明美、德、英、法等主要资本主义国家已先后进入了工业化社会。

表 3-3 1700~1971 年世界工业生产指数

年度	生产指数	年度	生产指数
1701~1710	0.55	1894	42.2
1802~1812	3.18	1900	58.7
1820	4.16	1913	100.0
1840	7.40	1929	153.3
1860	14.7	1938	182.7
1870	19.5	1948	274.0
1880	26.9	1971	950.0
1890	41.1		

资料来源:W. 罗斯托. 世界经济:历史与展望. 得克萨斯大学出版社,1978:附录 A。转引自:钱时惕. 科技进步与世界经济发展. 保定:河北大学出版社,2000:47

表 3-4 1870~1913 年世界工业生产的分布(%)

国别(地区) \ 年度	1870	1881~1885	1896~1900	1906~1910	1913
英国	32	27	20	15	14
法国	10	9	7	6	6
德国	13	14	17	16	16
俄国	4	3	5	5	6
比利时	3	3	2	2	2
意大利	2	2	3	3	3
斯堪的纳维亚		1	1	1	1
美国	23	29	30	35	36
加拿大	1	1	1	2	2
日本			1	1	1
上述国家合计	88	89	87	86	87
世界各国总计	99	101	100	99	100

资料来源:W. 罗斯托. 世界经济:历史与展望. 得克萨斯大学出版社,1978:52~53。转引自:钱时惕. 科技进步与世界经济发展. 保定:河北大学出版社,2000:47

（二）世界市场性质的变化

在18世纪中叶以前，世界各国已建立了一定的经济联系。当时的国际贸易，主要限于具有资源优势或传统工艺的少数商品，如欧洲的呢绒、金属制品和东方的珠宝、香料、丝绸和瓷器等名贵特产。这样一种贸易联系，主要是互通有无，尚未影响或制约各国经济自身的发展。两次产业革命，推动了国际分工的发展并使世界市场的性质发生变化，从而使各国经济相互影响，相互制约，逐渐形成一个整体。

1. 国际分工体系的发展。机器大工业（特别是电的广泛应用）取代工场手工业的生产后，首先使生产规模扩大了，分工则愈来愈细。这种分工规模的不断扩大，产品种类的大量增加，质量普遍提高，使大工业生产逐渐超出本国基地而走向世界。一方面，大规模生产所需的原料本国不能全部满足，要从国外进口；另一方面，大规模生产的产品本国不能全部消化，要向国外出口。当然，进口与出口都会遭到抵制，但是由于技术上的先进性以及大工业生产方式使其产品物美价廉，加上资本帝国主义的坚船利炮，足以打垮一切反抗。一方面国外的消费者经不住高压及诱惑，不得不买，世界各国成了工业品的销售市场，另一方面，国外的生产者抵不住冲击，不得不卖。在这种形势下，"一种和机器生产中心相适应的新的国际分工产生了"①。

机器大工业生产的中心首先是工业革命摇篮的英国，在19世纪中叶以前，它成为"农业世界的伟大工业中心"。在第二次产业革命以后，这种中心逐渐向美国及德国转移，而国际分工体系则进一步扩大与加强。

2. 世界市场性质的变化。在产业革命前，已经存在着世界市场，但早期的世界市场仅具有商业性质，它没有成为工业资本或农业资本扩大再生产必不可少的组成部分。建立在国际分工体系上的世界市场，其性质发生了变化。

随着机器大工业生产的发展，进入世界市场的商品数量和品种大幅度增加：原来在世界市场交换的商品，主要是一些生活资料或收藏物品，它们对于国内的生产不起重要作用。第二次产业革命后则不同了，在世界市场交换的商品，首先是各种生产原料（棉花、羊毛、矿砂、煤、铁等）及生产设备（机器、工具等），即生产要素进入了世界市场。由于生产要素进入世界市场，使各国（不论是工业国还是农业国）的生产过程和经济活动与世界经济紧密地联系在一起。这样一来，世界市场已成为机器大生产必不可少的条件，而不仅仅作为互通有无、追求猎奇的场所。这是机

① 马克思，恩格斯．马克思恩格斯全集．北京：人民出版社，1972，23：494

器大生产时代新的世界市场与工场手工业生产时代旧的世界市场的本质区别。

3. 资本市场的兴起。发达国家除了向亚、非、拉广大国家输出工业品、收购各类原料之外，还大量向各国直接投资开办工厂、矿山、商店和银行，掠夺这些国家的资源及财富。资本输出成为英、法、德、美工业发达国家控制世界经济的重要手段。表3－5给出了1825～1913年主要资本主义国家对外投资的统计数据。

表3－5 1825～1913年主要资本主义国家对外投资情况 （单位：百万美元）

年度	1825	1840	1855	1870	1885	1900	1913
英国	500	750	2 300	4 900	7 800	12 100	19 500
法国	100	（300）	1 000	2 500	3 300	5 200	8 600
荷兰	300	200	300	500	1000	1100	1 250
德国					1 900	4 800	6 700
美国						500	2 500

资料来源：W. 伍德鲁夫．西方人的冲击：关于1750～1960年欧洲在世界经济中作用的研究．麦克米兰出版公司，1966：150。转引自：钱时惕．科技进步与世界经济发展．保定：河北大学出版社，2000：50

总之，20世纪初，世界市场发展成商业资本、工业资本、金融资本激烈竞争的场所，并且它把世界各国、各地区的经济紧密联系起来了。

（三）电信业与运输业的发展强化了世界各地的经济联系

和第一次产业革命相比，第二次产业革命的一个重大创举就是电信业的蓬勃发展。电报、电话、广播、电视和传真的相继出现，把生活在各地的人们的信息相互联系起来。对经济活动来说，电报的作用尤为突出。因为电报是用文字（通过密码传译）来传递信息的，及时而准确。在这个意义上，海底电缆的铺设成功具有重要意义。1866年，第一条横穿大西洋的海底电缆的接通开创了欧美两大陆电报联系的先河。1870年，通过苏伊士运河、经亚丁湾到孟买的海底电缆接通，又开辟了欧洲与亚洲的电报联系。1871年，伦敦与上海的电报业务开张，则把当时世界上经济最发达的英国与世界上人口最多的中国联结起来。这样，以主要城市为中心，电报、电话、邮政把分散在各地、各个角落的生产者和消费者联系起来。贸易伙伴或合作对象，即使远隔重洋，也可通过电话异地进行商业谈判，通过电报异地进行贸易结算。

第二次产业革命与第一次产业革命相比的另一个巨大进步，就是交通运输业的迅猛发展。内燃机的发明，导致汽车与飞机的出现，开辟了交通运输的新天地；蒸汽机、燃汽轮机的发明，导致巨型远洋轮船的出现，大大提高了海上的运输能力。

值得一提的是，在这期间，苏伊士运河(1869 年)及巴拿马运河(1914 年)的开通，缩短了欧洲、亚洲、非洲和南北美洲之间的海上航程，再加上航行速度的大幅度提高，使海上运费大大降低，更促进了国际贸易的发展，把各国经济紧密地联系在了一起。

总之，电信业及运输业的发展，从信息联系及物质交换两个方面强化了世界各国的经济联系。

二、资本国际化与世界经济的最终形成

从19 世纪70 年代起，资本主义由自由竞争向垄断阶段转变。在世界经济的运行体系中，资本的国际化在这一阶段逐步形成并发展。19 世纪最后30 年间迅速兴起的第二次科技革命把人类社会生产力推向一个更新的阶段，为世界经济的完全形成和资本国际化奠定了技术基础。

如前所述，第二次技术革命在很大程度上以自然科学实验为基础，以电力、电力机械、内燃机、钢铁冶炼技术和化学工业技术为代表，并且在能源和动力、材料、交通运输、通信工具等方面有突破性进展。技术革命的重心从原先工业革命的纺织业和采掘业转移到重工业，尤其是电力发明和钢铁技术的进步，导致重工业大量出现，于是化学、汽车和石油工业等产业部门纷纷兴建和发展。在这一阶段，电力的应用不仅提供了可供远距离传输的强大动力，而且使信息传递速度大大加快，适应了社会化大生产的发展需要。钢铁工业的发展为交通运输工具的变革提供了物质基础，从而使世界各地间的经济联系更加紧密。总之，铁路、汽车和海运业的长足进步，电报和电话的发明和推广，大大缩短了世界各地的时空距离，把越来越多的国家纳入世界经济体系之中，不仅对世界经济的形成提出了要求，而且也成为世界经济的生产力基础。

由于技术革命的迅猛发展，各主要资本主义国家的企业竞相在生产中采用新能源、新材料和新技术，这就导致了企业对资金的需求急剧增长。这时，资本家除了加速剩余价值的资本化之外，还加快了兼并、发展股份公司的步伐，使资本迅速集中。于是，生产的集中达到了相当的高度，以卡特尔、托拉斯等形式出现的垄断组织在各主要资本主义国家的工业中已成为占统治地位的经济力量。

与此同时，以工业生产集中为基础，各国银行资本的集中得到了迅速发展，反过来又促进了工业生产的集中。于是，银行业与工业中的垄断资本互相渗透和结合，形成了金融资本。金融资本统治的确立，表明资本主义已进入垄断阶段。资本

积累和集中同垄断资本主义结合在一起的后果就是资本大规模的对外扩张和输出。由于垄断,大垄断组织迅速聚敛起巨额资本;由于垄断,大量资本在国内找不到投资场所,形成“过剩资本”。这些过剩资本必然要投向海外。因此,资本输出成为这一时期国际经济关系中最主要的经济现象。资本输出既带动了商品输出,通过出口信贷附加采购的协议,极大地促进了贷款国的商品输出,又能越过对方的贸易壁垒,在世界市场上占有更大的份额,以获取更大的利益。这样,资本输出一方面扩大了世界市场的内涵,使世界市场不仅包括商品市场,还包括了资本市场;另一方面,它还深化了国际分工,使原先的国际分工不仅以商品为媒介,又增加了资本这一媒介。特别是对外直接投资,使资本主义国家的生产过程向国际范围扩展,从而实现了世界范围的生产社会化和国际化,为世界经济的最终形成奠定了基础。

资本输出使得主要资本主义国家在全球范围瓜分市场,建立各自的殖民地,控制殖民地的经济命脉,扩展各自的势力范围,建立自己的原料产地、投资场所和商品销售市场。到20世纪初,世界领土已经瓜分完毕,世界市场地理界限的扩展基本告终,资本主义经济体系已囊括全球。资本输出使绝大多数经济落后的国家都被资本主义生产方式所统治和影响,不同程度地成为资本主义世界经济“链条”中的环节。由此可见,资本输出和市场分割使主要资本主义国家的市场经济生产方式从欧美少数国家扩展到整个世界,从而使世界经济最终形成。

在这一阶段,资本输出已成为资本主义国家竞争的最主要手段之一,因而各国不遗余力地进行资本输出,尤其是借贷资本的输出,从而对资本的国际化提出了必然的要求。这时,生产资本的输出还远不及借贷资本的输出,所占的资本输出的比重很小,跨国的生产性组织几乎没有发展,因此,生产国际化还处于起步阶段。

第三节 生产国际化与世界经济向纵深发展

第二次世界大战以后,在世界范围内发生了第三次科技革命,这是迄今为止规模最大、影响最深远的科技革命。这次科技革命的规模和速度大大超过以往两次,几乎各门科学技术领域都发生了深刻的变化,科学理论的突破与技术变革紧密结合,形成了统一的科学技术革命的过程。现代科技革命使生产资料发生了根本性的变化,生产工具、生产手段和劳动对象都发生了重大变革。现代科技革命推动了资本主义经济的大发展,也推动了资本主义经济结构的重大变动。由于各国经济迅速发展,商品国际化、资本国际化和生产国际化程度不断提高,各国之间的经济联系日益密切,各国都越来越深地融入世界经济之中。

第三次科技革命以原子能、电子计算机和空间技术的发展为主要标志,它在国际分工中的作用大为加强,使现代国际分工主要建立在现代工艺和技术基础之上,改变了以往以自然资源条件为基础的局面。在第三次科技革命的影响下,国际分工较战前发生了重大变化。它主要表现在从传统的工业制成品与初级产品之间的垂直型分工转变为工业制成品之间的水平型分工;从不同经济部门之间的分工转变为部门内部,产品、零部件和工艺、工序专业化的分工;从商品交换流通领域的间接分工转变为直接深入到各国生产领域的分工;从主要是物质生产领域的分工转变为深入到劳务或其他非实物生产和流通领域的分工;从由少数先进国家参与,并强加于落后国家的一种强制性、局部性分工改变为由发达国家与发展中国家积极参与的世界范围的分工。这种由传统的国际分工形式日益向现代国际分工形式的过渡,进一步推动了世界经济的发展。多层次、多形式的国际分工既将经济发展水平不同的国家联结在一起,为不同发展阶段的国家提供了各自的发展机遇,有利于全球经济的共同增长;又促进了高技术密集型产业的横向联合,加强了参与国之间的相互依赖,加速了生产国际化的进程。尤其是不断涌现的跨国公司已经成为国际分工的主要推动力量。它在全球范围内组织生产和销售,使国际分工从国家的宏观层面深入到企业的微观层面,从而把生产国际化推进到了新的历史阶段。

在科技革命的影响下,战后世界市场进一步发展。世界商品市场不仅范围和规模急剧扩大,使世界贸易的增长速度超过世界生产的增长速度,而且呈现出区域化、垄断化和集团化的新趋势,使区域经济集团和跨国垄断企业的内部贸易增长迅速,使世界商品市场结构日趋多元化。

战后世界市场的显著特征是国际金融市场的扩展。作为由众多跨国银行、证券交易所和投资机构集聚的大型的交易中心和通过现代化通信设备构成的广泛的金融交易网络,国际金融市场的发展和完善大大便利了国际贸易和国际融资,加速了资本的国际流动,调节了资本的国际流向,使资本国际流动和跨国投资的增长速度超过了世界生产和贸易的增长速度,从而为生产国际化的进一步发展创造了有利条件。

生产国际化主要表现为国际直接投资的迅猛增长。这标志着经济生活国际化越来越从流通领域深入到直接生产领域,跨国公司作为对外直接投资的主角和生产国际化的载体,已经成为推动当代世界经济发展的最重要的主体力量。迄今为止,跨国公司已发展到2007年的79 000余家,外国子公司790 000余家。从经济实力来看,跨国公司的生产总值已占到世界国民生产总值的2/3,其贸易总额占世界贸易总额的3/4。可见,跨国公司奉行全球化的经营战略,成为世界经济一体化的主要承担者和体现者。它通过对外直接投资,把资本、技术和管理合成为“一揽子资源”,把不同国家和地区、禀赋各异的生产要素加以优化组合,形成一种倍增的、新的生产能力,并把国家间生产的分工与协作在一定程度上转变为企业内部的分工与协作。总之,跨国公司的全球经营活动,使资本运动渗透到国际再生产的各个领域,在世界范围内有效地配置资源,从而引起世界各国生产、交换、分配等各方面经济联系的日益紧密,使世界经济发展到生产国际化的新阶段。

进入21世纪,经济全球化已成为不可逆转的时代大趋势。经济全球化以科技革命为根本动力(以知识经济为基础,以信息技术为先导),以市场化为制度基础,以贸易自由化、投资自由化、金融全球化、生产全球化、人才、科技和R&D全球化为主要内容,以跨国公司为载体,正推动着世界经济朝着纵深发展。这些内容都将在后面相关章节论及。

思考题

1. 简述第二次技术革命的历史背景。
2. 简述第二次技术革命的主要内容。
3. 结合前两章的内容,试阐述世界经济形成和发展的全过程。

主要参考文献

1 W. 罗斯托. 经济增长的阶段. 剑桥大学出版社,1960

2 W. 罗斯托. 世界经济:历史与展望. 得克萨斯大学出版社,1978

3 W. 伍德鲁夫. 西方人的冲击:关于1750~1960年欧洲在世界经济中作用的研究. 麦克米兰出版社,1966

4 钱时惕. 科技进步与世界经济发展. 保定:河北大学出版社,2000

5 张幼文. 世界经济学. 上海:立信会计出版社,2001

6 马克思,恩格斯. 马克思恩格斯全集. 北京:人民出版社,1972,23

第二篇

国际贸易、国际金融、国际投资的发展及其体制演变——世界经济运行的机制

- 第四章 国际贸易的发展及其体制演变
- 第五章 国际货币制度的演变及其发展趋势
- 第六章 国际投资与跨国公司的发展

第四章

国际贸易的发展及其体制演变

国际贸易(International Trade)是指国家(或地区)之间商品、劳务和技术的交换活动。它是世界经济的重要纽带和国际经济关系的基本形式,在世界经济体系的运行和发展中,无论是过去、现在、还是将来,国际贸易都具有重要的推动作用。

第一节 国际贸易的产生及发展

一、国际贸易的产生

国际贸易是一个历史范畴,是在一定的社会经济条件下产生和发展起来的。其产生的条件是:有可供交换的产品和进行交换的社会实体——国家。

原始社会初期,生产力水平低下,人类社会处于自然分工的状态,人类要依靠共同劳动获取维持生存所需的必需品,没有剩余产品可供交换,也不存在阶级和国家。到了原始社会后期,社会生产有了一定程度的发展,特别是三次社会大分工直接推动了社会生产力的发展和商品的交换,为国际贸易的产生创造了条件。第一次社会大分工,使畜牧业从农业中分离出来,促进了社会生产力的发展,出现了少量的产品剩余和氏族部落之间偶然的剩余产品交换。第二次社会大分工,使手工业从农业中分离出来,并由此产生了直接以交换为目的的生产,即商品生产。商品流通速度的加快和交换范围的扩大,使作为其媒介的货币随之产生,商品交换也由物物交换变成了以货币为媒介的商品流通。商品生产的进一步发展和商品流通的进一步扩大,促成了第三次社会大分工——专门从事商品交换的商人作为独立的职业而出现。在社会分工和社会生产力发展的作用下,原始社会末期出现了私有制、阶级和国家,商品流通便超出国界,国际贸易应运而生。

由此可见,从根本上说,商品经济和社会生产力的发展、社会分工的扩大,是国际贸易产生和发展的基础。

二、前资本主义时期的国际贸易

前资本主义时期包括奴隶社会和封建社会两个历史阶段。国际贸易虽然在原始社会末期产生,但由于规模很小,只能称为国际贸易的雏形。到了奴隶社会,自然经济仍占统治地位,生产的主要目的是为了消费,因而进入流通领域的商品数量不多,加之生产技术和交通工具的落后,对外贸易的发展受到很大限制,且带有明显的地域性。

进入封建社会以后,国际贸易的范围不断扩大。特别是15世纪末和16世纪初的地理大发现,使国际贸易无论在商品数量、交易种类,还是在贸易规模上都迅速扩大。与此同时,海洋运输业的发展、商品交易所和银行等各类商业机构和中介机构的出现,也推动了这一时期国际贸易的发展。但由于商品生产和交换在自给自足的自然经济占统治地位的封建社会中仍只处于从属地位,因而国际贸易并未对整个社会的生产方式和世界经济产生实质性影响。

三、第二次世界大战前的国际贸易

经过漫长的奴隶社会和封建社会,只有到了资本主义社会,国际贸易才真正拥有了自己蓬勃发展的经济基础,真正具有世界贸易的性质,并成为资本主义再生产过程中不可缺少的环节和世界经济体系的重要组成部分。

16世纪到18世纪中叶,是资本主义生产方式的准备时期,即由封建生产方式向资本主义生产方式过渡的时期。在这一时期,城市手工业的发展和地理大发现推动了商品生产和交换的进一步发展,而国际贸易的发展和扩大,又促进了资本的原始积累,从而推动了资本主义生产方式的诞生。可以说,国际贸易的发展为资本主义生产方式的最终确立提供了必要条件和充足的动力。

18世纪后期到19世纪中叶是资本主义自由竞争时期。在这一时期,英、法、德、美等世界上主要的发达国家相继完成了人类历史上的第一次产业革命,并确立了资本主义生产方式的统治。纺织机、织布机、蒸汽机等的发明和应用,使机器大工业取代了工厂手工业，提高了社会生产力水平，导致商品生产迅速增加。商品流通速度的加快和规模的扩大，一方面需要更为广阔的销售市场，另一方面需要更加稳定的原料来源，其结果促进了国际贸易的空前发展和世界市场及国际分工的最终形成。

这一时期国际贸易的特点：一是国际贸易迅速扩张，其增长速度超过了世界生产的增长速度；二是国际贸易为少数发达国家所垄断，1880 年，英、法、德、美、俄五个国家的对外贸易量占了国际贸易总量的 54.9%①；三是作为世界上第一个完成工业化的国家，英国成为世界经济和世界贸易的中心，1880 年其贸易量占了世界贸易量的 20.8%②；四是这一时期，在国际贸易的商品结构中，传统贸易的奢侈品所占份额开始下降，而纺织品、钢铁、机器为代表的工业品和工业所需要的各种原料和农副产品在国际贸易中占据了主流；五是宗主国与殖民地、发达工业国与初级产品生产国之间的国际分工开始形成。

从 19 世纪 70 年代开始，资本主义由自由竞争阶段向垄断阶段过渡，自此至第二次世界大战的约 70 年左右的时间里，国际贸易发生了很大变化。一方面，第二次科技革命推动了国际贸易的进一步发展，另一方面，由于几次资本主义经济危机和世界大战等因素，国际经济格局发生变化，资本主义发展的不平衡状态已有显现，并影响到国际贸易的发展和变化。

这一时期的国际贸易有如下特点：第一，虽然国际贸易绝对量继续增加，但战争使国际贸易增长放缓，其增长速度落后于世界生产的增长速度，从 1913 年到 1938 年，世界出口平均年增长率仅为 0.7%；第二，英国虽仍是第一大贸易国，但在世界贸易额中的比重不断下降，由 1870 年的 22% 降至 1937 年的 19%，而美国此间在国际贸易额中所占比重则不断上升，由 8% 增至 13%；第三，殖民地国家对外贸易发展较快；第四，一些发达的资本主义国家开始以资本输出带动商品输出；第五，在制成品贸易结构中，轻工业产品的比重下降，机械产品和化工产品的比重上升。

四、当代国际贸易的发展及其特征

第二次世界大战以后，世界政治和经济形势发生了一系列变化。殖民地国家相继独立、第三次科学技术革命引发了大批新兴产业部门、东亚新兴工业化国家迅速崛起、跨国公司迅猛发展、区域经济集团化和经济全球化趋势不断加强、关税与

① 庄宗明．世界经济学．北京：科学出版社，2003：64

② 庄宗明．世界经济学．北京：科学出版社，2003：64

贸易总协定(GATT)及其延伸——世界贸易组织(WTO)成立等,都对国际贸易的发展产生了深远的影响,使其无论在形式上还是在内容上,都发生了很大变化,出现了许多新的特征。

(一)国际贸易呈阶段性增长

第二次世界大战后,国际贸易规模不断扩大,世界贸易额从1950年的607亿美元增长到2010年的15.082万亿美元[①],50多年间扩大了近250倍。但这种增长并不是直线上升,而显示出不稳定的波浪式阶段性特征。战后国际贸易的发展大致可以分为四个阶段:从战后到20世纪70年代初,世界各国都在进行恢复性建设,世界经济和国际贸易均得到空前发展,国际贸易的增长速度快于世界经济。1948~1973年,世界贸易量(出口量)年均增长率达7.8%(战前增长迅速的1900~1913年,年均增长率为4.1%),世界生产的年均增长率为6.1%[②]。这一时期被西方学者称为国际贸易的"黄金时代"。20世纪70年代中期开始到80年代中期,世界经历了两次经济危机,并伴随着能源危机和严重的通货膨胀,出现了"滞胀"局面,国际贸易也陷入了缓慢发展的时期,发达国家和发展中国家的出口都有所下降,个别年份甚至出现负增长。1974~1982年,世界贸易量年均增长2.4%,大大低于前一个阶段。危机过后,20世纪80年代中期到20世纪末,国际贸易增长恢复迅速,特别是1995年世界贸易组织的成立,进一步推动了全球贸易的自由化。在世界多边贸易体制、新一轮科技革命和全球性产业结构调整的综合作用下,世界经济和国际贸易进入了新的增长期。1985~1995年间,国际贸易量年均增长6%;20世纪90年代中后期,甚至出现过年增长率8%(1995年)和9.5%(1997年)的高峰时期。整个90年代,世界贸易的增长速度一直稳定在6.5%的水平[③]。21世纪,国际贸易进入战后第4个发展阶段。新世纪,世界贸易波动较大,发展变化情况异常复杂。先是受IT产业泡沫破裂和美国"9·11"事件的影响,2001和2002年世界贸易出现负增长的局面。2003年,世界贸易开始走出困境,比上一年增长了4.5%,这种增长持续了多年。2007年,世界贸易额增长接近6%。2008年,受美国金融危机的影响,全球贸易又出现下滑的局面,2008年,世界贸易额增速减缓,下降到2%。据世界贸易组织统计数据显示,2009年世界贸易出现负增长,降幅为12%,为60年来最大降幅。直至2010年7月世界贸易额才基本恢复到2008年6月以前的水平。

---

① 世界贸易组织(WTO) 2011年3月14日。

② 魏允哲,蔡国栋. 世界经济概论. 北京:中国计划出版社,1999:53

③ 李卓. 2003年全球贸易概括:回顾与展望. 世界经济. 2004(3)

(二)世界经济对贸易的依赖程度越来越高

贸易依存度是指进出口贸易额在一国或地区国内生产总值中所占的比重;出口依存度是出口总额在国内生产总值中的比重,进口依存度则是进口额在国内生产总值中的比重。贸易依存度可以用来衡量一国经济或世界经济对国际市场的依赖程度,该指标的变化意味着国际贸易在全球经济中所处地位的变化。第二次世界大战以后,全球贸易依存度的提高,反映了世界经济对贸易的依赖程度越来越大,或者说国际贸易对世界经济的推动作用不断增强。目前,世界进出口总额占全球 GDP 的比重已由 1970 年的 28% 上升到 2008 年的 53.3% 以上(见表 4-1)。

表 4-1 全球及部分国家贸易依存度变化情况 (%)

年份	中国	印度	巴西	韩国	马来西亚	新加坡	美国	日本	英国	德国	全球
1970	5.0	8.3	14.6	33.8	82.1	209.7	8.7	19.4	33.5	34.2	28
1980	12.6	13.9	19.2	70.5	101.5	409.1	17.0	25.5	42.9	40.0	36
1990	30.8	15.9	11.5	53.5	143.3	307.3	16.5	17.6	41.6	50.6	39
2000	43.9	20.1	19.2	72.1	200.3	293.9	20.8	18.1	42.9	56.2	41
2008	59.2	37.7	23.6	92.3	183.9	361.7	29.9	31.6	41.2	73.0	53

资料来源:IMF. 国际金融统计年鉴;2008 年数据根据《世界统计年鉴 2010 年》整理。

(三)产业内贸易及企业内贸易成为国际贸易的主流

产业内贸易(Intra-industry Trade, IIT)是指同一产业内部商品的国际流通,即一国同时出口和进口同一类产品;企业内贸易是指在同一公司控制下的国际商品流通。由于规模经济的作用和同类产品异质性的增强,第二次世界大战后全球产业内贸易迅速发展。产业内贸易的这种发展与跨国公司的全球化生产经营活动紧密相连,跨国公司是产业内贸易的重要载体。产业内贸易和跨国公司的企业内贸易互相交织、相伴而行,成为战后国际贸易发展的新特征,同时也是影响国际分工、促进新兴产业形成和主导产业成长的重要因素。

跨国公司按照全球化经营战略,通过其生产工序的横向分工或垂直分工的经营机制,促进同一产业内部中间产品和最终产品的规模生产和流动。采取垂直一体化经营结构的跨国公司,通过母公司、子公司之间不同生产工序和环节的垂直结合,形成了上下游内部的供求关系。即处于某一生产阶段的子公司从其母公司或其他子公司输入零部件或中间产品,加工后返回母公司或输往其他子公司。各国统计上常常将在这种生产及贸易活动中产生的零部件、中间产品及加工产品的进出口视为同组产品，因而被统计成产业内贸易。由此可见，跨国公司的垂直一体化经营结构的内部贸易是产业内贸易的重要来源之一。采取水平一体化经营结构的跨国公司，母子公司之间生产完全相同的产品，形成共同经营一种产品的横向分工结构。这种水平一体化的跨国公司倾向于在经济发展水平和市场规模相似的国家之间从事经营活动，而这种经营绝大部分也是产业内贸易。因此，从产品的差异性和消费者需求多样性的角度分析，跨国公司水平一体化经营结构也是产业内贸易的重要来源。

由此可见，跨国公司内部母公司与子公司之间、子公司与子公司之间原材料、中间产品、零部件和生产设备等的流动，客观上推动了国际贸易由产业间贸易向产业内贸易、进而向企业内贸易的深入发展。20 世纪 70 年代中期，发达国家的产业内贸易比率为 50% 左右，到 90 年代初，其产业内贸易已接近 60%；在发展中国家，这一比率也超过 40%。据联合国跨国公司项目估计，美国至少有 80% 的国际贸易与跨国公司有关，其中大约 1/3 为公司内贸易。在全球国际贸易总额中，跨国公司的内部贸易也占 1/3 以上。目前，世界制成品及其零部件的贸易正越来越多地纳入公司内、产业内贸易的轨道，世界产业间贸易的主导作用已让位于产业内贸易，成为贸易利益的主要来源。

（四）由传统的单一贸易方式转变为多种贸易方式的相互融合

贸易方式是指国际交换中买卖双方交易的具体形式。传统的贸易方式多是进口与出口一一对应的交换关系，如包销、经销、代理、拍卖和投标等。随着国际贸易的发展和各国经济往来的日益频繁，便捷交换、促进各国经济合作的各种新的贸易方式应运而生。例如，一方在提供技术、设备、专利等的同时承担购买对方一定量商品义务的对等贸易（也称对销贸易）。它将出口与进口直接联系起来，可不动用现汇，具体形式包括补偿贸易、易货贸易和转手贸易等。由此可见，由于它既是一种贸易方式，又是一种特别的信贷方式，因此在发展中国家的技术引进时使用较多，对外汇储备相对紧缺的发展中国家具有重要意义。再如，以保税方式从国外进口原辅材料和中间产品，经加工为成品后复出口的加工贸易，从 20 世纪 50 年代初的朝鲜战争开始①，便受到各国的青睐，并在全球迅速蔓延，成为跨国公司企业内贸易的主要方式和世界产业结构调整的重要载体。通过以加工贸易方式承接先进

---

① 加工贸易最早出现于 20 世纪 50 年代初的朝鲜战争时期。当时，日本、中国台湾地区的一些工厂以来料加工的形式接受了为美军加工军需品的订单，这些加工工业对该地区恢复经济和积累资金产生了一定影响。

国家诸如纺织、造船、机械和化工等传统产业，日本和亚洲“四小龙”改变了本国技术和资金缺乏、失业问题严重的发展条件，发挥了劳动力资源充裕的优势，实现了产业结构的升级和转化，经济迅速崛起，并成长为发达的经济国或新兴的工业化国家（地区）。作为一种新的贸易方式，加工贸易的迅速发展和对发展中国家的深远影响引起了世界贸易组织的极大关注。世界贸易组织《2000 年年度报告》在评述发展中国家的贸易发展时认为，在过去 15 年中，发展中国家对外贸易的高速增长，部分归因于这些国家加工贸易的扩展①。

此外，租赁贸易、交钥匙工程等方式也在当今的国际贸易中广为使用。贸易方式的上述变革，有效地将商品贸易同国际投资、技术贸易、劳务承包结合在一起，将生产销售同信用融资等结合在一起，从而使传统的以物换物的单一贸易方式变为多种方式相融合的国际经济合作方式，有力地促进了战后国际贸易的发展。

（五）交易手段电子化成为新的发展趋势

传统的国际贸易中，每笔交易从谈判开始到最终收汇，是通过以纸张为媒介的合同及各种单据的传递来完成的，其过程涉及环节多，牵涉部门广，耗费时间长，且包含许多不确定因素。而从 20 世纪 70 年代起，以微电子技术为基础的现代信息技术逐渐改变了这种局面。20 世纪 90 年代开始，国际商务活动逐渐告别了自由贸易以来的纸张单据时代，迈进了以电子数据处理和电子信息传递为贸易手段的电子商务时代。

所谓电子商务（Electronic Commerce），是指交易各方当事人利用电子信息技术、互联网络技术和现代通信技术所进行的商品、技术和服务的交易活动。WTO 对电子商务的定义是“通过电子方式进行货物和服务的生产、销售、买卖和传递”②，即无纸贸易或国际交换过程的电子化。在电子商务中，交易当事人通过电子数据交换（Electronic Data Interchange，EDI）和处理向生产单位下达订单，向供应商订购零配件，向运输部门预订集装箱、船位或车皮，向海关、商检等部门办理进出口所需的各种手续，通知银行结汇等。EDI 将订货、销售、收款的整个交易过程贯穿起来，并自动处理完成。因此，利用 EDI 可以减少国际贸易中的时间延误，减少甚至消除纸面文件和单据处理时数据的重复输入，防止欺诈行为，提高准确性，简化工作程序，降低相关成本，提高文件的传递和处理速度，提高效率，加快资金周转

---

① 参见 WTO. *Annual Report 2000*

② WTO 1998a：Declaration on Global Electronic Commerce and Ministerial Conference. Geneva：WT/MIN (98)DEC/2

速度。因此,EDI 技术一成熟,就受到各国的普遍重视并在经贸领域中被广泛应用。在追求交易成本最小化的经济动力驱使下,各国都将电子商务作为降低成本、提高竞争力的重要手段而大力发展。

由于 EDI 在降低成本和促进贸易发展方面的作用和效率,联合国已采取措施,为 EDI 在全球的普及和推广创造条件。如联合国贸易与发展会议首先从货物清关开始,研制成一套价格低廉、操作简便的计算机清关系统,并在 50 多个发展中国家试验、推广,效益显著。在此基础上,贸发会议又于 1992 和 1994 年先后聚会,提出并通过了贸易网点计划(Trade Point Program,简称 TP 计划),该计划的主要内容之一是:贸发会议国各自利用高新技术在其城市建立为贸易提供便利条件的贸易网点,该网点把为贸易提供服务的所有业务部门如海关、银行、保险公司、商检、运输及电讯和邮政等集中在一起或通过统一标准媒介联合办公,实现在“一个屋檐下”办公,为商人提供一条龙式的服务。各国还要进一步将彼此的网点进行计算机联网,使贸易网点网络化。通过构成全球性的贸易网站,促使大量的信息迅速交换,从而促成交易的达成。此外,1998 年,世界贸易组织在日内瓦召开了为期3 天的电子商务会议,达成了一项至少在一年内对通过因特网销售的软件和货物免征关税的协议(不包括那些虽通过网站订购但还需用一般方式经过国境线才能交付的产品,如“耐用消费品”)。虽然世界各国对该协议持有不同意见,但均把它看做是电子商务发展史上的一个里程碑,认为它对电子商务的普及和发展、对发展中国家信息基础设施的建设和信息产业的发展客观上起到了推动作用,并为永久性禁止征收网络贸易关税奠定了基础。

有关国际机构的上述举措,推动了国际商务活动的信息化和无纸化,目前世界上已有几十万家公司、1 500 多家银行进入这一崭新的领域,电子商务交易额迅猛增长。据 Visa International 的产业观察家统计,1998 年全球电子商务交易额 153 亿美元,1999 年猛增至 265 亿美元。根据联合国贸发会议的统计,2002 年,全球电子商务交易额达到 2.3 万亿美元,其中 B2B 交易额为 21 600 亿美元,占总额的 94.2%,2007 年,全球仅 B2B 交易额就达到 8.3 万亿美元[①]。电子商务的迅猛发展,不仅对传统的贸易运作方式构成冲击,而且对深化国际分工、统一国际市场、改变国际贸易成本结构、经营方式和经营主体,对促进世界贸易和全球经济的增长等都产生了深远的影响。电子商务将以其突破时空限制、促使信息跨国界传递和资

① 发展电子商务现代流通方式. http://www.mofcom.gov.cn

源共享等明显优势得到更大发展。

（六）国际贸易保护主义手段不断翻新

第二次世界大战后，由于以《关税和贸易总协定》为标志的全球多边贸易体系的出现及其对贸易自由化的推动，贸易保护主义更多地采取了非关税壁垒措施，且保护的手段、内容和形式等都更加隐蔽，且出现了一些新的特点和趋势。

1. 国际贸易保护主义的新特点。这些特点可概括如下：

一是保护范围由初级产品扩大到工业制成品，保护对象由幼稚工业扩展到传统工业。以往各国采取贸易保护的措施主要集中于本国不具备竞争力的农产品和新兴的幼稚工业，目的是使其在不受或少受外来产品的冲击下迅速健康地发展。但今天贸易保护主义却被一些国家作为经济报复和贸易歧视的手段，其保护范围也由幼稚工业扩展到传统工业，甚至夕阳工业，保护产品由农产品等初级产品扩展到具有竞争力的工业制成品。

二是保护主体由各个国家的单独保护转变为以经济集团为主体的区域性保护。随着世界经济区域一体化进程的加快，各种区域性经济组织不断增多，贸易保护主义也由单个国家的独立措施演变成经济集团的区域性行为。其表现形式是在成员国内部降低或消除相互之间的进入壁垒，实行对内商品、资本、劳务和人员自由流动的同时，对非成员国则实行排他性的贸易政策，形成进口商品的区域壁垒。如欧盟对对其以外国家先后制定了限制纺织品进口、保护区域集团内电子产品市场等一系列保护政策措施和对进口产品实行强化管理的制度等。

三是保护措施由显性壁垒转向隐性壁垒。在关税壁垒逐渐为非关税壁垒所代替的过程中，各国的显性非关税政策逐步让位于隐性非关税政策。据世界贸易组织报告，目前，进口许可证制度、进口配额制度、外汇管制等显性非关税政策有40多种，而逃避世贸组织条款约束的隐性非关税政策则多达1 000多种，涉及技术标准、卫生标准、环境标准和包装标志等诸多方面，繁杂苛刻、名目繁多，且变幻莫测、防不胜防。

四是保护方式由政策性措施向立法形式转变。随着WTO所倡导的贸易自由化原则的落实，阻碍贸易发展的随意性贸易保护政策越来越受到人们的非议。因而，一些国家披起“法律”这个合乎国际惯例的外衣，将带有保护色彩的外贸政策法制化，利用《反倾销法》、《环境保护法》、《综合贸易法》、《反补贴法》等的某些规定，以不符合法律要求为名，将国外进口商品“合理合法”地拒之门外，使那些法律制度不够健全的发展中国家深受其害。

2. 国际贸易保护主义的新方式。当今的贸易保护主义不再依靠高额的关税壁垒，而是更多地采取技术性贸易壁垒、绿色壁垒、社会壁垒、动物福利壁垒和WTO允许的贸易救济措施等非关税壁垒方式。

(1)技术性贸易壁垒。国际贸易中的技术性贸易壁垒(Technical Barrier of Trade)是指进口国在实施进口管制时，通过制定和颁布各种技术标准、技术法规、检验制度和认证制度以及卫生检验、商品包装和标签标准的方式，提高对进口产品的技术要求，从而形成贸易障碍，最终达到限制进口的目的。随着贸易自由化进程的推进和关税壁垒向非关税壁垒的演变，国际贸易中的技术壁垒也由其保证产品质量、保护消费者利益的初衷退化为阻碍他国商品进口的贸易障碍。伴随着人类生活质量的提高和消费者自我保护意识的加强，在"维护消费者利益"的幌子下，国际贸易中的技术壁垒更是愈演愈烈，各种技术标准、安全法规、卫生标准、检验手段等防不胜防。在各种非关税壁垒中，技术壁垒约占30%。据统计，仅欧盟就有9种认证体系和各类技术法规标准10万个；德国目前应用的工业标准有1.5万种；日本除颁布了《消费品安全法》外，还制定了25种认证体系；美国总统签署的《综合贸易法》和美国政府推行的55种认证体系更是有过之而无不及。当前国际贸易中的技术壁垒主要表现为技术标准、安全标准、包装规定、检验标准和认证标志等几种形式。

(2)绿色壁垒。"绿色壁垒"又称环境壁垒，是指进口国以生态环境、自然资源和人类健康为借口，通过立法或制定过于苛刻的环保标准或技术标准限制他国商品进口，达到保护本国市场目的的贸易保护措施。

在世界贸易和经济迅速发展的同时，全球范围内的生态环境也遭到日益严重的破坏。生态环境的不断恶化已经影响了一些国家和地区经济的健康发展，也使全球经济发展的进程受到一定程度的制约。因此，环境问题从20世纪90年代开始便引起国际社会的广泛关注，许多国际机构和组织努力寻求和采取各种环境保护手段及措施，通过经济贸易的方式，引导经济与环境的和谐发展。于是，打着环境和生态保护的幌子行市场保护之实的"绿色壁垒"应运而生。绿色壁垒由于其名义上的合理性、行为上的合法性、内容上的广泛性、保护方式上的灵活性和操作上的隐蔽性而被越来越多的国家所采用，特别是受到技术水平高、环境标准高的发达国家的青睐。目前绿色壁垒主要表现为环境标志、生产加工技术标准、环保包装要求、卫生检疫制度、政府环保补贴和征收环保进口附加税等几种形式。例如，日本对大米进口检验的理化指标多达104项。

(3)社会壁垒。社会壁垒是指以保护劳动者劳动环境和生存权利为借口采取的贸易保护措施。作为社会壁垒的主要标准是SA8000。SA8000是由美国的非政府组织——经济优先权委员会(CEPAA)(2001年更名为社会责任国际SAI)于1997年推出的全球第一个可用于第三方认证的社会责任标准(Social Accountability 8000,SA8000)。该标准是基于国际劳工组织宪章、联合国儿童权利公约、世界人权宣言而制定的一种以保护劳动环境和条件、劳工权利等为主要内容的管理标准体系。它包括童工、强迫劳动、就业歧视、组织工会和集体谈判权、健康与安全、工时与工资、惩罚措施和管理体系等9个方面;它强调企业或组织在赚取利润的同时,必须主动承担对环境、社会和利益相关者的责任;其宗旨是确保供应商所供应的产品符合社会责任标准的要求。目前社会责任标准认证越来越多地出现在跨国公司和全球大采购集团订单的附加条件中,全球大的采购集团非常青睐有SA8000认证企业的产品,如果企业未获得SA8000认证或存在违反标准的行为,就会被停单或撤单。虽然SA8000的初衷是好的,但被许多发达国家利用将此作为限制发展中国家商品进入本国市场的障碍。

(4)动物福利壁垒。一些国家利用已有的动物福利优势,通过制定动物福利法提高进口动物的包括饲养、运输等福利标准,对达不到或违反了这些标准的动物限制或禁止进口。这种将动物福利作为进口产品标准以限制进口的贸易保护措施称为动物福利壁垒。

(5)贸易救济措施。贸易救济措施是指当外国进口商品对进口国国内产业造成负面影响和冲击时,进口国政府所采取的减轻乃至消除该类负面影响的措施。它包括反倾销①、反补贴②和保障措施。

反倾销是指进口国对外国商品在本国市场上的倾销行为所采取的抵制措施,一般是征收反倾销税;反补贴是指进口国政府针对接受补贴的进口产品所采取的限制性措施,一般是征收反补贴税;保障措施是指世贸组织成员方在进口产品激增并对其国内产业造成损害或严重损害威胁时所采取的进口限制措施。保障措施在性质上不同于反倾销和反补贴措施。保障措施针对的是公平贸易条件下的进口产品,而反倾销和反补贴措施则针对的是不公平贸易。

由于这三项措施使用条件较为宽松,操作上有较大的自主性和弹性,安全有

---

① 倾销是指一国出口商以低于产品正常价值的价格,将产品出口到另一国市场的行为。

② 出口补贴是指一国政府在商品出口时给予出口厂商的现金补贴或财政上的优惠,目的是增强其产品在国外市场上的竞争力。

效，特别是由于这三项措施都是世界贸易组织所允许的贸易救济手段，因此，目前已经成为世界贸易组织成员使用最频繁、应用最广泛的限制进口的贸易救济措施，甚至被一些国家用来作为实施贸易保护的法律依据。

日本的一项调查显示，20 世纪六七十年代，全世界平均每年反倾销调查案 40 件，80 年代后半期每年反倾销调查案 114 件，90 年代增加到每年 190 件。进入 21 世纪，这种趋势更是有增无减。2000～2003 年，全球反倾销调查案每年分别为 251、348、285 和 211 件①。在美国金融危机引发的全球经济衰退的大背景下，贸易保护主义更加猖獗。一些国家滥用世贸组织规则所允许的贸易救济措施，频繁使用反倾销、反补贴、保障措施等贸易救济手段，加大对贸易伙伴的限制。据 WTO 秘书处统计数据显示，2009 年全球共发起反倾销调查达 437 起，是迄今为止发起反倾销数量最多的一年。

（七）国际管理贸易进一步发展

管理贸易（Managed Trade）又称有组织的贸易（Organized Trade），是 20 世纪 70 年代中期以来国际上出现的一种贸易理论与政策。从字面意义上可以理解为是一种有管理的贸易。它一般是指通过国际协定、政府间协议、民间协商、国内立法等方式进行组织和管理的贸易，是政府控制和约束的贸易。其主要目的或在于限制进口、管制出口，或在于控制价格、实施监管，以缓和各国间的贸易摩擦。管理贸易虽然带有保护主义的色彩，但它与传统的保护贸易有所不同。它不是绝对地、生硬地限制他国产品进口，而是通过他国能够接受的协议方式达到适度保护的目的，在某种程度上兼顾了他国的利益。管理贸易也不同于纯粹的自由贸易，二者的区别在于政府对本国对外贸易不是采取放任自流的态度，而是通过签署协议、多边协调或磋商谈判，对本国进出口贸易和全球贸易关系进行干预、协调和管理。由此可见，管理贸易是一种强调适度保护和有国际政策协调的自由贸易，或者说是有组织的自由贸易，它表现为有限度的保护贸易和主流的自由贸易。事实上，当前的世界贸易既非纯粹的自由贸易也非纯粹的保护贸易，而是兼有二者特点的管理贸易。在纯粹的自由贸易很难得到真正实施的当今时代，在世界发展到强调“共赢”的互融阶段，这种强调国家适度干预的管理贸易存在和发展有其一定的合理性。可以将这种既有自由贸易因素、又有保护主义色彩的管理贸易理解为一种“修正的自由贸易”或“温和的保护贸易”。

① 迈耶·布劳恩．罗马国际咨询公司．MAYER BROWN ROWE & MAWLIP

第二次世界大战后，世界政治经济的多极化发展、区域贸易集团化和世界贸易自由化趋势的加强以及殖民地独立和发展中国家的崛起等，使国家之间的经济依赖加强。在各国之间的交往中，既需要采取自由贸易、消除对外经济扩张的限制，同时也需要借助国家的力量进行干预，对本国产业进行保护，这些都需要一个稳定有序、公平有效的国际经济环境。在这种国际经济背景下，国际管理贸易有了进一步发展。

管理贸易主要表现为以下几种方式。

一是单边、双边或多边协调管理方式。单边协调管理是指一国针对有关国家的某些贸易政策和行为，在单方面基础上作出的反应。如美国的"特别 301 条款"和"超级 301 条款"，曾将许多国家列入美国实施单方面报复的清单，并采用单边贸易制裁；双边协调管理主要是通过双边政府贸易协定、贸易议定书等来约束和解决国家间的贸易关系，如 1982 年美国与欧共体谈判达成的钢铁自愿出口配额；多边协调管理主要是通过多边协定维护贸易秩序和贸易关系，如在联合国贸易与发展会议安排下的商品综合方案、国际商品协定等。多边协调管理还包括关贸总协定及世贸组织所达成的各种多边协议和协定。

二是区域性经济组织对区域贸易进行的管理。区域性经济贸易集团一般通过签订条约、章程以及建立超国家的权力机构，协调和统一成员国之间的贸易政策，规范成员国的贸易行为，实现集团内部的贸易自由化。由于各成员国采取一致的对外经贸政策，在共同利益基础上达成的协议具有较强的约束力。如《北美自由贸易区协定》、《建立欧洲经济共同体条约》等。

三是不受关贸总协定法律制约的"灰色区域"措施，包括"自动出口限制"、"自动出口协定"、"有秩序销售安排"等。这些协定或协议表面上是当事人双方的自主意识，实质上是出口国迫于进口国对其实施更严厉的贸易制裁的压力，通过谈判而达成的妥协，如 20 世纪 70 年代美国对日本的汽车实行的"自动出口限制"措施。

随着科学技术发展和人类生活质量的提高，国际管理贸易的内容也发生了变化。管理贸易的重点由数量限制、价格管理向产品质量、技术标准等方面转变，管理贸易方式由国内立法、单边标准向多边立法和国际统一标准转变。特别是世界贸易组织的成立使国际管理贸易趋势进一步加强，并将其推向更高的水平。国际管理贸易的发展有效地避免了由于一国对进出口贸易的强行干预而引发的贸易摩擦和贸易大战，兼顾了各国的贸易利益，使世界各国之间的贸易关系在有组织的协调管理和政府多边或双边协议的约束下健康发展,使世界贸易的恶性竞争变为公平基础上的规范竞争,也使全球贸易自由化得以在世界经济的协调发展中逐步实现。

第二节　国际贸易结构及其格局的变化

一、国际贸易结构的变化

国际贸易结构(International Trade by Commodities)是指一定时期内各类商品在国际贸易总额中所占的比重。随着科学技术的发展,特别是信息革命的到来,技术作为生产要素在国际贸易中的作用越来越明显,并在世界贸易结构的变化中发挥着主导作用。科技含量、知识含量、技术程度等科技要素成为衡量世界贸易结构的主要指标,以提供和交换劳动为内容的国际服务贸易、以高技术产品和高附加值产品为对象的现代技术贸易、以信息产品和环保产品为扩展领域的新兴贸易等,构成了世界贸易结构变化的基础,引导着世界贸易由简单生产要素投入为主导的传统贸易结构向以智力资源占用为主导的知识型结构转变。

(一)工业制成品贸易的比重不断上升

二次大战前,由于殖民主义宗主国与殖民地落后国家的国际分工以垂直型分工为主,故初级产品在国际贸易中的比重一直高于制成品。战后,这些殖民地国家纷纷走上民族独立和经济独立的道路,它们摆脱了殖民统治,自主地发展本国贸易和经济,工业制成品贸易在出口总额中所占比重不断上升,从1970年的18.5%提高到1990年的52%。与此同时,发达国家间的双向贸易也大幅度增加。这些都推动了全球工业制成品贸易的发展,使工业制成品贸易在世界贸易出口总额中的比重由战前(1938年)的40%提高到目前的80%,而初级产品贸易所占比重则一路下跌至20%左右。其中,农产品贸易由1985年的11.3%降至2002年的7.2%,矿产品贸易由19.3%减少到9.7%①。此外,制成品贸易的内部结构也发生了显著变化,表现为传统的工业制成品比重不断下降,资本货物、高新技术产品和深加工、高附加值产品比重则大幅度上升。

① 苏蔓薏.国际贸易结构发生两大变化.国际金融报.2004-06-18

（二）国际服务贸易增长迅速

服务是指以提供活劳动的形式满足他人某种需要并获取报酬的活动。国际服务贸易是国家间所进行的活劳动交换。服务贸易“包括跨越国境的服务和消费以及各种生产要素的跨越国境的移动”①。世界贸易组织《服务贸易总协定》将服务贸易概括为以下四个方面：①跨境交付（Cross - border Supply），指服务的提供者在一成员的领土内向另一成员领土内的消费者提供服务；②境外消费（Consumption Abroad），指服务的提供者在一成员的领土内向来自另一成员的消费者提供服务；③商业存在（Commercial Presence），指一成员的服务提供者在另一成员领土内设立商业机构或专业机构，为后者领土内的消费者提供服务；④自然人流动（Movement of Personnel），指一成员的服务提供者以自然人的身份进入另一成员的领土内提供服务。

20 世纪 60 年代以来，由于各国政府逐步放宽了对服务贸易的限制，国际服务贸易迅速发展，且在整个国际贸易构成中的比重迅速上升，并与货物贸易和技术贸易一起构成当代国际贸易发展的三大支柱。20 世纪 70 年代，国际服务贸易的发展速度大体与一般商品贸易持平。但从 80 年代起，世界服务贸易的发展明显快于商品贸易，进入 90 年代，这一趋势更加明显。2007 年，国际服务贸易出口额已达 3.4 万亿美元，比 1970 年的 710 亿美元增长了 47 倍，年均增长 14%，高于同期世界货物贸易 5.9% 的增长速度。再从服务贸易在整个国际贸易中所占的比重看，1970 年，国际服务贸易出口额 710 亿美元，约占世界贸易总额的 1/10 左右，20 世纪 80 年代这一比例上升为 1/6，进入 90 年代以后，这一比重上升到 1/5。

在国际服务贸易规模和速度迅猛发展的同时，服务贸易的结构也在发生变化，这种变化同世界经济发展和科学技术水平呈正相关态势。国际服务贸易主要由运输、旅游和其他服务业（包括金融、保险、通信、建筑、计算机与信息、其他商业性服务及文化与体育服务、知识产权等）三大部分构成。近年来，伴随着发达国家由传统经济向信息经济的转变，世界服务贸易领域有了开拓性扩展，一些新兴服务行业从制造业中分离出来，形成独立的服务经营行业，新型服务产品不断涌现，从而使国际服务贸易的构成发生了变化。在国际服务贸易中，运输和旅游等传统服务贸易所占比重相对下降，金融、通信、保险、广告、租赁、管理等新型服务贸易（属其他服务贸易类）发展迅速且所占比重不断提高，特别是以通信技术为代表的计算机和

① 参见 WTO 乌拉圭回合．蒙特利尔宣言

信息服务、数据处理、咨询等知识含量较高的服务业发展更快，服务贸易结构向知识型转变，呈现出服务贸易发展的高科技化趋势。从增长速度来看，其他服务贸易类的增长势头最大，传统运输业增长率最低。1970 年，在世界服务贸易的构成中，国际运输服务占 38.5%，旅游业占 28.2%，其他服务业占 30.8%；2007 年，国际运输服务贸易在国际服务贸易中所占比重下降到 22.9%，旅游业的比重下降到 26%，而包含了新兴服务业的其他服务类交易的比重则上升到 51.2%①。

（三）技术贸易在世界贸易中占据重要地位

国际技术贸易（International Technology Trade）是指不同国家的政府机构、企业、经济组织或个人，按照商业条件签订技术协议或贸易合同，并据此进行有偿技术转让的一种贸易行为。从转移方向上看，它包括技术输出（Technology Exportation）和技术引进（Technology Acquisition）两个流向；从技术标的上看，它分为实物形态的商品（硬件技术 Hard Ware），即作为技术物质载体的关键设备、成套设备、测试仪器、高技术产品等技术产品，和技术形态的商品（软件技术 Soft Ware），即无形的技术知识，如技术专利、专有技术、商标等；从贸易方式上看，国际技术贸易又可分为狭义的或单纯的技术贸易和广义的混合型的技术贸易。前者指技术许可、技术咨询、技术服务与培训等技术交易活动；后者指包括含技术转让的成套设备买卖和交钥匙工程、含技术转让的合作生产、合作经营和补偿贸易以及与直接投资相结合的国际技术贸易。简言之，国际技术贸易是指以技术为贸易对象的国际经贸活动。

第二次世界大战后，随着人类科学技术的不断发展和进步，技术因素在国际贸易发展中的作用日益突出。电子产业、海洋及微生物技术、航空航天技术、环境保护技术、新材料技术等高技术产业的发展，推动了国际贸易的发展，并使商品结构发生变化，技术贸易在国际贸易商品结构中的比重直线上升。据联合国统计，1965 年，世界各国的技术贸易额仅为 25 亿美元，1975 年增长到 110 亿美元，1985 年突破 500 亿美元，1995 年已超过 2 500 亿美元，2002 年达到 5 000 亿美元，40 年间增长了近 200 倍，年均增长 15.4%，远远高于同期世界商品贸易的增长速度。

在国际技术贸易额增长的同时，技术贸易的内容也发生了变化，以电子计算机软硬件、语言处理机、办公自动化设备、电子通信和光缆通信设备、卫星及地面站设施、测量仪器和控制仪器等为代表的有形信息技术产品，以及以技术专利、技术知

① 参见 WTO. 2004 年年度报告

识和商标使用权为代表的无形技术产品的交易在不断地展开并呈高速增长的态势。国际技术贸易的交易标的逐渐由普通技术向高技术转变,交易方式由单纯购买硬件技术设备向“硬件”与“软件”相结合的“软硬兼施”转变,从而使国际技术贸易向着知识型和信息型等软件技术方面倾斜。以由微电子技术作为基础的信息产品为例,据统计,1982 年全世界信息产业销售额 2 370 亿美元,1988 年这一数字猛增至 4 700 亿美元,2000 年该数额又飙升至 11 619 亿美元[①]。据《世界电子信息年鉴》统计,2010 年,世界电子产品市场规模达到 1.65 万亿美元。预计未来 3 年(2011 ~ 2013 年)电子信息产业市场规模将维持 4% 到 5% 的增速。预计 2011 年市场规模将达到 17 356.6 亿美元,2012 年达到 18 187.5 亿美元,2013 年市场规模将增至 18 993.1 亿美元 。

目前,信息产品世界贸易已超过了农业、汽车和纺织品中任何一种商品的贸易量,构成了以信息为中心的国际贸易产品新市场。

(四)国际贸易商品构成中“绿色”越来越浓

绿色产品是指对生态和环境无害、少害或可回收循环使用的产品或称与环境保护相关的产品,包括节能、节水、低耗型产品,可再生、可回收产品,低污染低毒产品等。在可持续发展观念的冲击下,以污染产品、浪费资源的产品为主体的世界市场正在被以环保产品为主体的世界市场所代替。今后,以忽视自然资源平衡的掠夺性开发为代价的初级产品贸易将受到限制和禁止,初级产品在国际商品结构中所占比例将进一步下降,而崇尚自然、追求健康、保护环境、促进人类可持续发展的低污染、低能耗、高技术含量的绿色产品将逐渐成为世界商品发展的主流和国际贸易新的竞争热点。据统计,绿色产品在新产品开发中的比重从 1985 年的 0.5% 上升到 1993 年的 10%,且逐年增长。在美国,新产品中绿色产品所占比重,1990 年仅为 5 %,1999 年提高到 80%。目前,德国、日本等国开发的新产品中,绿色产品都达到 60% 以上。绿色产品贸易不断增加,已成为国际消费的主流和国际商品结构变化的重要内容和趋势。

二、国际贸易格局的变化

所谓格局,是指相关事物间形成的一种内在的结构或状态。国际贸易格局(Pattern of International Trade)是指国际贸易商品交换中形成的进口与出口的格

① 电子运营水平低于证券市场整体水平. 中国经营报. 2003 - 09 - 19

局，即在国际交换中，哪些国家主要出口某种商品，或哪些国家主要进口某种商品以及这些商品占进出口的比重。国际贸易格局是不同国家参与国际分工的具体表现，它由一国的经济发展水平及产业结构状况决定。一般来讲，经济发展水平相同、产业结构相似的国家，进出口商品的格局也大体相同；而经济发展水平不同、产业结构相异的国家，进出口商品的格局必然会存在差异。国际贸易格局并非一成不变，它随各国经济发展水平、产业结构的变化以及在世界经济发展中的地位变化而变化，甚至会发生贸易格局逆转的现象，如原初级产品出口国变为进口国。

随着各国在国际政治、经济、科技发展水平等方面力量对比的变化，不同国家在国际分工中的地位也在不断变化，并引起国际贸易格局的变化，使国际贸易格局先后经历了由英国、美国为国际贸易中心的单极格局演变为20世纪70年代后的美国、日本、欧盟的三足鼎立格局，再到21世纪初北美、东亚、欧盟三大板块的国际贸易新格局。

（一）国际贸易格局由一国为中心的单极格局转向多极化的新格局

1. 以某一强国为中心的单极国际贸易格局。从19世纪资本主义世界市场形成到20世纪70年代，国际贸易格局基本上是以一个最强大的国家为中心的单极格局。由于英国是工业革命的发源地，其在技术上的先进、设备上的完备、管理上的优势和军事上的强大，为它带来了巨大的商机、财富和力量，使其最早地跨入发达资本主义国家行列，并建立起帝国的霸权地位。第一次产业革命之后，英国以机器大工业生产的廉价商品为重炮，陆续轰开了许多落后国家的封闭防线，迫使他们放弃一直信奉的闭关锁国方针，成为世界经济的一分子，并形成了适应机器大工业发展的国际分工体系和以“世界工厂”——英国为中心的国际贸易格局。在第二次世界大战爆发之前，作为世界上最富有的国家，英国虽然在人口、国土和自然资源比例方面只占世界的3% ~4%，在其全盛时期却掌握了世界财富和实力的25%。也正是这种霸权地位和殖民扩张在给英国带来财富的同时，也给其经济发展带来一系列的问题，为其以后的衰败埋下了隐患。

第二次世界大战后，殖民体系解体，殖民地国家纷纷走上民族独立和经济独立的道路，使过分依赖于殖民地国家之间垂直分工的英国经济受到严重打击。另一方面，虽然殖民地国家已脱离了英国统治，但是坐惯了霸主交椅的英国仍在世界上到处进行干预，并维持着庞大的军费开支，这也给英国经济增加了压力。此外，20世纪中期，当其他资本主义国家都在分享新的科技革命成果，采用新技术、新设备和新的管理方法，大力建立和发展新兴产业之际，英国却故步自封，固守着陈旧的工业结构和产业部门。这些都促成了英国经济的衰落,使英国经济的发展丧失了活力,并很快被其他国家超越。大英帝国的衰落成为二战后最引人注目的事件之一。

在科技革命的推动下,新兴产业在美国迅速发展,并推动了其经济的发展。美国在不断地积蓄力量。二次世界大战中,大部分资本主义国家受到战争的创伤,被战争拖得精疲力竭,只有美国不仅远离战场,免遭战火涂炭,反而借战争刺激了经济的繁荣。1945 年,美国占世界财富的份额高达 40% 以上。由此,一个更加强大的美国取代了曾经不可一世的大英帝国,确立起以美国为中心的新的世界经济格局。第二次世界大战后的 1947 ~ 1973 年,美国先后经历了战后初期的繁荣、低速增长和高速发展阶段,在世界经济和国际贸易中占据绝对优势。1948 年,美国的出口贸易额占世界出口贸易总额的 21.8%,而英国、法国、原联邦德国和日本加起来才占 16.7%;同年,美国的黄金储备占世界黄金储备的 74.5%,美国是当时发达国家中唯一拥有大量贸易顺差和黄金储备的国家。1950 年,美国贸易额占资本主义世界的 32.4%,这些构成了美国战后初期在世界贸易中独占鳌头的基础,并使它占据了世界经济的霸主地位。

2. 美国、日本、欧盟相互抗衡的三足鼎立格局。在新的科学技术革命的推动下,生产国际化有了很大发展,并且将各个国家都卷入了世界经济的统一体系,国家间的经济依赖程度不断提高。无论是哪一个或哪一类国家,其经济发展和繁荣,都越来越紧密地与世界上其他国家的经济发展联系在一起。这些国际政治经济领域的新变化,改变了一国相对独立的发展条件,使单一国家主宰世界经济事务的现象不复存在,国际贸易中的多极格局逐渐形成。

首先看日本。第二次世界大战之后,日本经济经过短暂的恢复期之后,逐步走出战争的阴影,并迅速崛起,发展成为世界经济强国。1948 年,日本在世界出口总额中所占比重仅为 0.45%,20 世纪 70 年代初上升到 6.2%,1990 年进一步升至 8.2%(美国为 11.4%),成为世界第三大贸易出口国,且一直保持着巨额的贸易顺差。日本在许多重要方面已经赶上甚至超过美国,并已成为世界最大的债权国。20 世纪 80 年代末日本的国民生产总值相当于原联邦德国、法国和英国的总和,为美国的 60%,人均国民生产总值已经超过美国。在高科技方面,日本已在不少领域明显超过西欧,接近美国①。

① 欧共体的对外贸易及其政策. 经济日报. 1993 - 02 - 06

再看欧洲。作为主战场,第二次世界大战中欧洲许多国家都遭受了严重的打击,面临着战后严峻的经济形势。为了对抗前苏联,美国帮助欧洲进行恢复重建工作。1948 年,美国开始实施"欧洲复兴计划"(马歇尔计划),并积极策划成立一个超国家的组织机构。在美国的鼓励下,1952 年,法国、原联邦德国、意大利、荷兰、比利时、卢森堡 6 国正式成立了"欧洲煤钢联营",建立了单一共同市场。1957 年,6 国政府签订了《欧洲经济共同体条约》和《欧洲原子能联营条约》,在此基础上,1958 年欧洲经济共同体正式成立。1988 年,欧共体拓展为包括所有西欧国家的区域贸易集团。在欧共体各国政府政策的促进下,西欧经济迅速复兴,出现了持续、普遍的增长,成为世界上除日本之外经济发展最快的地区。1948 年,欧洲经济共同体占世界出口的比重为 7% 左右,美国则占到 21.8%;20 世纪 70 年代,欧共体国家的经济和国际贸易高速发展,占世界出口总额的比重升至 27.6%,美国在世界出口中的比重则降至 13%,并且出现了贸易逆差。1990 年,美国在世界出口中所占的比重为 11.4%,欧共体则升至 39.2%[①]。从 20 世纪 80 年代起,欧共体的主要经济指标都赶上了美国。

欧洲区域贸易集团的发展和日本的崛起,构成了足以与美国抗衡的力量,削弱了美国对世界经济的支配地位。从 20 世纪 70 年代初开始,美国、西欧、日本之间的经济实力差距逐步缩小,并各有优势,美国在世界经济中的地位明显下降,已不再是世界经济中唯一的富人和世界贸易的主宰,世界贸易中美国、欧盟、日本三足鼎立的格局基本形成。这是世界贸易格局的一次根本性变化,它反映了整个世界经济基础结构的重大变化,表明世界经济环境中已经失去了单一国家主宰世界的条件,宣告单一国家为中心的国际贸易格局彻底结束了。

3. 北美、欧盟、东亚三大板块的国际贸易新格局。随着经济全球化程度的加深和区域经济一体化的迅猛发展,世界贸易发展中进一步形成了北美、欧洲和东亚三大板块的新格局。目前三大板块占世界贸易的比重分别为 17.4%、38% 和 25.3%[②]。从北美看,虽然美国在国际贸易中的比重有所下降,但除个别年份外,它仍维持着世界第一出口大国和世界经济领头羊的地位。从 1993 年开始,在信息产业发展的强有力带动下,美国经济走出衰退,进入其历史上唯一的一次长达 118 个月的持续增长阶段。2003 年,美国的进出口贸易额仍排在全球之首。依据美国目前在世界经济、科技领域的绝对优势和创造知识的速度以及利用新知识的能力,它

---

① 欧共体的对外贸易及其政策. 经济日报. 1993-02-06

② 权威分析:中国——贸易大国路上有多少鲜花与荆棘. 上海证券报. http://www.finance.tom.com

在综合国力及科学技术上仍将占绝对优势，并继续发挥对整个世界经济的领导作用。同时这种作用也促进了整个区域国家经济的发展，使北美自由贸易区在国际贸易中的影响和力量更强。

欧盟虽面临着经济结构调整缓慢、失业率偏高等困难，但作为一个拥有25个成员国、5亿人口和总面积达400万平方公里、世界上一体化程度最高的区域性贸易组织，在完成了货币统一和东扩的突破性进展之后，其规模、财富和能力都得到了进一步增强，经济发展的凝聚力和潜力也进一步提升。欧盟成为世界最大的贸易区和最大的市场，在一定意义上对世界贸易的格局和发展产生着决定性的影响。

从20世纪90年代起，日本的经济出现了一系列问题，陷入长达10余年的衰退期，实力明显削弱。虽然出台了一些改革措施，但经济仍增长乏力，发展速度大大落后于东亚新兴工业化国家和正在崛起的中国，其对世界经济和贸易的影响力也逐渐减弱。与之相反，其他东亚国家则迅速崛起。据亚洲开发银行统计，最近20年，东亚经济年平均增长8%，远远高于发展中国家年平均4.3%、发达国家年平均3%的经济增长率。作为一个整体，东亚地区已经成为世界上最具经济活力的区域，成为世界经济的增长点和全球贸易的重要力量。

东亚在世界经济和贸易格局中地位的提高，主要来自三个方面：一是“四小龙”的崛起。从20世纪60年代中期到80年代中期，在政府外向型发展战略的指导和促进出口产业发展的具体优惠措施的鼓励下（例如减免资本和中间物品的进口关税），韩国、新加坡、中国香港和台湾地区的出口贸易年平均增长速度达到两位数，年经济增长率也高达9%①，在迈向工业化的目标方面，取得了举世瞩目的成就，其经济结构迅速与发达国家趋同，被称为新兴工业化国家和地区。二是东盟。除“四小龙”之外的其他老东盟成员国——马来西亚、泰国、菲律宾和印度尼西亚，效仿第一代“四小龙”的发展模式，积极吸引外国直接投资，大力建立出口加工区。到20世纪90年代后半期，转向出口导向战略的这些国家也取得了为世人关注的重大成就，跨入了新兴工业化国家的行列，被称为第二代亚洲“四小龙”。此外，东盟自由贸易区的启动，东盟与中日韩携手的“10+3”和“10+1”合作机制的运行，更加促使东盟成为世界经济和贸易增长最为强劲的地区，并使其在国际贸易中发挥着不可低估的作用。三是中国。改革开放以

① 庄宗明．世界经济学．北京：科学出版社，2003：159

来,从1978年到2010年,中国进出口贸易年均增长14.58%,远远高于世界贸易的平均增长速度,成为世界贸易增长中最突出的"亮点"。1978年,中国进出口贸易额206.4亿美元,占世界贸易总额的0.78%,在世界排名中占第32位;2010年,中国进出口贸易额2.97万亿美元,占世界贸易总额的9.9%,在世界贸易中的排名跃升到第2位。

(二)发展中国家在国际贸易中的地位加强

由于发展中国家在经济总量、经济规模、社会财富、技术水平、综合实力等方面与发达国家有很大差距,因此在世界经济活动和国际贸易格局中,无论是战前还是战后,都处于依附地位。但第二次世界大战后,这种局面有了很大变化,发展中国家在国际贸易中的比重不断上升,在国际贸易中的地位和作用与战前相比有了很大的提高。

第二次世界大战后,殖民体系迅速瓦解,殖民地国家纷纷走上民族独立和经济发展的道路。许多发展中国家在取得民族独立以后,针对本国的具体经济条件,采取了一系列发展民族经济的积极措施,结束了独立前经济发展缓慢、国民生产总值年均增长率长期在1%~2%之间徘徊的局面,取得了无论在经济发展速度上,还是在出口增长的幅度上都快于发达国家的可喜成就,改变了殖民主义统治的单一经济结构,实现了产业结构的多样化,增强了出口能力,从而改变了发展中国家在国际贸易格局中的地位。1970年,发展中国家在国际贸易出口总额中的比重为18.9%,受石油输出国组织提高石油价格的影响,1980年,发展中国家出口占世界总出口的比重达到29%,1990年回落为23.7%。经过对经济发展战略、经济体制和产业结构的调整,20世纪90年代以后,大部分发展中国家的经济增长率逐年提高,进出口增长速度更是快于全球平均水平。2003年,发展中国家和地区在世界货物贸易出口中的份额达到30%①。2007年,这一比重进一步升至36.6%。世界贸易组织官员认为,照目前的趋势发展下去,到2020年,发展中国家的贸易额将超过世界贸易总额的一半。

此外,进入新世纪以来,全球经济发展中出现了一个新的现象:由中国、印度、俄罗斯、巴西构成的金砖四国在世界贸易发展中的表现非常突出。这些国家凭借着地域辽阔、人口众多、资源丰富、市场潜力巨大等优势,以及市场化改革所释放的潜力,日益趋向于开放,在分享经济全球化利益的同时,带动贸易出现大幅度增长。

① 李琮.世界经济学新编.北京:经济科学出版社,2000:232

据世贸组织统计，这个时期的主要贸易大国中，中国增长最快，增幅达到24%；紧接着是印度，平均增长是22%；俄罗斯平均增幅达到21%，巴西平均增长17%，均居世界前列。四国的贸易之和已经占到全球贸易总额的15%。金砖四国贸易和经济的快速增长，不仅成为全球经济增长中的南方引擎，而且增大了对世界贸易和经济的影响力。

与此同时，随着发展中国家的产业结构调整和工业在国民经济中比重的上升，发展中国家的出口商品结构也发生了明显变化。据世界银行的研究报告，1960～1999年，发展中国家出口的初级产品占其全部出口产品的比重由93%下降到34%，制成品则从7%提高到66%。近年来，发展中国家出口状况继续改善，制成品出口占其出口的比重已扩大到70%以上。目前，发展中国家出口收入的80%来自制成品。

（三）发达国家在世界智能型产品的贸易中居主宰地位

由于经济发展水平、科技开发能力、国民教育素质、企业创新能力等方面的优势，在国际服务贸易、技术贸易和信息产品贸易等反映一国综合经济实力和科学技术水平的智能型产品贸易领域，发达国家都走在了世界的前列，显示出超强的竞争力，使国际贸易格局在智能型贸易产品的分布上严重地向发达国家倾斜。

1. 发达国家是国际服务贸易的主体。当今世界国际贸易格局的一个显著特点，是国际服务贸易地区间发展的不平衡。伴随着经济质量和科技水平的提高，发达国家的经济越来越“服务化”，服务业在发达国家国民经济中所占比重达到79%，大大高于世界63.5%的平均水平①。在国际服务贸易的市场份额中，发达国家占了3/4，是世界服务贸易的主宰，而发展中国家则处于从属地位。作为发达国家聚集的区域化经济组织，欧盟是世界上最大的服务贸易实体，其服务贸易进出口占世界的比重一直在40%以上。美国作为单一经济体国家，多年来一直占据世界服务贸易第一大国的宝座，服务业在其国民生产总值中的比重高达80%，雇用的劳动力占美国全部就业人口的80%以上，服务业出口占世界服务出口的近1/5。在世界贸易组织公布的世界服务贸易进出口额排序中可以看出，在服务出口额名列前10位的国家中，除中国香港地区和中国内地以外，其余均为发达国家（见表4－2）。

---

① 高文书．国际服务贸易理论．北京：经济管理出版社，2002

表 4-2　世界服务贸易主要进出口国家排序(%)

	1995				1997				2000				2003				2005				2007			
	出口	比重	进口	比重	出口	比重	进口	比重	出口	比重	进口	比重	出口	比重	进口	比重	出口	比重	进口	比重	出口	比重	进口	比重
美国	1	16.2	2	10.5	1	17.8	1	12.0	1	18.8	1	14.2	1	16.0	1	12.8	1	14.7	1	12.0	1	14.0	1	11.0
法国	2	8.2	4	6.3	3	6.3	6	4.9	3	5.9	5	4.1	4	5.5	5	4.7	4	4.8	5	4.5	5	4.0	6	3.9
德国	3	6.8	1	10.7	4	5.6	3	9.2	4	5.7	2	9.0	3	6.4	2	9.6	3	6.2	2	8.6	3	6.1	2	8.0
意大利	5	5.5	5	5.2	5	5.5	5	5.5	5	4.8	6	4.1	6	4.0	6	4.2	6	3.9	6	3.9	8	3.3	7	3.8
英国	4	5.9	6	4.7	2	6.5	4	5.5	2	7.6	4	5.9	2	8.0	3	6.6	2	7.8	3	8.6	2	8.1	3	6.3
日本	6	5.4	3	10.0	6	5.3	2	9.7	6	4.5	3	8.2	7	3.9	4	6.2	5	4.5	4	4.5	4	4.2	4	5.2
荷兰	7	4.0	7	3.7	7	3.7	7	3.4	8	4.0	7	3.6	8	3.5	7	3.6	8	3.2	8	3.0	9	3.0	10	2.9
比、卢	10	3.0	8	2.8	10	2.6	10	2.5	9	2.8	9	2.8	9		8									
西班牙	8	3.4	14	1.8	8	3.4	13	1.9	7	4.0	12	2.1	5	4.2			7	3.8	10	2.8	6	3.9	8	3.2
奥地利	11	2.7	13	1.9	11	2.4	11	2.1	11	2.4	13	2.0												
中国香港	9	3.1	15	1.7	9	2.9	15	1.8	10	2.6	16	1.7	10	2.5			10	2.6						
加拿大	15	1.8	9	2.4	13	2.3	8	2.8	12	2.4	8	3.0			10	2.8								
中国	16	1.6	11	2.0	16	1.8	14	1.9	14	2.0	10	2.5	9	2.6	8	3.1	9	3.1	7	2.8	7	3.7	5	4.2
爱尔兰									24	1.0	14	1.9			9	2.8			9	2.8	10	2.7	9	3.0

资料来源:《WTO 年度报告》相关年份。

注:2003～2007 年为排名前 10 位国家。

国际服务贸易的不平衡发展，还表现在服务贸易结构上。在技术、通信信息、金融保险、管理咨询等体现技术水平发展变化的新兴知识密集型服务领域，发达国家捷足先登。随着以电子技术、光缆、通信卫星等为基础的信息革命日益深化，服务贸易的又一大新兴市场——电信服务市场逐步形成，并大部分被发达国家所垄断。长途电话线路、数据传输、电子邮件、寻呼和互联网络等电信服务项目均被发达国家的大型跨国公司所垄断。而发展中国家由于受其科技发展和经济整体水平的制约，其服务贸易的内容仍主要局限在旅游、运输、国际工程承包和一般劳务输出上，即旅游资源和劳动力资源等劳动密集型的传统服务项目。此外，发达国家不仅占据着大量的服务贸易市场，且长期保持着服务贸易的顺差。虽然近年来发展中国家服务贸易的发展在增速，在世界服务贸易总值中的比重呈上升趋势，从1990年的20.7%上升到2002年的26%，但与发达国家相比仍有很大差距。2003年，发展中国家的服务贸易进出口增长率仅为世界平均水平的一半，且仍维持逆差状态[①]。可喜的是，2003年中国进入世界服务贸易大国前十名的行列，并且成为发展中国家服务贸易的最大出口国。

2. 国际技术贸易发展不平衡。由于经济实力、科学技术发展水平和人才储备的影响，国际技术贸易呈现出以下几个特点：

一是从国际技术贸易的地区分布来看，西方发达国家在技术贸易中占据绝对优势，而发展中国家则处于劣势地位，是前者苛刻条件下的技术输入者。如在目前的国际信息技术市场，美国一家就占了25%的份额，日本占15.6%，欧盟占12.2%。国际技术贸易发展中这种地区格局的极度不平衡以及发达国家对发展中国家在技术转让和输出方面实行的“保持差距政策”，不仅影响了发展中国家科技水平的提高，也制约了国际技术贸易的发展。

二是从技术贸易的流向看，当今的国际技术贸易主要在发达国家之间进行，发达国家之间的技术贸易占世界贸易总额的80%以上，发达国家与发展中国家之间的技术贸易只占世界技术贸易额的10%，发展中国家之间的技术贸易额所占比例不足10%，且主要局限在少数几个新兴工业化国家和地区。在发达国家对国际技术贸易的垄断中，美国始终处于领先地位。第二次世界大战后世界最重要的技术革新有60%左右是由美国研究成功的，美国迄今一直保持着技术产品最大生产国和出口国的地位。但从发展速度来看，西方其他发达国家正在努力追赶，逐渐形成

① 陆燕. 世界贸易发展的新变化和趋势. 国研网

与美国鼎立和竞争的局面。20世纪50年代,美国是主要的技术输出国;60年代,日本和西欧国家在吸引和吸收美国技术的同时,开始向周边国家和一些新兴发展中国家输出技术。70年代以来,日本和西欧国家在国际技术贸易市场中的份额有了较快的增长。80~90年代,美国的地位相对削弱,日本和西欧的经济实力增强。目前,尽管美国还处在技术最大出口国的位置,但国际技术贸易市场已呈现出美、日、欧三足鼎立之势,三方为维护各自的切身利益,在国际技术市场上展开了激烈的竞争。在世界高技术市场被美国等发达国家垄断的同时,近年来一些新兴的工业化国家和地区开始了技术出口,并在普通国际技术贸易市场崭露头角。1970~1990年的20年间,亚洲新兴工业化国家和地区在全球高技术产品市场的份额增长了8.7个百分点,是世界上技术贸易增长最快的地区。

三是跨国公司是世界技术贸易的主体。跨国公司凭借自身雄厚的经济实力和技术实力,一方面成为当今世界新技术、新发明的主要发源地,另一方面又成为国际技术转让和传播的主要承担者和传递者,成为当代技术在国家间转移的主要媒介和影响国际技术贸易发展的重要推动力量。目前,8.2万家跨国公司和其遍布全球的80多万家子公司,控制和掌握了70%以上的国际技术贸易和80%以上的新技术专利。在跨国公司的技术贸易中,公司内部转让是技术转让的主要形式(占80%)。据统计,美国的技术贸易收入有80%来自本国跨国公司向其海外子公司的转让;英国跨国公司向海外子公司转让技术也占到技术出口总额的85%。

3.信息产业发展不平衡。信息产业包括两大类内容:一类是以电子计算机和通信设备制造为主要内容的信息技术产品;一类是以利用电子通信和数据处理等技术提供资料处理、网络服务等的信息服务业。随着微电子和计算机技术的推广和应用,全球信息产业发展呈高速增长态势,且在国际贸易中的比重大幅度提高。近20年来,全球信息产业每年以两位数以上的速度增长,远远超过世界国民生产总值的增长速度,也大大高于传统国际贸易产品的增长速度,成为世界经济新的增长点。但在这种增长和发展中,也出现了新的不平衡。同在其他智能密集型服务领域一样,信息产业的发展也集中在少数几个国家。美国和日本既是生产大国,又是消费大国,合计占世界信息产业总产值的46.1%,占世界总销售的47.9%①。无论在信息技术、信息技术产品还是信息技术服务方面,美国这个头号强国都走在了世界前列。在世界10大信息服务公司中,美国占了8家。目前以信息技术为主的

① 电子运营水平低于证券市场整体水平.中国经营报.2003-09-19

知识密集型服务的出口，已相当于美国产品出口的40%，信息产业已成为美国最大的产业。2000年信息产业的产值已占到美国国内生产总值的8.7%（居世界之首，信息产业占本国国民生产总值的比重其他排在前几位的国家分别是英国7.4%，日本6.5%，法国6.2%，德国5.7%，意大利5.5%[①]）。

第三节　国际贸易体制的形成及其演变

一、国际多边贸易体制的形成及演变

（一）国际贸易体制的形成

二战前，国际贸易活动（包括交易本身和政策的协调），主要以单边或双边的形式进行，各国贸易政策的制定完全从自身的利益出发，缺少地区性的贸易协调机制，更无真正意义上的世界性多边贸易体制。

第二次世界大战期间，除美国以外的英国、联邦德国、法国等几乎所有西方国家都遭受了战争的破坏，经济普遍衰退，在恢复经济的过程中，面临着黄金和外汇储备短缺的问题。为了调整国际收支，这些国家纷纷采取了限制进口和高关税等贸易保护政策，并实行外汇管制，控制资本外流。这些限制措施引起世界其他国家的不满和世界经济的混乱，阻碍了国际贸易商品的流通。越来越多的国家开始认识到国际贸易协调和合作的必要性，贸易自由化的呼声越来越高。

已经成为世界第一号经济强国的美国，更是感到世界各国的贸易战和高关税政策不利于其对外贸易的发展和对外经济的扩张。因此，它凭借其在军事、经济和政治上的绝对优势，试图从金融、投资、贸易三个方面来重建国际经济新秩序。在金融方面，成立国际货币基金组织，重建国际货币制度，以维持汇率的稳定和国际收支的平衡；在投资方面，建立国际复兴开发银行，以鼓励对外投资，促进战后经济的复苏与发展；在贸易方面，建立国际贸易组织，以消除高关税的贸易保护政策和歧视性贸易政策，促进国际贸易的发展。

1944年7月，在美国提议下，美、英等44个国家在美国新罕布什尔州的布雷顿森林召开了联合国货币与金融会议，通过了以美国方案为基础的《国际货币基金协

① 电子运营水平低于证券市场整体水平. 中国经营报. 2003-09-19

定》和《国际复兴开发银行协定》，并根据这两个协定分别成立了国际货币基金组织(International Monetary Fund, IMF)和国际复兴开发银行(International Bank for Reconstruction and Development, IBRD)，后改名为“世界银行”(The World Bank)。会议还倡导组建国际贸易组织，以便在多边贸易的基础上，通过减少关税和消除贸易壁垒来促进国际贸易的自由发展。1946 年 2 月，美国正式向联合国经济社会理事会提交了《国际贸易组织宪章》草案。理事会接受该建议并成立了筹备委员会。同年 10 月，筹委会在伦敦举行了第一次会议，讨论美国提出的《国际贸易组织宪章》草案，并成立了宪章起草委员会对草案进行修改。1947 年初，该宪章起草委员会召开专门会议，根据《国际贸易组织宪章》草案中的贸易规则部分，完成了《关税与贸易总协定》(GATT)条款的起草工作。

在参与起草《国际贸易组织宪章》的过程中，各国政府同意在国际贸易组织成立之前先就降低关税和其他贸易限制等问题进行谈判。于是，1947 年 4 ~ 8 月，美国、英国、法国、中国等 23 个国家在日内瓦举行的第二次筹委会会议期间，就具体产品的关税减让问题进行了多边贸易谈判，并达成了协议，这次谈判后来被称为关税与贸易总协定的第一轮多边谈判。

1947 年 11 月至次年 3 月，联合国贸易与就业会议在古巴哈瓦那举行，审议并通过了《国际贸易组织宪章》，又称《哈瓦那宪章》，并递交各国政府批准。然而，由于美国国会认为该宪章与其国内立法冲突，且宪章规定参与国际贸易组织的缔约方无论其缴纳费用多少均只拥有一个投票权的决定，有悖于美国倡导建立该组织是为了对其实施控制的初衷，因此，美国立法机构没有批准该宪章。其他一些追随者效仿美国，也未批准该宪章，建立国际贸易组织的计划因此流产。由于参加会议的大多数国家均希望尽快排除战争时期产生的贸易障碍，早日实施关税谈判的成果，于是在联合国贸易与就业会议期间，美、英、法、中等 23 个国家于 1947 年 11 月 15 日签署了关税与贸易总协定《临时适用议定书》，同意从 1948 年 1 月 1 日起实施《关税与贸易总协定》的各项条款。这 23 个国家就成为关税与贸易总协定的缔约方。各缔约方还同意，《哈瓦那宪章》生效后，将以宪章取代《关税与贸易总协定》。但由于绝大多数国家最终也没有批准《哈瓦那宪章》，因此，关税与贸易总协定就以临时适用的形式存续了 47 年，一直到 1995 年世界贸易组织的正式成立。

关税与贸易总协定虽然以《临时适用议定书》的方式运行，但就其性质来讲，它是一个具有法律地位的多边国际贸易协定，是一个准国际贸易组织，具有“经济联合国”之称。它明确规定了各参加方在关税与贸易方面的权利与义务，规定了缔约方贸易摩擦和争议的解决途径和方式,是一整套指导和调整缔约国对外贸易政策和国际关系的行为准则。它的出现,结束了一直以来国际贸易中缺少统一规则的各自为政状态,使全球贸易向一个统一的机制框架内融合;它标志着全球多边贸易体制的形成,并与国际货币基金组织和世界银行共同支撑着战后建立国际经济新秩序的任务和世界经济的发展。

(二)国际贸易体制的演变

虽然《关税与贸易总协定》规定了缔约方相互间的权利与义务,但它仅局限于货物贸易方面,并未涉及服务贸易和知识产权等国际贸易中的新议题,乌拉圭回合取得的新的谈判成果也很难在仅以协调货物贸易为主要职能的关税与贸易总协定的框架内付诸实施。此外,关贸总协定解决国际贸易争端的主要手段是协商,缺少具有法律约束性的强制手段,这些都暴露出关贸总协定在体制上的先天不足,同时也使各缔约国意识到建立一个正式的国际贸易组织的必要性。

1990 年初,意大利首先提出建立世界贸易组织的建议,后欧共体将这个提议以 12 个成员国的名义提出,并得到美国和加拿大等国的支持。1990 年 12 月,乌拉圭回合布鲁塞尔部长会议同意就此进行协商。经过谈判,1991 年 12 月形成了一份关于建立多边贸易组织协议的草案,以后又经过两年多的修改和完善。1993 年 12 月,根据美国的提议,把"多边贸易组织"改为"世界贸易组织"。1994 年 4 月 15 日,包括中国在内的 100 多个乌拉圭回合的参加方,在摩洛哥的马拉喀什通过了《建立世界贸易组织马拉喀什协定》,简称《建立世界贸易组织协定》。1995 年 1 月 1 日,世界贸易组织(WTO)开始运作。经过一年的共存期,关税与贸易总协定于 1995 年 12 月 31 日退出历史舞台,以世界贸易组织为核心的多边贸易体制终于取代了沿革了半个多世纪的关税与贸易总协定(GATT)体制,完成了世界贸易体制的重大变革。

新的世界多边贸易体制(WTO 体制)涵盖的领域更加广泛,法律基础更加巩固,对成员方权利与义务的约束更强,因此也就更加完善和具有权威性。可以看出,从关税与贸易总协定到世界贸易组织,国际贸易多边制约形式的形成和演变的历程也是全球多边贸易体制不断发展和完善的过程,是世界贸易朝着更加自由化、规范化和规则的统一性方向发展的过程。

二、国际多边贸易体制的原则和贡献

(一)世界贸易组织的宗旨和基本原则

以世贸组织为核心的多边贸易体制克服了关税与贸易总协定体制的局限性和

不完善性，在保留和继承 GATT 宗旨、职能、基本原则等合理内核的同时，又发展了其核心的精神，使其更加完善和合理。世界贸易组织结束了 GATT 以“临时适用”的多边贸易协议形式存在的尴尬处境，是具有法人地位的永久性国际组织，其管辖范围由货物贸易扩大到服务贸易和与贸易有关的知识产权等问题。世界贸易组织具有效率更高、更具权威性的争端解决机制，更好地体现了多边贸易体制权利与义务的一致性和法律规范上的权威性。

1. WTO 多边贸易体制的宗旨。世界贸易组织与关税与贸易总协定存在着内在的历史继承性，因此 WTO 多边贸易体制的宗旨和 GATT 的宗旨从根本上讲是完全一致的，但前者对后者又进行了必要的扩充，使其更加适应当代国际贸易关系中出现的新形势和新要求。

WTO 多边贸易体制的宗旨是：通过彼此削减关税及其他贸易壁垒，消除国际贸易中的歧视待遇；扩大商品和服务的生产及贸易；保证充分就业，提高实际收入和有效需求；根据可持续发展的目标，保护世界环境，保证世界资源的稳定开发和合理利用；确保发展中国家尤其是最不发达国家在世界贸易额中的稳定与增长；产生一个完整的、更具有活力和永久性的多边贸易体系。

世界贸易组织的主要目标是最大限度地促使国际贸易稳定、自由、可预测地进行。建立一个完整的包括货物、服务、与贸易有关的投资及知识产权等在内的更具活力、更持久的多边贸易体系。

世界贸易组织的主要职能有 6 个：①负责多边贸易协议的实施、管理和运作，促进世界贸易组织目标的实现；②作为成员国进行多边贸易关系谈判的场所；③通过争端解决机制，解决成员国之间的贸易争端；④定期审议成员国的贸易政策及其对多边贸易体制运行所产生的影响；⑤与其他国际经济组织进行合作；⑥对发展中国家和最不发达国家提供技术援助和培训。

2. WTO 多边贸易体制的基本原则主要包括以下几个方面：

(1) 最惠国待遇原则(Most favored nation Treatment)。最惠国待遇原则是世界贸易组织多边贸易体制的基石，也是成员国之间权利与义务的起点。所谓最惠国待遇，是指一成员方给予任何其他国家的优惠待遇，均应自动地、无条件地给予其他各成员方。这里，“自动地”是指一成员给予另一国家的优惠，其他成员自动享有；“无条件”是指这种最惠国待遇的实施不得以任何政治或经济要求为先决条件。最惠国待遇原则本质上意味着一成员平等地对待其他成员，即成员国之间实施非歧视待遇。

最惠国待遇原则具有自动性、同一性(成员国之间受惠标的相同)、相互性和普遍性的特点。最惠国待遇原则适用于一切与进出口货物有关的关税、税费、征收办法、规章手续和销售运输等,同样也适用于服务贸易和与贸易有关的知识产权的保护。

(2)国民待遇原则(National Treatment)。国民待遇原则是构成 WTO 非歧视原则的另一个重要方面。国民待遇是指对其他成员方的产品、服务或服务提供者及知识产权所有者和持有者所提供的待遇,不低于本国同类产品、服务或服务提供者及知识产权所有者和持有者所享有的待遇。这里,“不低于”是指进口方给予其他成员方产品、服务或其提供者的待遇应同本国同类产品、相同服务或其提供者的待遇相同,即一视同仁(但并不反对高于对本国的待遇)。国民待遇原则对最惠国待遇原则起着补充作用,如果说最惠国待遇强调的是非歧视性的话,国民待遇则更侧重于平等待遇。

(3)透明度原则(Transparency)。透明度原则是指成员方应公布所制定和实施的贸易措施及其变化情况(如修改、或废除等),不公布的不得实施,同时还应将这些贸易措施及其变化情况通知世界贸易组织。成员方所参加的有关国际贸易政策的国际协议,也在公布和通知之列,以便于各成员方政府和企业了解和熟悉,从而提高国际贸易的可预见性和稳定性①。透明度原则包括贸易措施的公布和贸易措施的实施两个方面。GATT 和 WTO 一直把透明度原则作为其基本原则之一,要求各成员方增强贸易规章和政策措施的透明度,以在公平、公正的基础上发展相互之间的经济贸易关系。GATT 的其他条款也体现了透明度原则的精神,如关于征收反补贴税的报告,关于数量限制的公布,关于补贴的书面通知,关于紧急措施的书面通知等等。

(4)自由贸易原则(Trade Liberalization)。自由贸易原则是指通过成员方的多边贸易谈判,削减关税和减少其他贸易壁垒,扩大成员方之间的货物贸易和服务贸易。自由贸易原则以世界贸易组织的共同规则为基础,以多边谈判为手段,以争端解决为保障,以贸易补救措施为“安全阀”,并通过世贸组织安排的过渡期方式体现对不同国家的差别或优惠。自由贸易原则主要通过关税减让和非关税贸易壁垒的削减来实现。

其一,关税减让是指成员方通过谈判降低各自的关税水平,并将这些减让的税

---

① GATT/WTO. 关税与贸易与协定(第 10 条)

目以减让表的形式对成员方加以约束,成为各成员方在 GATT 及 WTO 中应承担的义务,削减后的关税不得再提高。通过此种方法降低各成员方进出口关税的总体水平,尤其是降低阻碍商品进口的高关税,消除关税壁垒,促进国际贸易的自由发展。

其二,非关税贸易壁垒削减。除了关税减让以外,消除非关税贸易壁垒也是 GATT 及 WTO 的基本原则之一。非关税措施也叫非关税壁垒(Non – tariff Barrier),它是指由政府设置的除关税以外的、一切旨在限制商品进口以保护本国市场的各种人为障碍的总称。非关税措施可以分为直接的和间接的两种。前者是指由海关直接对进口商品的数量和品种加以限制。主要措施有进口许可证、关税配额、进口配额、自动出口配额和外汇管制等。后者主要是指通过对进口商品实行严格的海关手续或反倾销和反补贴措施、安全标准、卫生标准、包装要求等,以间接地限制他国商品进口。从第六轮肯尼迪回合开始,GATT 将非关税壁垒问题列入了谈判议程,而将关税作为保护国内市场的唯一手段。GATT 第 11 条规定:除关税或其他税费外,任何缔约方均不得对进口自或出口到或为再出口而外销到任何其他缔约方境内的任何产品,以采取配额、进出口许可证或其他措施的方式,设置或保持禁止或限制。乌拉圭回合非关税措施谈判中又进一步决定,要实施减少或取消包括数量限制在内的非关税壁垒措施,使非关税措施关税化。

(5)公平竞争原则(Fair Competition)。公平竞争原则是指成员国之间应避免采取不公正的贸易手段进行国际贸易竞争或扭曲国际贸易竞争;在货物贸易、服务贸易和与贸易有关的知识产权领域,创造和维护公开、公平、公正的市场环境。它是市场经济的公平竞争原则在国际贸易领域中的延伸与体现。在 WTO 框架下,这项原则主要体现在对倾销和补贴行为的控制与管理上,亦即主要通过实施反倾销和反补贴措施来加以贯彻。GATT 中有关反倾销和反补贴的条款是针对不公平贸易行为的主要条款,条款强调各缔约方不得实行补贴的贸易战略,出口商不得以倾销的方式在他国销售其商品。当倾销或补贴的商品给某一进口国的相应工业造成损害或损害威胁时,该进口国可根据受损的国内工业的指控,采取反倾销、反补贴措施或临时保障措施。在这些条款的基础上后来形成了更为详尽和规范的《反倾销协议》、《补贴与反补贴措施协议》和《保障措施协议》,为创立和维持公平竞争的国际贸易环境创造了条件。

除上述五个基本原则外,对发展中国家实行差别待遇,也是 GATT 及 WTO 多边贸易体制越来越关注的问题。随着发展中成员数量的增加和力量的壮大,他们的利益在 GATT 的许多协议和相关的条款中得到了越来越多的反映。对发展中国家的差别和优惠待遇，最初在《1947 年关税与贸易总协定》中只是作为对总协定诸项基本原则的一种例外而在第 18 条中反映出来。1965 年，《1947 年关税与贸易总协定》增补了第四部分“贸易与发展”，鼓励发达国家支持发展中国家。1979 年，东京回合多边贸易谈判达成《对发展中国家的差别和更为优惠的待遇、对等及更全面的参与》的协议，确立和通过了著名的“授权条款”。“授权条款”的实施使对发展中国家实行“差别和更优惠的待遇”成为最惠国待遇的一项重要例外而在 GATT 的法律框架内取得了合法地位。在乌拉圭回合中，由于广大发展中国家的共同努力，使得由《关税与贸易总协定》第四部分和“授权条款”等有关规定所确立的对发展中国家实行差别和更优惠待遇的原则进一步在《1994 年关税与贸易总协定》中得以体现。

（二）多边贸易体制的贡献

自 1947 年美国、英国、法国、中国等 23 个国家在瑞士日内瓦举行的第一轮多边谈判开始到世界贸易组织的成立，GATT 共完成了 8 轮谈判，取得了重大成果，对全球贸易的发展起到了重要的协调、引导和促进作用。

在 GATT 的 8 个回合谈判中，前 5 轮谈判主要致力于关税减让和削减贸易壁垒的问题，而后 3 轮谈判则更多地转向非关税壁垒问题，在限制非关税壁垒措施和新贸易保护主义的蔓延上取得了成功，特别是乌拉圭回合（第 8 轮）谈判，进一步将多边贸易体制的关注点由货物贸易扩展到服务贸易和与贸易有关的知识产权领域，并开始了多边贸易体制改革的新尝试。

GATT 及 WTO 多边贸易体制对国际贸易的贡献主要表现在以下几个方面。

1. 推动了全球贸易的发展。GATT 及 WTO 通过成员国的一系列谈判和协议，从削减关税和减少非关税壁垒两个方面促进了自由贸易的发展。在关税方面，经过半个多世纪的努力，全球关税总水平从 GATT 第一轮谈判前的 40% 降至第 8 轮乌拉圭回合谈判后的 6% 左右（其中，发达国家的加权平均税率从 1947 年的平均 35% 降至 4% 左右，发展中国家降至 14% 左右），降幅达 85%。除关税减让和关税约束外，在乌拉圭回合谈判中发达国家和一些发展中国家还承诺取消某些领域（所谓零对零关税领域）的所有关税。这些领域包括药品、农用机械、建筑设备、医疗器械、家具、纸张、钢铁和玩具等。作为零对零关税减让和其他减让的结果，免税进入发达国家市场的工业品的比例将会增加 1 倍，即从 22% 增至 44%。

在非关税壁垒措施方面，由于在关贸总协定前几轮谈判的推动下，关税削减的幅度和范围不断扩大,关税约束措施的力度不断加大,越来越多的国家便将通过关税措施难以实现的贸易保护转向非关税措施。进口许可证、关税配额、自动出口配额等数量限制和安全卫生标准、技术标准、包装要求等间接的非关税壁垒措施的使用越来越频繁,形成了新的贸易壁垒。由于这些非关税贸易壁垒措施的隐蔽性和随意性强,透明度低,因而对世界贸易的破坏作用更大。针对这种情况,从第六轮肯尼迪回合谈判开始,GATT 将非关税壁垒问题列入了议程,而将具有较高透明度、能够清楚反映保护程度的关税作为各国成员方保护国内市场的唯一手段。GATT 第 11 条规定:"除关税或其他税费外,任何缔约方均不得对进口自或出口到或为再出口而外销到任何其他缔约方境内的任何产品,以采取配额、进出口许可证或其他措施的方式,设置或保持禁止或限制。"乌拉圭回合非关税措施谈判中又进一步决定,要实施减少或取消包括数量限制在内的非关税壁垒措施,对非关税措施关税化,并达成了《农产品协议》、《纺织品和服装协议》、《技术性贸易壁垒协议》、《进口许可程序协议》、《原产地规则协议》、《装运前检验协议》和《实施卫生和植物卫生措施协议》等多项与限制和削减非关税壁垒有关的全球性协议。

由此可见,GATT 一方面禁止数量限制和其他非关税壁垒措施,把成员方对国内产业和市场的保护锁定在透明度强和预见性强的关税手段上,使非关税措施向关税措施靠拢。与此同时,又不断地通过谈判降低关税水平,从而从两个方面推动了贸易自由化的发展。这些措施对改善货物贸易的市场准入、推动世界贸易的迅速发展和全球贸易自由化的深入发展具有重要意义,使全球贸易的发展进入了快速增长时期。世界货物贸易出口额从关贸总协定成立之初 1950 年的 607 亿美元增加到 2003 年的约 7.3 万亿美元。这种由于贸易壁垒减少而带来的直接或间接的效果会随着贸易自由化进程的推进而逐步显现。据世界银行的预测,今后世界贸易可望以年均 6% 的速度增长。另据 WTO 预测,2005 年,货物贸易自由化成果得到充分实施时,全球商品贸易年增加 24%,世界收入增加 5 100 亿美元①。

2. 促进了发展中国家的贸易发展。GATT 及 WTO 的多边贸易体制,特别是对发展中国家的优惠待遇原则,推动了发展中国家的经济发展。据 WTO 秘书处测算,由于货物贸易各项协议的实施,到 2005 年发展中国家的货物贸易总量水平的增加将比没有乌拉圭回合的情况下高 36.7%,这一数字比世界平均水平和发达国家水平(约 24%)高出一半;发展中国家(包括经济转型国家在内)因此每年多得

① 罗小明,赵晓晨,李丽君. WTO 货物贸易规则及其在中国的实施. 天津:天津大学出版社,2003:7

1 161 亿美元的收益。其中，由于工业品关税的降低和非关税壁垒措施的削减（主要是纺织品数量限制）所带来的收益分别增加 334 亿美元和 684 亿美元，农产品贸易自由化带来的收益增加 143 亿美元①。

发展中国家货物贸易预期增长较快的原因来自三个方面：

一是在关税壁垒方面，发展中国家关税减让水平低于发达国家。按照协议，乌拉圭回合前后，世界贸易组织全体成员的平均关税降幅为 34.3%，发达国家关税削减幅度在 37% 左右，发展中国家关税削减幅度在 24% 左右，且在农产品关税削减的实施期限上，发展中国家比发达国家长 4 年。这使发展中国家的出口可以获得更多的关税降低的好处和更长的调整、适应和保护期。

二是在非关税壁垒方面，由于发展中国家出口产品主要集中在纺织品、服装、其他轻工产品和农产品等劳动或土地资源密集型产品上，这些恰是乌拉圭回合中贸易自由化力度最大的领域。这些领域非关税壁垒措施的消除，如服装纺织品配额的逐步取消以及农产品贸易保护措施的关税化等，给发展中国家带来了贸易增长和收益提高的好处。据统计，在乌拉圭回合以前，发达国家对来自发展中国家进口产品的 21% 使用了非关税措施，从进口价值看，使用的非关税措施达到 19%，均高于对来自发达国家的进口产品的相应措施（上述数字分别为 11% 和 17%）。特别是发展中国家出口的纺织品、服装大约 90% 左右要受发达国家的配额或许可证的限制，这对以纺织品、服装等劳动密集型产品为主要出口产品的发展中国家造成伤害。根据乌拉圭回合达成的《纺织品与服装协议》的有关规定和对发展中国家的优惠条款，据关贸总协定预测，2005 年取消纺织品、服装的限制后，发展中国家对主要发达国家的纺织品和服装出口分别可以增加 82% 和 93%，发展中国家纺织品出口国共可以每年从中获得 30 亿美元的贸易收益，另外，发展中国家从农产品贸易自由化中每年也可受益近 150 亿美元②。由此可见，多边货物贸易协议对非关税措施的削减，在一定程度上为发展中国家的贸易发展清理了障碍，为其充分发挥比较优势、发展对外贸易提供了可能。

三是发展中国家从 WTO 多边货物贸易协议成果中获得的收益还来自于市场准入和各项协议对发展中国家的差别和优惠待遇上。在发展中国家的集体努力下，由《关税与贸易总协定》第四部分和东京回合“授权条款”所确立起来的对发展中国家的差别和优惠待遇的基本精神在多边货物贸易协议中有了具体的体现。

---

① 罗小明，赵晓晨，李丽君．WTO 货物贸易规则及其在中国的实施．天津：天津大学出版社，2003：8

② 罗小明，赵晓晨，李丽君．WTO 货物贸易规则及其在中国的实施．天津：天津大学出版社，2003：9

GATT 及 WTO 在致力于削减关税和非关税壁垒措施的同时，在各种减让幅度、执行力度以及实施期限等方面均给予了发展中国家适当的优惠，并在 GATT 的货物贸易规则的一些条款中得以体现。如在市场准入的减让方面可承诺较低水平的义务，在实施协议方面享有较长的过渡期或减免某些义务，享有某些执行程序上的灵活性等。此外，协议还要求发达国家对发展中国家应当尽力给予照顾，提供技术援助，改善市场准入机会。这为发展中国家对外贸易的繁荣和经济发展提供了更为宽松的国际环境，其作用绝不亚于市场准入方面的直接措施。

3. 推动了新兴产业的发展。在新的科学技术革命的推动下，信息技术产业作为一种技术含量高、附加值大、环境破坏小的新兴产业迅速发展。信息技术革命渗透到社会生活的方方面面，对世界经济贸易产生了重大而深刻的影响。消除对信息技术产品贸易的壁垒、最大限度地扩大全球范围内信息技术产品贸易的呼声越来越强烈。1996 年初，美国率先提出到 20 世纪末实现信息技术产品贸易自由化的设想。经过多方谈判，1996 年 12 月在新加坡举行的首届世界贸易组织部长会议期间，包括欧盟成员国在内的 29 个国家签署了世界贸易组织成立后的第一个协议——《关于信息技术产品贸易的部长宣言》，即《信息技术协议》。1997 年 3 月 26 日，参加该协议的 40 个国家的信息技术产品贸易已占世界该产品贸易总量的 92.5%，满足了协议的生效条件。1997 年 4 月 1 日，协议正式生效。

《信息技术协议》规定，参加方要从 1997 年协议生效到 2000 年 1 月 1 日分 4 个阶段均等削减关税至零，即每一阶段削减先行关税的 25%，一些发展中国家可以延期至 2005 年 1 月 1 日，最终实现协议的宗旨：通过逐步削减信息技术产品的关税，推动全球范围内信息技术产品贸易的自由化，促进信息技术产业不断发展。

信息技术革命还为以光导纤维、数字电信、数据转换和智能型电子计算机为基础的现代信息传输网络和相应的电信服务开辟了广阔的前景，世界各国在推进信息技术产品有形贸易自由化的同时，还在大力推进电讯服务这一无形贸易的自由化进程。在乌拉圭回合结束时，成员方就自愿参加了有关基础电信的谈判。1997 年 4 月 15 日，《服务与贸易总协定》第四议定书及其所附的减让表在服务贸易理事会上获得通过，即通常所说的《基础电信协议》，该协议于 1998 年 2 月 5 日正式生效。在协议的附件（减让表）中，占全球电讯市场 93% 份额的 72 个 WTO 成员方在移动话音和数据服务、国内和国际的话音服务、传真服务、分组交换数据传输业务、电路交换数据传输业务等基础电讯业务方面作出了不同程度的开放市场的承诺。

《信息技术协议》和《基础电信协议》的先后达成和生效，在信息技术产品有形贸易和以此为基础的电讯服务的无形贸易两个方面，同时推动着信息产业的发展。两项协议结合起来，将涉及全球每年 1 万亿美元的贸易额，这将大大促进全球贸易的发展和全球贸易自由化的进程，从总体上提高世界的福利水平和经济发展水平。

4. 促进了生活环境和贸易环境的改善。GATT 及 WTO 全球贸易体系通过多边谈判降低了贸易壁垒，促进贸易的自由流动，其结果是降低了生产成本和商品与劳务的价格，从而降低了生活成本。自由贸易还给予了各国消费者更多的选择机会和更大的选择范围，从而提高了消费者的生活水平和质量。

此外，世界贸易组织为所有缔约方提供了一个有成效地、公平地解决贸易争端的场所。成员国不论大小强弱，都可以在争端解决机制中谋求公正合理地解决相互间的经贸纠纷，这将使全球的经贸活动处于公正的多边规范之下，减少因个别国家采取单方面行动所带来的不确定性，使贸易全球化趋势中各国的利益得到一定程度的保证，从而贸易各方都可以从健康的商业关系中获益。

(三) WTO 成立后多边贸易体制的新贡献

从 1995 年世界贸易组织成立至今的十多年里，多边贸易体制对世界经济和国际贸易的发展作出了新的贡献。多边贸易体制对全球贸易自由化进程的推动和作用主要是通过部长会议、一系列谈判和多边协议实现的。迄今为止，世界贸易组织已经举行过六次部长会议，并取得了一系列成果。

1. 第一届部长会议及其成果。世界贸易组织首届部长会议于 1996 年 12 月 9 日至 13 日在新加坡召开。128 个 WTO 成员和 30 个观察员国家的代表出席了本届会议。会议总结了世贸组织成立两年来的工作，特别是审议了乌拉圭协议的执行情况，承诺继续推行贸易自由化，以促进所有成员的发展与就业、稳定和繁荣。

这次被称为多边贸易体系里程碑的部长会议取得的主要成果有两项：一是通过了《新加坡部长宣言》。宣言指出，世界经济的日益一体化为经济增长与发展和创造就业机会提供了前所未有的机遇。宣言承诺，要建立一个更加公平、开放、在规则基础上的自由贸易体制；二是以美国、日本、欧盟和加拿大为首的 29 个经济体在前期谈判的基础上，于会议期间最终达成了《关于信息技术产品贸易的部长宣言》，即《信息技术协议》(由该宣言与各参加方提交的信息技术产品关税减让表构成)。此外，会议还成立了贸易与投资、贸易与竞争政策，以及政府采购透明度 3 个工作组。

新加坡会议后,世界贸易组织继续组织有关各方在悬而未决的领域进行谈判,并取得了一些后续成果,其中最主要的是有关成员分别于 1997 年 2 月 15 日和 1997 年 12 月 13 日达成的《基础电信协议》和《金融服务协议》,成为 WTO 成立以来在服务贸易具体领域取得的最新成果。

2. 第二届部长会议及其成果。世界贸易组织第二届部长会议于 1998 年 5 月 18 日至 20 日在日内瓦举行,是年恰逢关税及贸易总协定生效 50 周年,来自 130 个成员的代表为此举行了隆重的庆祝活动。第二届部长会议围绕“乌拉圭回合”各项协议的执行情况、既定日程和未来谈判内容,以及第三届部长会议举行的时间和地点等问题展开讨论。会议通过了《日内瓦部长宣言》,对多边贸易体制在过去半个世纪中所发挥的作用进行了总结,并就新一轮多边贸易谈判的有关事宜做出安排。此外,针对电子商务的迅猛发展和对国际贸易日益深远的影响,会议还通过了《全球电子商务宣言》。

3. 第三届部长会议及其失败。1999 年 11 月 30 日至 12 月 3 日,世界贸易组织第三届部长会议在美国西雅图举行,135 个成员参加了这次会议。会议的议题主要有 3 个:一是现有协议的实施情况;二是既定议程问题;三是确定新一轮多边贸易回合谈判的具体议程和新议题。但会议一开始就笼罩在阴影中,会场外来自不同国家和地区的数百个非政府组织和五万多名抗议者声势浩大的游行抗议活动,使会议的召开一波三折;会场内与会代表在多项议题的谈判上意见分歧、争执不休,导致会议的进展缓慢。会议结束时,既没有发表部长宣言,在几个主要的议题上也无法达成一致意见,更未实现启动“新千年回合”的梦想,会议最后无果而终。这是 WTO 成立以来多边贸易体制遭受的首次重大挫折。

4. 第四届部长会议及其成果。2001 年 11 月 9 日至 14 日,世贸组织第四届部长级会议在卡塔尔首都多哈举行, 142 个世贸组织成员参加了会议。通过各方激烈的讨论和艰苦磋商,多哈会议最终取得了三项重要成果,成为继新加坡部长会议之后又一次卓有成效的盛会。第一,会议通过了一系列宣言和决定,包括《部长会议宣言》、《关于与贸易有关的知识产权协定与公共健康的宣言》和《关于实施相关问题与关心的决定》;第二,大会讨论并批准中国和中国台北先后加入世界贸易组织,从而使多边贸易体制更具有完整性和代表性;第三,决定全面启动新一轮多边贸易谈判,并命名为“多哈发展回合”,时间是从 2001 年 11 月至 2005 年 1 月 1 日之前全部完成。《部长会议宣言》还明确了新一轮谈判的主要内容和 19 个谈判议题。

5. 第五届部长会议一波三折、步履艰辛。2003 年 9 月 10 日至 14 日,世界贸易组织第五届部长会议在墨西哥坎昆召开,146 个成员的代表团参加了会议,中国首次以正式成员身份参加了此次部长会议。这届部长级会议是多哈回合多边贸易谈判处于关键时刻举行的一次重要会议,因而受到举世瞩目,责任重大。会议期望 2001 年启动的新回合全球贸易谈判能够获得具体进展,使整个谈判得以持续下去,并重建 WTO 创建全球贸易新秩序的威信与能力。

此次会议取得了如下成果:第一,批准了《关于实施知识产权协定与公共健康宣言第六条的决定》。根据这一《决定》,发展中成员和最不发达成员在国内因艾滋病等流行疾病而发生公共健康危机时,可以基于公共健康目的,在未经专利权人许可的情况下,在其国内通过实施专利强制许可制度以生产、使用、销售有关治疗产生公共健康危机疾病的专利药品;第二,批准柬埔寨和尼泊尔两个最不发达国家加入 WTO;第三,对已经开始的多哈回合谈判进行总结和中期评估,并讨论是否将"新加坡议题",即投资、竞争政策、政府采购透明度、贸易便利等议题纳入新一轮谈判。由于发展中成员和发达成员在农产品议题和是否启动"新加坡议题"等关键问题上坚持各自的立场,会议未能取得共识。经过六天的激烈争吵,坎昆会议既没有发表部长宣言(以《WTO 第五次部长级会议声明》的形式解释了本次会议遭受的挫折),也未取得任何实质性进展,重蹈了西雅图会议的覆辙。

6. 第六届部长会议及其成果。2005 年 12 月 13 日至 18 日,在中国香港举行了 WTO 第六次部长会议,149 个成员出席了本次会议。会议的主旨是巩固世贸组织多哈谈判的先期成果,制定下一步谈判的工作计划,为实现 2006 年结束多哈谈判的目标奠定基础。

本次部长会议在农业出口补贴、棉花出口补助、最不发达国家支持政策三个议题上取得较大进展,主要成果有以下几项:①通过了《香港宣言》。根据《香港宣言》,WTO 各成员同意在 2013 年年底前取消所有农产品出口补贴并规范出口政策;发达国家于 2006 年取消各种形式的棉花的出口补贴,并大幅修订国内支持政策;②2008 年前,发达成员和部分发展中成员将为最不发达国家的所有出口产品提供免关税、免配额的市场准入;③在服务业方面,与会部长同意各成员应在 2006 年 7 月 31 日前提交第二轮修订承诺建议,并在 10 月 30 日前提交承诺减让表的终稿;④接纳汤加为 WTO 的正式成员,使世贸组织成员总数增至 150 个。

（四）多边贸易体制遭受挫折——多哈发展回合

在国际多边贸易体制形成、演变、不断完善和发展的过程中，也遭遇和经历着来自各方面的冲击和考验。世界贸易组织成立后启动的第一轮谈判——多哈回合的破裂，是对国际多边贸易体制的严峻挑战。

2001年11月在卡塔尔首都多哈举行的WTO第四届部长级会议的重要议题之一，是启动新一轮多边贸易谈判。会议通过了《多哈部长宣言》（简称《部长宣言》），一致同意开始新一轮多边贸易谈判，并规定时间是从2001年11月至2005年1月1日之前完成。为了强调对发展问题的重视，会议命名为“多哈发展议程”（Doha Development Agenda，DDA）（简称“多哈回合”）。多哈发展议程谈判是WTO成立以来启动的第一轮多边贸易谈判，也是到目前为止涵盖议题范围最广、目标最宏伟、参与方最多的一轮多边贸易谈判，对于全球贸易体系的平衡稳定发展具有重要意义。

1. 多哈发展回合的宗旨与议题。多哈回合谈判的宗旨是促进世界贸易组织成员削减贸易壁垒，通过更公平的贸易环境来促进全球特别是较贫穷国家的经济发展，处理最不发达国家出现的边缘化问题，理顺与区域贸易协定之间的关系，把多边贸易体制的目标与可持续发展有机地结合起来，改善世界贸易组织形象，实现《建立世界贸易组织协定》的原则和目标。

多哈回合谈判涉及8个谈判领域，即农业、非农产品市场准入、服务贸易、与贸易有关的知识产权、贸易规则、争端解决、贸易与环境，以及贸易与发展等。农业、非农产品市场准入及发展中国家的特殊和差别待遇问题，是本次谈判的三个核心议题。与以往的多边谈判相比，这是包括议题范围最广，参加成员最多的一轮谈判，也是涉及议程最多和最复杂、最艰辛的一轮谈判。诸如贸易与环境、贸易与竞争政策、多边投资、政府采购透明化和贸易便利化等新议题如果谈判成功，将不仅使得WTO的法律体系更加完善，还将使多边贸易体制的威信和影响力大大提高（参见表4-3）。

表4-3 多哈发展议程谈判议题

多哈回合谈判议题		新/旧议题
1	履行WTO协定	新议题
2	农业	乌拉圭回合原有议题
3	服务业	乌拉圭回合原有议题
4	非农产品市场准入	乌拉圭回合原有议题

续表

	多哈回合谈判议题	新/旧议题
5	与贸易有关的知识产权	乌拉圭回合原有议题
6	贸易与投资的关系	新加坡议题(新)
7	贸易与竞争政策的相互作用	新加坡议题(新)
8	政府采购透明度	新加坡议题(新)
9	贸易便利化	新加坡议题(新)
10	WTO 规则	新议题
11	争端解决	乌拉圭回合原有议题
12	贸易与环境	乌拉圭回合原有议题
13	电子商务	新议题
14	小型经济体	与发展有关的新议题
15	贸易、债务及融资	与发展有关的新议题
16	贸易与技术转让	与发展有关的新议题
17	技术合作与能力建设	与发展有关的新议题
18	最不发达国家	与发展有关的新议题
19	特殊与差别待遇	与发展有关的新议题
20	工作计划的组织与管理	新议题

资料来源:根据 WTO 第四届部长会议宣言整理。

2. 多哈回合谈判的破裂及主要原因。因为涉及各方利益的进退取舍,历时 7 年的多哈谈判十分艰难,谈判进程一波三折。谈判的关键是农业和非农产品市场准入问题,主要包括削减农业补贴、削减农产品进口关税以及降低工业品进口关税 3 个部分。要达成协议,欧盟需要降低农产品进口关税,美国需要削减巨额农业补贴,而发展中国家需要进一步开放工业品市场。7 年来,谈判因发达成员和发展中成员在农业和非农产品市场准入议题上的分歧久拖不决,设定的期限一次次被打破,谈判先后 7 次被延期,先后经历了 2003 年坎昆会议失败、2006 年全面中止谈判和 2008 年因美国和印度在发展中成员农产品特殊保障机制上的分歧所引起的失败。

多哈回合谈判的破裂是各主要攸关方顾其利益、固执己见、不愿妥协、不作让步的结果。发达国家在谈判过程中要求实施双重标准,坚持对本国农业提供高额补贴而忽视发展中国家利益是造成多哈回合谈判破裂的直接原因。发达国家一方面不愿意削减对农产品的补贴，另一方面却要求发展中国家在进口关税，以及投资、竞争政策、贸易便利化和政府采购透明度等“新加坡议题”①方面敞开大门。如在棉花问题上，美国一方面不愿大幅削减扭曲国际贸易的巨额补贴，另一方面却要求发展中成员取消棉花税。

多哈回合谈判的多次破裂，是多边贸易体制下，发达国家和发展中国家由来已久的种种利益冲突和重重矛盾的集中体现，是在全球化发展过程中国与国经济发展水平日益差别化和涉及经济贸易的重大问题在多边体制下难以取得共识的一个例证。多哈回合谈判的中止使其“促进发展”的重要承诺严重受挫，给世界经济发展套上了无形的“紧箍咒”，其对全球贸易和全球的负面影响和作用不容低估。它的影响将主要集中在几个方面：WTO 威信的降低和对多边贸易体制约束力的削弱，世贸组织及其维护的多边贸易体系遭受重创；贸易保护主义日益抬头从而阻碍全球贸易和经济发展；由于相关规则的削弱，贸易争端和纠纷可能增多；发展中国家特别是较贫穷国家的利益会严重受损（因为对这些成员来说，参与国际贸易是促进经济增长和消除贫困的最大希望所在）。总之，多哈回合的失败，使多边贸易体系的前景前所未有的暗淡，同时向 WTO 多边贸易体制的运行机制和决策模式提出了严峻的挑战。

思考题

1. 当代国际贸易的主要特征是什么？
2. 贸易保护主义的非关税壁垒措施主要有哪几种形式，具体内容是什么？
3. 第二次世界大战后，国际贸易结构发生了哪些变化？
4. 世界贸易组织的主要目标是什么？
5. 世界贸易组织的主要职能是什么？
6. 世界贸易组织的基本原则是什么？

主要参考文献

1 陈寿琦．国际经济贸易百科全书．天津：天津科技翻译出版公司，1991

① 新加坡议题是指在 1996 年 WTO 第一届新加坡部长会议上，由欧盟、日本等成员国所倡议的要纳入新回合谈判的四个议题。它包括：贸易与投资的关系、贸易与竞争政策、政府采购透明度和贸易便利化等。

2 崔晓红．对我国外贸依存度的分析．中国国情国力,2003(12)

3 杜 强．全球绿色产品贸易壁垒与我国对外贸易发展对策．亚太经济,2003(2)

4 江小娟,杨圣明,冯雷．中国对外经济贸易理论前沿．北京:社会科学文献出版社,2001

5 刘林森．全球电子网络贸易加速发展．经济日报,1998-01-30

6 罗小明,赵晓晨,李丽君．WTO 货物贸易规则及其在中国的实施．天津:天津大学出版社,2003

7 石广生．中国加入世界贸易组织知识读本．北京:人民出版社,2001

8 世界贸易组织．WTO 年度报告(1997~2000)

9 陶忠元．绿色壁垒的中性透析及其启示．国际贸易问题,2003(9)

10 王广信,赵丽娜．当代世界经济．北京:人民出版社,2002

11 姚立新．新世纪商务．北京:中国发展出版社,1999

12 杨来科．全球化时代服务贸易的发展趋势．山西财经大学学报,2002(5)

13 赵晓晨．当代国际贸易走势与中国对外贸易．天津:天津科技翻译出版公司,1999

14 朱文晖．中国国际贸易地位的上升与国际分工方式的转变．教学与研究,2004(2)

15 朱钟隶,张海东．WTO 知识培训教程．北京:经济科学出版社,2002

16 EU Annual Report on Anti-dumping and Anti-subsidy Activites 1998/1999/2000/2002, http://www.europa.eu.int

第五章

国际货币制度的演变及其发展趋势

国际货币制度或国际货币体系是调节各国货币关系的一整套国际性的规则、安排、秩序、组织形式和制度。国际货币体系是国际货币关系的集中反映，是国际金融活动的总框架，也是世界经济的重要纽带，它从贸易、金融和投资等方面把世界经济联系在一起。但国际货币体系（制度）并不是一成不变的，它随着世界市场的形成和国际贸易的发展而逐步形成，并且随着世界经济发展、世界经济格局的变化而不断地演变和变革，这种变革又反过来影响和推动着世界经济的发展。

第一节　国际货币体系及其演变

一、国际货币体系的内容和作用

（一）国际货币体系的内容

国际货币体系主要包括以下几方面的内容：①国际本位货币的确定和国际储备资产的确定。这包括使用哪种或什么样的货币作为国家间的支付货币，一国应持有多少国际储备资产，整个国际社会需要多少储备资产，何种货币可作为国家储备资产以及保持怎样的储备资产结构等。②汇率及汇率制度。这包括各国货币的比价如何确定，是采取浮动汇率制度还是固定汇率制度，汇率的调整及汇率波动的幅度，汇率调整的依据和原则等。③各国货币的可兑换性与国际结算的原则。它包括一国货币是否允许自由兑换成任何国家的货币，在结算国之间发生债权债务时采取何种结算方式。④国际收支及其调节方式。它包括当国际收支失衡时，各国政府采取什么方法进行调节，顺差国和逆差国各自承担的责任如何等。⑤国际货币事务的协调和管理。由于各国本位货币、汇率制度、结算方式等均会通过国际贸易和国际投资等经济活动影响到其他国家，国际收支调节、国际汇率制度确立、国际储备体制安排等也会涉及各个主权国家，因而也就产生了国际事务的协调和管理的需要。对这一问题的解决主要是通过国际货币机构和组织为各国提供发表和磋商关于货币问题的论坛，制定为各国所共同认可和遵守的规则或制度，并以此协调各国之间的货币关系和与此相关的各种问题。

（二）国际货币体系的作用

国际货币体系对国际贸易、国际投资和国际金融等经济活动具有广泛的影响，对各国国民经济的发展也发挥着制约或促进的巨大作用。统一的国际货币体系可以使各国的国家储备趋于单一化和稳定化，减少国际储备调整的困难；稳定的国际货币体系，能够增强各国货币体系的适应能力和稳定程度，促进各国之间的货币流通和经济往来；理想的国际货币制度能够保证币值的稳定和汇率的稳定，为各国的经济活动提供稳定的计价尺度和支付手段，减少由于汇率的频繁波动而带来的经济损失；健康的国际货币体系可以防止国际金融市场的剧烈波动，降低金融危机的风险；理想的国际货币体系还能够提供足够的国际清偿能力和良好的国际收支调节机制，以保持国际收支的平衡及对国际收支调节的有效性，从而促进国际信贷的发展和国际资本的流动，促进国际贸易的健康发展。

二、国际货币体系的演变

迄今为止，国际货币制度在其演变和发展的过程中大致经历了金本位制、布雷顿森林体系和牙买加货币体系三个历史阶段。

（一）第二次世界大战前的国际金本位制

1. 金本位制的产生和解体。金本位制是以黄金作为本位货币①，实行以金币流通为主的货币制度。作为一种国际货币制度，金本位制始于19世纪70年代。第一次世界大战以前，英国作为世界上最发达的资本主义国家，在世界经济中的地位举足轻重。它以其特殊的地位享有对国际金融的控制权，并以国际金融中心的地位与其他国家发生联系，英国的货币政策也必然会影响到其他国家。1816年，英

① 本位货币是指作为一国货币制度的基础的货币。

国颁布了《金本位法案》,1821 年该法案生效,率先实行金本位制。随后欧洲其他的主要国家纷纷效仿,也采用了金本位制。美国于 1879 年宣布将南北战争期间发行的"美钞"纸币钉住黄金,实际上也加入了金本位制体系。日本于 1897 年、沙俄于 1898 年也相继实行金本位制。至 19 世纪末,当时的主要资本主义国家几乎都实行了不同形式的金本位制度。

国际金本位制可以分为三种形式:第一,金币本位制,也称狭义的金本位制。在这种国际货币制度下,各国都以金币作为本位货币,政府以法律形式统一规定货币的重量、成色、形状、面额等,人们可以根据规定自由铸造金币或熔毁;银行券、纸币可以自由兑换成黄金;金币和黄金可以自由输出输入;黄金是国际储备资产和国际结算货币。第二,金块本位制,又称"重金本位制"。这是一种残缺不全的金本位制。在这种货币制度下,金币虽是本位货币,规定有含金量,但在国内却不能自由流通,也不许自由铸造;银行券在国内流通,并可以在一定条件下兑换成黄金;纸币兑换黄金受到限制,黄金的输出输入也受到限制,但国际结算的最后清偿手段仍然是黄金。第三,金汇兑本位制,又称"虚金本位制",是金本位制的又一种形式。在这种货币制度下,各国货币单位仍然规定有一定的含金量,但金币在国内不能流通,也不能自行铸造,以政府发行的银行券作为本位货币流通;银行券不能兑换黄金和金币,只能兑换外汇,而这些外汇在国外才可兑换黄金。实行这种制度的国家的货币不再同黄金发生直接联系,而是同另一个实行金币本位制或金块本位制的国家(被钉住国)的货币保持固定的比价,并在该国存放大量外汇或黄金作为储备。这是一种具有依附性质的货币制度,具有极大的不稳定性。第一次世界大战前,实行这种制度的多为殖民地、半殖民地国家。

金币本位制虽是一种比较稳定的货币制度,能够自动调节国际收支,促进国际资本流动,为国际贸易和国际信贷的顺利进行创造了有利条件,但这种制度也有其不可克服的弊端。一是以金币本位制为基础的国际货币体系需要大量的黄金作为支撑,否则就不能保持货币黄金的供应量与世界生产的同步增长,导致"货币供应不足";二是由于贸易顺差,大量黄金流向少数经济实力强的国家,而其他国家的货币基础则被削弱;三是由于各国都希望作为财富的代表的黄金能够留在本国,因而往往采取限制黄金输出的措施,人为地阻止黄金的流动,使维持金本位制正常运行的必要条件遭到破坏,国际金币本位制失去了稳定的基础;四是第一次世界大战期间,各国都停止了纸币与黄金的兑换,禁止黄金出口,实行浮动汇率,金币本位制名存实亡。此外,政府支出急剧增长,各国政府实际上已开始放弃金币本位制,通过印制钞票来部分地弥补巨额的战争开支，造成货币供给骤增，物价急剧上涨。

第一次世界大战结束后，1922 年 29 个国家在意大利的热那亚讨论世界货币体系的重建问题。但由于种种原因，战前的纯粹意义上的金币本位制已不可能得到恢复，会议建议各国采取一种节约黄金的国际货币制度——金汇兑本位制，以解决世界的黄金供给量无法满足各国中央银行国际储备需要的问题，会议批准了一个局部的金汇兑本位制，即小国可用一些大国的货币作为储备，而拥有这些货币的大国则全部以黄金作为国际储备。根据热那亚会议达成的协议，许多国家开始实行金汇兑本位制，并把国际储备以英镑的形式存放在伦敦。除美国仍实行金币本位制外，德国 1924 年首先采取了金汇兑本位制，丹麦、挪威、意大利、奥地利等 30 多个国家也先后实行了金汇兑本位制。英国于 1925 年、法国于 1928 年则实行了金块本位制，以后荷兰、比利时等国也相继实行了这种货币制度。至 20 世纪 20 年代末期，国际金本位制已由狭义的金本位制——金币本位制过渡到金块本位制和金汇兑本位制同时存在的货币制度。但无论是金块本位制还是金汇兑本位制，事实上都削弱了金本位制的稳定性，1929～1933 年爆发的资本主义历史上最严重的一次经济危机又使这一货币制度受到致命打击。

经济危机引发了深刻的货币信用危机，1931 年发生了世界范围内的银行破产风潮，国际金融秩序混乱，外国英镑持有者纷纷以手中持有的英镑向英国兑换黄金，掀起了抢购黄金的浪潮，迫使英国政府于同年 9 月放弃了金本位制。随后，以英镑作为储备货币的其他许多国家，也被迫放弃金块本位制或金汇兑本位制，法国、瑞士、比利时、意大利等当时的主要资本主义国家，在努力无效后，终于 1936 年 8 月放弃了金块本位制和金汇兑本位制。至此，第一次世界大战后残缺不全的金本位制终于全面崩溃。之后，国际金融领域出现了布雷顿森林体系建立前长达 10 年的无秩序混乱局面。

2. 国际金本位制的特点。第一，币值稳定。在金本位制下，各国用黄金来为它们的货币定值，由于货币供给必须由黄金所组成或同黄金保持一定的比例，因此，不易发生通货膨胀或通货贬值，容易保持币值稳定。由此给国际贸易和国际资本流动提供了准确的核算依据，这就促进了商品的流通和信用的扩大，从而促进了世界经济的发展。第二，汇率稳定。在金本位制度下，各国货币都规定有一定的含金量，它们之间的兑换率就由它们的含金量比例决定，实行严格的固定汇率制，波动幅度较小，因而各国的外汇市场相对稳定。第三，自动调节。金本位制度下，由于各国货币直接与黄金挂钩，黄金可以自由买卖、自由输出和输入，因此国际收支的平衡、汇率的稳定和国际储备的分配基本上可随黄金的国际流动而自发地调节。第四,局限性大。在金本位制度下,货币供应量要受黄金供应量的限制,而黄金的供应量又直接受到有限的黄金开采的限制。因而在这种情况下,很可能会出现由于黄金供应量不能满足货币供应量的要求而制约和影响世界生产和世界贸易增长的情况。第五,紧缩倾向。因为缺少国际监督和约束机制,国际收支顺差国可以将黄金的流入累积,将盈余沉淀或冻结,以期获得更大的盈余。在这种情况下,逆差国国际收支的调节,只能依靠国内的紧缩来实现。可见,国际金本位制具有明显的紧缩倾向。

(二)第二次世界大战后的布雷顿森林体系

国际货币体系在其发展过程中经历的第二个时期,是 1944 年到 1973 年的布雷顿森林体系下的固定汇率制时期。

1. 布雷顿森林体系的建立。金本位制解体之后,国际货币体系一度陷入混乱局面。在各自利益的驱动下,美、英两国对建立新的国际货币制度最为关注,并在第二次世界大战结束之前,就开始了战后国际货币体系的研究。英国经济虽然在战争期间遭到严重破坏,但国际贸易的 40% 左右仍用英镑结算,英镑仍然是主要的国际储备货币。而美国则在战后一跃成为世界上头号的经济强国。在英国企图保持英镑国际货币的地位的同时,美国则试图建立一个以美元为中心的世界货币制度。因此,两个国家分别提出了各自的国际货币方案,并就此展开了激烈的争论。1944 年 7 月,44 个国家在美国新罕布什尔州的布雷顿森林举行了联合国货币金融会议(称为布雷顿森林会议),探讨了战后国际货币体系的结构和运行等问题。经过激烈争论,美国凭借其政治和经济实力,迫使与会国家接受了美国提出的方案,通过了《国际货币基金组织协定》和《国际复兴开发银行协定》。这次会议及其协定,标志着一个新的以美元为中心的国际货币体系即布雷顿森林体系的建立。

2. 布雷顿森林体系的主要内容。其主要包括以下几方面。

(1)实行"双挂钩"的固定汇率制。所谓"双挂钩",一是美元与黄金挂钩。即国际货币基金的成员国必须承认美国政府规定的黄金官价,即 1 盎司黄金等于 35 美元(1 美元等于 0.888 671 克黄金)。美国政府承担各国政府或中央银行按黄金官价用美元向美国兑换黄金的义务,各国政府也有义务协助美国政府维持黄金的这一官价水平。二是其他国家的货币与美元挂钩。即其他会员国的货币与美元保持固定的比价关系。其他国家政府规定本国货币的含金量,根据各国货币含金量与美元含金量的对比,确定各国货币与美元的固定汇率,且波动的幅度不得超过上下各1%。

在“双挂钩”的规定下,各国货币与黄金的关系是间接的,是通过固定汇率钉住美元或者说是通过美元与黄金发生关系的,而美元与黄金的关系则是直接的,且与黄金处于等同的地位。从而确立了美元在国际货币体系中国际储备资产及国际支付手段的世界货币作用和中心地位,构成了以美元为基本储备货币的金汇兑本位制。

(2)建立国际货币基金组织。为了维持新的国际货币体系的正常运转,会议还决定建立一个永久性的国际金融机构,即国际货币基金组织(International Monetary Fund,IMF)。该组织是进行国际货币协商合作的永久性国际金融机构,其主要职能,一是资金融通,当会员国发生国际收支困难时,基金组织可向其提供贷款;二是提供论坛,国际货币基金组织为各会员国进行国际货币协调和磋商提供了场所和论坛,促进了国际货币合作和国际金融合作;三是维护国际金融秩序,该组织对各国汇率的波动幅度、外汇管制措施、国际收支调节等进行监督和管理,并通过确定汇率政策、协助解决国际收支问题以及协商制定会员国多边支付关系的行为准则等,维护了国际金融领域的正常秩序。

3. 布雷顿森林体系的特点。布雷顿森林体系同战前的国际金本位制相比有以下几个特点:①国际储备资产的二元结构。黄金不再是国际储备的唯一资产,而是黄金与美元并重,美元成为重要的储备资产。因此,战后的国际货币体系也被称为美元—黄金本位制。②有效的调节机制。在金本位制度下,金平价[①]无须调整,但在战后可调整的固定汇率制度下,当国际收支出现严重不平衡时,汇率可以在一定的范围内调整。这一方面有利于国际收支的调节,同时又能有效地避免汇率的过度波动。所以,战后的固定汇率制比金本位制可以更有效地调节国际收支。③有效的监督机制。在布雷顿森林体系下,不仅有国际资产储备和汇率制度等一整套国际货币体系内在的运行机制,而且还建立了监督和管理国际货币体系运行的统一的国际金融机构——国际货币基金组织。通过该组织职能的发挥,克服了金本位制度下因为缺少国际监督和约束机制而造成的一些弊端,有效地维护了国际金融秩序。

4. 布雷顿森林体系的崩溃。布雷顿森林体系维持了战后国际货币体系的运转,对促进战后国际贸易和世界经济的发展起到了积极的作用,但由于其内在的不

① 指金本位制下两国货币单位含金量之比,它是决定两国货币汇率的基础。

稳定性和自身的缺陷，使其注定逃脱不了崩溃的命运。因为以美元为中心的货币体系要求美国必须具有强大的经济实力，以保持美元币值的稳定和充足的黄金储备，维持各国对美元的信心。但是，由于资本主义政治经济发展不平衡规律的作用，美国的经济实力和在世界经济中的作用相对减弱。自1950年起，美国发动侵朝战争，使军费支出大增，美元大量外流，黄金储备急剧下降，国际收支出现逆差，美元的国际信用开始动摇。1953年，美国遭受了第二次世界大战后的第二次经济危机，使美国的经济雪上加霜，终于于1960年爆发了战后第一次美元危机。国际金融市场上大量抛售美元，抢购黄金及其他硬通货，致使黄金价格急剧上涨，美元对外汇率急剧下降。虽然美国采取了抛售黄金、平抑金价等多种措施，国际货币基金组织和其他国家机构也曾试图维持以美元为中心的国际货币制度，但都不过是修修补补的办法，很难挽回美元衰败的定局。20世纪60年代中期，美国扩大侵越战争，政府开支增加，通货膨胀加剧，国际收支进一步恶化。1968年3月爆发了第二次美元危机。进入20世纪70年代，美元危机更加频繁。1971年，又先后爆发了两次大规模抛售美元的危机，美元陷于更加虚弱的地位，美国政府被迫于当年8月15日宣布停止美元对黄金的自由兑换，割断美元与黄金的联系，美元贬值，黄金官价由35美元一盎司提高到38美元，同时放宽各国汇率的波动幅度。美元与黄金的脱钩，使以"双挂钩"支撑的国际货币体系失去了一个支柱。1973年美元危机再次爆发，国际金融市场上再次掀起抛售美元、抢购德国马克、日元和黄金的浪潮。美国政府宣布美元第二次贬值，黄金官价由每盎司38美元提高到42.22美元。美元与黄金脱钩和美元汇价的一跌再跌，动摇了西方国家对美元的信心，并引起他们的不满。自1971年加拿大率先实行浮动汇率制之后，其他许多国家的货币也相继与美元脱钩。至1973年，西方发达国家普遍实行浮动汇率制，致使布雷顿森林体系的另一个支柱也摇摇欲坠。两个支柱的先后倒塌，使以美元为中心、以固定汇率为支柱的布雷顿森林体系全面崩溃。

第二节　当代国际货币体系及其改革

一、牙买加体系

国际货币制度演变的第三个时期，是1976年《牙买加协定》以来的国际货币多元化和浮动汇率制时期。

（一）牙买加体系的形成

布雷顿森林体系的瓦解，使国际金融领域陷入一种“无体系”和无秩序的动荡局面，美元的不断下滑和汇率的剧烈波动，在一定程度上制约了各国的贸易往来和经济发展。为此，国际货币基金组织设法对国际货币体系进行改革。

1972 年 9 月，国际货币基金组织成立了由 9 个发展中国家和 11 个发达国家代表组成的国际货币制度改革及有关问题委员会，即“20 国委员会”，具体研究国际货币制度的改革问题。该委员会于 1974 年 6 月提出了一份《国际货币制度的改革纲要》，对汇率制度、储备资产、国际收支调节等重大问题提出了原则性建议，但因“20 国委员会”并无实质性进展而宣告结束。同年 10 月，国际货币基金组织年会上各国决定设立“理事会关于国际货币制度问题的临时委员会”（简称“临时委员会”，后来改为常设机构）取代“20 国委员会”。1976 年 1 月“临时委员会”在牙买加举行会议，就国际货币制度改革的问题达成协议，即《牙买加协定》。同年 4 月国际货币基金理事会通过了以《牙买加协定》为基础的《国际货币基金协定第二次修正案》，1978 年 4 月 1 日该修正案正式生效。从此，国际货币体系进入了以《牙买加协定》为基础的新阶段。

（二）《牙买加协定》的主要内容

1. 实行黄金非货币化。废除黄金条款，取消黄金官价，黄金不再作为各国货币定值的标准，使黄金与货币脱钩，降低黄金世界货币的作用，即黄金非货币化；会员国可以按照市价自由进行黄金交易；取消会员国对国际货币基金组织或会员国之间结算必须用黄金支付的规定。此外，还要减少黄金库存，逐步处理基金组织所持有的黄金，并规定了具体的处理办法。

2. 承认浮动汇率合法化。国际货币基金组织废除了必须维持统一的固定汇率制的条款，确认各国在汇率方面可以自行作出安排，可以采取浮动汇率制，也可选择固定汇率制，或二者兼而有之。即承认了布雷顿森林体系崩溃后西方主要发达国家的浮动汇率制的现状，使其合法化。但会员国要接受国际货币基总组织的指导、管理和监督，以保证有秩序的汇率安排，并以此促进国际金融的稳定，实行所谓有管理的浮动汇率制。

3. 提高特别提款权的地位。“特别提款权”是国际货币基金组织分配给会员国的一种特别支付权利。它诞生于布雷顿森林体系时期，是美国于 1969 年通过国际货币基金组织所采取的一种缓解美元危机的措施。特别提款权是根据会员国在国际货币基金的份额按比例进行分配的,只能用于会员国之间债权债务的结算,而不能兑换黄金,也不能作为流通手段在市场交易中直接支付。所以,它只是会员国作为储备资产的一种账面资产,是一种虚构的货币。

《牙买加协定》在削弱黄金世界货币作用的同时,决定要逐步扩大特别提款权持有者的范围和使用范围,国际货币基金组织要用特别提款权计算基金份额,并逐步取代美元,以特别提款权为计算单位,计量和支付基金组织与成员国的经济活动和成员国彼此之间的业务往来,从而提高特别提款权作为主要国际储备资产的地位。

4. 增加会员国的基金份额。各会员国对国际货币基金组织缴纳的基本份额由292亿特别提款权单位增加到390亿特别提款权单位,并且对各国的份额比重进行了调整。

5. 扩大对发展中国家的资金融通。设立信托基金,以优惠条件向最贫穷的发展中国家提供贷款,以解决其国际收支困难,同时扩大国际货币基金组织信贷部分贷款的额度。

(三)牙买加体系的主要特征

1. 浮动汇率取代固定汇率。《牙买加协定》承认了浮动汇率的合法化,使国际货币体系进入了浮动汇率的时代。浮动汇率制是指各国货币之间的比价随着市场的供求关系自由波动,不规定汇率波动的幅度,各国中央银行也不承担维持汇率水平的义务。

浮动汇率制从不同的角度又可分为四大类:按国家是否干预外汇市场分为自由浮动和管理浮动;按是否独立浮动分为单一浮动和联合浮动。自由浮动是指政府不干预外汇市场,完全听任汇率随市场供求变化而自由波动;管理浮动是指为了避免汇率的剧烈波动,防止对本国金融市场和对外贸易造成不良影响,政府采取措施,对外汇市场进行一定的干预。单独浮动是指一国货币不与任何其他国家的货币发生固定比价的关系,其汇率都是由外汇市场的供求关系决定;联合浮动是指在经济联系密切的国家之间(如区域经济体成员国之间)实行固定汇率制,而对非成员国则实行共同浮动。

无论上述哪种自由浮动汇率制度,都可以根据外汇市场的供求随时调整汇率,有利于保持汇率的相对稳定和贸易平衡,促进资本流动,同时由于浮动汇率具有自动调节国际收支的功能,因而可以有效地避免由于维持固定汇率所造成的损失。因此,这种制度受到世界各国的青睐。牙买加体系之后,各主要资本主义国家都相继实行了浮动汇率制。国际货币基金组织的《国际金融统计》公布，到1987年6月底，主要资本主义国家都实行了浮动汇率制。欧共体国家实行联合浮动，美国、日本、加拿大、澳大利亚、新西兰实行单独浮动，其他国家也实行了各种不同类型的浮动汇率制。

2. 国际储备多元化。在以美元为中心的布雷顿森林体系下，美元是除黄金之外的唯一国际储备货币。但随着美国经济实力的相对下降，美元的不断贬值及其购买力的不断下降，使许多国家的美元外汇储备遭受损失。特别是布雷顿森林体系的瓦解，美元与黄金脱钩，动摇了美元等同于黄金的基础地位。为了摆脱对美元的过分依赖，保持外汇储备对进口货物的购买力，减少外汇风险，从而使外汇储备不受或少受损失，各国纷纷调整外汇储备的构成，把国际储备中的一部分美元兑换成德国马克、日元和瑞士法郎等其他国家的硬通货，出现了国际储备多样化和分散化的趋势。《牙买加协定》确定了特别提款权作为主要储备资产，从而形成了美元和黄金占相当比重、特别提款权、马克、日元、英镑、瑞士法郎等多种货币同时并存的国际储备多元化格局。

3. 国际收支调节手段多样化。在布雷顿森林体系下，成员国国际收支不平衡的调节主要靠两个渠道，一个是通过国际货币基金组织的干预和贷款进行调节，另一个是通过变更汇率来调节。调节渠道有限，调节手段单一。牙买加体系的确立，则为国际收支的平衡提供了汇率机制、利率机制、国际金融市场、国际金融机构等多种调节渠道和手段。

一是依靠汇率的浮动自动调节国际收支平衡。从理论上讲，当一国经常项目收支发生逆差时，该国货币的汇率会下跌，其结果是有利于出口的增加，从而增加外汇收入，使经常项目收支得到改善；反之则反是。汇率对国际收支的自动调节是牙买加货币体系下国际收支调节的主要方式。二是通过利率变动对国际收支进行调节。通过调节一国实际利率与其他国家实际利率的差异来引导资金的流入或流出，改善国际收支。这实际上是用资本项目的顺差或逆差来平衡经常项目的逆差或顺差。三是通过国际货币基金组织的贷款和协调。国际货币基金组织除通过向逆差国提供贷款，帮助其平衡国际收支外，还指导和监督顺差国与逆差国双方互相协调、共同承担起调节国际收支的任务。

二、国际货币体系的改革及其趋势

以浮动汇率制为主要特征的牙买加体系克服了以固定汇率制为特征的布雷顿

森林体系的一些弊端,具有货币政策自主性、汇率调节自动性等优点,对世界经济的发展起到了重要的推动作用。但随着世界经济的发展和金融全球化的发展,随着国际经济关系和国际经济格局的变化,牙买加体系的弊端和在新形势下其自身所产生的矛盾日益显露。浮动汇率制度下频繁和剧烈的汇率波动,使各国经济发展的不确定因素加大,风险加大,对世界经济的健康发展带来了许多不利影响。此外,发展中国家债务问题严重,找不到有效的解决办法,特别是20世纪末以来,发展中国家接连发生的金融危机以及亚洲金融危机的爆发,都暴露出牙买加货币体系的缺陷,同时也将更加彻底的国际货币体系改革的问题提上了日程。

(一)国际货币体系的新特点

1. 区域性货币体系形成。以美元为中心的布雷顿森林体系瓦解后,国际货币体系开始走向分散化,各种区域性货币组织相继出现,如加勒比货币区、西非货币联盟、中非货币联盟、中美洲货币同盟、欧洲货币体系等。在这些区域性货币组织中,以欧洲货币体系最为完善。

早在布雷顿森林体系崩溃前的1970年,欧洲共同体的几个国家便创立了与美元等值的欧洲记账单位,1975年又创立了完全按欧共体9国货币定值的新的记账单位,为欧洲货币体系的形成奠定了基础。1979年3月,欧洲货币体系正式运行。

欧洲货币体系的主要内容有:一是建立中心汇率制度。共同体成员国对内实行固定汇率,对外实行联合浮动。中心汇率和汇率波动的幅度是±2.25%;二是建立欧洲货币基金,以干预和稳定汇率;三是成员国取消各自的外汇管制,协调成员国的经济与金融政策;四是协助成员国解决国际收支困难,促进区域组织内成员国商品、劳动和资本的自由流动;五是建立欧洲货币单位,并逐步发挥其国际结算与储备货币的作用。1999年欧元的诞生,标志着欧洲货币一体化的成功,也意味着欧洲货币体系的巨大成效。从整体上看,欧洲货币体系在稳定汇率、调节国际收支、协调成员国货币政策、促进经济增长等方面都取得了巨大成效。因此,欧洲货币体系的成功经验可以作为未来国际货币体系的借鉴。

2. 发展中国家的债务负担沉重。国际货币体系的不稳定和美元的不断贬值,使本来黄金和外汇储备就不多,但外债负担沉重的发展中国家损失惨重,外汇储备急剧减少,对外债务不断增加。发展中国家的债务总额从1990年的约1.3万亿美元,增加到20世纪末的2.5万亿美元。拉美地区国家的债务1990年为5 000亿美元,从那时起,还本付息额就已达到7 800亿美元,目前,该地区的债务为8 000亿美元。1999年,非洲各国的外债总额已达3 360亿美元,平均占国民生产总值的

80%,其中约有20个国家的外债已超过本国的国民生产总值。它们每年出口收入的24.6%用于还债①。最不发达的国家所面临的形势更为严峻。仅以全球10大外债国为例,排在首位的是非洲的圣多美和普林西比,排在第10位的是南美洲的圭亚那。这两国外债占本国国民生产总值的比重前者为382%,后者为145%。如此沉重的债务已经到了侵犯个人和民族发展权的程度,在外债的重压下,国民经济根本无法正常发展。如果美元贬值,无论是发展中国家负担的按美元计算的非美元债务,还是美元债务都会增加。总之,世界主要货币的不稳定和国际货币体系的不稳定,已给发展中国家的经济发展带来了许多不利影响,使其不确定性和风险性增加,发展中国家经济发展的未来前景受到严重制约。

3. 现行国际货币体系与金融全球化的进程不相适应。20世纪70年代以来,越来越多的国家放松了金融管制,实行金融开放和金融自由化政策,金融全球化的程度不断提高。金融全球化是指一国金融活动跨出国界,与国家间的金融活动融合在一起。金融全球化突出表现为国际资本的大规模流动、金融机构和金融业务跨国界按同一规则运作以及国际金融市场的蓬勃发展。

金融全球化要求各国开放金融市场,实行金融自由化政策。在这一发达国家推动且起主导作用的金融全球化过程中,一些经济结构脆弱、金融体系尚不完善、金融监管经验不足、在金融市场上处于弱势地位的发展中国家,被迫接受由发达国家制定的运作规则。但由于现行国际货币体系不完善,缺乏有效的国际收支调节机制、国际金融监管机制和国际金融风险的预警及防范机制,对猖獗的国际金融投机活动、货币危机和银行信用危机等无法防范,甚至无能为力,致使发展中国家遭受严重的损失。如20世纪90年代以来,贸然实行资本项目可兑换的拉丁美洲和亚洲的一些发展中国家,遭受了国际金融危机的冲击,经济发展受到重挫,仅东亚就蒙受了3万亿美元的损失。一些国家如墨西哥、智利、马来西亚等不得不重新对资本项目进行管制。这实际上反映了现行的国际货币体系已经不能适应金融全球化的要求,迫切需要进行改革。

(二)国际货币体系改革的焦点与方案

由于牙买加体系不过是对已成事实的认可,并未作出实质性的变革,因此很多人认为在布雷顿森林体系解体后,国际货币体系实际上进入了"无体系"和"无秩序"的阶段,加之牙买加体系运转中暴露出缺乏对付国际金融危机的金融实力和执

---

① 李琮. 全球经济大转变中的第三世界. 世界经济与政治. 2000(11)

行手段等缺陷,彻底改革国际货币制度的呼声越来越高。改革的焦点主要集中在货币本位制、国际储备资产、汇率制度、国际货币基金组织功能等几个方面。围绕着这些问题,不同的国家从各自的利益出发,提出了不同的意见,一些经济学家也提出了不同的改革方案。

1. 关于货币本位制。货币本位制的确立即选择什么样的国际基础货币,一直是国际货币体系改革的关键问题。对于这一问题,几种不同的意见分别是恢复金本位制、恢复美元本位制、特别提款权本位制、继续实行现行的多中心货币体系或是综合货币本位制。

(1)恢复金本位制。20 世纪 70 年代,美国和其他一些发达国家普遍陷入经济增长速度下降、通货膨胀加剧以及汇率大幅度波动的局面,一些学者和政府官员认为这是浮动汇率和黄金非货币化的结果,于是出现了恢复金本位制的呼声。1981 年,美国哥伦比亚大学教授罗伯特·蒙代尔提出要在美国恢复黄金兑换的建议。此后,又有一些学者提出恢复金本位制或实行某种形式金本位制的提案,引起了争议。赞成者认为,只有恢复了纸币与黄金之间兑换关系的金本位制,才能建立起人们对所持有资产购买力的信心,从而达到增加储蓄和投资、促进经济增长、实现充分就业的目的。金本位制是克服通货膨胀和经济不稳定因素的有效办法。反对者则列出以下几点理由:一是由于金价波动频繁,很难确定准确的金平价。若金价过高会导致人们大量出售黄金,从而使货币供应量增长过快;反之,若金价过低,则会引起人们大量地购买黄金,使政府黄金储备减少,最终也会影响到货币供应;二是黄金的生产受黄金开采、提炼、甚至黄金存量等多种因素的制约,且黄金产量的增长很难满足世界经济增长的要求,这些都将成为制约世界经济增长的因素。因此,黄金供应量的不稳定使其不适宜成为现代国际货币制度的基础。当时的美国总统里根虽对恢复金本位制的提案表示支持,并成立了专门研究在美国恢复金本位制可能性的黄金委员会,但终因这种货币制度已不符合现实的经济条件和国际经济增长对货币黄金的需求,它的恢复只会制约经济的发展,而否定了恢复的做法。

(2)恢复美元本位制。这种主张认为,改革国际货币制度最现实的途径是恢复美元本位制,即重新将美元确定为基础货币和唯一储备货币。他们认为虽然美国经济实力相对下降,美元的国际地位也随之下降,但目前钉住美元的货币仍有 40 多种,且美元仍是主要的支付手段和储备货币。因此,恢复美元本位制,并配合以各国宏观经济政策的协调,对于稳定国际金融秩序是有益的。但美元本位制的恢复也是不现实的。因为除人们对美元的信心发生动摇以外,还难免重蹈布雷顿森林体系的覆辙——陷入"特里芬" 两难的境地,即若美元供给太少,则国际清偿能力不足;但如美元供给太多,又难以保证美元按官价与黄金的可兑换性。可见恢复美元本位制同样会带来许多弊端。

(3)特别提款权本位制。一些学者认为,金本位制和美元本位制的恢复都不现实,并提出将特别提款权过渡为本位货币的建议。其主要内容,一是将国际货币基金组织演变成世界中央银行,并在其控制下以特别提款权作为国际基础货币,通过它来影响国际储备总量;二是特别提款权要拥有坚实的物质基础,使人们建立起对它的信任和信心;三是增加特别提款权在国际储备总量中的比重,同时使一国货币在储备总量构成中的比重不超过15%或20%,最终将多种储备资产简化成单一资产的国际储备体系,且只以黄金和特别提款权作为官方储备形式。虽然特别提款权既克服了金本位制的一些弊端,又避免了美元本位制的缺陷,但其分配直接关系到各国的利益,因此难度很大。

2.关于汇率制度。汇率制度一直是国际货币体系中一个很有争议的问题。发展中国家认为,牙买加体系下浮动汇率的经常波动及其风险给它们的贸易和经济发展带来极为不利的影响,指出汇率制度需要向相对稳定的方向改进,以减轻汇率波动的影响。他们主张实行一种弹性的但相对稳定的汇率制度,即"钉住的但可调整的"汇率制度,也有的国家提出恢复固定汇率制,但遭到美国和其他一些发达国家的反对。美国虽然承认目前的汇率制度有一些不足之处,如外汇投机增加、汇率大幅度波动等,但从总体上看,现行的汇率制度在世界经济动荡、政治经济形势不稳定的情形下,能维持自由贸易的顺利进行,促进国际收支的调节,有利于国内货币政策的推行。美国主张汇率的任意浮动,以适应经济情况的急剧变化;西欧与日本则主张改革后的国际货币体系应以固定的但可调节的汇率制度为基础;也有的国家主张保持目前的各国自由选择汇率安排的混合体制,但要求主要国家协调政策,联合行动,以实现汇率稳定。

对于汇率制度问题,牙买加会议上通过的《国际货币基金协定》(第二次修正案)在承认浮动汇率制合法性的同时,也规定了在条件具备时实行"稳定但可调整"的汇率制度的改革方案。为实现这一方案,一些国家的政府和经济学家提出了积极的建议:一是实行以黄金为后盾的汇率制度;二是各国协调世界货币供应量以稳定汇率;三是指标方案;四是汇率目标区方案。

围绕着建立什么样的汇率制度问题,主要有以下四种观点:

(1)实行完全的浮动汇率制度。布雷顿森林体系解体后,英、美、日、德等主要资本主义国家均实行的是浮动汇率制度。他们认为,通过市场汇率的浮动可以调节外汇供求,实现国际收支平衡,同时有利于自由贸易和自主货币政策的推行。因此,他们主张继续实行浮动汇率制度。但由于汇率的巨大波动不仅会加剧逆差国国际收支的不平衡,而且将对国际经济与金融市场的稳定造成巨大的负效应,对发展中国家尤为不利。因此,这种主张不仅遭到广大发展中国家的反对,而且遭到大多数国家政府和经济学家的反对。事实上在金融全球化使全球范围内的资本流动加快、汇率波动加剧的新形势下,实行完全浮动的汇率制度并不是最理想的方案。

(2)恢复固定汇率制度。主张恢复固定汇率制度的人认为,汇率不稳定会影响国际贸易和资本流动,容易产生投机活动;汇率波动的大幅度和频繁性,会给国际经济活动带来更多的不确定性。而固定汇率制则有利于减少因外汇投机而造成的国际金融市场的动荡不定,避免由于各国货币竞相贬值所导致的外汇倾销。所以,回到固定汇率制可能是一种较好的选择。然而,从现实情况看,世界经济形势的动荡不安以及一些国家金融储备资产的不足等,使得在未来一定时期内恢复固定汇率制成为不可能。

(3)指标方案。1985 年 10 月,美国、日本、英国、原联邦德国和法国 5 国的财政部长和中央银行行长在美国纽约举行会议,讨论主要工业化国家货币之间汇率的剧烈波动对世界经济和国际金融稳定造成的影响,提出了协调各国经济政策,以促进汇率稳定的建议。1986 年,在东京召开的西方 7 国财长会议上,与会的 7 国财政部长提出要通过控制 GNP 增长率、通货膨胀率、失业率、利息率、贸易差额、经常账户差额、财政赤字、货币供应增长率、汇率和外汇储备 10 项指标来实现各国经济政策的协调,从而达到稳定汇率的目的。

国际货币基金组织进一步将这些指标划分为绩效指标、政策指标和介于二者之间的中间变量三大类,并负责对各国的这些经济指标进行监督。1987 年,西方 7 国首脑会议再次强调要通过对经济指标的监督来实现各国之间的政策协调,并决定要在各国作出本国经济增长中期目标或在中期预测的基础上,共同制定一个相互协调的经济增长目标或预测。当经济发展偏离这一既定目标时,应采取适当的补救措施,以维持汇率的稳定和世界经济的稳定。

(4)汇率目标区方案。汇率目标区方案由美国学者威廉森和伯格斯坦于 1983 年提出,是关于国际汇率制度改革的一项重要的方案。所谓"汇率目标区",是指在主要工业国家的货币之间确定汇率波动的幅度,作为目标区,其他货币则钉住目标区或随之浮动。这一方案的基本内容是确定本国货币在一定时期内的波动幅度,政府运用经济政策或干预外汇市场,将汇率的波动控制在规定的幅度内,目标汇率应随经济情况的变动而及时进行调整。

汇率目标区可以分为"硬目标区"和"软目标区"。"硬目标区"的汇率变动幅度很窄,目标区内容公开,且不常修订,各国政府应通过经济政策和货币政策的干预将汇率维持在目标区内。"软目标区"的汇率变动幅度较宽,目标区的内容不公开,且经常修订,也并不要求必须维持。

汇率目标区的特点是综合了浮动汇率制的灵活性和固定汇率制的稳定性。设立汇率目标区的方案一经问世便引来各方面的争议。发展中国家表示赞成,并希望通过设立汇率目标区来实现汇率的稳定;美国等发达国家则认为这一提案不现实,很难真正实施。

3. 关于国际储备资产。1973 年布雷顿森林体系解体后,美元国际货币的主导地位彻底结束,形成了国际储备货币的多元化格局。但是这种状况能够维持多久,是否将有一种新的货币能够取代美元的位置成为主要的国际储备资产,这个问题一直是建立新的国际货币体系的关键,并出现了多种意见。在诸多意见中,比较有代表性的有:

(1)以特别提款权为国际储备资产。关于特别提款权的建议受到关注。这一意见主张以特别提款权作为中心货币和国际储备资产,使各国货币与特别提款权挂钩。虽然这种主张备受关注,但就目前而言,特别提款权尚不具有流通手段的功能,只不过是一种虚拟的货币,尤其是特别提款权没有相应的黄金储备与经济实力作保证。因此,其在国际经济中的作用也远不如美元和其他主要货币。此外,要把特别提款权作为国际储备资产,还要解决下列问题:扩大特别提款权的"发行",以便提高它在国际储备资产总额中的比例;妥善解决和处理现有的储备货币;解决特别提款权的分配问题等。所以,以特别提款权作为中心货币建立国际货币制度的提议在目前的可操作性并不强。

(2)创立国际商品储备货币。近年初级产品和原材料的世界市场价格波动剧烈,使以此为主要出口产品的发展中国家的贸易条件和国际收支状况恶化。以阿尔伯特·哈特等为代表的部分经济学家为此提出了创立以商品为基础的国际储备货币的动议,以同时解决初级产品价格波动对发展中国家的影响和国际储备制度不稳定的问题。

该方案的主要内容是:成立一个世界性的中央银行,发行新的国际货币单位(ICRC),其价值由一个选定的商品篮子来决定,商品篮子由一些基本国际贸易产品,特别是初级产品构成。各种商品在篮子中的比重或权数取决于其在国际贸易中所占的地位。世界性的中央银行将用国际货币来买卖构成商品货币篮子的初级产品,以求达到稳定初级产品价格,进而稳定国际商品储备货币的目的。

由于实行以商品为基础的储备制度,必须以高昂的成本储存大量的初级产品,且也不会是一个自然的发展过程,因此很难付诸实施。

(3)建立国际信用储备制度。伯特·特里芬教授认为,某一国的货币作为国际储备资产具有内在的不稳定性,会受到储备货币国国际收支状况的制约。因此,他主张以一种由国际机构统一发行的储备资产来取代黄金和现有的储备货币。1982年,特里芬教授在其《2000年的国际货币制度》一文中提出了建立国际信用储备制度的设想。他主张到2000年,建立起一个超国家的国际信用储备制度,并在此基础上创立不以黄金、其他贵金属或任何国家货币充当的国际储备货币。特里芬建议各国将其持有的国际储备以储备存款形式上交给国际货币基金组织,国际货币基金组织成为各国中央银行的清算机构,国家间的支付活动表现为国际货币基金组织不同成员国之间储备存款账户金额的增减。国际货币基金组织所持的国际储备总量应由各国共同决定,并按世界贸易和生产发展的需要进行调整;储备的创造可以通过对会员国放款、介入各国金融市场购买金融资产或定期分配新的储备提款权来实现,但不应受黄金生产或任何国家国际收支状况的制约。

虽然特里芬教授这一超国家的国际信用储备制能够避免贷款国投资而不能清偿的风险,也在国际金融领域引起了很大反响,但此方案的实施在一定程度上涉及一国的金融政策和金融安全问题,因此,这不过是一种美好的愿望。2000年已经过去,他的愿望并未实现,甚至没有得到尝试。

4.关于国际货币基金组织的作用。在对国际货币基金组织的作用问题上,发达国家和发展中国家存在较大分歧。第一,基金份额的分配。美国一国就占了国际货币基金份额的20%以上,而整个发展中国家所占份额才占到32%左右,这对发展中国家极为不利。因此,发展中国家要求改变基金份额规定的分配办法,扩大其在国际货币基金组织中的份额。第二,特别提款权的分配。发展中国家要求扩大其特别提款权分配的数额,建议把国际开发援助的资金和发行特别提款权联系起来,即实行联系制,从而使发展中国家能够获得更多的援助资金。但此项建议遭到以美国、德国为首的发达国家的反对。第三,贷款方式和贷款条件。发展中国家认为国际货币基金组织在国际货币体系的运行中应起主导作用,要求改革目前实则为发达国家操纵和控制的缺乏灵活性的、苛刻的贷款方式,提出放宽基金组织的贷款条件并延长贷款期限、增加贷款数额、减轻外债负担、增加向发展中国家特别是最不发达国家提供官方援助的实际额度等。第四,关于国际清偿能力。发展中国家认为国际清偿能力不足,且分配不均。基金组织应通过更加有效地创设和分配特别提款权来满足世界清偿能力的需要。而发达国家则认为,特别提款权对于满足长期的全球储备需要仍是有用的,且目前国际清偿能力充足,无需进行重大改革。

(三)国际货币体系改革的方向与趋势

1. 改革国际货币基金组织的职能。国际货币基金组织是现行国际货币体系的重要载体,它的职能与国际货币体系的制度安排紧密相关。在金融全球化日益深入、经济信息的传播速度和影响程度日益增强的新形势下,国际货币基金组织职能的大小、功能的好坏、作用的强弱,直接影响到国际金融秩序和国际货币体系的健康运转。在布雷顿森林体系下,国际货币基金组织主要发挥着三种职能:一是监督成员国的汇率政策,维持固定汇率制度,协助成员国干预市场汇率的波动;二是监督成员国的国际收支状况,为严重逆差国提供贷款,解决成员国短期内的收支不平衡;三是协助建立成员国之间经常项目交易的多边支付体系,并消除妨碍世界贸易发展的汇兑限制。但在从以固定汇率制为特征的布雷顿森林体系过渡到以浮动汇率制为特征的牙买加体系之后,国际货币基金组织的职能也遇到了挑战。一方面维持固定汇率制的职能自然消失,国际货币基金组织的功能弱化;另一方面浮动汇率制下汇率剧烈波动带来的风险又要求国际货币基金组织具备更多的功能,这就给国际货币基金组织的改革提出了新的要求。它要求国际货币基金组织能够适应金融全球化发展的进程,为成员国提供更加高效、安全、及时的援助和保护。

此外,由于缺乏有效的危机预警机制,国际货币基金组织在亚洲金融危机的过程中未能及时发出危机警报,危机发生后,又反应迟缓,救助不力。因此,国际货币基金组织应加强这方面的功能,建立有效的危机预警机制。一是加强对成员国特别是发展中国家资产负债表、外汇储备和外债情况的研究和评估,加强对金融风险因素的分析、监测和预测。二是增强国际货币基金组织的信息发布和传播功能,及时、准确和充分地将所获信息及分析、检测的情况通过各种方式传递给各成员国(包括在相关的出版物上发布这些信息),并据此对成员国经济政策的调整提供建设性建议,帮助其作出正确的判断,必要时应发出风险警告。三是增强国际货币基金组织对成员国国际收支逆差进行干预和援助的职能。国际货币基金组织应对长期处于严重逆差状态的国家进行政策规劝及对政策的实施提供帮助,以防止成员国国际收支的不断恶化和金融危机的爆发。四是增加基金份额,增强其防范和化解国际金融风险的经济实力。可以按现有比例增加成员国的交纳份额,也可由基金组织牵头建立若干个区域性的储备调拨机制,以便在某个国家或地区发生危机时,增加国际货币基金组织可动用资金的规模。

2. 推进区域性货币体系。布雷顿森林体系崩溃之后,加勒比货币区、西非货币联盟、中非货币联盟、中美洲货币同盟等各种区域性货币组织相继出现,特别是设计缜密、运转有效的欧洲货币体系,更成为区域性货币体系的典范,同时也在"无体系"的状态下对国际金融秩序的稳定发挥了一定作用。

从现实情况看,到目前为止,尚缺少有利于加强国际货币合作和国际金融合作,能够有效控制汇率波动和防范金融风险且操作性强的改革方案。因此,新的国际货币体系很难在近期建成,而区域性货币体系安排既能为集团内各成员国所接受,又有利于维持国际金融秩序,防范大规模的、破坏性的金融风险和危机,在新的国际货币体系建立之前是可行且有益的。因此,伴随着区域经济集团化趋势的加强,应提倡和推进这种区域性的货币体系,并首先在货币区内实行统一的金融政策,维持汇率的稳定。同时,加强国际货币基金组织的监督和协调作用,使其成为凌驾于各货币集团之上的全球性机构。国际货币基金组织应承担起协调各个货币集团之间的货币政策和汇率政策的责任,在各货币区内汇率稳定的基础上,有效地控制货币区之间的汇率波动,从而使全球的汇率处于一种可协调和可控制的状态。与此同时,国际货币基金组织还应顺应经济全球化的发展趋势,加强对特别提款权、新的国际货币体系和各种统一世界货币的方案的研究,为早日从区域性货币合作发展为全球性的货币合作、从区域性货币体系过渡到全球统一的国际货币体系并最终发行统一的世界货币创造条件。

(四)金融危机对国际货币体系改革的启示

由美国次贷危机引发的国际金融危机,进一步暴露出国际货币体系内在的不稳定性和诸多缺陷:一是现行国际货币体系与国际金融合作机制严重滞后于经济全球化和金融一体化的进程;二是国际货币体系中缺少信息预警体系;三是对衍生金融工具市场缺乏监管;四是 IMF 行动迟缓,提供资金的能力有限;五是国际机构不能充分反映发展中国家在全球经济和金融中不断改变的地位。其根本问题是国际货币体系制度的缺失。因此,改革和完善现行国际货币体系,是经济全球化的必然要求,也是国际经济格局变化的客观反映,有利于促进全球贸易持续发展和资本的有序流动，防止汇率和大宗商品价格大幅波动，保持国际金融体系健康稳定运行，推动世界经济强劲、可持续、平衡增长。

为此，一是改革和完善国际货币体系的基本功能。创建一个符合各方利益的稳定体系，使之真正成为有能力协调和平衡国际社会各方利益，尤其是能够保护最广大发展中国家弱势群体权益的国际金融和货币体系的执行机构。二是创建新的国际储备货币取代当前以美元为中心的国际储备货币。用超越任何特定国家主权的某种全球公认的货币代替美元的霸权地位，以避免一国经济的失衡引发或加剧全球经济失衡的现象。目前可将扩展特别提款权(SDR)的应用范围作为国际储备货币体系改革的第一步，并逐步促使它发展成为未来全球性的货币。三是赋予IMF更大的监督权力。建立一个包括储备、双边货币互换、区域性融资安排和IMF贷款工具在内的全球金融安全网，重建有利于和平发展的金融全球化监管制度框架。四是增加国际货币基金组织的财政资源。国际货币基金组织可以通过以配额为基础的体系以及自愿捐助两种途径来调动资源，以取得贡献国家权利和义务的平衡。

思考题

1. 国际货币基金体系包含哪些主要内容？
2. 国际金本位制的特点是什么？
3. 布雷顿森林体系的主要内容及特点是什么？
4. 牙买加体系的主要特征是什么？
5. 浮动汇率制可以分为哪几大类，各自的内容是什么？
6. 国际货币体系改革的方向和趋势是什么？

主要参考文献

1 李琮．世界经济学新编．北京:经济科学出版社,2000
2 王有声．世界经济概论．成都:西南财经大学出版社,1995
3 魏允哲,蔡国栋．世界经济概论．北京:中国计划出版社,1999
4 熊性美,陈漓高．当代世界经济．天津:南开大学出版社,1996
5 杨国昌．当代世界经济概论．北京:北京师范大学出版社,1997
6 张伯里,朱邦宁．世界经济学．北京:中共中央党校出版社,1998

7　庄起善．世界经济新论．上海:复旦大学出版社,2001

8　庄宗明．世界经济学．北京:科学出版社,2003

9　Chenery H,Strout A M. Foreign Assistance and Economic Development. *American Economic Review* 56,1966(09)

10　陈寿琦．国际经济贸易百科全书．天津:天津科技翻译出版公司,1991

11　赵晓晨．当代国际贸易走势与中国对外贸易．天津:天津科技翻译出版公司,1999

第六章

国际投资与跨国公司的发展

国际投资是指投资者将资本从一个国家投向另一个国家的经济活动,它促进了资本跨越国界的流动。按照资本流动的不同形式,国际投资可以分为直接投资和间接投资两种类型,即生产资本的国际流动构成国际直接投资,而货币资本的国际流动则形成国际间接投资。跨国公司是国际直接投资的重要载体,或者说国际直接投资主要是通过跨国公司而实现的。无论是国际直接投资还是间接投资,作为国际资本流动的不同形式,它们都与国际商品交换一样,是把各个国家从经济上联系起来的重要纽带,是国际经济关系的重要方面。

第一节 国际投资及其发展

一、国际直接投资

根据世界银行的解释,国际直接投资是"在与投资者不同的经济中,为在企业经营中获得持久利益而进行的投资,投资者的目的是要在企业管理中具有有效的发言权"①。联合国贸易与发展会议(UNCTAD)将外国直接投资(FDI)定义为:"一国(地区)的居民实体(对外直接投资者或母公司)在其本国(地区)以外的另一国的企业(外国直接投资企业、分支机构或国外分支机构)中建立长期关系,享有持

① 世界银行.1985年世界发展报告.北京:中国财政经济出版社,1985:IX

久利益，并对之进行控制的投资。”[①]综合以上表述，可以看出：国际直接投资是指一国政府、企业或个人在国外投资开办企业，以取得该企业的全部或部分经营管理和控制权的一种投资方式。

（一）国际直接投资的发展与变化

19世纪中叶，在产业革命的推动下，生产力得到空前的发展，资本的积累和生产的扩张，驱使企业超越本国消费的有限性和相对狭小的市场，突破国界不断向国外延伸，从而使以追求资本增值为目的的资本输出取代了商品输出。19世纪60年代，国际直接投资首先在当时经济实力最强的英国产生，并开始展现其独特的作用。20世纪初，在英、美、德、法等资本主义国家的推动下，国际直接投资获得了较大的发展。第一次世界大战、第二次世界大战期间，由于战争和世界经济危机的影响，国际直接投资处于低潮。第二次世界大战后，特别是20世纪60年代以来，国际直接投资迅猛增长，以跨国公司为载体的对外直接投资取代了间接投资而成为国际资本流动的主要形式。80年代以来，这一趋势进一步加强。从20世纪初到21世纪初的100年间，国际直接投资迅猛增长，在国际直接投资的存量规模上，1900年为230亿美元，2000年上升为63 140亿美元，2009年达到18.98万亿美元，比1900年增长了800多倍，远远高于同期全球GDP和国际贸易的年均增长速度，国际直接投资成为促进世界经济增长和推动经济全球化进程的助推器。

在国际直接投资规模不断扩大、数量迅速增加的同时，随着国际经济环境的变化，国际直接投资的特点也发生了许多变化。

1. 国际直接投资的地区格局发生了变化。从历史上看，发达国家一直是国际资本流动的主体和主导，它们既是国际直接投资的最大输出者，又是其主要的接受者。2000年发达国家的对外直接投资占全球对外直接投资总量的80%以上，吸收的外国直接投资也占到该总额的75%以上。在发达国家之间的资本流动中，美国、欧盟、日本三巨头占了71%[②]。但随着一些发展中国家特别是新兴工业化国家的崛起，其对外直接投资急剧上升，年均增长速度大大快于发达国家，在国际直接投资中的比重逐步扩大。2008年爆发的全球金融危机，更强化了这一趋势。联合国贸发会议《2010年世界投资报告》认为，流入发展中国家和转型经济体的直接投资连年增加，虽然受金融危机的影响，在2009年有所下降，但降幅低于发达国家，

① 联合国贸易与发展会议．2000年世界投资投资报告．北京：中国财政经济出版社，2001：286

② 联合国贸易与发展会议．2001年世界投资报告．北京：中国财政经济出版社，2002

在全球直接投资流入量中的份额持续增长,2009 年首次吸收了半数全球直接投资流入量。2009 年发达经济体占世界直接投资流入量的 50.8%,流出量的74.5%;发展中经济体占世界直接投资流入量的 42.9%,流出量的 20.8%。外资利用额居全球前 20 位的经济体中,有一半是新兴经济体。特别是"2008 年,中国的外资流入增长了 30%,高达 1 080 亿美元,成为全球第三大吸收外资国;印度的外资流入量猛增 65%,达到 420 亿美元,跃居全球第 13 位。两国已占全球外资流入量的 1/10。这两个最大新兴经济体的强劲表现,促成了对亚洲乃至整个世界 FDI 流动格局的重塑"①。在不断增强,特别是包括中国在内的亚洲发展中国家和地区的 FDI 流入量更是增加迅猛。据联合国贸发会议《世界投资报告》公布,流入亚洲的外国直接投资 1970 年仅为 6.94 亿美元,2009 年即增加到 2 398 亿美元②。

2. 国际直接投资产业结构发生了变化。近年来,国际直接投资的产业分布从初级产业和资源加工型产业逐渐向服务业和技术密集型产业倾斜。虽然流向发展中国家的 FDI 仍然集中在低技术部门和劳动密集型产业,而流向新兴工业化国家的外资已开始从劳动密集型产业向某些资本、技术密集型产业倾斜,发达国家之间的相互投资则明显地集中于资本和技术密集型产业。随着各国服务市场的开放和全球服务贸易自由化的推进,过去 10 年中,服务业在国际直接投资中增长最快,在跨国投资中的重要性不断提高。20 世纪末,流入服务业的国际直接投资已占总量的一半以上,且广泛分布于零售业、银行、保险、证券、旅游、运输、信息服务等各个行业。

3. 国际直接投资的诱因发生了变化。在《2001 年世界投资报告》的阐述中,联合国贸易与发展会议认为,在新的国际背景下,推动现代企业进行对外直接投资的动力发生了变化。在科学技术、管理、知识等智力要素在国际生产和竞争中发挥更大作用,节能、降耗、环保、安全的新型替代产品快速出现的现代社会,虽然推动 FDI 进行对外直接投资区位选择的主要传统因素——巨大的市场、丰富的自然资源和廉价的非熟练劳动力——仍然是重要的,但其重要性正在下降,特别是对最具动态性的产业和职能来说更是如此。随着贸易壁垒的降低和地区联系的增强,许多国家市场的重要性也降低了。在很多国家中,初级产业在工业活动中所占的比重有所降低,自然资源本身在吸引 FDI 方面的作用下降,廉价的"初级"劳动力的作用也同样在下降,且劳动密集型活动正越来越多地与新技术和先进技能相结合。由于这些变化和原因,企业在进行对外直接投资时更多考虑的是政策环境、技术进

① 詹晓宁. 明年全球直接投资将现复苏势头. 中国财经报,2009-9-21

② 联合国贸易与发展会议. 2001 年世界投资报告. 北京:中国财政经济出版社,2002

步和企业管理与组织三个因素。

从政策环境看,贸易和投资的自由化以及有利于 FDI 的制度安排,可以使跨国企业更加专业化并寻求具有竞争力的区位,提高其选择区位以及转移职能的自由度。

从技术因素看,技术进步可以在很多方面影响 FDI 的地理分布。首先,迅速创新的能力不仅能够赋予企业迅速进入国际生产的种种优势,还会导致贸易和生产结构的变化,减少初级和简单低技术活动在 FDI 中的重要性,提高技能密集型活动的重要性。其次,先进的通信技术和及时的信息获取,不仅可以使企业更有效地对广泛分布的国际业务进行管理,而且增加了其拓展市场的机会和国际竞争力。因此,技术变化的普遍性、技术进步的重要性,迫使要进行国际投资的企业在进行区位选择和从事国际生产活动时,必须考虑东道国是否能够提供互补性的技能、基础设施、供应商和机构,以便有效和灵活地运用技术,并使其投资迅速获得预期收益。

此外,从企业管理与组织因素看,更加高效的管理方式与组织结构也是 FDI 新区位选择的重要因素。技术支持的新的组织方式和公司运营方式可以使企业对全球经营进行更有效的管理,使企业在价值链的各个环节(从设计创新到销售与服务)建立更加有效的外部联系。

因此,吸引跨国公司进行海外投资的诱因已经由市场、资源和劳动力三个传统因素转变为政策环境、技术进步和公司战略三个新的因素。

(二)国际直接投资的类型

1. 根据投资目的进行划分。根据投资目的不同,对外直接投资可以分为资源导向型投资、出口导向型投资、生产要素利用型投资和研究开发型投资。

(1)资源导向型投资(Resource - oriented Investment)。这类投资一般投向矿产、能源等自然资源丰富的地区,在那里建立原料供应基地,用以弥补投资者本国自然资源的匮乏,其目的是获取和保证廉价的原料来源。在直接投资发展初期,一些发达国家通过向发展中国家进行资源导向型的投资,获取了大量的自然资源,并形成了许多规模巨大的跨国公司。如美国的埃克森石油公司,英国的英荷壳牌石油公司等。

(2)出口导向型投资(Export - oriented Investment)。这类投资的主要目的是确保和拓展投资者产品在另一国的销售市场。通过这类投资,投资者可以在国外就地生产就地销售,从而有效地绕过对方国家各种关税和非关税壁垒的限制,减少贸易摩擦,打击竞争对手,维护并拓展其产品的出口市场。

(3)生产要素利用型投资(Factor - oriented Investment)。这类投资主要是为了利用当地比较丰富的生产要素,如土地或优质廉价的劳动力等。为了降低其产品的生产成本,发达国家和一些新兴工业化国家以对外直接投资的方式将其产品生产过程中的劳动力密集型工序和环节或零配件的生产基地转移到劳动力廉价的发展中国家,利用当地的廉价劳动力进行生产或装配,产品销往其他国家或返回本国。这类投资也称为降低成本型投资。

(4)研究开发型投资(R&D - oriented Investment)。这类投资主要是面向技术先进的国家,投资者通过在那里建立科技型企业或收购当地的高科技公司,将其作为研究开发和引进新技术的前沿阵地,并将这些技术用于本企业的产品或反馈给国内,以打破竞争对手的技术垄断和封锁,获得通过其他渠道无法得到的技术。

2. 以分工方式进行划分。从分工方式上划分,国际直接投资可分为水平型投资、垂直型投资和混合型投资。

(1)水平型投资。水平型投资也称横向投资,是指母公司将在国内生产的同样产品或相似产品的生产和经营扩展到国外子公司进行,使子公司能够独立地完成产品的全部生产和销售过程。母子公司之间生产相同的产品,形成共同经营一种产品的横向分工结构。即在各个国家都建立自己完整的生产和销售体系,在当地生产的同时满足当地需求。如美国的可口可乐公司、百事可乐公司等均属于这种投资结构。

(2)垂直型投资。垂直型投资也称纵向投资,是指企业到国外建立与国内的产品生产有关联的了公司,并在母公司与子公司之间实行专业化协作,形成母公司与子公司之间不同生产工序和环节的上下游内部的供求关系,即"你的最终产品就是我的中间产品"。这种专业化协作又可细分为两种形式:一种是子公司和母公司从事同一行业产品的生产,但分别承担同一产品生产过程的不同工序。例如,在汽车行业中,许多公司都将产品不同的零部件分散到几个国家生产,然后集中组装为成品。在这种投资方式下,国外分公司无法独立完成整个产品的全部生产,而只是承接全部生产过程中的某一环节。另一种是国外子公司和母公司从事不同的行业,但它们相互衔接、相互关联,如一些资源开采和加工部门。采取垂直型投资方式的跨国公司可以根据不同区位的要素禀赋和比较优势,把不同工序按技术密集、资本密集、劳动密集等要求置于相应的地区,从而获得最佳的效果。

(3)混合型投资。混合型投资,是指企业到国外投资建立与国内生产和经营方向完全不同的子公司,子公司生产的产品同母公司的产品无内在联系。这种投资结构是跨国公司经营多元化的结果和具体体现。例如,美国的杜邦公司、德国的拜尔公司不仅投资于化工产品的生产与销售,还投资于医药、食品、化妆品、纺织、电子、农药和运输等多种行业。

(三)国际直接投资的主要方式

1. 从投资方式上划分,国际直接投资可分为创办新企业和控制国外现有企业股权两种类型。

(1)创办新企业。这是指投资者在国外设立分支机构、附属机构、子公司或与东道国联合创办合资企业等。跨国公司向发展中东道国的投资以创建新企业为主要方式,这种创建新企业的投资行为称为“绿地投资”(Greenfield Investment)。

(2)跨国并购。跨国并购是跨国收购和合并现有企业的统称。它是对外直接投资的主要方式之一,是跨国公司向发达东道国投资时采取的主要方式。跨国收购是指一国企业通过现金或股票等收买另一国企业的资产或股份的方式,取得另一国企业资产和经营的控制权和管理权。跨国收购一般是规模较大、实力较强的企业接管另一家或几家规模较小或实力较弱的企业,通过收购可以迅速获取目标企业的“所有权”资产。跨国合并是指原属两个不同国家的企业通过转移企业所有权的方式,一国企业无偿归并另一国的一个或多个企业的全部资产和负债。跨国合并一般发生在规模与实力大致相当的企业之间,通过合并可以使各方的“所有权”优势实现内部联合,从而获得规模经济效益。收购与合并的区别在于:在跨国收购中,企业资产和经营的控制权从当地企业转移到外国公司,前者成为后者的子公司。而在跨国合并中,原来属于两个不同国家企业的资产被结合成一个新的法人实体①。

2. 从产权控制的程度上划分,国际直接投资可以分为独资经营、合资经营、合作经营等形式。

(1)独资经营。这是指根据有关法律规定在东道国境内设立的全部资本由国外投资者出资,并独立经营的一种国际直接投资方式。这种投资方式具有以下特点:一是企业全部资本由国外投资者承担,独立经营,自担风险;二是不参与投资与经营的东道国不能分享收益,只能获得税收、土地使用费、公共基础设施管理费等政策性费用和行政型费用。这种投资方式属于全部股权参与式投资。

(2)合资经营。又称股权式经营,是指两个或两个以上国家的投资者共同投资,创办企业,并共同经营,共担风险,按照股权比例共负盈亏和分享收益的一种投

① 联合国贸易与发展会议.2000年世界投资报告.北京:中国财政经济出版社,2001:115

资方式。它是国际直接投资中最常见的一种形式。投资各方既可以资金作为投资股本,也可以设备、厂房、基础设施、技术、商标等知识产权等折价作为投资股本。这种投资方式属于部分股权参与式投资。

(3)合作经营。又称契约式经营。它是指两个或两个以上国家的投资者通过谈判签订契约(或合同、协议),共同投资,共同管理,共担风险所组成的合作企业。在这种方式下,合作双方的责任、义务与权利不是以股权比例而是以契约为基础,即根据契约规定的投资方式和分配比例享受收益或承担风险。这种投资方式被称为非股权参与式投资。

二、国际间接投资

(一)国际间接投资及其发展

国际间接投资是相对于国际直接投资而言的,国际间接投资也称国际证券投资。它是指个人或机构投资者在国际证券市场上通过购买股票、债券等有价证券所进行的投资。间接投资的特点是只涉及货币资本的跨国界转移,且投资者只是根据所拥有的股票、债券等获取红利、股息和利息,而对所投资的企业无管理或控制权。因此,在资本移动的形式上,国际间接投资表现为国际货币资本的流动或转移。

早在自由资本主义时期,国际间接投资就已经出现,随着资本主义发展到垄断阶段,间接投资形式迅速发展。第二次世界大战之前,国际间接投资一直是资本输出的主要形式,在主要资本输出国的对外投资中占到了70%。第二次世界大战以后,随着生产国际化和国际直接投资的发展,间接投资对世界经济的作用和影响明显减弱,但在国际资本流动中仍然占有相当重要的地位。直到20世纪60年代,随着跨国公司的发展,以其为载体的国际直接投资迅猛增长,对外直接投资取代了间接投资成为国际资本流动的主要形式。

虽然就其作用来讲,国际间接投资同国际直接投资相比相对下降,但就绝对数和其自身而言,作为国际资本流动的主要方式之一,随着各国金融市场的逐渐开放和金融自由化、全球化进程的推进,国际间接投资在第二次世界大战后也获得了较大的发展,股票、债券的发行与交易规模日趋扩大,国际资本市场的筹资活动异常活跃,融资证券化、国际化的趋势愈加显著。从债券市场来看,由于国际证券市场融资具有筹资主体主动、筹资对象广泛、筹资用途灵活、资金使用期长的特点,证券投资的规模持续扩大。从20世纪50年代末开始,在公司国际投资增长的推动下,公司债券投资得到迅速发展。80 年代以后，随着各国放松对资本市场的管制和公司债券国际化程度的逐步提高，越来越多的大公司以发行债券的形式在国际金融市场上筹措资金，从而使购买外国公司债券的国际间接投资活动进一步活跃。20 世纪 90 年代末，全球年债券交易量达 70 至 80 万亿美元，与此同时，国际债券的融资规模也不断扩大，1980 年，在国际金融市场融资额中，债券融资占 14.3%，1994 年这一比重达到 62%。在国际金融自由化浪潮的推动下，国际股票的发行额和交易量也在不断增加。但无论是资金的流动、股票与债券的大规模交易，还是金融衍生工具的发展和金融业务的创新，都主要集中于较早放松金融管制和推行金融自由化、已有较成熟金融市场的发达国家。发展中国家的份额在 20 世纪 90 年代初曾有所上升，1994 年曾达 36.97%，自 1995 年墨西哥金融危机之后，其所占份额有所下降。国际间接资本的快速流动，在为发展中国家提供更多融资渠道和资金来源的同时，也给实行金融自由化政策但金融市场发育尚不健全的发展中国家带来了金融风险和经济安全的隐患，对发展中国家经济发展的影响越来越大。1997 年爆发的东南亚金融危机就是这一影响的证明。

（二）国际间接投资的类型

国际间接投资主要分为国际股票和国际债券投资两大类。

1. 国际股票投资。股票是股份公司发给股东作为入股凭证并借以取得股息收入的有价证券。股票持有者就是公司的股东，享有赢利分配、出席股东会议和资产分配等权利。股票是股份公司筹集资金的一种方式，是资本市场重要的信用工具之一。国际股票是指发行公司为筹措资本，在国际金融市场或某一个国家和地区（或某几个国家和地区）的金融市场发行的代表股份的有价证券，即发行公司在本国国外发行的股票。国际股票投资则是指一国的法人或自然人通过在国际金融市场上购买外国公司的股票获取股息和红利等投资收益的跨越国界的投资行为。

2. 国际债券投资。债券是由公司、企业、国家政府及政府有关部门发行的，保证按规定时间和规定利率向债券持有者支付利息和偿还本金的凭证，是一种确定性的有价证券。国际债券是一国政府、企业、金融机构和其他社会团体在国际证券市场上发行的以外国货币为面值的债券，它是债务人在国外借款，并保证承担到期还本付息义务的凭证。根据面值、发行国度以及发行主体等的不同，国际债券可划分为外国债券、欧洲债券、公司债券、政府债券等。

（1）外国债券。外国债券是指债券发行者在本国以外的某一个国家发行的以发行地所在国货币为面值的债券。如中国国际信托投资公司在日本发行的日元债券。

(2)欧洲债券。欧洲债券是指发行人在债券票面货币国以外的国家发行的债券。本国货币存在于国外的现象最早出现在第二次世界大战后的欧洲,因此被赋予了特定的经济学含义——"欧洲货币"。它是指存在于某国境外的该国货币,如"欧洲美元"、"欧洲日元"、"欧洲港元"等。20 世纪 60 年代首先出现了欧洲美元债券,以后以德国马克、瑞士法郎和日元为面值的欧洲债券相继出现。欧洲债券是欧洲货币债券的简称。中国银行在英国伦敦发行的美元债券、中国国际信托投资公司在日本东京发行的美元债券均属于欧洲债券。

(3)外国公司债券。外国公司债券是指外国公司在国际金融市场上发行的债券,是公司对外举债并承诺在一定期限还本付息所发行的借款凭证。自然人和法人可以通过在国际金融市场上购买该公司债券的方式进行投资,享有每年从该外国公司获得固定利息收入的收益,但不享有企业管理权。

(4)外国政府债券。外国政府债券是指一国政府或政府有关部门为弥补财政赤字、平衡国际收支或筹集财政资金,以政府信用为保证在国际债券市场上发行的债券,又称为公债。债券持有者可以按规定从债券发行国取得利息,到期收回本金。因为外国政府债券不仅有政府信用作保证,而且每种公债在发行、利息支付、本金偿还、管理机构的建立等方面都有具体的安排,且操作规范,因此,其安全性、收益性、流通性等都优于其他种类的债券,购买外国政府债券也由此成为重要的对外间接投资方式。

第二节 跨国公司及其发展

对外直接投资是国际资本流动的主要形式,而承载这种资本流动的主体就是跨国公司。跨国公司的发展及其全球战略和经营策略的变化,对国际经济格局、国际经济发展以及各国的经济都产生了,并且继续产生着巨大而深刻的影响。特别是对发展中国家来说,这种作用更是不容忽视。

一、跨国公司及其发展

跨国公司的概念由 D. H. 里恩索尔(D. H. Lienthal)1960 年 4 月在卡奈基工业大学工业经济学院成立 10 周年纪念大会上首次提出。随后,"多国公司"、"国际公司"、"宇宙公司"、"全球公司"之类的名称都曾被使用,直到 1974 年,联合国经济社会理事会作出决议,统一使用"跨国公司"(Transnational Corporations,TNCs)的名称。尽管称谓统一起来,但对跨国公司定义的解释仍众说纷纭。1978年,联合国经济社会理事会曾在其文件中这样定义:"跨国公司是在本国之外拥有或控制生产或服务设施的企业。这类企业并不一定是股份制或私有企业,它们也可以是合作制或国家所有制的实体。"[①]1983年联合国跨国公司中心在其发表的《世界发展中的跨国公司第三次调查》中,对跨国公司的特征进行了描述:在两个或两个以上的国家建立有经营实体,而不论其采取的法律形式如何,也不论其在哪个领域经营;这种企业有一个中央决策体系,并具有在这一体系之下反映企业全球战略目标的共同政策;这种实体通过股权或其他方式形成联系,企业的各个实体之间分享资源、信息并分担责任。

负责处理全球与外国直接投资和跨国公司有关事宜的联合国贸易与发展会议在其出版的《世界投资报告》中,对跨国公司作出了明确定义:"跨国公司是由母公司及其国外分支机构(子公司、附属企业和分公司)组成的联合或非联合的企业。母公司被定义为通常以拥有股本金的方式来控制在其本国以外国家的其他实体资产的企业。拥有联合企业10%或10%以上的普通股或表决权的股本金或非联合企业的等量资本金,通常被认为是控制这些企业资产的门槛。国外分支机构可以是联合企业,也可以是非联合企业,其中居住在另一个国家的投资者拥有允许其在企业管理中享有持久利益的股份(对联合公司来说为10%的股份,对非联合公司来说为等量资本金)。子公司指另一个实体直接拥有超过一半(50%)的股东表决权,有权指派或撤换大多数行政、管理和监督人员的设在东道国的联合企业。附属企业指投资者拥有总数最少10%,但不超过50%的股东表决权的设在东道国的联合企业。分公司指投资者拥有或部分拥有的设在东道国的非联合企业,包括以下任何一种情形:①外国投资者的常设机构或办事处;②外国直接投资者与一个或一个以上第三方的非联合合作企业或合资企业;③外国居民直接拥有的土地、建筑物(政府机构拥有的建筑物除外),以及/或者不可移动的设备和物品;④外国投资者在其本国以外的国家经营了至少一年的可移动设备(如船舶、飞机及油气开采设备)。"[②]

根据以上定义,可以简单地将跨国公司理解为是以营利为目的进行跨国界直接投资、并且获得控制权的企业。

---

① UNECOSOC. Transnational Corporations in World Development, A Reexamination 1978

② 联合国贸易与发展会议.2000年世界投资报告:跨国并购与发展.北京:中国财政经济出版社,2001:286

（一）跨国公司的产生与发展

跨国公司是伴随着对外直接投资出现的，它是资本高度集中和科学技术生产力高度发展的结果。从19世纪60年代开始，随着资本主义进入垄断阶段，主要发达国家的垄断资本已不满足于相对狭小的国内市场，为了追逐高额利润，他们开始将资本输出到工资低、原料丰富，因而利润相对较高的国家和地区，在那里设立分支机构，形成了早期具有现代意义的跨国公司雏形和特征的跨国经营企业。如美国的通用电气公司、胜家缝纫机公司和杜邦公司，德国的弗里德里克·拜尔化学公司等。此后，各主要资本主义国家的跨国公司相继出现。但在第一次世界大战之前，这些跨国公司主要集中在主要发达资本主义国家，其投资方向大多是殖民地、半殖民地和其他经济落后的国家。由于其数量、规模和地域范围的局限性，当时的跨国公司对世界经济的影响也是有限的。因此，19世纪60年代到第一次世界大战之前的这一时期，可以被视为是跨国公司的兴起阶段。

两次世界大战期间，虽然跨国公司在数量上有所增加，规模也在不断扩张，但由于受到战争的影响和1929～1933年经济危机的打击，跨国公司的发展受到了一定的限制，其业务经营多以局部地区为重点，尚未形成全球性的经营规模，对外直接投资的规模也处于徘徊状态。从1914年到1938年的24年间，英、法、美、德、日等主要资本主义国家的资本输出总额仅增加了10%①，这一时期是跨国公司的缓慢发展阶段。

第二次世界大战以后，尤其是20世纪50年代后期以来，主要资本主义国家相继走出战争和危机的阴影。与此同时，在科技革命和生产国际化的推动下，作为国际资本流动和生产国际化的重要组织形式——现代跨国公司进入了高速发展时期，并在世界经济中发挥着越来越大的作用。据联合国跨国公司研究中心统计，到1968年，世界跨国公司共有约7 300家，在国外开设分支机构约2.73万家，到1990年，跨国公司增加到约3.5万家，其国外分支机构增至15万家（见表6－1）。这一阶段，跨国公司不仅发展速度快，而且在经营规模和方式、投资区域和领域等方面，都发生了一些变化。在投资地区上，跨国公司的分布更加广泛，由战前主要投资于经济落后的殖民地国家转向发达国家，其足迹几乎遍布世界的每一个角落。特别是发达国家之间的相互投资在国际直接投资中占了很大比重，并且形成了美国、欧共体和日本三足鼎立的格局；在投资领域上，由原材料、燃料等初级产品转向制造业和高

① 吴金林等．世界经济概论．北京：中国物资出版社，1993：157

附加值产品，由传统工业转向新兴工业；在经营方式上，由单一经营转变为多样化经营。此外，这一阶段，新兴工业化国家和其他发展中国家也开始尝试着走出国门，由国际直接投资的单纯被动接受者变为可以在国外开办企业的跨国投资者。

表6-1　跨国公司数量变化　（单位：万家）

年份	跨国公司	分支机构
1968	0.73	2.73
1973	0.95	—
1980	1.5	9.8
1987	2.0	10
1990	3.5	15
1995	3.9	27
1998	5.3	45
2000	6.3	82
2002	6.5	85
2009	8.2	—

资料来源：UNCTAD. 世界投资报告．相关年份

（二）20世纪90年代以来跨国公司的新变化

1. 跨国公司的规模和跨国程度不断提高。第二次世界大战以来，跨国公司迅速发展，并逐渐渗透到国际生产和经营的方方面面，这种态势进入20世纪90年代以后更加强烈。联合国贸发会议《世界投资报告》数据的显示，1990年全球跨国公司3.5万家，子公司15万家，国际直接投资2 430亿美元。2000年，全球跨国公司猛增到6.3万家，海外分支机构82万家，国际直接投资1.27万亿美元。仅仅10年中，三组数字分别增长了80%、4.47倍和4.23倍，这是跨国公司历史上发展最快的时期。2009年，全球跨国公司数量进一步增至8.2万家，海外分支机构超过85万家，国际直接投资1.89万亿美元。在跨国公司数量和投资总额迅速扩张的同时，其跨国程度也在不断提高。联合国以跨国指数来衡量跨国公司的跨国程度。跨国指数是以下3个比例的平均值，即跨国公司在国外的资产额与其资产总额之比、国外销售额与总销售额之比以及国外雇员数与总雇员数之比的平均值。跨国程度的综合指数描述了企业经营活动中的国外部分，反映了企业的国际化经营程度。20世纪90年代以来，跨国公司的跨国程度在总体上有所提高。根据联合国贸发会议《世界投资报告》的统计，世界最大100家跨国公司的平均跨国指数从1990

年的51%上升到1999年的56%(排除传统上拥有巨大国内资产的公用事业、零售业和电信业的上榜公司)①。跨国公司在大规模进行资本国际扩张的同时,还将其触角延伸到了国际商品贸易、国际服务贸易和国际金融等各个角落,成为集生产、贸易与金融活动和科学研究于一身的经济体。目前跨国公司已经占到国际直接投资的90%,控制了世界生产的40%,世界贸易的60%~70%,国际技术贸易的70%和研究开发项目的80%~90%。

2. 跨国公司投资的地区格局发生了变化。20世纪90年代以来,跨国公司投资的区域分布虽然仍以发达国家之间的相互投资为主,但仍发生了明显变化。

一是随着北美自由贸易区和欧盟等区域经济体的形成,区域经济一体化的进程加快,发达国家之间的相互投资偏好明显地表现为“区域投资偏好”,发达国家之间的投资由美、日、欧共体的小三角向美、日、欧盟的大三角拓展。2000年,美国、日本和欧盟三极之间的相互投资占世界投资流入量的71%和流出量的82%,三极的投资占发达国家之间资本流出的93%和资本流入的91%②。

二是以发展中国家为对象的对外直接投资大幅度增加。进入20世纪90年代,发展中国家和地区外国直接投资的流入大幅度增加,由1990年占世界直接投资的16.4%上升到2009年的42.9%③。尤其亚洲地区的“四小龙”和新世纪开始崛起的“金砖四国”更成为吸引跨国公司的热土。自1992年以来,中国一直是发展中国家吸引国际投资最多的东道国,其国际直接投资的流入仅次于美国。1990年,中国吸引外商直接投资34.87亿美元,2008年猛增至1 080亿美元,18年间增长了30倍,成为全球第三大吸收外资国。由此可以看出,发展中国家,特别是具有经济活力的亚洲国家,成为跨国公司对外直接投资的新热点。

3. 跨国并购成为跨国公司对外直接投资的重要方式。由于与新建投资相比,跨国并购方式具有迅速打进国外市场、充分利用现有营销渠道、获得目标公司的市场份额、降低成本、迅速获得规模经济效益和区位资产组合、增强国际竞争力等多重优点,20世纪90年代以来,跨国并购出现了新的高潮,成为跨国公司进入东道国市场的重要方式,同时也成为国际生产增长的主要推动力量。20世纪90年代以来,全球每年都有16 000多家企业被兼并,跨国并购在对外直接投资中的比重由1987年的52%上升到目前的80%以上,且成为跨国公司对外投资的主要方式。在并购案件上升的

---

① 联合国贸发会议.2000年世界投资报告.北京:中国财政经济出版社,2001

② 联合国贸发会议.2001年世界投资报告.北京:中国财政经济出版社,2002

③ 联合国贸发会议.2004年世界投资报告.北京:中国财政经济出版社,2005

同时,并购金额也大幅度上升。1987年,全球跨国并购的价值不到1 000亿美元,1999年这一数字增长到7 200亿美元,2007年又创下1.64万亿美元的新高[①]。

20世纪90年代以来的跨国并购具有以下特点:

一是涉及面广。不仅包括汽车、食品、医药化工等制造业,而且扩展到高科技产业、银行、证券和其他服务行业,还包括了不动产业等。

二是集中度高。跨国并购在功能上可以被分为在同一行业企业之间进行的水平并购、客户—供应商或买方卖方之间进行的垂直并购和混合并购(即无关联行业企业之间的并购)。20世纪90年代的这次并购高潮中,跨国公司为了迅速获得规模经济效益和技术协同效果,消除过剩能力和增强创新能力,加强市场力量,水平并购明显增加。1999年,跨国并购价值的70%是水平并购,比10年前增加了11个百分点。同一行业内企业之间的水平并购使企业的资金、生产能力、市场开拓能力、研发能力和创新能力等企业核心要素的集中度大大提高。如在1998年8月,排名世界第二的加拿大阿尔肯公司与瑞士、法国两家大的铝业公司合并,成立了可以与世界铝业之首的美国铝公司抗衡的APA集团。但仅时隔一周,美国铝公司便宣布收购原在世界铝业中排位第三的美国雷诺兹金属公司,使世界制铝业中在更高集中度的基础上形成了两大集团的对峙。

三是规模大。《2000年世界投资报告》将金额达到10亿美元的交易额列为大型跨国并购。根据这一标准,1995年大型并购35项,平均规模为17亿美元;1997年为58项,平均规模28亿美元;1998年89项,平均规模45.3亿美元;而1999年,超过10亿美元的达到109项,占当年跨国并购数量的10.4%,平均规模为59.6亿美元。在并购中,超过100亿美元超大规模的并购案也不乏其数。如1997年,世界最大的飞机生产商美国波音公司收购麦道公司,金额达133亿美元;1998年,美国克莱斯勒公司与德国奔驰公司合并,交易额达358亿美元;同年,美国电报电话公司以480亿美元收购了美国第二大有线电视公司(TCI)。

4.战略联盟成为跨国公司的重要发展模式。随着科学技术的进步和生产国际化程度的提高,高附加值和高科技产品在发达国家的生产和出口中的比重越来越高。信息时代的到来,使经济结构升级和技术更新的速度加快。这些都要求企业加大对新产品和新技术的研发,加快产品的更新换代,以保持在高技术领域的领先地位和竞争优势。而新技术和新产品开发的高额资金投入、巨大技术创新风险,

① 联合国贸发会议.2008年世界投资报告.北京:中国财政经济出版社,2009

即使是实力雄厚的跨国公司也难以独立承担。因此,20 世纪 80 年代,跨国公司战略联盟成为国际竞争的新形式。

跨国公司战略联盟是指为了维持和加强企业的竞争实力,由两个或两个以上的跨国公司共同采取的一种长期性联合与合作的经营方式,这是跨国公司以最快的速度和最低的代价实现全球战略的有效途径。

跨国公司战略联盟的特征有三个:一是战略联盟只局限在某个或某些特定领域,合作目标明确,合作方式灵活,在合作领域共享利益,共担风险,而在合作之外的领域及公司的整体活动中则仍保持经营管理的独立性;二是联盟主要集中在国际竞争较为激烈的电子信息、生物工程、汽车制造、航运和银行等资本技术密集型产业;三是在具有核心优势的部门,跨国公司很少进行联盟;四是联盟可以是一国内部的联盟,也可以是跨越国界的联盟。

由于这种联盟既能在高科技和产品研发方面集中科技资源,融合尖端技术,共担研究费用,分散不确定风险,又能保持公司原有的核心技术及其垄断优势,因此,跨国公司的战略联盟自 20 世纪 90 年代以来有了较大发展。许多跨国公司以缔结联盟的形式来保持国际市场的竞争优势。如美国波音公司与日本三菱结成联盟,共同开发波音 767 宽体民用喷气客机;摩托罗拉与东芝联合制造微处理器;荷兰飞利浦斯公司和德国西门子公司开发新一代半导体的 5 年研究与开发联盟等。据统计,在世界 150 多家大型跨国公司中,以不同形式结成战略联盟的企业占了高达 90% 的比重[①]。

5. 发展中国家的跨国公司迅速成长。长期以来,跨国公司及其直接投资几乎全部来自发达国家,但从 20 世纪 60 年代开始,发展中国家也开始了对外直接投资活动。虽然,发展中国家的跨国公司无论在数量上、规模上,还是在实力上,与发达国家相比均相差甚远,但其发展速度不断加快,发展潜力已初步显现。特别是 20 世纪 90 年代以来,发展中国家新兴的跨国企业不断崛起,并逐渐成为区域内投资的主要力量。据统计,20 世纪 80 年代,发展中国家从事对外直接投资的公司 963 家,拥有子公司 1 964 家[②], 1980 年发展中国家的对外直接投资额 17 亿美元,到 1999 年,发展中国家和地区的跨国公司母公司已达1.25万家,对外直接投资额 660 亿美元,在全球 FDI 流量中的比重由 1980 年的 3% 升至 2000 年的 9%[③]。在发展

---

① 王广信,赵丽娜. 当代世界经济. 北京:人民出版社,2002:134

② 林康. 跨国公司的经营与管理. 北京:对外贸易教育出版社,1988:71

③ 联合国贸发会议. 2001 年世界投资报告. 北京:中国财政出版社,2002:63,73

中国家对外直接投资金额增加的同时，其跨国公司的规模也在扩大，国际化程度不断加深。在1999年世界排名最大的100家跨国公司中，3家来自发展中国家的跨国公司首次榜上有名。他们是中国香港的和记黄埔、委内瑞拉石油公司和墨西哥水泥公司。在发展中国家的对外直接投资和跨国经营活动中，又以亚洲发展中国家和地区的跨国公司表现尤佳。在联合国贸发会议1999年按国外资产额排序的发展中国家50家大型跨国公司中，来自韩国、新加坡、中国香港和马来西亚等亚洲国家和地区的有35家，其境外总资产占了50家排名企业的约2/3①。2003年亚洲发展中国家和地区的对外直接投资占当年发展中国家对外直接投资总额的65.56%②。

二、跨国公司的全球战略和经营策略

（一）跨国公司的全球战略及其调整

所谓全球战略，是指企业从全球角度出发，在世界范围内进行资源配置，以更有效地整合和利用各种要素，获得长期的、稳定的比较优势和竞争优势，达到实现全球利润最大化的经济目标。实行全球战略的跨国公司，在最具有区位优势的国家建立子公司或分支机构，并对分布在世界各国、各地区的总公司与子公司、子公司与子公司之间的产品生产、市场销售、新产品研制、财务管理、经营体制等进行统一决策和统筹安排。在全球战略中，跨国公司从全球出发制定发展战略和经营决策，以公司整体利益和长远目标的实现为着眼点，而不是以某个子公司的局部利益和一时得失为重，为了获取最大限度的利润和长远的利益，必要时甚至会牺牲某个子公司的局部利益。

跨国公司的全球战略有两个明显的特点：一是根据国际分工原则，将产品生产、产品销售、研究开发等生产与流通环节设在最具区位优势的地方，在全球范围内进行要素资源和经营资源的有效配置和合理利用；二是将最高决策权力集中于总公司，实行高度集中的统一管理。总公司对整个公司的投资计划、生产安排、价格制定、市场营销、利润分配、人员调动、管理体制等重大问题进行统一决策和统筹规划，遍布世界各地的子公司则应根据总公司的全球战略制定自己的经营计划和实施措施。

---

① 联合国贸发会议．2001年世界投资报告．北京：中国财政出版社，2002：3，125

② 美国商报．第1卷第119期

随着经济全球化的推进和全球信息化的发展,为了在新的形势下保持强劲的竞争力,跨国公司的全球战略也在不断地进行调整。

1. 由简单一体化战略向复合一体化战略转变。简单一体化战略是指子公司的经营活动高度服从母公司的经营战略,母公司的经营战略对子公司具有"硬约束",以保持整个国际企业行动上的"一体化"。子公司一些关键的经营决策活动和一些重要的管理职能必须依赖母公司,同时母公司总体价值的实现也要依赖各子公司。随着现代通信和信息技术的发展,跨国公司具有随时将生产或供应转移到任何一个国家和在更广阔的区域内协调更多子公司经营活动的能力。这使得无时无刻不在追求利润最大化的跨国公司,开始超越简单一体化的经营战略阶段,而转向复合一体化战略。复合一体化战略是指母公司在更广阔的范围内协调更多的子公司的生产经营活动,这种协调更多地采用"软约束"的办法,即给子公司以较大的自由度。母公司将子公司的活动视为实现其总体价值的潜在组成部分,而不是直接组成部分,在集团内部复杂的利益格局中寻求几个主要目标的一体化。在复合一体化战略下,跨国公司在任何地方运营的任何一个子公司都不仅可以独自对其母公司行使职能,而且还可以独自与其他子公司进行经营活动。因而,复合一体化战略更有利于跨国公司内部的合理分工,使其能够从全球总体利益出发,在世界范围内寻求最佳投资组合,获得全球经济规模和更高程度的专业化,从而降低交易成本,形成国际交易的内部化。

2. 由高度集中向职能分散化转变。随着跨国公司经营规模的扩大,子公司与分支机构日益增多,出现了总公司集中管理与子公司分散经营的矛盾,为了减少这种矛盾,更好地发挥子公司的作用,跨国公司对其经营战略进行了调整,由过去的高度集权化转向管理职能的分散化和专业化。即在总公司的统一决策下,把一部分权限下放给分支机构。一些跨国公司设立有地区职能总部,如日本电器公司在新加坡设立的职能总部,专门负责管理公司设在东盟国家中所有分支机构的研究和开发工作,而丰田公司在新加坡的子公司则负责管理协调除日本外的亚洲国家的各分公司之间的汽车零件交易。

3. 由金字塔式的组织管理结构向网络化结构转变。全球战略要求母子公司之间紧密联系,金字塔式的管理结构已经不适应分支机构不断扩充、经营活动不断增加的新情况,为了有效地避免决策反映体系的失灵,多层次的网络组织管理结构应运而生。在这种结构中,既有跨国公司内部各子公司之间或母子公司之间相互连接的内部网络,也有跨国公司相互之间进行合作而构成的外部网络。高效运转的网络化结构，保持了跨国公司的迅速灵敏和灵活的反应机制和决策机制，保证了跨国公司全球战略的顺利实施。

4. 投资动因由传统要素向新的因素转变。在科学技术、管理、知识等智力要素在国际生产和竞争中发挥更大作用，节能、降耗、环保、安全的新型替代产品快速出现的现代社会，虽然推动跨国公司进行对外直接投资区位选择的主要传统因素——巨大的市场、丰富的自然资源和廉价非熟练劳动力仍然是重要的，但其重要性逐渐下降。随着科学技术的发展和越来越多的替代产品的开发，对很多国家来说，初级产业在工业活动中所占比重降低，自然资源本身在吸引 FDI 方面的作用下降，廉价的“初级”劳动力的作用也同样下降，且劳动密集型活动越来越多地与新技术和先进技能相结合。由于这些变化和原因，使得推动跨国公司对外进行直接投资的动力发生了变化。企业对外直接投资更多地考虑的是政策环境、技术进步和公司战略三个因素。

这是因为从政策环境来看，贸易和投资的自由化以及有利于 FDI 的制度安排，可以使跨国企业更加专业化并寻求具有竞争力的区位，提高其选择区位以及转移职能的自由度；技术进步则在很多方面影响着 FDI 的地理分布。技术变化的普遍性、技术进步的重要性，迫使要进行国际投资的企业在进行区位选择和从事国际生产活动时，必须考虑东道国是否能够提供互补性的技能、基础设施、供应商和机构，以便有效和灵活地运用技术，并使其投资迅速获得预期收益。迅速创新的能力不仅能够赋予企业迅速进入国际生产的种种优势，还会导致贸易和生产结构的变化，减少初级和简单低技术活动在 FDI 中的重要性，提高技能密集型活动的重要性。此外，先进的通讯技术和及时的信息获取，不仅可以使企业更有效地对广泛分布的国际业务进行管理，而且增加了其拓展市场的机会和国际竞争力；从公司战略的角度看，管理与组织因素也是 FDI 新区位选择的重要因素。因为技术支持的新的组织方式和公司运营方式，可以使企业对全球经营进行更有效的管理，使企业在价值链的各个环节（从设计创新到销售与服务）建立更加有效的外部联系。因此可以说，在新的国际背景下，跨国公司进行海外投资的动因已经由市场、资源和劳动力三个传统因素转变为政策环境、技术进步和公司战略三个新的因素。

（二）跨国公司的经营策略

1. 所有权策略。所有权策略是指跨国公司在拥有海外子公司所有权程度方面作出的选择。它关系到企业的控制权、利益分配、经营风险等重大问题，因此是跨国公司全球战略的核心。

跨国公司的所有权策略可以分为股权参与和非股权参与两大类。

股权参与策略是指母公司以在国外子公司中占有全部或部分股权份额的形式控制国外子公司的策略。按照母公司对国外子公司股权的占有程度,股权参与可以分为全部股权参与和部分股权参与。前者指母公司拥有其国外子公司的全部股权,如外商独资企业;后者指母公司拥有其国外子公司的部分股权,如外商合资企业。利用股权参与策略,跨国公司可以更容易地通过控制全部或多数股权,对子公司的经营与管理进行严格的控制,减少同东道国之间在经营决策、利润分配等方面的矛盾,从而更好地贯彻母公司的意图和决策,获取最大利润。

非股权参与策略是指跨国公司在东道国的公司中不参与股份,而是通过与东道国企业在技术授权、合作营销、工程承包、共同研发等方面合作的方式获取利益。非股权参与的主要形式有许可证合同、管理合同、交钥匙工程承包合同等。非股权参与虽然与股权占有无关,表面上看也很难直接控制没有股份的企业,但跨国公司仍然能够通过其所掌握的先进技术、经营管理和销售渠道等在某些方面获得实际控制权,从而获取高额利润。因此,它是一种既可以减少跨国公司承担的风险,又可以发挥其技术、管理、销售等方面特长的一种较为灵活的策略。20 世纪 70 年代以来,由于广大发展中国家对股权的强烈要求,跨国公司在对外直接投资中不再坚持全部或多数拥有股权,而是接受平等占有或少数占有的股权参与策略,同时非股权策略也被普遍接受并广为使用。

2. 产品策略。跨国公司以世界市场为角逐目标,在全球战略的总体格局下,其经营策略也必须以整体利益为着眼点,以保证其全球战略的顺利实施。因此,跨国公司的产品策略并非统一固定的模式,而是根据国际市场状况和竞争需要不断地进行调整和完善,在不同的时期,不同跨国公司的产品策略重点也会有所不同。从产品经营的范围和领域划分,跨国公司的产品策略可以归纳为产品专业化策略和多样化策略。

产品专业化策略是指企业只生产一两种产品或几种性质相近的产品,不涉足跨行业产品生产的策略。由于这种策略的实施生产技术比较单一,经营管理比较简单,市场开拓也相对容易,因此,在跨国公司发展初期被普遍采用。随着国际市场竞争的加剧和跨国公司规模的扩大,从 20 世纪 60 年代开始,跨国公司经营多样化的趋势开始出现,到七八十年代有了新的发展。产品多样化策略是指跨国公司生产和经营多种产品,甚至是同本行业无关或联系不大的跨行业产品。这种多种经营有利于跨国公司针对不同市场的需要推出不同的产品,可以在不同产品、不同项目之间取长补短,在资金运转上获得更大的回旋余地,同时有利于分散风险,谋取更多的利润。如美国电报电话公司,不仅经营电讯器材,而且涉及化纤、食品、航天、广播、出版、银行、保险等多种行业和服务领域。

20世纪90年代以来,一些多样化程度已达到相当水平的跨国公司,由于在经营过程中遇到困难,如管理不善、费用过大、无利可图等,开始清理一些外围或不营利的经营项目,将力量相对集中,朝着高度专业化的方向发展。而另一部分跨国公司则根据公司生产和经营目标的需要,继续采取多样化的经营策略,进一步向其他新兴领域扩展。

3. 价格策略。价格策略是跨国公司的一项重要经营策略,也是其降低成本、获取最大利润的法宝。跨国公司在其内部各子公司之间、子公司与总公司之间实行"转移价格"(Transfer Price)策略,也称划拨价格。

转移价格是指跨国公司内部在母公司与子公司、子公司与子公司之间进行商品、劳务和技术交易时相互约定的价格。这种价格是根据跨国公司全球战略的需要而人为制定的,在一定程度上不受市场供求关系的制约。转移价格通常的目的和做法:一是利用各国税赋的差异逃避税收。当某一子公司所在国税赋较高时,母公司就抬高供给该子公司的商品和劳务的价格,或子公司降低对母公司的销售价格,使子公司生产成本上升、利润降低,从而达到将公司利润由高税区转到低税区,减少所得税的目的;二是利用各国利率的差异调拨资金,跨国公司通过转移价格将在低利率国家筹集到的资金转移给高利率国家的子公司;三是转移资金,如果东道国对跨国公司的利润汇出有限制,跨国公司便以高价向子公司出售原材料或零部件,而以低价购买子公司的返还产品,通过转移价格来将利润调回母国;四是增强子公司竞争力,即通过降低供给子公司商品和劳务的价格,降低子公司的产品成本,提高其市场竞争力;五是减少汇率波动风险,跨国公司利用转移价格及时将货币贬值地区子公司的利润或现金转移出去,同时设法在货币坚挺的子公司所在国扩大资金量。跨国公司利用转移价格策略获取了巨额利润,也在一定程度上损害了东道国的经济利益。

4. 技术领先策略。当代激烈的国际市场竞争,实质上是新产品和新技术的竞争。谁拥有了新的技术,谁就能够缩短产品生命周期,不断推出个性化的新产品,从而占领和扩大市场份额,在竞争中取胜。因此,跨国公司往往把新技术研究与新产品开发作为竞争取胜的重要策略和企业持续发展的重大举措。

跨国公司技术领先策略(即研究与开发)的主要内容包括:

(1)投入巨额资金开发新技术。第二次世界大战后特别是20世纪80年代中期以来,主要发达国家跨国公司的研究与开发投资大幅度增加,以保持其在一定时期内技术上的领先优势,达到其技术上的垄断目的。仅以美国为例,其跨国公司对外研发投资总额从1987年的52亿美元提高到1997年的147亿美元,10年期间其海外研发投资的增长速度是国内研发投资增速的3倍①。在跨国公司获得某项研究成果或技术突破之后,由总公司根据全球战略的布局和需要传播给海外子公司,而子公司依靠母公司所提供的技术,在生产和销售方面都以压倒的优势超过了当地厂商,占领当地市场。事实上,跨国公司向海外扩张最快的部门,往往就是那些利用最新科学技术装备起来的新兴工业部门,跨国公司从新产品的制造、技术专利及其技术转让中牟取高额利润,然后将公司利润的很大一部分投入研究与开发工作,以保持其在国际竞争中的技术领先地位。

(2)采取措施控制和垄断新技术。为了垄断新技术,保持技术领先地位,跨国公司对研究成果是否转让、转让程度、转让方式与方向等进行统一决策。此外,跨国公司往往把核心技术的研究与开发机构设在母公司所在的投资国,在东道国进行适应东道国市场和消费习惯的新产品适用性研究。由此总公司牢牢控制着新技术和核心技术的研究、开发、传播与使用,而对于东道国来讲,无论是通过跨国公司转让得到的技术,还是通过跨国公司所设研发机构所得到的技术,大多不可能是最前沿的核心技术。

三、跨国公司对世界经济的影响和作用

(一)跨国公司是世界经济增长的引擎

第二次世界大战以来,跨国公司迅猛发展,分支机构遍布世界各个角落,其经营活动渗透到社会再生产过程的各个环节。它的存在和发展,对世界经济的发展产生了举足轻重的影响。作为国际经济活动中财富创造的组织者,跨国公司成为推动全球经济增长的火车头。跨国公司对经济增长的引擎作用主要表现在以下几个方面:

1. 推动了国际分工的深化。首先,跨国公司通过对外直接投资,把子公司所在的国家纳入了国际分工体系。其次,跨国公司通过把劳动密集型、资本密集型或技术密集型等不同要素含量的产品生产分布在不同国家,强化或改变了国际分工格

① 刘方旭.入世后科技全球化的冲击及中国的对策.国际贸易问题.2002(7)

局。为了追逐高额利润，跨国公司在最合适的地方生产最恰当的商品，充分利用了东道国的区位优势和资源禀赋优势，从而加强了其在国际分工中的地位。再次，在当代跨国公司生产专业化和分工协作空前发展的情况下，跨国公司的分工不仅深入到产品，而且细化到产品生产的不同工序或不同环节，形成不同国家分别生产某一产品的各个零部件，然后集中进行组装，或者是进口中间产品、加工组装成最终产品的不同工序、不同环节的产业内分工，甚至是跨国公司母公司与子公司之间、子公司与子公司之间的企业内分工。可见，跨国公司的全球化战略，推动了国际分工的进一步深化。

2. 促进了生产的国际化。跨国公司是生产在国际范围内的延伸，同时又是生产国际化的主体。生产经营活动跨国化，是跨国公司经营方式的基本特征。一方面，跨国公司为追求最大利益，在全球范围内进行生产要素的最佳配置，并通过对外直接投资建立起庞大的一体化国际生产体系，把各个国家的生产紧密地联系在一起；另一方面，跨国公司的跨国生产与经营，通过其市场的内部化打破了各国市场的壁垒与国家之间的封闭，极大地推动了生产国际化的发展，形成了范围更为广泛的国际生产体系，并使国际化生产成为世界经济的核心特征。当前，跨国公司控制的全球生产总值达40%以上，已经成为当代世界的主要生产者和生产国际化的推动者。

3. 促进了国际贸易的发展。第二次世界大战后，世界贸易迅速增长，其中的一个重要原因就是跨国公司的急剧扩张。跨国公司对国际贸易的影响主要体现在以下几个方面：一是跨国公司的生产经营活动扩大了国际贸易流量，由跨国公司引起的国际贸易在整个世界贸易中所占的比重越来越大。跨国公司的直接投资，带动和引起了机器设备、原材料和零部件等大量商品的输出和输入。目前，跨国公司内部母公司与子公司之间、子公司与子公司之间的内部贸易约占世界贸易总额的50%～60%，其内部贸易与外部贸易的总和占到了世界贸易总额的80%。二是跨国公司对外直接投资的产业和地区分布变化，影响了国际贸易的商品结构和流向。从产业结构看，第二次世界大战后，跨国公司对外直接投资的主要行业是制造业。近20年来，跨国公司投资逐步向服务业倾斜，并由此推动了全球服务贸易的迅速发展。从地理流向上来看，第二次世界大战后，跨国公司对外直接投资主要集中在发达国家，由此推动的发达国家之间的贸易在国际贸易中占了很大比重。近年来，跨国公司流向发展中国家特别是亚洲发展中国家的直接投资有所增长，由此带动的贸易量也呈上升趋势。

4. 促进了资本的国际流动。跨国公司的对外直接投资活动始终伴随着大量的资金运动和资本流动，其拥有和控制的巨额自有资金和外来资金、生产资本和借贷资本构成了国际资本流动的重要组成部分。在全球战略的驱使下，母公司与子公司之间、子公司与子公司之间大量的资金调拨、利润汇出和转移等业务频繁发生，跨国公司内部各子公司之间、子公司与母公司之间的商品、劳务交易，技术使用费和管理费的偿付以及借贷、结算等活动，也经常会引起大量的资金运转和频繁转移，这些都加速了国际资本的流动。

1971 年，仅美国跨国公司所持有的现金和流动资金就达 1 150 亿美元，是同年西方发达国家对外直接投资总额 1 580 亿美元的 72.8%①。跨国公司还发行或购买大量的股票和债券，是国际资本市场和国际证券交易市场的重要参与者。此外，跨国公司还经常利用其雄厚的资金，特别是同跨国银行千丝万缕的关系及灵通的金融信息，在国际金融市场炒卖外汇，进行证券投机交易。这些在加速国际资本流动的同时，也加剧了国际金融市场的动荡。

（二）跨国公司是经济全球化的推动力量

经济全球化的进程始终是与跨国公司的发展演变历程联系在一起的。在全球战略的指导下，跨国公司在世界各地寻求拓展机会和最佳的投资场所，通过其国际直接投资活动，不断地把触角伸向全球的各个角落，同时也将世界各国纳入其统一的国际分工体系、国际生产体系以及全球经济一体化的进程。在获利动机的驱使下，跨国公司在全球布点，在不同的国家安排不同的生产活动，甚至在不同地区设置不同的生产环节，通过遍布全球的不同生产活动和生产环节的链接，跨国公司将全球生产与销售联结在一起，同时使位于不同国家的生产具有国际化的特征，使国与国之间的各种经济关联性大大增强，形成了你中有我、我中有你的国际生产格局，客观上推动了经济全球化的发展。20 世纪 80 年代以来，信息技术的推广应用和不断高涨的自由化浪潮，提高了跨国公司对分散性经营活动的组织和协调能力，减少了要素国际流动的障碍，降低了企业从事跨国经营活动的成本，为作为生产全球化和资本全球化载体的跨国公司的发展提供了更大空间，从而进一步推动了全球贸易、生产和投资自由化的进程，使经济全球化更加向纵深发展。

（三）跨国公司是先进技术的创造者和传播者

在促进全球科学技术进步方面，跨国公司的作用表现在对新技术的研究与创

---

① 杨国昌．当代世界经济概论．北京：北京师范大学出版社，1997：77

新和对新技术的传播与扩散两个方面。

首先,为了能够进入和开拓他国市场,并迅速融入东道国经济,跨国公司必须具有技术优势和技术创新及新产品开发能力,以保持产品在国际市场上的竞争地位,达到最大的获利目标。为此,跨国公司投入了大量的科研人员和巨额资金,进行新产品的开发与新工艺的研制。如1990年,美国国际商业机器公司的研究开发费用占当年公司销售额的9%,德国西门子公司的研发费用占其销售额的11%。跨国公司对于科学技术的长期巨额投入,形成了其在国际竞争中最重要的优势,并在当代世界的科技研究与开发活动中占据了垄断地位。先进的科学技术、高科技含量、差异化和个性化的产品,已经成为跨国公司国际竞争的一个有力工具,跨国公司也成为当代绝大部分先进技术的重要发源地。目前,跨国公司拥有世界80%以上的新技术、新工艺的专利,控制着70%左右的国际技术贸易,跨国公司战略联盟也主要集中于对新产品、新技术的研制与开发领域。

其次,跨国公司凭借技术优势进入东道国市场,依靠技术优势在一个陌生的外部环境中生存发展,在此过程中,他们已自觉或不自觉地传播和扩散了先进技术。跨国公司在东道国直接投资办厂,要伴随着具有先进技术的机器设备等资本品的进口和具有较高技术性能的中间产品或零部件的进口,隐含在其中的先进技术也相伴流入东道国;跨国公司分支机构通过对当地配套企业的订货要求或技术指导与援助,迫使东道国企业采用新技术,降低成本以提高生产效率;跨国公司还通过与东道国企业的"前向联系"和"后向联系",向当地企业传授知识和技术。此外,受雇于跨国公司企业的当地科技人才与管理人才的流动,也为东道国带来了技术溢出效应。

总之,跨国公司的对外直接投资活动,促进了先进技术、劳动技能、管理经验、组织技巧等在东道国的扩散,客观上促进了科学技术在国家间的流动,缩短了科学技术在世界范围内的传播过程,对先进技术的研究开发和推广扩散作出了贡献。

(四)跨国公司是发展中国家经济发展的"双刃剑"

随着经济全球化步伐的加快,跨国公司的对外直接投资在发展中国家的经济发展中发挥着越来越重要的作用。20世纪80年代中期,流入发展中国家的国际直接投资在全球外国直接投资吸收量的比重为23%,现在则增加到了30%。1980~1985年,年均流入发展中国家的外国直接投资为126亿美元,2000年流入发展中国家的外资达到2 400亿美元,2007年这一数字跃升到5 000亿美元。跨国公司的直接投资与生产转移,在为发展中国家带来先进技术和加速其产业结构升级的同时，也给发展中国家摆脱单一的经济结构和贫困状况带来了更多的机会和空间。但与此同时，跨国公司也给发展中国家的经济发展带来了一些负面影响。

总体而言，跨国公司对发展中东道国的影响可归纳为以下几方面。

1. 跨国公司对发展中国家的积极影响。这种积极影响是多方面的，主要表现在：

(1)缓解了发展中国家资本和外汇的短缺。这种影响的作用分为两个方面。

其一，增加了发展中国家的资本存量。促进资本形成历来被认为是跨国公司对东道国（尤其是发展中东道国）经济增长的重大贡献。因为一般而言，跨国公司对发展中国家直接投资多以新建的“绿地投资”方式为主。在这种方式下，跨国公司要向东道国注入大量资本，从而增加了东道国的资本存量。另外，无论是新建的“绿地投资”，还是收购合并的“褐地投资”方式，一般均会引致跨国公司的后续性追加投资或辅助性投资，有助于东道国现有资本存量的增加。所以，从一定意义上讲，海外直接投资的注入，增加了东道国的资本存量，促进了东道国的资本形成。

其二，缓解了外汇短缺的矛盾。除资本短缺外，发展中国家在经济发展和推进工业化的进程中，由于需要大量资本品的投入，而其中一些又是自己不能生产而需要从国外进口的，因此，往往还会受到外汇短缺的严重制约，外汇短缺甚至成为发展中国家经济起飞时期的“瓶颈”。而跨国公司在东道国投资设厂，一方面以入股的形式带来了企业所需的部分设备，部分地缓解了设备引进所需资金的问题；另一方面由于外商直接投资企业的产品绝大多数返回母公司或销往第三国市场，出口创造的大量顺差为先进技术的引进提供了条件，扩大了发展中国家的对外贸易规模，满足了进口对外汇的需要，有力地缓解了发展中国家工业化进程中外汇短缺和进口需求旺盛的矛盾，增强了其的经济自主能力。

(2)促进了发展中国家的技术进步。技术进步是经济发展的主导力量，是一国经济长期增长的最重要因素。钱纳里（Chenery）除阐述了储蓄缺口和外汇缺口对发展中国家经济发展的约束作用外，还特别强调了“技术约束”的制约作用，技术不仅是一种特殊的、重要的生产要素，而且对促进一个国家的国民经济发展同样起着重要的决定性作用。

技术进步的来源主要有三个：一是内部的开发研究（R&D）与技术创新（Innovation），它是一种投资、开发与研究的成果；二是外部的技术来源，包括在与其他国家的贸易和投资活动中有意识地技术引进或无意识的技术扩散；三是“干中学”，也称“边干边学”，它强调对知识的获取或“学习”是经验的产物，在生产过程中积累的经验可以提高技术水平和生产效率,"干中学"式的技术进步大部分是从技术外溢中获得的。

对于绝大多数发展中国家来说,持续的技术进步主要不是通过科研投入或技术创新来实现的,而更多的是通过第二种和与之紧密相连的第三种方式获得的,是通过发达国家的技术转让、技术扩散、产业关联和自身的经验积累及"干中学"来实现的。跨国公司的直接投资不仅为发展中国家带来了资本等有形资源,更重要的是为其带来了先进技术、管理经验、营销技巧等无形资源。这些无形资源通过技术的溢出和扩散效应,通过发展中国家的"干中学",转换成了现实的生产力,从而促进了发展中国家的技术进步,提高了东道国的生产效率和要素生产率。

(3)促进了发展中国家的产业结构升级。跨国公司的直接投资对发展中国家的产业结构升级发挥了重要作用。由于经济发展水平和技术水平等因素,发达国家是新技术的创造者,也是将这些新技术转化为新兴产业的推动者,因此,一般而言,发达国家的产业结构要优于发展中国家。为了保持其国际竞争的优势地位,发达国家在发展新兴产业的同时,通过对外直接投资的途径,不断地把相对落后的产业或失去竞争力的传统产业向外转移,发展中国家成为这种转移的被动接受者,也由此促进了本国的产业结构升级。作为产业转移载体的跨国公司直接投资,首先促使着发展中国家的经济结构由以农业产业为主向以制造业为主转变;在积极实行外向型发展战略的发展中国家,外国直接投资又推动其产业结构由劳动密集型向资本及技术密集型转变。

以经济发展最快的东亚地区为例,由于较好地实施了外向型战略和成功地利用了跨国公司直接投资,该地区的产业结构日趋高级化,经济取得了较快发展。20世纪60年代末70年代初,东亚的大部分国家经济还主要靠出口原料、进口制成品,国内加工业效率低下,且靠高额关税和进口限额的保护,大部分劳动力从事农业生产。20年后东亚地区借着发达国家的资本发展起来,不仅使上述状况发生了根本转变,而且新兴产业部门不断涌现,已发展成为以出口工业制成品为主的新兴的工业化国家。

(4)推动了发展中国家的制度创新。跨国公司的分支机构虽然设在母国之外的东道国,但其生产经营、企业管理、产品标准、价格制定等都完全受国际市场制约,必须完全符合市场经济的要求,且要按照市场经济的规律运作。因此,跨国公司在发展中国家的投资不仅是一种企业的生产经营活动,也不只是一种资本的运作和要素的流动,更重要的是它所传递的国际市场信息和市场经济规律对发展中国家原有的经济理念和经济模式来说是一种冲击。首先,固守原有经济体制的运作机制,显然无法走进国际市场,从这个意义上讲,按照市场经济规律运作的外资企业促进了发展中国家向市场经济模式的转换和市场经济体系的建立或完善。其次,促使发展中国家的产品标准向国际标准靠拢。由于外商直接投资企业直接面对国际市场,因此其每一道生产工序、每一个生产环节都要严格实行规格化和标准化生产,以保证产品质量符合国际市场的要求。为此,要通过各种形式对从事生产的工人和技术人员进行培训,还要对生产工艺及程序等进行改进。此外,为外资企业提供原材料、零部件和中间投入品的当地配套企业,也面临着标准化的问题,并由此推动了发展中国家的产品质量标准逐步向国际标准靠拢。再次,外资企业通过管理"外溢效应"促进了发展中国家相关企业的制度创新。企业经营管理知识的转移是技术转移的又一个内容。通过外资企业生产经营和竞争技巧的示范作用,可以刺激和带动东道国企业改善经营状况,提高经济运行效率和企业素质。对于不与外资企业存在关联的东道国企业,其间接的示范效应也同样存在。通过不同企业及产业间的各种联系,先进的管理知识被一层层地传递,并在不同层面、不同程度上对企业原有的运行机制产生影响。

2. 对发展中国家的消极影响。跨国公司以利润最大化为最终目标,其全球战略、经营策略、经营模式、投资区位等都以其最终目标的实现为核心,因此,虽然跨国公司对东道国经济的积极作用是客观存在的,但绝非跨国公司的本意。实践中,跨国公司从其自身利益出发所进行的经济活动,往往同东道国的发展战略和长远规划不一致,甚至背道而驰,并由此给发展中国家带来许多负面影响。正如《1999年世界投资报告》所指出的,有必要认识到跨国公司和政府的目标并不一致:政府试图促进本国范围内的经济发展,而跨国公司试图增强其在国际范围内的竞争力。因此,并不是所有的外商直接投资都总是主动地符合东道国的最佳利益。有些会对发展造成负面的影响。跨国公司试图增强它们自己的竞争力,而不是发展东道国经济。它们的需要和战略可能不同于东道国的需要和战略。跨国公司的存在可能与东道国试图建立强有力的本国企业的目标相冲突。例如,东道国可能希望得到新的技术,而外国子公司则想使用成熟的技术。或者,当出现进口自由化或比较优势转移时,跨国公司认为关闭其子公司更有效率,而东道国则希望它继续存在以维持就业。跨国公司可能想加强对知识产权的保护,而东道国政府也许赞成不严格的知识产权,以便扩大技术的扩散。在许多情况下,跨国公司与东道国的需要和战略是不同的。跨国公司经营目标与东道国发展目标的这种背离,给东道国经济带来了如下损害：

（1）破坏了发展中国家的可持续发展能力。跨国公司是世界产业结构调整的发起者和国际产业转移的主要传导者，在其将主要生产经营方向转向附加值高、市场前景好、利润大的资本技术密集型产业和服务业的同时，将一些技术相对落后、附加值小、耗能高的劳动资源密集型产品、零部件或加工工序以及在国内市场萎缩的传统产业或在本国已失去发展空间、受到限制的严重污染产业转移到环境标准低、成本低的发展中国家。跨国公司获得了压低工资、降低福利、免遭淘汰的超额利润和继续发展的新的空间，而发展中国家的良好自然环境则受到污染、平衡的生态系统遭到破坏、社会负担成本日益加重、可持续发展能力遭到严重破坏。据资料显示，发展中国家所吸收的外来直接投资中，污染产业高达30%以上。

（2）造成发展中国家的依附性。设在发展中国家的外商直接投资企业，往往把技术、国际市场销售和采购等关键环节牢牢控制在自己手里，造成发展中国家对发达国家跨国公司在技术、管理和销售渠道等方面的依附性。此外，由于跨国公司并不情愿把先进的技术扩散出去，发展中国家在引进项目的选择上也不具有主动权，因而在跨国公司的对外投资中，发展中国家可能根本就得不到所需的先进技术，而得到的只是对方的成熟技术甚至可能是发达国家淘汰的设备与技术。

（3）使发展中国家的民族经济受到威胁。对外直接投资的进入，在给发展中国家带来资金、技术、管理经验的同时，也带来了对民族工业的冲击和威胁。发达国家实力雄厚的跨国公司利用合资、合作、独资和购并等方式，逐步占领发展中国家的市场，甚至采取“蚕食政策”垄断发展中国家的整个行业，以至于发展中国家的一些重要经济领域甚至经济命脉被发达国家的跨国企业操纵和控制。在西方巨型跨国公司强大的竞争压力下，发展中国家的企业生存受到威胁，尚不健全的市场和脆弱的民族工业处于困境。如《2001年跨国公司在中国投资报告》指出的那样：在很多情况下，由于外国直接投资所产生的挤出效应，发展中国家企业的发展受到限制。

思考题

1. 国际直接投资从不同角度可以划分为几种类型，其具体内容是什么？
2. 阐述国际直接投资的主要方式。
3. 阐述国际间接投资的类型。

4. 20 世纪 90 年代以来跨国公司有哪些新变化?

5. 跨国公司对世界经济有哪些主要影响?

主要参考文献

1 关白,赵晓晨,张元萍. 开放型经济理论与实务. 北京:北京理工大学出版社,2000

2 李东阳. 当代西方国家投资学. 大连:东北财经大学出版社,1997

3 联合国贸易与发展会议. 世界投资报告(2000,2001,2002,2003). 中译本. 北京:中国财经科学出版社

4 世界银行. 1985 年世界发展报告. 北京:中国财政经济出版社,1985

5 Caves R. Multinational Enterprise and Economic Analysis. Second Edition. Cambridge University Press,1996

6 李琮. 世界经济学新编. 北京:经济科学出版社,2000

7 陶继侃,王继祖,世界经济概论. 天津:天津人民出版社,1995

8 王广信,赵丽娜. 当代世界经济. 北京:人民出版社,2002

9 王有声. 世界经济概论. 成都:西南财经大学出版社,1995

10 魏允哲,蔡国栋. 世界经济概论. 北京:中国计划出版社,1999

11 熊性美,陈漓高. 当代世界经济. 天津:南开大学出版社,1996

12 杨国昌. 当代世界经济概论. 北京:北京师范大学出版社,1997

13 庄起善. 世界经济新论. 上海:复旦大学出版社,2001

第三篇

不同类型国家经济的演化和发展——世界经济格局演变和发展的制衡力量

➤ 第七章 发达资本主义国家经济的演变与世界经济格局

➤ 第八章 发展中国家经济的特征及其经济发展战略

➤ 第九章 由计划经济向市场经济转轨国家的改革与发展

第七章 发达资本主义国家经济的演变与世界经济格局

发达资本主义国家是指生产力高度发达、资本主义社会经济结构和市场经济体制十分成熟的资本主义国家。发达资本主义国家是二次大战后出现的新概念。二次大战前，一般把实现了工业化的主要资本主义国家，如英国、美国、法国、德国、意大利、日本等，称为资本主义国家。二次大战后，越来越多的资本主义国家实现了工业化，生产力和市场经济高度发展，进入了发达资本主义国家的行列。一般认为，经济合作与发展组织（OECD，简称经合组织）成员国属于发达资本主义国家范围。经合组织成立于1961年9月30日，初始成员国是：奥地利、比利时、加拿大、丹麦、法国、德国、希腊、冰岛、爱尔兰、意大利、卢森堡、荷兰、挪威、葡萄牙、西班牙、瑞典、瑞士、土耳其、英国和美国等20国，后来日本（1964）、芬兰（1969）、澳大利亚（1971）、新西兰（1973）加入；20世纪90年代后吸收了一些新兴工业化国家和中东欧的转轨国家，如墨西哥（1994）、捷克（1995）、匈牙利（1996）、波兰（1996）、韩国（1996）、斯洛伐克（2000）等，现有30个成员国。其中，美国、日本、德国、法国、英国、意大利和加拿大等七个国家由于在世界资本主义体系和世界经济中的重要地位，一般称为主要发达资本主义国家（本书亦简称为西方发达国家）。

战后发达资本主义国家的经济发展大体经历了四个时期：从二战结束到20世纪50年代初的经济调整和恢复时期；从50年代初到70年代初的经济高速增长时期；从70年代初到80年代初的经济“滞胀”时期以及随后到90年代初的经济调整时期；90年代初以来的新经济发展时期。在各个时期，主要发达资本主义国家因为不同的发展态势而导致了世界经济格局①的演变。

第一节 经济调整和恢复时期：美国确立世界经济霸主地位

在第二次世界大战中，除美国以外，无论是战胜国，还是战败国，经济都遭到严重破坏。

作为战胜国的英国，战时军费开支达250亿英镑，1945年国债达214亿英镑。为了支付进口军需品的费用，英国政府变卖了10亿英镑的海外资产，黄金储备几乎枯竭，并欠下30亿英镑的外债，甚至成了自己殖民地和自治领的债务国。1946年英国工业产量只为1937年的90%，出口贸易从1938年的4.71亿英镑下降到1944年的2.66亿英镑。同时，在民族解放运动的冲击下，拥有1 400万平方公里和5亿人口的殖民地的大英帝国解体。另一个战胜国法国遭受了更大的损失。其经济损失达14 000多亿法郎，相当于战前3年的生产总值。1944年秋法国解放时，工业生产只及战前1938年的20%，农业只及50%。到1945年，国内总产值仅相当于1939年的50.85%（按1938年价格计算）②。

战败国德国在战争中同样遭到沉重打击，侵略战争夺去了700万德国人的生命，其中500多万人葬身于战场。从1944年秋天起，德国工业生产便直线下降。如以1938年生产指数为100，1945年德国的生产资料生产指数下降到30~44，消费品生产指数下降到18~28③。不仅经济遭到严重破坏，而且战后国家被分裂，一些工厂设备作为赔偿被拆除和运走。1946年，原联邦德国工业生产只及战前1938年的22.9%。另一个战败国日本的经济也遭到战争的重创，45%的国民财富在战争中丧失，40% 的城市建筑、一半以上的工业设备和交通运输设备遭到破坏。1946年，工矿业产值仅及1935年的26.4%，1944年的16%。农业生产降至战前的60%，国民经济到了崩溃的边缘④。

在其他主要资本主义国家经济遭到战争严重破坏或削弱的时候，只有美

① 世界经济格局是指：由主导世界经济运行、发展的国家和国家集团的经济力量对比变化所形成的世界经济结构和态势。

② 宋则行，樊亢．世界经济史（下卷）．修订版．北京：经济科学出版社，1998：39~40

③ 樊亢，宋则行，池元吉，郭吴新，朱克烺．主要资本主义国家经济简史．北京：人民出版社，1973：283

④ 宋则行，樊亢．世界经济史（下卷）．修订版．北京：经济科学出版社，1998：41~42

国因本土远离主战场，不但没有遭到战火的破坏，反而乘战争之机大做军火生意，促进了军事工业的迅速发展，并由此带动了经济的增长甚至急剧膨胀。1939～1944 年间，美国的工业生产总值增加了 118%，国民生产总值增加了 132%，年平均增长率达 14%①，促使美国在资本主义世界经济中的地位大大提升。1937 年美国在资本主义世界工业生产中的比重为 42%（该年份英、德、法、日 4 国的总比重为 32%，美国为 4 国总和的 1.3 倍）；1948 年上升到 53.4%（该年份英、原联邦德国、法、日 4 国的总比重为 19.7%，美国为 4 国总和的 2.7 倍）；出口贸易份额由 14.2% 上升到 32.4%；黄金储备份额由 50.5% 上升到 74.5%②。

为了争夺战后世界货币金融体系的霸主地位，1944 年 7 月，由美国牵头，在美国新罕布什尔州的布雷顿森林召开了由 44 个国家代表参加的“联合国国际货币金融会议”，讨论和制定战后国际货币金融合作计划。美国凭借其政治经济实力，迫使与会国家通过了以美国提出的“怀特计划”为基础制定的《国际货币基金组织协定》和《国际复兴开发银行协定》，即布雷顿森林协定。在协定基础上建立的布雷顿森林体系，确立了美元在国际货币体系中的中心地位，为美国推行金融霸权提供了有利条件。

二次世界大战刚结束时，各主要资本主义国家大多仍保持着高关税壁垒。当时美国作为世界头号经济强国，意识到高关税政策不利于国内经济发展和对外经济扩张。因此积极提倡和推动国际贸易自由化，并首先向联合国提议建立国际贸易组织，推动实现贸易自由化。1947 年 10 月 30 日，美、英、法等 23 个国家在瑞士日内瓦签署了《关税及贸易总协定》，1948 年 1 月 1 日作为临时条约生效实施。《关税及贸易总协定》在客观上为资本主义世界经济创造了一个自由贸易的环境，从而促进了战后国际贸易和世界经济的发展。但是直到 20 世纪 50 年代，该协定及其运作体系都为美国所左右，后来又成为美、日、欧进行经济角逐、争夺世界市场的场所。《关税及贸易总协定》作为布雷顿森林体系的补充，对美国在国际贸易和经济领域谋取世界霸权和经济利益起了重大作用。

战后西欧主要资本主义国家的经济大都处于崩溃边缘，国家政权岌岌可危。为了挽救西欧的资本主义制度，防止共产主义的渗透，同时也为了推销美国的大量积压剩余物资，1947 年 6 月，美国国务卿马歇尔提出了《欧洲复兴计划》，即马歇尔

① 宋则行，樊亢. 世界经济史（下卷）. 修订版. 北京：经济科学出版社，1998：37

② 郭吴新. 郭吴新选集. 武汉：湖北人民出版社，1997：58

计划。1948～1951年,美国根据该计划向欧洲16国(英国、法国、奥地利、比利时、丹麦、希腊、冰岛、爱尔兰、意大利、卢森堡、荷兰、挪威、葡萄牙、瑞典、瑞士、土耳其)共提供131.5亿美元援助,其中88%为赠款,其余为贷款。通过马歇尔计划的实施,美国从经济上进而从政治上加强了对西欧各国的控制,同时促进了西欧各国的经济恢复和发展,稳定了西欧局势,增强了反共实力。

为了扶植日本垄断资本主义,使之成为美国在亚洲推行侵略政策和战争政策的主要基地,成为西方阵营在亚洲地区的反共堡垒,美国修改了日本的赔偿方案,大幅度削减日本的赔偿,到1949年5月,干脆宣布取消了日本的一切赔偿。与此同时,开始增加用于恢复日本经济的援助。在1945～1951年期间,美国政府以“占领地区救济基金”和“占领地区经济复兴基金”的名义,向日本提供了21.28亿美元的经济援助,占同期日本进口总额的38%。其中,“道奇路线”开始后的1949～1951年间出售“援助”物资所得的款项中,用于产业设备投资的约占40%,相当于这几年日本产业设备投资基金供应额的26%,而且主要用于煤炭、钢铁、电力等基本工业部门,对日本经济的恢复起到了积极的作用①。

以上情况表明,在战后初期美国的国际经济地位达到了其历史的顶峰。由于社会主义国家前苏联在反法西斯战争中作出了巨大贡献,也付出了巨大的代价,因此,这时的美国不仅在资本主义世界经济中,而且在整个世界经济中都拥有压倒的优势,成为唯一的世界超级大国。

在经济调整和恢复时期,各主要资本主义国家加强了国家垄断资本主义干预经济的措施,进行大规模固定资本投资,加上美国的援助和扶植,主要资本主义国家经济恢复得都较快。到1950年,各国经济已基本恢复甚至超过战前水平(参见表7－1)。其中,日本到1955年工矿业生产超过了战时最高年份(1944年)的1.7%。另外,1950年,原联邦德国的国民生产总值虽然还未达到战前水平,但是当年其工业生产已恢复到了战前水平,其经济1950年比1949年提高25.8%,为1939年的113%②。

表7－1 主要资本主义国家国民生产总值的增长

国　别	1938年	1948年	1950年
法　国	100	100	121
西　德	100	45	64

① 金明善.现代日本经济论.沈阳:辽宁大学出版社,1996:105

② 宋则行,樊亢.世界经济史(下卷).修订版.北京:经济科学出版社,1998:41～42

续表

国别	1938年	1948年	1950年
意大利	100	92	104
英国	100	106	114
美国	100	165	179
日本	100*	142	161

注：* 日本数字以1934～1936年为100

资料来源：日本数据根据日本银行统计局.经济统计年报.1978，1979

其他国家数据根据W.W.罗斯托.世界经济：历史与展望.得克萨斯大学出版社，1978：234

第二节 经济高速增长时期：美国霸权面临挑战和两极抗衡形成

从20世纪50年代初一直到70年代初的20多年时间，发达资本主义国家进入了一个前所未有的经济大发展时期，被称为发达资本主义国家经济发展的"黄金时代"。两次世界大战之间(1919～1938年)的20年，发达资本主义国家经济的年平均增长率为2.3%，而在1950～1973年的23年间，主要发达资本主义国家经济的年平均增长率高达5.4%。这个时期发达资本主义国家经济发展的主要特点是经济高速增长，同时伴随着较低失业率和消费物价指数的温和增长(见表7-2)。其主要原因是第三次科技革命成果的推动和国家垄断资本主义对经济生活的全面干预。

表7-2 1950～1973年主要发达资本主义国家国内生产总值和消费物价指数年均增长率(%)和年平均失业率(%)

国别	国内生产总值		消费物价指数		失业率	
	1950～1960年	1961～1973年	1950～1960年	1961～1973年	1950～1960年	1961～1973年
美国	3.3	4.1	1.8	3.2	4.6	4.9
日本	8.2	10.4	3.1	6.2	1.3	1.1
西德	7.7	4.5	1.2	3.4	5.6	1.0
法国	4.8	5.6	6.0	4.6	—	2.5
英国	2.8	3.2	3.4	5.1	1.6	2.7
意大利	5.5	5.3	2.7	4.4	—	5.4
加拿大	3.9	5.5	2.3	3.3	—	5.7
7国平均	5.2	5.5	2.9	4.3	—	3.3

资料来源：根据IMF. International Financial Statistics Yearbook；OECD. Main Economic Indicators，Economic Outlook；UN. Monthly Bulletin of Statistics等各年有关数据整理

一、工业技术革命对经济增长的推动作用

萌发于19世纪末20世纪初，以电力、炼钢和化工技术为主要标志的第二次工业技术革命，到20世纪50年代逐渐进入高潮，六七十年代进入成熟期。这是主要发达资本主义国家生产力迅猛发展、经济高速增长的主要物质因素。20世纪五六十年代，主要发达资本主义国家生产的主要特征是重化工业迅猛发展。这不仅是一些国家（如原联邦德国）重建和复兴从战前继承下来的重化工业以促进经济发展的需要，而且也推动了一些国家（如日本）的工业结构升级，即以重化工业作为主导产业，实现工业结构由劳动密集型的轻纺工业为主向资本密集型的重化工业为主的升级。1955～1974年，发达资本主义国家的工业结构中，重化工业的比重从54.9%提高到60.4%，轻纺工业则由31.5%进一步下降到27.7%。

重化工业的迅速发展带动了主要发达资本主义国家整个工业生产和国民经济的快速发展。工业生产和国民经济的迅速增长不仅来源于大量的资本和劳动力投入，而且主要得益于工业劳动生产率的提高。表7－3说明，20世纪五六十年代，在主要发达资本主义国家工业生产的增长中，劳动生产率提高的因素约占60%～80%。而战后发生的第三次工业技术革命则是工业劳动生产率提高的重要原因。

表7－3　1951～1970年主要发达资本主义国家工业生产增长速度和工业劳动生产率增长速度比较（年平均增长率%）

国别	1951～1960年		1961～1970年	
	工业生产增长	劳动生产率增长	工业生产增长	劳动生产率增长
美　国	4.1	3.4	4.8	3.6
日　本	15.7	11.2	13.3	9.6
联邦德国	9.6	6.1	5.4	4.8
法　国	6.1	4.8	4.8	4.8
英　国	3.4	2.6	2.6	4.1
意大利	9.1	8.2	7.2	5.4
加拿大	4.9	—	6.2	—
7国平均	7.6	6.1*	6.3	5.4*

注：* 为6国总计

资料来源：根据世界经济统计简编1982.北京：生活、读书、新知三联书店，1983:75

世界经济统计简编1987.北京：东方出版社，1990:64，72有关数据整理

开始于20世纪40年代，以信息、生物、新材料、新能源、空间、海洋等技术为主

要标志的第三次工业技术革命（亦称科技革命）①促使一批高技术产业群兴起。虽然这些新兴产业群到20世纪70年代以后才迅速成长起来，但是这次发端于美国的科技革命首先使高新技术逐渐渗透到美国的工业领域，使传统技术发生了质的变化，社会劳动生产率极大提高，并且这些高新技术又不断向其他发达资本主义国家扩散，从而也提高了其他发达资本主义国家的劳动生产率，推动了工业生产和经济的迅速增长。

20世纪60年代末70年代初，由于第二次工业技术革命进入成熟期，第三次工业技术革命开始进入成长期。在主要发达资本主义国家，这正是传统产业与新兴产业盛衰交替的时代。在主要发达资本主义国家，第二产业占国内生产总值的比重在20世纪六七十年代达到顶峰以后开始下降，第三产业所占比重逐渐上升。而美国的产业结构升级步伐则走在了各国前列。美国第三产业产值在国内生产总值中的比重，1950年就已达到53%，而同期其他主要发达资本主义国家均未达到50%（见表7-4）。1956年在美国历史上第一次出现从事技术、管理和事务工作的白领工人总数超过了蓝领工人的情况，社会经济结构发生了质的变化。

表7-4 1950~1970年主要发达资本主义国家第一、二、三产业产值在国内生产总值中的比重（%）

国别	第一产业			第二产业			第三产业		
	1950年	1960年	1970年	1950年	1960年	1970年	1950年	1960年	1970年
美国	7	4	3	40	38	35	53	58	63
日本	26	13	6	32	45	47	42	42	47
联邦德国	10	6	3	50	53	49	40	41	47
法国	15	10	6	48	38	48	39	52	43
英国	5*	4	3	46*	43	44	48*	53	53
意大利	29	13	8	38	41	41	35	46	51
加拿大	13	6	4	40	34	36	47	60	59
7国平均	15	8	5	42	42	43	43	50	52

注：*1953年

资料来源：世界经济统计简编.北京：生活、读书、新知三联书店，1974：17

世界经济统计简编1982.北京：生活、读书、新知三联书店，1983：23

世界银行.1982年世界发展报告，1993年世界发展报告.有关数据整理

① 20世纪40年代之后的技术革命在时间划分、称谓和内容方面，理论界的看法并不一致，其他观点可参见本书第十章第二节的内容。

美国产业结构升级走在世界各国前列的主要原因是美国的科学技术在世界上处于领先地位。1953～1973 年的 20 年间，在世界总共 500 种技术革新项目中有 265 种，即半数以上是由美国完成的。1940 年以后，世界主要的技术革新项目大部分出自美国人之手。例如，20 世纪 40 年代的黑白电视机、半导体收音机、电子计算机、腈纶、链霉素，50 年代的磁带录像机、数控机床、人造偏光片、电子复印机，60 年代的激光、集成电路、太阳能电池、通信卫星等，都是由美国科学家和工程技术人员首先开发出来的①。技术进步导致了许多以新技术为基础的新兴工业部门的产生和新的市场需求的增长，提高了社会劳动生产率，从而引起整个产业结构的变化。由于农业劳动生产率的迅速提高，农业工人大量减少，农业在美国整个国民经济中的地位不断降低，第一产业占国内生产总值的比重从 1950 年的 7%，下降到 1970 年的 3%（见表 7－4）。制造业劳动生产率的提高使物质生产工人趋于减少，从制造业游离出来的工人大部分转入服务业部门；同时，许多服务业借助新技术发展起来②。这些都导致美国第二产业产值在国内生产总值中的比重趋于下降，第三产业的产值不断上升。

美国产业结构变化的这种趋势在其他主要发达资本主义国家同样存在，只不过因为美国在科技进步上处于领先地位，在产业结构升级上也先行一步（见表 7－4）。

二、国家全面加强对经济的干预

资本主义经济危机周期性的爆发，尤其是 20 世纪 30 年代发生的大危机，表明单纯依靠市场调节这只“看不见的手”并不能保证资本主义经济自动实现充分就业的均衡，宣告了西方传统经济学自由放任的自由市场经济理论的破产，导致强调依靠国家对经济进行干预以弥补市场自动调节缺陷的凯恩斯主义应运而生。第二次世界大战后，凯恩斯的政府干预论成为发达资本主义国家制定经济政策的主要依据，国家对经济生活的干预空前加强。由于各主要发达资本主义国家在社会、经济和政治条件等方面的差异，国家干预的形式和内容也不尽相同，大体可分为三种类型：需求管理型、产业促进型和综合调节型，分别以美国、日本和西欧国家为代表。

① 黄素庵. 美国经济实力的衰落：技术、竞争、霸权. 北京：世界知识出版社，1990：164

② 黄素庵. 美国经济实力的衰落：技术、竞争、霸权. 北京：世界知识出版社，1990：164

(一)需求管理型

战后初期,在战争中大发横财的美国生产急剧膨胀,扩大市场需求、避免生产过剩危机成为政府的首要经济目标。1946 年美国国会通过了《1946 年就业法》,把实现充分就业、促进经济增长作为联邦政府的重要职责。

美国是最充分运用凯恩斯主义对经济生活进行干预的典型。其主要特点是在社会总需求与社会总供给两个方面,着重对社会总需求进行调节,实行宏观需求管理,即运用财政政策和货币政策对社会总需求进行调控。通过对流通、分配和消费领域调节的短期效应,间接调节生产领域,从而影响社会再生产进程,达到反周期的目的。

1. 财政政策。财政政策主要包括财政收入和财政支出两个方面。财政收入政策主要是税收政策,包括对企业和居民所得的累进税以及对税收的减免。财政支出政策主要包括政府对商品和劳务的采购(其中主要是国防开支)、社会福利开支和各种补贴、国家对公用事业的投资等。财政政策的实施可以采取交替(或交错)使用松紧搭配的办法,但自二战后到 20 世纪 70 年代初,基本上是采取扩张性的财政政策,以此刺激私人投资和个人消费来扩大有效需求。财政支出的扩大使美国政府财政支出在国民生产总值中所占比重不断上升,从 1950 年的 21.3% 提高到 1975 年的 34.1%。1951 ~ 1975 年的 25 年间,美国联邦政府就有 20 个赤字年。①

2. 货币政策。美国的货币政策主要包括两方面:一是联邦储备系统运用公开市场业务、调整法定准备金比率和调整再贴现率来调节货币供应量,通过利息率的升降来影响投资的增减;二是通过消费信贷和房屋抵押信贷预支消费者未来的购买力,以此鼓励个人消费。

在 20 世纪 50 年代,美国的货币政策基本上是紧缩性的,1950 ~ 1960 年,美国国民生产总值增长了 75% 以上,货币供应量增长仅稍多于 20%,长期利率在 10 年中几乎增长 70%。② 但从 60 年代起,美国政府开始实行膨胀性的货币政策。60 年代初,肯尼迪政府为刺激经济增长而实行的膨胀性货币政策还比较有节制。但随后的约翰逊政府的政策则对货币的过量发行失去了控制。1973 ~ 1974 年的石油危机更加强了美国物价上涨的趋势。1967 ~ 1975 年 M1(现金与商业银行支票存

---

① [美] Economic Report of the President. United States Government Printing Office. Washington. 1986:252, 344, 339

② 陈宝森. 美国经济与政府政策——从罗斯福到里根. 北京:世界知识出版社,1988:241

款总和)的增长率每年都以较大的幅度超过实际国民生产总值的增长率。①

为了刺激个人消费扩大有效需求,美国的信用政策也是膨胀性的。美国居民的债款本金加利息在同年居民可支配收入中所占比重从1946年的5.9%上升到1969年的22.8%。②

(二)产业促进型

第二次世界大战后,遭受战争严重破坏的日本,资金短缺、资源贫乏、技术相对落后,面临迅速恢复经济、赶超世界发达国家的迫切任务。制约经济发展的首要问题,不是有效需求不足,而是供给不足。因此,日本政府对经济生活的干预,除一般的运用凯恩斯主义的宏观需求管理政策外,还着重加强宏观供给管理,以实现经济长期增长的目标,形成了独具特色的产业促进型的国家干预经济方式。

1. 制定产业政策。日本政府根据不同经济发展时期制定了相应的产业政策,包括对重点产业的扶持和保护,对衰退产业的调整和援助政策。

在20世纪50年代前期的经济复兴阶段,日本以基础工业为主导产业;从50年代中期到70年代初的经济高速增长阶段,以重化工业为主导产业,实现工业结构由劳动密集型的轻纺工业为主向资本密集型的重化工业为主的升级;70年代开始向技术和知识密集型发展。

产业政策的实施,促进了日本工业的迅速发展,1956~1973年的18年中,工业以年平均13.6%的速度增长,工业产值增长8.6倍,到1970年前后,基本上实现了工业现代化。1968年,日本工业生产水平仅次于美、苏,居世界第三位。

2. 制定经济计划。从20世纪50年代中期到70年代,日本共制定过7个中长期计划。日本政府通过不同时期的经济计划,体现国家经济发展的战略目标和结构政策,并通过财政政策、货币政策等经济手段引导企业的投资方向和经营方针。

日本经济计划的实施收到了较好的成效。例如,通过"国民收入倍增计划"(1961~1970年)的提前完成,1961~1970年,日本国民生产总值年平均增长率达11.6%③,超过所有发达资本主义国家的水平。日本国民生产总值从1960年居资本主义世界的第五位跃升到1968年的第二位,成为仅次于美国的世界经济强国。

---

① [美]Economic Report of the President. United States Government Printing Office. 1986;327,259

② [美]U. S. Department of Commerce. Bureau of the Census; Statistical Abstract of the United States 1978. Washington, D. C. 1978

③ 以1958年为基期. [日]有泽广巳. 日本的崛起——昭和经济史. 哈尔滨:黑龙江人民出版社,1987;761

3. 实行高储蓄、高积累、高投资的方针。与美国的财政、货币政策鼓励高消费不同，日本政府通过税收政策鼓励私人储蓄。如规定300万日元以下的存款可以得到免税的利息。日本个人储蓄率在主要资本主义国家中是最高的，例如，1970年为20.1%，同期美国为6.1%，原联邦德国为14.3%，英国为7.5%，法国为10.3%。大量银行储蓄成为日本企业扩大投资的重要推动力量。在日本政府的财政支出中，投资支出占50%左右。1975年日本政府的投资支出占全国固定资本投资的30.6%，成为国内固定资本投资的重要来源之一。私人储蓄、政府投资加上企业积累的增加，形成了很高的社会积累率，1956～1973年达31.8%，大大高于欧美发达国家的水平。高积累促进了高投资。日本固定资本投资总额从1952年的13 080亿日元增加到1975年的457 110亿日元①，23年增长了34倍，成为促进日本经济高速增长的强大动力。

（三）综合调节型

欧洲在历史上是社会主义和工人运动的发源地，社会民主主义思潮在这里有着深远广泛的影响。第二次世界大战后，西欧主要资本主义国家都面临经济恢复和发展的艰巨任务，并且都具有抵制美苏两个超级大国控制和威胁的强烈要求。这些决定了西欧主要资本主义国家干预经济的特点，即在运用凯恩斯主义宏观需求管理政策的同时，采取了一系列社会改良主义和国际经济调节措施，以社会资本综合调节的方式，更加深入、直接、广泛地介入社会再生产过程。

1. 国有化。第二次世界大战后，一些西欧国家将若干濒临破产、设备陈旧的私人垄断企业和重要的公共基础部门以及尖端工业部门实行国有化，建立了大量国有企业。1968年国有企业占全国资产总额的比重，法国为33.5%，意大利为28%，原联邦德国22.7%，荷兰21%，英国17%，比利时13.5%。② 西欧国家政府通过国有化，垄断和控制了全国的基础工业、交通邮电等重要部门。例如，1971年，英国国有企业在煤炭、煤气、铁路和航空（1961年前）等部门占100%，在电力、钢铁部门产量分别占90%和91%。1969～1970年意大利国有企业在空运、广播、电视部门占100%。同期，原联邦德国国有企业在航空、邮电部门占100%，在煤炭部门产量占98%，铁路货运量占93%，电力产量占70%。③

2. 计划化。战后，法国、原联邦德国、意大利和英国等西欧国家都不同程度地

① 世界经济统计简编1982. 北京：三联书店，1983：39

② 世界经济统计简编. 北京：三联书店，1974：342

③ 世界经济统计简编. 北京：三联书店，1974：343～344

实行了经济计划化，其中以法国的计划化最具影响。从1947年到20世纪70年代，法国政府连续制定和实施了6个经济计划。联邦德国政府根据“总体调节”理论，从1967年起推行采用滑动原则的中期经济计划、财政计划和短期行情计划，调节再生产进程以达到“反周期”目的。意大利从1945年起，实施了一系列短期和中期的全国性和地区性的经济发展计划。

资本主义国家经济计划的共同特点是：一般不带指令性，或只有少量强制性指标（如法国），对企业只起指导作用，政府主要通过与企业签订合同，利用财政、货币、信用等经济杠杆和各种宣传工具来引导、影响企业的投资和经营活动，以此来实现国家的计划指标。

3. 福利国家。第二次世界大战后，社会福利制度在西方国家尤其是西欧国家得到了广泛的发展，成为现代垄断资本主义调节经济的一种重要形式。

社会福利制度大体包括社会保险和福利补助两大类，主要内容有：失业保险、工伤事故保险、医疗保险、养老保险、残废保险；对低收入者和贫困家庭抚养儿童的补助，对无业人员、游民、难民、残疾人的救济等，有些国家，如英国甚至连医疗也是完全免费的（除处方收费外）。

社会保险金一般由投保人负担，福利补助则由政府拨款支付。福利国家使西欧各国的社会福利开支在国民生产总值中所占比重不断提高。1969年，瑞典、荷兰这一比重各为21.8%，原联邦德国、法国约占19%，英国为12.5%，都高于美国10.8%和日本5.9%的水平①。

福利制度实际上是通过国民收入再分配的形式调节社会总需求的一种手段。它对于解决效率与公平的关系、改善人民群众（尤其是低收入阶层）的生活、缓和阶级矛盾起了一定的作用，同时也为垄断资本培养合格劳动力、获取高额利润、巩固资本主义统治服务。

4. 区域性国际经济调节。1958年1月1日，由法国、原联邦德国、意大利、卢森堡、荷兰和比利时6国组成的欧洲经济共同体正式成立，1973年由于英国、爱尔兰和丹麦的加入又扩大到9国。这表明国家垄断资本主义对经济的干预已从国内向国际范围延伸，成为国家垄断资本主义向更高水平发展的标志。20世纪70年代中期以前，欧洲共同体已经在一定程度上实现或正在逐步实现的国际经济调节的主要内容包括：关税同盟、共同农业政策、社会政策、共同工业政策、区域政策和对外

---

① 联合国. 人口手册. 1971

政策等,并在共同体内部不同程度地实现了商品和生产要素的自由流动及地区经济平衡。这对于扩大国内外市场,加速资本和生产的集中,促进资本和生产的国际化,抵制美国对西欧市场的控制,推动西欧国家经济的迅速发展都起了重要的作用。

以上不同类型国家垄断资本主义干预经济的形式,对缓和资本主义基本矛盾和经济危机,促进经济增长,曾经起过一定的作用。加上战后科技进步及其他国内、国际因素的影响,从20世纪50年代到70年代初的20多年时间内,主要资本主义国家经历了一个经济高速增长的“黄金时代”。

在这个时期,由于各国经济不平衡发展,世界经济格局也开始发生变化。

美国在世界经济中所达到的巅峰地位从战后初期一直延续到20世纪50年代末60年代初。此后世界经济格局进入美苏两极对抗时期,同时,美国的经济霸主地位也开始面临欧洲经济共同体及日本的挑战。

第二次世界大战后,前苏联通过实行第四、第五、第六这三个五年计划,国民经济得到恢复并迅速发展,经济实力大为增强,同美国的经济差距大大缩小。1965年,前苏联国民生产总值、工业产值、农业产值相当于美国的47.8%、62%和85%;1970年,这三项指标分别变为52.5%、75%以上和85%。前苏联已经上升为仅次于美国的世界第二经济大国,成为另一个超级大国。从此,美苏两个超级大国在军事、政治、经济等方面展开了全面对抗。与此同时,20世纪50年代末建立的欧洲经济共同体也逐渐壮大,1960年,共同体6国国内生产总值和工业生产,分别相当于美国的1/3强和2/5,出口贸易额则超过美国近1/2。[①] 虽然在总体经济实力上,欧共体尚未能成为同美国相抗衡的一极,但已经开始向美国提出挑战,动摇了美国在资本主义世界经济中的霸主地位。

第三节 经济“滞胀”及调整时期:从三足鼎立到四极抗衡

一、主要发达资本主义国家的经济“滞胀”

国家垄断资本主义对经济的干预,并不能消除资本主义的基本矛盾,因此并不

① 郭吴新.当代世界经济格局与中国.武汉:湖北教育出版社,1997:207

能消除资本主义经济危机。主要发达资本主义国家经济于20世纪70年代初特别是1973～1975年经济危机时期陷入滞胀，直到1983年起陆续走出滞胀泥潭，历时约10载。滞胀的最典型特征为低经济增长率、高失业率和高物价上涨率并存。在1974～1982年滞胀时期，美国、日本、原联邦德国、法国、英国、意大利和加拿大7国国内生产总值年均增长率为2.3%，年平均失业率为5.8%，消费物价指数年均增长率为10.8%（见表7－5）。而此前的1961～1973年，以上3项指标分别为5.5%、3.3%和4.3%（见表7－2）。

表7－5　1974～1991年主要发达资本主义国家国内生产总值和消费物价指数年均增长率（%）、年平均失业率（%）

国别	国内生产总值		消费物价指数		失业率	
	1974～1982年	1983～1991年	1974～1982年	1983～1991年	1974～1982年	1983～1991年
美　国	1.9	3.1	9.0	3.9	7.2	6.7
日　本	3.6	4.2	8.4	1.8	2.0	2.5
联邦德国	1.6	2.3	5.0	1.8	4.2	6.1
法　国	2.4	2.3	11.5	4.6	5.5	9.7
英　国	0.8	2.8	14.7	5.7	6.8	9.8
意大利	2.9	2.5	17.0	7.7	7.2	11.1
加拿大	3.0	3.0	9.9	4.7	7.7	9.6
7国平均	2.3	3.1	10.8	4.3	5.8	7.9

资料来源：根据 IMF. International Financial Statistics Yearbook；OECD. Main Economic Indicators，Economic Outlook；UN. Monthly Bulletin of Statistics 等各年有关数据整理。

滞胀的产生，是在国家垄断资本主义持续并不断加强干预经济的条件下，生产过剩危机与结构性危机交织并发的结果。

（一）生产过剩与固定资本投资呆滞导致经济停滞

在主要发达资本主义国家滞胀期间发生过1973～1975年和1979～1982年两次生产过剩危机。这表明在滞胀时期经济增长滞缓和失业率上升是因有效需求不足所致。而有效需求不足的主要原因之一是由于战后以来，西方发达国家长期采取各种措施刺激投资，使国内固定资本投资迅速增长。投资的长期过度增长又造成生产能力严重过剩。1974年，有关国家生产能力利用率，美国为70%，原联邦德国为76%，法国为73%，意大利为69%。资本主义生产已大大超过消费者有支付能力的需求，资本主义基本矛盾趋于激化，生产过剩的经济危机是不可避免的。在1973～1975年危机中，7个西方发达国家固定资本形成总额在1974年、1975年同比分别下降了5.4%和6.8%，在1979～1982年危机中，7国固定资本形成总额于

1980 年、1982 年同比分别下降了 2.0% 和 4.9%[①]。可见,生产过剩和固定资本投资下降是导致经济停滞的重要因素。

（二）产业结构危机与石油危机导致经济停滞与成本推动型物价上涨

20 世纪 70 年代发生的结构性危机主要包括产业结构危机和能源危机。结构性危机与上述生产过剩危机交织并发,使资本主义经济危机雪上加霜。

战后科技进步引起的产业结构失衡是导致西方发达国家产业结构危机的重要原因之一。科技革命一方面促使一系列新兴工业部门的产生和发展,成为推动西方发达国家进入战后 20 多年经济繁荣的重要力量;另一方面又加速了技术相对落后的传统部门的衰败。新兴“朝阳”工业与传统“夕阳”工业的结构失衡到 20 世纪 70 年代日趋加剧,其带来的后果,一是结构性失业,即传统工业部门因萧条和萎缩而排挤出大批工人,同时新兴工业部门因对工人专业知识和特殊技能的需要却不能完全吸收这些失业工人,而形成职位空缺;二是结构性投资失调,即传统工业部门因生产动力不足而引起投资下降,新兴工业部门的投资增长不足以遏止社会总投资增长下降的趋势。在一般情况下,产业结构失衡并不一定会导致产业结构危机,因为它可以通过生产要素的转移或重组的自然演进,或国家推行产业政策的自觉调整逐渐恢复均衡。然而,由于当时产业结构失衡与 20 世纪七八十年代的两次经济危机相重合,使失衡深化成结构危机,由此加剧了失业和固定资本投资下降的趋势,加之结构性失衡的调整具有长期性的特征,这就促成了西方发达国家经济的 10 年萧条。

1973 年、1979 年两次石油冲击对经济停滞和物价上涨起了雪上加霜的作用。廉价石油供应是战后 20 多年西方发达国家经济增长的加速器。两次石油价格暴涨标志着廉价石油时代的结束,成为战后两次最深刻的资本主义经济危机的催化剂。在原油涨价过程中,西方发达国家的石油冶炼商、销售商趁机哄抬物价,牟取暴利。石油及其制品价格猛涨,推动了以石油及其制品为原料的产品成本和价格急剧上升,并波及其他部门产品价格上涨。1979 年,因油价上涨使美国国内物价上涨 3%。这种成本推动型的物价上涨同原已存在的通货膨胀结合在一起,使西方发达国家出现了恶性的物价上涨。

（三）扩张性的财政、货币信用政策导致需求拉起型的物价上涨

二次大战后,西方发达国家为了刺激有效需求,通常交替（或交错）使用松紧

① OECD. Economic Outlook (No. 43). Paris: 1988 (7): 174

搭配而以扩张为主的财政政策和货币、信用政策调节社会经济活动。政府的财政开支不断扩大,由此导致这些国家财政长期赤字。1946~1975年的30年里,主要资本主义国家的赤字年份是:美国24年、日本23年、法国27年、英国26年、意大利30年;1950~1975年的26年里,原联邦德国有22个赤字年。1975~1982年上述6国及加拿大政府的财政开支,每年都是赤字。

另外,国家采用廉价货币政策(即低息借款政策)扩张信贷,刺激私人投资和消费,1950~1982年,西方7国国内信贷总额增长情况是:美国15.3倍,日本76.7倍(1953~1982年),原联邦德国35.5倍(1952~1982),法国71.8倍,英国12.3倍(1953~1982年),意大利164倍,加拿大30倍①。

以上两方面造成货币供应量的过快增长,已经超过国民经济增长的需要,从而引起通货膨胀,导致物价持续上升。不过,在1961~1973年这个时期,西方发达国家物价上涨还不十分严重,西方7国消费物价指数年均增长率为4.3%(见表7-2),属于温和的物价上涨。但在滞胀时期,7国国民经济增长普遍处于停滞状态的情况下,各国货币供应量增长速度却以更大幅度超过国民经济的增长速度,加上石油价格猛涨的因素,使温和的物价上涨发展成为严重的甚至恶性的物价上涨。例如,1973~1982年,西方7国国内生产总值年均增长率为2.4%,货币供应量年均增长率为9.9%,消费物价指数年均增长率为10.5%②。

二、国家干预经济政策的调整

主要发达资本主义国家经济滞胀的出现,导致战后作为主流经济学的凯恩斯主义陷入危机,并受到各种反凯恩斯主义经济流派的抨击,其中以货币主义、供给学派等新保守主义为代表。新保守主义认为政府的过多干预压制了企业的生产积极性,主张应该让市场机制充分发挥对经济的调节作用;要以供给管理取代凯恩斯主义的需求管理;应该严格控制货币供应,实行稳健的货币政策。"新保守主义革命"导致西方国家干预方式的变化和政策的调整。其集中的代表是1979~1987年"撒切尔主义"在英国和1981~1988年"里根经济学"在美国的实验。

实践表明,主要发达资本主义国家并没有取消国家干预,只是改变了干预方式和调整了政策。其经济理论和政策是凯恩斯主义、货币主义和供给学派的混合物。上述西方发达国家干预经济的三种类型,在调节手段和方式上,有互相补充、互相

① 根据IMF. International Financial Statistics有关各期数字计算

② 根据IMF. International Financial Statistics有关各期数字计算

融合的倾向。实际上是实行国家宏观调控与市场调节相结合的体制,反映了资本主义的国家干预在不断完善和发展。

(一)凯恩斯主义与货币主义同时并举

20 世纪五六十年代,西方发达国家干预经济的首要目标是实现充分就业的经济增长,70 年代开始尤其是 80 年代以后则转变为实现低通货膨胀率的经济增长,为此采取了凯恩斯主义与货币主义同时并举的政策。

1. 以货币主义政策控制通货膨胀。从 20 世纪 70 年代中期开始,西方发达国家就十分重视运用货币主义政策,以控制货币供应量的办法来抑制通货膨胀,使货币供应量的增长率有较大减缓。例如,美国广义货币持有量年平均名义增长率从 1965 ~ 1980 年的 9.2%,下降为 1980 ~ 1991 年的 8.0%,同期,日本的相应数字为 17.2% 和 8.9%,原联邦德国为 10.1% 和 6.4%,法国为 15.0% 和 9.9%,意大利为 17.9% 和 12.0%,加拿大为 15.3% 和 8.4%①。

通过对货币供应量的控制,西方发达国家的物价上涨率开始下降。日本的物价上涨率从 1974 ~ 1982 年的年均 8.4% 降到 1982 年的 2.7%,率先走出了滞胀。美国和原联邦德国的物价上涨率也分别从 1974 ~ 1982 年的年均 9.0% 和 5.0% 降到 1983 年的 3.2% 和 3.3%②,基本走出了滞胀。1984 ~ 1987 年,加拿大、法国、英国和意大利也陆续从高物价上涨率的困境中走出。

2. 以扩张性财政政策促进经济增长。20 世纪 80 年代初以后,虽然主要发达资本主义国家因物价上涨率的陆续下降而从滞胀中走出,但经济回升却极其缓慢。上述 7 国国内生产总值年均增长率仅从 1974 ~ 1982 年的 2.3% 上升到 1983 ~ 1991 年的 3.1%;同时失业率仍居高不下,从 1974 ~ 1982 年的年均 5.8% 升至 1983 ~ 1991 年的年均 7.9%(见表7 -5)。为了刺激经济增长,尽管西方国家鼓吹小政府,减少国家干预,然而财政支出不但没有减少,20 世纪 80 年代以后反而不断扩大。美国、日本、原联邦德国、法国、英国、意大利、加拿大 7 国的政府支出占国内生产总值的比重从 70 年代的 35% 上升到 1980 ~ 1992 年的 38%,结果 1980 ~ 1992 年,除日本在 1987 年后政府财政收支略有节余外,美国、原联邦德国(除 1989 年)、法国(除 1980 年)、意大利、英国(除 1988、1989 年)和加

① 世界银行. 1992 年世界发展报告. 北京:中国财政经济出版社,1992:243
世界银行. 1993 年世界发展报告. 北京:中国财政经济出版社,1993:263

② 根据 OECD. Economic Outlook 有关各期数字计算。

拿大几乎都是连年赤字。①

（二）调节社会总需求与调节总供给双管齐下

20 世纪 70 年代以后，面对严重的通货膨胀，日本改变以往长期以调节社会总供给为主的政策，把抑制总需求的紧缩政策摆到突出位置。美国和西欧发达国家为了克服经济停滞，则把宏观经济管理的重点从调节总需求为主转向了与调节总供给双管齐下，运用供给学派和货币主义的新保守主义经济政策来弥补凯恩斯主义政策的不足。

1. 减税以刺激私人投资。“里根经济学”和“撒切尔主义”都主张减税，但与凯恩斯主义通过减税增加有效需求不同，其目的主要是刺激企业和工人的生产积极性以增加供给。以美国为例，里根政府于 1981 年 8 月通过了“经济复兴税法”，把个人所得税率从 14% ~70% 降为 11% ~50%，3 年内削减 23%。在企业税收方面，降低公司所得税率和资本收益税率，把企业固定资产折旧年限从平均 2.5 ~50 年缩短至 3 ~18 年。1987 年 1 月 1 日开始实施“税制改革法”，进一步将个人所得税的最高税率由 50% 削减为 28%；将公司所得税的最高税率由 46% 降为 34%。但是减税的结果并不像里根政府所期望的那样增加了私人储蓄和投资，从而刺激了供给，增加了政府收入，实现预算平衡，而是刺激了个人消费支出的增加，财政收入减少和财政赤字剧增，并以此为代价促进了经济的增长。

2. 放松政府管制以调动私人企业积极性。战后到 20 世纪 70 年代以前，美、英等主要资本主义国家对经济的干预不仅指加强对宏观领域的控制，如对工资与价格、利率、汇率、信用等的控制，而且还对微观层次的某些领域进行了直接干预，如通过颁布各种规章法令，对公用事业、交通通信、企业兼并、污水污气的排放、工作安全条件等进行干预。

政府的经济管制起初曾发挥过一些积极作用，但后来日益显现出其对市场运行机制的扭曲、对私人企业经营活动的束缚等消极作用。随着新保守主义自由放任经济论的抬头，主要资本主义国家政府普遍放松了政府管制，废除了不必要的规章制度。20 世纪 80 年代初以后，美国和英国政府都取消了对工资与价格、利率、汇率的直接控制。里根政府废除了航空、卡车、运输、通信和能源等行业的规章制度，如 1981 年放弃了要求汽车制造商在所有车辆里安装防撞“气袋”或其他安全制动器的法律规定。美国通用汽车公司称，这将使他们每天节省 50 万美元。

① 根据 OECD. Economic Outlook 有关各期数字计算。

3. 实行国有企业私有化以提高经济效率及增加财政收入。西欧国家的国有企业与私人企业相比，大都管理不善，经济效益差，成本高，亏损严重。据统计，英国私人工业的生产成本平均要比公营部门的生产成本低33%，原联邦德国是50%。为此政府要花费大量财政支出进行补贴，国有企业成为政府的沉重包袱。

20世纪70年代末80年代初，以货币主义自由经济论为主导的英国政府，率先掀起了全球性的私有化浪潮。据统计，1979～1989年，英国政府出售了50多家国有企业的全部或部分资产，金额达250亿英镑。原联邦德国、法国、意大利、日本、美国、加拿大等国都出售了部分国有企业或股份。

4. 实行产业政策以弥补市场作用的不足和提高经济竞争力。在西方发达国家中，日本是明确实行产业政策的国家。20世纪80年代末以后，面对日本工业竞争力的强大优势，欧美国家政府开始仿效日本，实行某种形式的产业政策，调整产业结构，加强对某些特殊产业的扶持。

例如，以欧洲委员会主席德洛尔为代表，积极推动政府对有关产业的支持，并提议将欧共体的研究与开发投资集中于更接近市场、更有实用性的项目；从共同体社会基金中拨出专款用于对失业工人的培训等。80年代末开始，美国重新调整科技发展战略，加强对高新技术产业的扶持。1987年，美国商务部选定超导材料、遗传工程、新一代计算机等17项新技术加速商品化。1989年，国防部和能源部提出对微电子电路、半导体材料、计算机软件、机器人等22项高技术进行重点开发，并由国家提供特别经费予以支持。

（三）一国干预、区域调节与国际协调互相结合

主要发达资本主义国家在调整国内干预经济政策的同时，进一步加强了国际经济的调节。主要原因是，在国际经济相互依存关系日益紧密的条件下，一国宏观经济政策不仅对本国经济起调节作用，而且还会通过各种生产、流通渠道对别国经济产生影响。20世纪70年代中期以后，西方发达国家贸易保护主义抬头，为避免在冲突中互相削弱，发达国家迫切要求采取联合行动，协调各国的贸易、汇率政策；两次石油危机的冲击，发展中国家的严重债务危机对发达国家经济上升的牵制作用，前苏联、东欧剧变及其与西方国家在贸易、金融方面往来的增加，都要求发达国家对南北经济关系、对东西方经济关系和对东欧国家的经济关系采取统一的协调行动。

1. 发达国家地区性国际经济调节进一步加强和发展。这主要体现在两个

方面。

首先,20 世纪 70 年代中期以来欧洲经济共同体的一体化进程有了更大进展。由于希腊于 1981 年、西班牙和葡萄牙于 1986 年相继加入,使欧共体由 9 国发展到 12 国。1979 年 3 月,欧洲货币体系正式建立,这为欧共体逐步走向货币一体化,最终实现完全的经济联盟创造了条件。

其次,由美国和加拿大签署的《美加自由贸易协定》于 1989 年 1 月 1 日开始生效。这为后来北美自由贸易区的成立奠定了基础。

2. 发达国家的多国性国际经济协调不断发展。这突出表现在西方 7 国首脑会议的召开。从 1975 起,美国、日本、原联邦德国、法国、英国、意大利和加拿大(加拿大于 1976 年参加)的政府首脑、外交部长和财政部长(1977 年起,欧共体委员会主席也应邀参加)为协调其国内外经济政策每年定期举行会议,每次会议的内容广泛涉及国际经济的各种重要问题。因为各国利益的矛盾和冲突,许多问题只是议而未决,或者收效甚微。然而,首脑会议也对某些重大问题取得了基本一致的意见,采取了共同的协调措施和行动,包括:协调能源政策、汇率政策、宏观经济政策、科技政策、对发展中国家的债务政策、处理东西方关系的政策等。

三、产业结构的调整

西方发达国家经济进入滞胀以后,开始了新一轮产业结构调整。主要原因是:一方面,在石油危机冲击下,大量消耗能源和资源的重化工业结构遇到了日益严重的困难,传统工业加速衰落;另一方面,开始于 20 世纪 40 年代,以信息技术、生物技术、新材料技术、新能源技术、空间技术、海洋技术为主要标志的第三次技术革命(亦称科技革命)促使一批高技术产业群兴起,在主要发达资本主义国家,这些新兴产业群到 20 世纪 70 年代尤其是 80 年代以后迅速成长起来。

这次产业结构调整的主要目的是节约能源、资源和劳动力,提高劳动生产率;主要方向是提高技术密集度和价值增值率。

西方发达国家的这次产业结构调整分为两个阶段:从 20 世纪 70 年代前期到 70 年代末 80 年代初为第一阶段,重点发展技术(知识)密集型产业;从 70 年代末 80 年代初开始进入第二阶段,重点发展以微电子技术为核心的信息技术等高新技术产业。

在第一阶段,西方发达国家对发展技术(知识)密集型产业进行了大量的投资;同时也抑制了对那些耗能高的资本密集型产业的投资。例如,从1975到1979年,日本对精密机器、电气机器的固定资本投资额分别增长了1.14倍、1.18倍,年平均增长率在25%至30%之间;而同期对钢铁、石油制品、化学产品等的投资额则分别下降了30%、32%和37%①。结果,西方发达国家技术密集型产业的产值在制造业中所占的比重持续上升,而资本密集型和劳动密集型产业所占的比重则有不同程度的下降。例如,在1969～1979年间,美国技术密集型产业在制造业净产值中所占的比重从44%提高到47%,英国从39%提高到41%,法国从34%提高到40%,原联邦德国从41%提高到46%,日本从40%提高到49%。在同一期间,日本资本密集型产业的比重从45%下降到42%,劳动密集型产业的比重从11%下降到8%,均下降了3个百分点;法国资本密集型产业的比重从54%下降到48%,劳动密集型产业的比重从11%下降到7%,分别下降6个和4个百分点;原联邦德国资本密集型和劳动密集型产业的比重各下降2个和3个百分点;英国和美国这两个产业的比重均下降了1个百分点②。

在第二阶段,20世纪70年代末80年代初,以微电子技术为中心的一批高新技术产业在美国迅速成长,在科技进步的推动下,其他发达资本主义国家纷纷制定新的科技发展战略。例如,日本政府于1980年开始提出"科学技术立国"的经济发展战略,将80年代科技发展的重点放在微电子技术、光导技术、新型材料技术、生物工程技术、能源技术、宇宙开发技术和海洋开发技术等尖端科学技术上。西方发达国家高新技术产业得到了迅速发展,高技术产品的市场份额不断扩大,而且在国际贸易中高技术产品的比重也日益上升。1990年,美国的高技术产品占制成品总量的约30%,欧洲约20%,日本约35%。1975～1986年,高技术产品出口在制成品出口总额中所占比重,美国从25%上升到37%,英国从19%上升到28%,日本从18%上升到33%,原联邦德国从15%上升到18%,法国从14%上升到19%。③高新技术产业的发展,促使西方发达国家产业结构进一步高级化,由表7-6可见,除个别国家(加拿大)以外,其他国家第二产业产值占国内生产总值的比重一般趋于下降,第三产业(服务业)产值有较大上升。

---

① [日]东洋经济统计月报.1987-08:34

② 黄素庵.美国经济实力的衰落:技术、竞争、霸权.北京:世界知识出版社,1990:191～194

③ [美]罗拉·D.安生·迪森.鹿死谁手?——高技术产业中的贸易冲突.北京:中国经济出版社,1996:28～29

表 7-6　1980~1990 年主要发达资本主义国家第一、二、三产业产值在国内生产总值中的比重(%)

国别	第一产业		第二产业		第三产业	
	1980 年	1990 年	1980 年	1990 年	1980 年	1990 年
美国	3	2[b]	34	29[b]	64	69[b]
日本	4	3	42	42	54	56
联邦德国	2	2	46[a]	39	52[a]	59
法国	4	4	34	29	62	67
英国	2	2[b]	43	37[b]	55	62[b]
意大利	6	4	39	33	55	63
加拿大	4	4[c]	36	40[c]	60	56[c]
7 国平均	4	3	39	36	57	62

注:a. 1983 年数据;b. 1989 年数据;c. 1988 年数据

资料来源:根据世界银行 1985 年、1990 年、1991 年、1992 年、1996 年《世界发展报告》有关数据整理

西方发达国家的产业结构调整虽然优化了产业结构,提高了劳动生产率,但是也带来了严重的结构性失业问题。据统计,1980~1990 年,美国劳动生产率每年提高 1.2%,日本为 3.1%,法国 1.9%,原联邦德国 1.4%,英国 2.8%①。西方发达国家在 20 世纪 80 年代初虽因物价上涨率大幅度下降而走出了滞胀,但是失业率仍居高不下。1974~1982 年滞胀时期,7 个西方发达国家的失业率平均为 5.8%,而随后的 1983~1991 年 7 国的平均失业率则达到了 7.9%(见表 7-5)。

失业加剧的主要原因是产业结构调整过程中导致的结构性失业。

其一,西方发达国家对传统产业部门进行技术改造,压缩产业规模,使就业人数相对或绝对地减少,这些部门包括纺织、服装、钢铁、汽车、重型机器制造等劳动密集型和资本密集型部门。例如,在 1970~1990 年间,美国纺织业就业人数从 97.4 万减少到 69.1 万人。在同一期间,就业人数绝对或相对减少的制造业部门还有服装、食品、烟草、造纸、皮革、石油及煤制品、建筑材料、金属初级加工、粗钢、构件钢等。

其二,高新技术产业的兴起,虽然会创造大量新的就业机会,但是也使许多人失去了工作岗位。一方面,新技术的使用提高了自动化程度,把大量工人,尤其是非熟练工人排挤出工作岗位。例如,日本松下电器公司使用机器人,用 4 名工人进行操作,代替了 120 名工人。另一方面,虽然生产新机器设备的产业本身会创造新的就业机会,但是却往往赶不上因使用新机器设备而失去的工作岗位。例如,据估

① [美]21 世纪的角逐——行将到来的日欧美经济战. 中译本. 北京:社会科学文献出版社,1999:172

计,美国汽车工业采用机器人所创造的有关就业机会只相当于因采用机器人而丧失的就业机会的32%①。

在西方发达国家经济滞胀及随后的经济调整时期,世界经济格局开始由美苏两极抗衡向多极化演变。1973年,由于英国、爱尔兰和丹麦的加入,欧共体由6国扩大为9国,经济实力大增。该年,美国、欧共体和前苏联的人口分别为2.1亿、2.57亿和2.5亿;国民生产总值分别为1.31万亿、1.07万亿和0.68万亿美元;出口贸易额分别为702亿、2 100亿和215亿美元;美国和欧共体的黄金外汇储备各为116.6亿和606.2亿美元②。这表明,欧共体的实力不仅超过了前苏联,而且已经可以与美国相匹敌了。因此,从20世纪70年代初起世界经济格局出现了美国、欧共体和前苏联三足鼎立的状态。

20世纪70年代末80年代初,日本开始崛起成为世界经济大国。到1986年,欧共体因希腊、西班牙和葡萄牙的相继加入而发展为12国,经济实力更为增强。与此同时,美国的国际地位相对下降。因此从80年代初开始到90年代初,世界经济格局形成了美国、欧共体、日本和前苏联四极抗衡的局面。80年代中期,以上四方主要经济指标如以美国为100,欧共体(12国)、日本和前苏联的国民生产总值分别为79.9、47和54.9;工业生产分别为116.6、49.3和80;出口贸易额分别为366、96.6和42;国际储备额欧共体和日本各为223.3和36.8③。

第四节 经济新发展时期:从三足鼎立转向四强主导

20世纪90年代初开始至今,主要发达资本主义国家经济进入了一个新的发展时期。

一方面,80年代末90年代初,前苏联、东欧的社会主义国家发生了历史性的制度剧变,各国陆续走上了资本主义发展道路。1990年10月,原联邦德国和东德统一。1991年12月,前苏联宣布解体,标志着战后形成的雅尔塔体制终结,冷战结

① 黄素庵,甄炳禧.重评当代资本主义经济:科学技术进步与资本主义经济的变化.北京:世界知识出版社,1996:52~53

② 郭吴新.当代世界经济格局与中国.武汉:湖北教育出版社,1997:208

③ 郭吴新.当代世界经济格局与中国.武汉:湖北教育出版社,1997:209,210

束。前苏联作为世界经济格局中重要一级的地位不复存在。这为主要发达资本主义国家的经济发展提供了极为有利的国际政治、经济环境。

另一方面,20 世纪 90 年代初开始,世界高科技发展有了新的突破。随着冷战结束,经济因素在国际关系中的作用日益突出,以经济和科技为主要内容的综合国力竞争,成为国际竞争的焦点。高科技日益成为经济增长的主要动力和各国争夺 21 世纪经济发展的制高点。因此,有关各国纷纷制定和实施跨世纪科技竞争战略。继 1993 年美国正式实施信息高速公路建设之后,掀起了全球信息高速公路建设的巨大浪潮,这被称为“第二次信息革命”的开始(1946 年世界上第一台电子计算机问世,被称为第一次信息革命),由此世界进入网络时代,计算机网络在全球蔓延,通信技术飞速发展。世界经济信息化和经济全球化加速发展,成为 20 世纪 90 年代以来世界经济发展的重要特征和时代大趋势。这也是主要发达资本主义国家深化其社会、经济和体制变革与调整的重要条件。

在以上新形势下,美国、西欧和日本等发达资本主义国家由于不同的内在原因,其经济发展也有不同的表现。

一、美国的“新经济”和“次贷危机”

(一)新经济的含义

美国在经历了战后第 9 次经济衰退(从 1990 年 7 月起到 1991 年 3 月结束,持续 8 个月)后,从 1991 年 3 月到 2001 年 3 月,持续增长 120 个月,创下美国有经济周期记载以来最长的一次经济扩张期。在经济持续较快增长的同时,伴随着低失业率、低通货膨胀率和低财政赤字的新现象(见表 7-7)。因而在这期间,出现了“新经济”的概念。

所谓新经济,是美国《商业周刊》1996 年 12 月 30 日一期发表的一篇题为“新经济的胜利”的文章中提出的。文中声称美国“已经出现了一个新经济时代”。文章指出,新经济是以信息技术革命和全球大市场为基础的经济。《商业周刊》1997 年 11 月 17 日一期刊登该刊主编斯蒂芬·谢波德的一篇题为“新经济,它到底是什么意思?”的文章。文中认为,新经济是指这几年已经出现的两种广泛趋势:第一种趋势是经济的全球化,依据是美国进出口占国内生产总值的比重已由 1984 年的 17.7% 上升为 1996 年的 23.7%;第二种趋势是信息技术革命,依据是美国高新技术产值在国内生产总值中的比重已由 1984 年的不到 15%,增长到 1997 年的 30% 以上。在这两种趋势的共同作用下,美国经济表现出一种新状态:在低通货膨胀率和低失业率条件下实现了经济长期持续较高增长。例如，1992～2000年，美国国内生产总值年平均增长率达3.6%，消费物价上涨率年平均为2.6%，年平均失业率为5.5%，失业率由1992年的7.5%下降到2000年的4.0%，为1969年以来的最低水平(见表7－7)。这与传统的经济理论，即失业率与通货膨胀率之间呈反向相关的菲利浦斯曲线相背离，也打破了经济学界关于美国经济趋势增长率(Trend Growth Rate)即经济增长的“速度极限”为2.2%～2.5%，不加速通货膨胀的失业率(Non-accelerated Inflationary Unemployment Rate，亦称NAIRU)为5.5%～6.0%的公认准则。此外，在生产、流通、交换等领域都出现了许多与以往不同的新现象。对于“新经济”，国内外学术界有不同的定义，有学者把它定义为“在知识经济的基础上，由技术和制度的重大创新和全球化推动的经济结构调整所导致的生产率提高，以及以微观经济和宏观经济良性互动为条件的经济增长方式”①。这是一个较好的概述。

表7－7 1991～2007年美国有关经济指标

年 份	GDP增长率(%)	消费物价上涨率(%)	失业率(%)	劳动生产率增长率(%)*	联邦财政收支状况(亿美元)	贸易余额(亿美元)
1991	－0.5	3.1	6.8	1.2	－2 694	－311
1992	3.0	2.9	7.5	3.7	－2 904	－365
1993	2.7	2.7	6.9	0.5	－2 551	－692
1994	4.0	2.7	6.1	1.3	－2 033	－972
1995	2.7	2.5	5.6	0.9	－1 640	－964
1996	3.6	3.3	5.4	2.5	－1 075	－1 041
1997	4.4	1.7	4.9	2.0	－220	－1 083
1998	4.2	1.6	4.5	2.8	693	－1 661
1999	4.5	2.7	4.2	2.9	1 256	－2 651
2000	3.7	3.4	4.0	2.8	2 362	－3 798
2001	0.8	1.6	4.7	2.5	1 282	－3 651
2002	1.6	2.4	5.8	4.1	－1 578	－4 237
2003	2.5	1.9	6.0	3.7	－3 776	－4 969
2004	3.6	3.3	5.5	2.7	－4 127	－6 121
2005	3.1	3.4	5.1	1.9	－3 183	－7 144

① 陈宝森.对美国“新经济”的再认识.世界经济与政治.2001(6)

续表

年　份	GDP 增长率(%)	消费物价上涨率(%)	失业率(%)	劳动生产率增长率(%)*	联邦财政收支状况(亿美元)	贸易余额(亿美元)
2006	2.7	3.2	4.6	1.0	-2 482	-7 585
2007	1.9	2.9	4.6	1.6	-1 620	-7 116
2008	0.0	3.8	5.8	1.0	-4 586	-6 988
2009	-2.6	-0.3	9.3	3.7	-14127	-3 749
2010	2.8	1.6	9.6	3.9	-15 556	-4 878
1992~2000 年平均	3.6	2.6	5.5	2.2	—	—
2002~2007 年平均	1.7	2.5	6.3	2.6	—	—

注:* 为非农业部门劳动生产率(每人每小时产出)增长率。

资料来源:[美]NBER:Economic Indicators. http://www.nber.org

(二)新经济形成的原因

由上述新经济的定义看出,新经济的出现,是在美国国内外的特定条件下,各种因素综合作用形成的。其主要因素概述如下:

1. 信息技术革命。美国是世界信息技术革命的领先者。1990 年美国对以信息技术为主的高技术产业的投资首次超过对其他产业的投资;1994 年美国企业对信息技术设备的投资第一次超过其对厂房设备的投资。20 世纪 90 年代,美国信息技术迅速发展,并在国民经济体系中形成了新的独立的信息产业部门。信息产业给美国经济带来了极大的推动作用。

(1)信息产业本身对美国经济增长有巨大的贡献。20 世纪 90 年代信息产业已经成为推动美国经济增长的主要力量,特别是 1995 年以后,信息技术对美国经济的拉动作用更是得到进一步加强。2000 年信息产业产值约占 GDP 的 8.3%,但是它对经济增长所作的贡献却达约 1/3。

(2)信息技术的广泛用途以及作为资本投入,对其他产业部门的发展有极大的促进作用;另外,信息产业的溢出效应也产生了社会效益。例如,由因特网产生的网络效应,网络的参与者越多,每个参与者得到的效应越大,却并不要求他们追加投资。

(3)信息产品和服务价格的下降推动了投资和消费的巨大增长,大大节约了交易成本和生产成本,有助于提高美国劳动生产率的总水平。例如,信息技术产品价格年均降幅,20 世纪 90 年代前半期为 4.42%,后半期为 9.74%;其中计算机价格年均降幅90年代前半期和后半期分别为15.77%和32.09%。在90年代,计算机、软件和信息技术服务(90年代后半期还加上通信设备生产)的投资和消费年均增速均在两位数以上,为非信息技术投资和消费增速的5~20倍(非信息技术投资和消费在整个90年代,其年均增长率从未超过3%)①。

这些显然有利于促进劳动生产率的增长。尤其是从20世纪90年代下半期开始,美国的生产率出现了加速增长趋势。1973~1995年,美国非农业部门劳动生产率增长率为1.39%,1996~2003年为3.0%。而劳动生产率的增长,主要来自信息技术的推动。据统计,1973~1990年信息技术对美国劳动生产率增长的贡献为42.9%,1990~1995年为57.1%,1995~1999年为65.9%②。

用劳动生产率的提高可以较好地解释为什么1992~2000年美国GDP增长率突破2.5%的美国经济趋势增长率,以及20世纪90年代后半期美国的失业率低于5.5%~6.0%的不加速通货膨胀的失业率,却并没有带来高通货膨胀率。这是因为,一般认为,美国的经济趋势增长率为劳动力的年平均增长率与生产率的年平均增长率之和。统计表明,美国劳动力的年平均增长率相对稳定,大约为1%左右,因此经济趋势增长率就主要取决于生产率的年平均增长率。1996~2000年美国非农业部门的劳动生产率为2.6%,由此估算美国经济的长期趋势增长率由过去的2.5%左右,提高到3.6%左右。1996~2000年,美国GDP的年平均增长率为4.0%,这显然有利于美国实现在经济高增长的同时,既降低了失业率,又没有带来高通货膨胀。

另外,按照美国经济顾问委员会的专家们分析,"非预料的生产率(Productivity Surprise)"增长1个百分点,可以降低不加速通货膨胀的失业率(NAIRU)1.25个百分点。据估计,当时美国的NAIRU已由5.5%~6.0%,降到4.0%~4.5%。所以,美国失业率的下降不会带来通货膨胀率的上升。

(4)信息产业的快速发展推动了就业的增长。一方面,信息产业本身创造了大量的就业岗位。20世纪90年代中以后,美国信息产业的就业迅速增长,软件和计算机服务的工人几乎增加了一倍,从1992年的85万上升到1998年的60万。1998年,信息产业的工人已达740万,占美国工人总数的6.1%。另一方面,由信息产业等因素带动的持续经济增长提供了大量的就业机会,1993~2000年,累计增加了2 200个工作岗位,到2000年人口就业率上升到了创纪录的

① 刘仕国.新经济测度.世界经济.2002(10):70

② Jorgenson, D. W. Information Technology and the US Economy. American Economic Review, 2001(3)

水平。

2. 制度创新。20 世纪 90 年代美国的信息技术革命迅速发展得益于与之相适应的体制变革,或制度创新。它主要包括以下几方面:

(1)完善的金融体制和风险投资机制。按美国风险投资协会(NVCA)的定义,风险投资是由职业金融家投入到新兴的、迅速发展的、有巨大竞争潜力的企业中的一种权益资本。通俗地说是指投资人将风险资本投资于新近成立或快速成长的新兴公司,在承担很大风险的基础上,为融资人提供长期股权投资和增值服务,培育企业快速成长,数年后再通过上市、兼并或其他股权转让方式撤出投资,取得高额投资回报的一种投资方式。

风险投资是一种高风险、高收益的投资,成功率一般只有 5% ~20%;然而 1999 年风险投资基金的名义回报率却高达 150%。其投资对象主要是拥有高新技术的中小型企业。风险投资可以满足新型高风险、高收益企业的投资需求和债权人的利益,推动高新技术企业成长壮大,促进经济增长。同时,风险投资是一种专业投资,它不仅为项目提供资金,还提供知识、经验、社会关系等资源,直接参与企业经营管理,帮助企业获得成功。另外,风险投资大多在风险企业初创阶段投资,在企业成熟之后退出,取得高额回报,并寻找新的投资点。这种把知识、技术与资金、资本有效结合的融资体制对美国的技术创新起了巨大的推动作用,成为美国新经济的巨大推动力量,这是与美国具有风险投资发展的良好金融体制和环境密切相关的。

第一,美国发达的资本市场为风险投资的发展奠定了坚实的基础。风险投资需要有巨大的资金来源,美国以市场为主导的金融市场结构,为风险投资基金提供了广泛的来源。除了公司、个人与家庭、政府机构、银行和保险公司以外,发达的机构投资者掌握的投资基金成为美国风险投资的最主要来源。根据美国风险投资网站提供的数据,1992 ~1998年,养老基金等机构投资者的投资占了美国风险投资总额的 60% ~70%。机构投资者投资的长期性、稳定性以及其充裕的资金正好满足了风险投资的要求,极大地推动了风险投资的发展。

广泛的资金来源为风险投资筹集到了巨额资金,20 世纪 70 年代末至 90 年代初大约每年为 30 至 50 亿美元,自 1993 年起风险资本急剧膨胀,2000 年达到 9 963 亿美元。当年风险投资支持的公司数量也达到创纪录的 5 324 个。过去风险资本进入实业,至少要花 5 年时间,而到 20 世纪 90 年代却连 1 年都不到。

此外,美国发达的资本市场还产生了种类齐全、功能完善而专业的金融中介机构,可以克服风险投资者和风险企业之间存在的信息不对称问题,并能提供金融交易中的各种服务。

第二,美国金融市场和金融工具的创新为风险投资提供了重要支持。美国的二板市场即纳斯达克(NASDAQ)市场与主板市场相比,上市标准较为宽松,上市费用也较为低廉,为那些尚不具备在证券交易所上市的成长中的高科技风险公司的融资打开了方便之门。据纳斯达克网站统计,仅1990~1997年间,纳斯达克市场就为美国高科技产业注入了近750亿美元的巨资。纳斯达克市场还为风险资本提供了通畅的退出渠道,风险企业可以通过上市获得几十倍乃至上百倍的增值,最终实现投资收益。另外,纳斯达克先进的电子交易系统,使之成为一个以网络为基础、连接全世界各地投资者的世界性市场。因此,20世纪90年代以来,纳斯达克成为绝大多数风险投资企业进行首次公开发行(IPO)的主要市场,促进了美国风险投资的快速发展。

此外,美国金融市场上无数金融工具和高收益债券的产生,不仅降低了投资成本,而且使具有不同风险和收益特征的投资人有了充分的金融资产可以选择;也使得以前不具备进入金融市场条件的一大批具有潜力的高新技术企业有可能筹集到所需的资本。

第三,美国政府优惠的风险投资政策和金融管制的放松促进了风险投资的发展。为了促进风险投资的顺利发展,政府针对风险投资制定了各种优惠政策,如政府辅助、税收优惠、政府担保、为风险投资企业的股票上市提供方便等。为了鼓励银行进行风险投资,1993年美国国会通过法案,银行向风险企业贷款可占项目总投资的90%,如果风险企业破产,政府负责赔偿90%,并拍卖风险企业的资产①。

1999年11月美国通过了金融服务现代化法——《格雷姆—里奇—布利雷法》,该法案允许银行、保险和证券等金融公司开设分支机构,允许各类金融机构实行混业经营,提供任何形式的金融服务,以保证金融机构间的良性竞争。金融管制的放松使金融体制更加灵活、高效,也增加了风险投资的来源。

第四,美国金融市场以股权融资为主的融资体制有利于风险投资的发展和技术创新。与日本、德国的金融市场以银行融资为主的融资体制不同,美国的金融市

---

① 郭吴新等.90年代美国经济.太原:山西经济出版社,2000:135

场是以股权融资为主的融资体制。这两者的主要区别是:在股权融资的金融市场中,股票市场和企业并购市场非常发达,风险投资业也相应发达;而在银行融资的金融市场中,股票市场和企业并购市场不够活跃,因而风险投资也相当薄弱。其根本原因在于,发达的股票和并购市场使得风险投资基金很容易通过首次公开发行或企业并购退出所投资的企业。而完善的退出机制和通畅的退出渠道正是建立发达风险投资业的前提条件以及技术创新动力的重要保证。

此外,股权融资增加了企业的自有资金,有助于企业开展技术创新的研究开发,并通过所有权激励企业家和技术人员开展技术创新,还有利于企业与风险投资者通过股权合作增加技术创新所需的资金来源①。

(2)公司治理结构的改革。公司治理结构是现代公司在所有权与经营权相分离,从而产生所有者和经营者委托代理关系的条件下,规范企业内部不同权利主体之间的权力与利益关系的一种企业制度安排。公司治理结构不仅规范了股东和经营者之间的责、权、利关系,而且也规范了股东、经营者和职工等与公司有着重大利益关系的权利主体之间的责、权、利关系。

20 世纪 90 年代以来,美国的公司治理结构在变革过程中出现了一些新的特点。

第一,机构投资者的崛起及公司控制主体的变化。直到 20 世纪 80 年代中期以前,美国股权结构高度分散化,上市交易股票的大部分掌握在个人股东手中,而机构投资者,即以商业银行信托部、保险公司、养老基金、共同基金等机构为主体的法人股东只拥有少量股份。高度分散的股权结构,限制了中小股东运用其所有权直接监督经营者的可能性和意愿,这导致经营者对公司控制权不断扩大,往往无视甚至损害股东的利益。因此,80 年代中期以前美国公司治理结构被称为"经营者资本主义"。然而 80 年代中期以后,情况发生了根本转变,美国公司治理结构进入了一个新的阶段,被称为"股东资本主义"。原因是机构投资者的持股比例急剧上升。第二次世界大战后初期,美国机构投资者的持股比例仅为百分之十几,20 世纪 70 年代中期达到 30% 左右,80 年代中期进一步上升到 40%,进入 90 年代,机构投资者持股比例首次超过个人股东而占多数。1995 年,美国机构投资者持有上市交易股票额的比例已超过 50%。

股权结构的变化必然带来公司治理结构的改变,主要表现如下:

① 华民,王劲松. 对美国经济的再认识. 国际经济评论. 2002(6):44

机构投资者开始积极参与公司治理。20 世纪 80 年代中期以前,在股权结构高度分散的情况下,机构投资者只能消极地依靠华尔街“用脚投票”的法则,即通过买卖股票的方式来评价公司的业绩和表达自己的意愿。80 年代中期以后,随着机构投资者持股比例极大上升,机构投资者持股的稳定性也相应增强,将股票长期保留在手中,而从短暂的所有者变成长期的投资者。机构投资者为了维护自己的利益和要求,开始采取积极措施参与公司治理,争取通过“用手投票”来直接影响公司经理的决策行为。机构投资者凭借自己雄厚的持股实力,积极开展代理权的竞争。例如,寻求法律保护;建立各种代表机构利益的组织和论坛,开展院外游说活动,向有关公司传递持股机构的立场;在从改变公司经营方针、实现公司重组到改组董事会等广泛领域开展代理权的争夺。20 世纪 80 年代中期以来,机构投资者在代理权竞争中已明显占据上风,在相当程度上恢复了对公司的控制权。许多机构投资者甚至直接进入董事会,改变了董事会的构成,直接参与公司治理,在公司决策和管理中积极发挥作用。

改革经营者的报酬机制。经营者的报酬机制是促使经营者实现股东利益最大化的一个主要工具,也是改变经理人员为了获得短期业绩,忽视公司长远利益的经营行为短期化的有效手段。经营者的报酬机制,常见的有现金(薪金、奖金)和股票两种类型。固定薪金缺乏灵活性;奖金虽然灵活性高,但是容易刺激经理的短期行为。为了尽可能有效地把经营者的利益与股东的利益结合起来,给付经营者股票期权的做法应运而生。股票期权是给予合格当事人某种股票购买的权利,使他们可以在某个期限内按照事先规定的价格购买公司的股票。这样,如果由于经营者的努力工作,使公司业绩显著,引起公司股票增值,经营者就会赚得股票现价与今后股价之间的差价。因此,在经营者的报酬结构中,股票期权最能刺激经营者为实现自身最大收益同时也为公司利益而努力工作。在 20 世纪 90 年代,给予经营者股票期权的做法在美国迅速发展。根据美国毕马威会计师事务所(KPMG)1997 年对 218 家上市公司的调查,美国上市公司首席执行官(CEO)的年报酬最高达 435 万美元,最低为 124 万美元,平均为 221.9 万美元。在平均报酬中,基本薪金占 30%,年终(货币)奖金占 25%,长期奖金(股票期权)占 45%。据统计,到 2001 年底,90% 的美国大公司都实行了股票期权计划,股票期权占公司首席执行官总收入的比例高达 60%。

第二,美国工人与企业之间的关系有了新的发展。有研究表明,20 世纪 90 年代以来,美国工人与企业之间的关系有了微妙的发展。经理、股东和工人的利益被有意识地紧密联系在一起。主要表现如下：

吸收职工入股。联合航空公司是一个突出的例子。1994 年 7 月，公司职工以总值将近 50 亿美元的调低工资的福利以及其他让步，换取了公司 55% 的股份。这使得联合航空公司很快扩大了市场份额，并比其竞争对手更快地提高了生产率和利润率。这些在其股票价格上得到了反映，自职工入股以来，联合航空公司的股票价格上涨了大约二倍，而其他航空公司的股票价格只上涨了约三成。

给予职工股票期权。20 世纪 90 年代后期，给予职工股票期权成为美国股份公司激励员工的新举措。1997 年，30% 的美国大公司给予了一半以上员工以购股选择权，而 5 年前这样做的公司只占 17%①。同年，在著名的微软公司中，给予员工的股票期权数额占该公司在市场流通股票总额的 43.9%②。根据全美风险资本协会调查，在美国有 92% 由风险资本支持的公司在 1996 年对其雇员给予股票期权，而在此以前股票期权只授予高层经理人员。另据美国"全国员工持股中心"(NCEO)执行董事罗森(C. Rosen)提供的数据，1994 年美国企业只有 100 万员工获得股票期权奖励，到 2002 年 7 月，获得这种奖励的员工人数已增至 1 000 万人。

让职工参与公司利润分成。例如，美国的凯恩化学公司每一季度把公司纯利润的 10% 分发给员工；加利福尼亚的金斯顿科技公司从一开始就保留它的纯利的 5% ~10% 作为职工奖金，在 1996 年更是史无前例地发放 1 亿美元的奖金给员工；年收入达 71 亿美元的牛仔裤公司——施特劳斯公司也制定了"全球成功分享计划"，以激励其分布在全球的雇员。

通过让职工入股、给予职工股票期权和让职工参与利润分成等做法，可以让职工取得股东与雇员的双重身份，把股东、经理和员工的利益更紧密地联系在一起，对职工是一项有效的激励与约束。一方面，它可以使职工更加努力工作，更加注重提高企业的长期竞争力和效率，而不是争取短期的利益；另一方面，让职工以股东身份参与公司决策，有利于调动职工的积极性，增强了职工的主人翁意识和内部凝聚力。美国公司治理结构发展的这种新趋势，尽管所涉及的企业在美国的企业总数中还只是少数，但是其积极影响和作用是不可低估的。

总之，美国上述公司治理结构的变革，充分调动了投资者、经营者和职工的积极性，促进了企业创新的发展，成为新经济发展的重要推动力量。尤其需要强调的是股票期权计划对新经济的重要作用。股票期权计划特别适合于那些拥有高新技

① 卡罗林·吉尔.以资本主义方式分享财富.美国：《福布斯》双周刊，1997 - 12 - 01

② http://www.top5.com./rept0203.html

术的成长型企业。在被称为“全球信息技术革命摇篮”的硅谷，企业普遍推行这一制度，公司所有员工都拥有公司股权，工薪支付往往也代之以股票期权。由于公司的股票价格成倍上涨，各公司将这些激励措施作为重要的管理机制，以激发员工的创新能力和进取精神。可以说，美国信息技术产业在20世纪90年代的蓬勃发展和新经济的出现，与股票期权这一制度安排是密不可分的。

3. 有利的国际环境和适宜的宏观经济政策。美国新经济的出现是与当时有利的国际环境和适宜的经济政策分不开的。

(1)有利的国际环境。20世纪80年代末90年代初，冷战结束，美国成为世界上唯一的超级大国。在国际形势总体趋于缓和的条件下，美国开始把技术和资本从军用向民用转移。冷战后，美国裁军145万人，关闭国内外100多个军事基地，每年节约1 000亿美元。1993年美国政府放弃了“星球大战”计划，停止了超级超导对撞机等重大军事科研项目。美国军费占GDP的比重从1994年的4.1%缩减到1998年的3%以下。结果联邦财政赤字迅速减少。

在经济全球化条件下，美国通过遍布全球的跨国公司开展对外投资，实施全球经营战略，成为世界上最大的外国直接投资供应国。这不仅有利于美国在信息技术革命条件下进行产业结构调整，进一步优化产业结构，而且可获得其国内所需要的各种资源，并通过跨国经营获得丰厚的利润。同时，美国利用其完善的金融市场和良好的投资环境，大量吸收外国资本，成为世界上最大的外国直接投资吸纳国，这不仅增加了美国国内投资的资金来源，而且也成为其弥补巨额国际贸易逆差的资金来源。美国还通过贸易全球化发挥其比较优势，大量出口附加价值高的高技术产品，同时从发展中国家进口物美价廉的劳动密集型产品。这成为保持美国低通货膨胀率的因素之一。

(2)政府有效的经济政策。美国政府的经济政策对于新经济的出现也起了重要的作用。

第一，降低赤字的财政政策。克林顿政府在1993年通过了综合预算协调法，1997年通过了预算平衡法。主要内容是减少财政开支，降低财政赤字，并预计到2002年实现财政预算盈余。例如，在压缩政府开支方面的措施有：精简政府机构、压缩行政开支，为此，减少了30万联邦各种工作人员，取消了约1.6万页的规章制度；大量削减军费开支，把布什执政时期的军费总额约3 000亿美元削减500亿美元，削减国内外军事基地等，结果，国防开支占当年财政预算的比重从1991年以前25%以上，下降到1999年的14.6%。当然，政府也并非削减一切开支，为了解决失业问题，法案建议政府增加3 000多万美元的拨款用于重建公路、机场、住房等基础设施建设。总之，降低财政赤字的政策取得显著成效。联邦政府财政赤字从1992年的2 904亿美元下降到1997年的220亿美元，1998年出现财政盈余693亿美元，提前4年实现了预定目标。此后财政盈余不断扩大，2000年高达2 362亿美元。

第二，降低通货膨胀率的货币政策。从战后到20世纪70年代中期以前，美国历届政府都是实行凯恩斯主义的货币政策，主要通过利率中介来实现宏观经济调控目标。从20世纪70年代中期到90年代初，则是以货币学派理论为指导，主要通过调节货币供应量来对经济进行宏观调控和抑制通货膨胀。90年代初，美联储又对货币政策进行了调整。1993年7月，美联储主席格林斯潘指出，因为美国人投资方式的改变，"货币供应与经济增长的关系已经完全被打破"。由于银行存款利率较低，美国人把大量资金投入到利率较高的互助基金，而互助基金没有包括在货币供应量之内，这就破坏了货币供应量与经济增长的关系，所以美联储将放弃以货币供应量的增减作为对经济实行宏观调控的主要手段，改为以利率作为货币政策的主要工具，实施宏观经济调控。从1994年开始，美联储通过对利率进行微调的方式，实行"中性"的货币政策，即使利率水平保持在对经济既不起刺激作用也不起抑制作用，从而使经济以其自身潜在的增长率（年均2.5%左右）在低通货膨胀条件下持久增长①。这一政策取得了显著成效，1992～2000年美国消费物价上涨率年均为2.6%，从而为20世纪90年代美国经济实现低通货膨胀下的持续增长创造了有利条件。

第三，提高国际竞争力的高科技产业发展政策。20世纪80年代末90年代初冷战结束后，美国就开始重新调整科技发展战略。1990年，美国政府提出了"美国先进技术计划"，对那些具有巨大潜在经济利益的民用技术商业化给予资助。1993年2月克林顿在《技术为美国经济增长服务：加强经济实力的新方针》的报告中，提出以产业技术为重点，以高科技发展为基础，促进经济繁荣的高技术战略和政策。同年9月，克林顿提出"美国全国信息基础设施计划"，即"信息高速公路计划"，掀起了全球信息高速公路建设的浪潮。美国政府的高科技发展战略和政策，使美国在世界信息技术革命中处于领先地位。1996年，美国对电子计算机技术的投资占世界同类投资的40%。同年，每千人中与国际互联网联通的人数，美国居

① 宋玉华等. 美国新经济研究. 北京：人民出版社，2002：367

全球第一位，为 43.11 人；德国居第 15 位，为 5.84 人；日本居第 22 位，为 2.20 人；美国约一半的个人电脑实现了联网，而日本只有 3%，比美国落后了 5 年。

（三）进入 21 世纪的美国经济和“次贷危机”

1. 美国经济从危机中恢复和强劲增长。美国经济自 2000 年下半年开始减速，2001 年 11 月 26 日，美国全国经济研究局宣布，美国经济从当年 3 月起陷入衰退。美国经济自 1991 年 3 月至 2001 年 3 月持续 10 年之久的经济扩张结束了。

美国这次经济衰退主要是由于对信息产业投资过度和信息产品严重供过于求，导致 IT 泡沫崩溃引起的。据《Yearbook of World Electronics Data 2002》的统计，2001 年美国信息产品市场出现了大幅度的衰退，生产和销售分别较上年下降 18.2% 和 20.8%；2002 年仅有小幅增长，产值和销售额的增长率分别为 1.2% 和 1.6%。

美国 2001 年的经济衰退，加上当年又遭受“9·11”恐怖袭击的破坏，使得进入 21 世纪的美国经济面临严峻的形势：失业大幅上升、工业生产下降、股指全面下跌。但是 2001 年第四季度美国经济开始反弹：9 月下旬股指开始上涨、10 月开始制造业订单上升、零售和餐饮猛增，四季度 GDP 增长了 1.6%。

2002 年美国经济实现了温和的回升；2003 ~ 2005 年开始出现强劲的增长；2006 ~ 2007 年经济增长减速，2002 ~ 2007 年 GDP 年均增长 2.7%（见表 7 - 7）。

进入 21 世纪的美国经济表现出以下特征：

(1)大规模的固定资产投资回升和持续增长的个人消费开支是经济恢复和高涨的主要动力。从 2002 年第二季度开始，美国私人投资强劲增长，虽然美国私人投资总额只占 GDP 的 1/6 左右，但是从 2003 年第二季度起直到 2005 年，私人投资增长对 GDP 增长的贡献每个季度都超过 1/5，有的季度甚至达到一半以上，2004 年二季度竟达 4/5。因此，私人投资的强劲增长促进了美国经济的恢复和高涨。

从 2001 年到 2005 年，美国的个人消费开支增长率分别为 2.5%，2.7%，2.8%，3.9% 和 3.5%，都分别高于同年的 GDP 增长率（见表 7 - 7）。美国的个人消费开支占 GDP 的比重一直都在 70% 左右，因此个人消费的持续增长（甚至在衰退期间仍保持增长）有力地推动了美国经济的恢复和高涨。

(2)美国政府的财政政策和货币政策有利于促进私人投资和消费的增长。为了抑制经济衰退，从 2001 年开始，美国政府开始推动减税。例如，2003 年将联邦个税率从最高 39.6% 降到 35%；将资本收益税从最高 20% 降到 15%。同时，从 2001 年 1 月到 2003 年 6 月，美联储连续 13 次下调联邦基金利率，从 6.5% 降至 1% 的历史最低水平。

减税的结果是增加了个人可支配收入和企业利润,促进了消费和投资的增长;联邦基金降息带来商业银行贷款利率低下,促进了住房消费和住宅投资的兴旺,促成了美国房地产市场从2001年到2005年的繁荣。2003~2005年,住房消费对当年GDP增长的贡献分别是0.07,0.30和0.24个百分点。

(3)经济增长与"双赤字"并存。在美国经济恢复和强劲增长的同时,却伴随着巨额的联邦财政赤字和贸易逆差。美国联邦财政收支打破了1998~2001年连续4年盈余的状况,从2002年开始至2007年连续出现赤字(见表7-7)。联邦财政赤字剧增的主要原因:一是政府为了应对经济衰退、刺激经济增长而多次减税;二是为了支持布什政府2003年发动的伊拉克战争而增加国防开支,美国国防开支从2000年的2 945亿美元上升到2004年的4 559亿美元,翻了将近一番,年平均增长11.5%。军事工业的发展也是带动经济增长的重要因素。

美国贸易逆差由来已久。从1971年到2007年,除1973、1975年以外,美国历年都是贸易逆差。但是不同的是,2000年以来逆差数额剧增,大大高于此前各年数额,从2000年的3 798亿美元增加到2006年的7 585亿美元(见表7-7)。在经济全球化时代,美国的贸易逆差表明美国通过大量进口廉价工业制成品既降低了美国的通货膨胀率,又节约了国内资源、提高了国内的总有效供给,保护了国内环境,优化了资源配置,加速了美国产业结构提升和高新技术产业的发展。

(4)经济增长与"双循环"机制。"布雷顿森林体系"崩溃以后,在新的国际货币体系中,美元仍然是主要的世界货币,近年来,在国际外汇储备中,美元所占的比重约为2/3,欧元约占1/4。世界其他国家特别是亚洲新兴经济体在对美贸易中形成大量顺差,并把贸易盈余转化为巨额美元外汇储备,考虑到美国具有完善的金融市场,各国又通过购买美国政府债券的形式把外汇储备投入美国;而美国则通过对外直接投资的方式使这些美元资本重新流回到亚洲等经济体,获得高收益后再流回美国,形成所谓"双循环"机制。

美国利用美元的特殊地位形成的这种"双循环"机制,通过贸易逆差大量进口廉价商品,降低了通货膨胀率并维持了较低的实际利率,为经济增长创造了良好的环境;同时,由于国际资本持续流向美国,使美国一方面可以用于弥补财政赤字和私人部门的储蓄不足,维持低储蓄和高投资状况,将大量资本投向高新技术产业促进经济和生产率的增长;另一方面可以保持美国巨额对外投资规模,赚取高额利润。由于外国购买美国国库券的收益率只有3%左右,而美国对外直接投资的收益率则要高得多,例如,跨国公司在中国投资的利润率,据美国《商业周刊》报道,一般在13% ~14%左右。美国的外债不仅不会增加利息支付的负担,反而为其创造收益,相当于顺差国借钱给美国还要倒贴利息。

2."次贷危机"及其影响。美国房地产金融机构为了促进住房消费,向购房者提供三类住房抵押贷款:一是优质抵押贷款,面向信用等级较高、能提供可靠收入证明、债务负担合理的客户;二是次级抵押贷款(简称"次贷"),面向信用等级较低、收入证明缺失、负债水平较高的客户;三是Alt - A抵押贷款,面向信用等级处于前二者之间、信用记录较弱且不能提供收入证明的客户。到2006年年底,美国住房抵押贷款总额为13万亿美元,次贷为1.3万亿美元;次贷相当于2006年美国GDP(13.2万亿美元)的1/10。美国次贷危机之所以得以迅速传播并向世界扩散的传导机制是住房抵押贷款的证券化。

住房抵押贷款证券化的主要动因是为了提高住房抵押贷款的流动性。最先发行过程是:两大美国政府支持企业(GSE, Government Sponsored Enterprise)即联邦国民抵押协会(Federal National Mortgage Association, FNMA,俗称Fannie Mae,房利美)、联邦住房贷款抵押公司(Federal Home Loan Mortgage Corporation, FHLMC,俗称Freddie Mac,房地美)对房地产金融机构的抵押贷款进行风险评级后,形成不同级别的抵押支持债券(Mortgage Backed Securities, MBS),"两房"购买了其中一部分优质债券债权(约1.6万亿美元);对其余优质债券构成的MBS进行了担保(约3.7万亿美元),并交还给房地产金融机构向机构投资者出售。"两房"则向房地产金融机构收取保险费用。同时,两房还将自己资产组合中的抵押贷款进行打包后发行MBS,2006年第二季度,两房发行的MBS为市场总额的38%,2008年第一季度上升到70%。(总体上,两房所经手的住房抵押贷款总额为5.3万亿美元,几乎占美国住房抵押贷款总额的一半。)

对于其他以次级贷款和Alt - A贷款为基础的MBS,房地产金融机构在投资银行(如美林、高盛和摩根士丹利等)的帮助下,开发出一种新产品——债务担保证券(Collateralized Debt Obligating, CDO),通过评级机构(标准普尔、惠誉国际和穆迪)对抵押贷款进行评估,根据不同的信用风险分级包装(把CDO分成优先级、中间级和股权级,本息偿还以此顺序依次进行)后,向各种机构投资者(如商业银行、保险公司、共同基金、养老基金、投资银行和对冲基金等)发行。据统计,2004 ~2006年全球CDO市场共发行将近9 000亿美元。2001年,全美25%次级抵押贷款发放给了那些只提供很少量收入证明或根本没有提供任何收入证明的借款人,

2006年,这一比例已升至45%。

这样,美国房地产金融机构通过在资本市场上发行MBS和CDO,就将相关收益和风险转移给了美国直至全球的机构投资者。

那么,美国次贷危机是怎样爆发、扩散和加深的呢?

(1)美国房地产泡沫是次贷危机的源头。2001年,在美国IT泡沫破灭和9·11危机之后,为了抑制经济衰退,促进经济复苏,从2001年1月到2003年6月,美联储连续13次下调联邦基金利率,结果是促成了美国房地产市场从2001年到2005年的繁荣,形成了大量的房地产泡沫。据统计,2000~2004年间,美国房价上涨了65%,2005年美国房价升至27年以来的新高。在此期间金融机构发放了大量的次级贷款,次级住房抵押债券开始成为众多投资者追逐的对象。

(2)利率上调和房价下跌是次贷危机爆发的导火线,而由利率上调和房价下跌所导致的违约率上升成为次贷危机的引爆点。随着美国经济的回升并为了缓解通货膨胀上升的压力,美联储从2004年6月到2006年6月连续17次上调联邦基金利率,从1%上升到5.25%的水平,导致了以浮息计算的抵押贷款利率的大幅上升,结果增加了贷款购房者的还款负担,次级住房抵押贷款违约率上升,贷款购房者也在减少,房地产市场需求大为下降,房价开始下跌。至2006年8月美国房地产开工指数同比下降40%,住房建筑市场明显萎缩。

一方面,利率上调导致违约率上升。根据房地美调查,2005~2006年,美国有90%的次级抵押贷款是可调整利率抵押贷款(ARM),据统计,2006年大约有4 000亿美元的次级ARM重新调整了利率,2007年约达1万亿美元。利率上调导致月供提高,因还不起贷款而违约的购房者大量增加。另一方面,房价下跌导致违约率上升。美国很多地区的房价在2005年底开始下降。房价下跌使已贷款购房者房产价值缩水,许多抵押贷款购房者不能通过出售房产进行融资来还款而丧失抵押品赎回权;收回抵押品的贷款机构为了尽快脱手而低价出售又加剧了房价的进一步下跌,致使更多的购房者违约。以上两方面使抵押贷款特别是次贷违约率大幅上升。2006年大约有30%的次贷购房者无法及时还贷,即全美国有大约220万人可能因为无力还贷而失去住房。由于房地产金融机构不可能将抵押贷款全部证券化,因此首先受到次贷违约率上升的冲击。2007年4月2日,面对来自华尔街174亿美元的逼债,美国第二大次级房贷机构新世纪金融公司(New Century Financial Corp)向法院申请破产保护,拉开了美国次贷危机的序幕。

与此同时,持有CDO的机构投资者由于借款人违约率上升和CDO贬值,导致资产大幅缩水和账面严重亏损。

(3)在政府监管缺位的条件下,信用评级机构"信用缺失"与债券发行机构"转嫁风险"为次贷危机爆发埋下祸根。抵押贷款违约率的上升,一方面与信用评级机构的"信用缺失"有关;另一方面与债券发行机构"转嫁风险"有关。由于政府监管放松,在房地产市场繁荣时期,美国三大评级机构(惠誉、标普和穆迪)为了增加提成,提高抵押债券信用等级。而债券发行机构为了增加收益,明知贷款购房者还款能力可能与信用等级不符,但是由于他们可以通过出售债券把风险转嫁出去,因此还是大量发行不具有真实还款能力的债券。这些债券通过不断分拆、打包、转售,债务与债权链条越拉越长,最后把风险转嫁给全球的最终投资者。直到新世纪金融公司宣布申请破产保护,三大信用评级机构才觉察到次贷市场隐藏的巨大风险有大规模爆发的可能,开始将新发行次级债证券的评级调低。大规模的评级下调,发动了次贷危机的引擎,将次债衍生品的投资者推向了巨额减记资产的深渊。

(4)次贷危机转变成金融市场的信用危机。在账面资产损失的情况下,金融机构为了满足资本充足率的要求,不得不出售风险资产或收缩贷款,导致银行信贷紧缩,流动性减少。结果是次贷危机转变成金融市场的信用危机,投资者对房地产市场及住房抵押贷款市场失去信心。2008 年 7 月 11 日,美国加州的抵押贷款银行因迪美(IndyMac)宣布破产,由于这是一家专门提供 Alt - A 抵押贷款的银行,表明违约和信用危机已经由次贷市场传导到 Alt - A 贷款市场。据《纽约时报》2008 年 8 月 4 日报道,自 2007 年 4 月以来,Alt - A 贷款的违约率已经翻了 4 倍,至 12%。

接着,美国政府支持的两大企业——房利美和房地美被爆出巨额亏损:2007 年,房利美亏损 35.6 亿美元,房地美亏损 30.9 亿美元;2008 年第一季度,房利美亏损 21.9 亿美元,房地美亏损 1.5 亿美元①。表明信用违约从次贷与 Alt - A 贷款扩展到优质抵押贷款市场。同时,两房持有和担保的抵押贷款高达 5.3 万亿美元,而自投资金只有 810 亿美元。如不能及时注入资本,将面临倒闭的境地。消息公布后,两房股价跌幅均一度超过 50%。由于两房在美国房地产金融领域中的主导地位(其持有和担保 40% 以上的美国住房抵押贷款),如果两房倒塌,将危及美国整个住房抵押贷款市场甚至整个住宅房地产市场。有鉴于此,2008 年 7 月 23 日,美国国会众议院通过一项旨在拯救按揭贷款巨头两房的法案,主要内容包括为抵押贷款再融资提供 3 000 亿美元联邦贷款担保的计划,设立新的监管两房的机构,并

① 到 2008 年第二季度,两房仍在持续亏损,房利美和房地美分别亏损 23 亿美元和 8.21 亿美元;每股亏损 2.54 美元和 1.63 美元。

对联邦住宅委员会进行重大改革。

(5)美国次贷危机向全球扩散引发世界金融风暴。由于涉及美国次贷业务的投资者75%约为美国金融机构,20%是西欧金融机构,约5%为亚太地区金融机构。因此在次贷危机中遭受损失的机构投资者遍及全球。据不完全统计,从2006年11月至2008年初,美国上百家次贷机构停业。英国、德国、法国、瑞士、荷兰、日本和澳大利亚等国家50多家银行、对冲基金等受到冲击。例如,2007年8月6日,美国第十大抵押贷款机构——美国住房抵押贷款投资公司申请破产保护;8月8日,美国第五大投行贝尔斯登宣布旗下两支基金受次贷业务巨额亏损的影响而倒闭;从8月2日至13日,德国工业银行、法国第一大银行巴黎银行、日本第二大银行瑞穗银行的母公司瑞穗集团宣布因投资美国次级住房抵押贷款业务而遭到巨大损失。2008年8月31日,国际清算银行发布的全球金融报告称,次贷危机已迫使金融机构减记5 030亿美元资产。

受次贷危机的影响,全球股票市场暴跌,资本市场大幅缩水。

次贷危机爆发后,为了应对危机,美国及各国央行采取了一系列措施。首先是向市场频繁注资,以此缓解市场流动性不足。截至2007年底,美国和欧洲央行累计注资分别达3 832亿美元和12 300亿美元。其次是降息,以此舒缓紧缩的信贷市场。例如,美联储从2007年9月以后连续降息,将联邦基金利率从5.25%下调至2%;英格兰银行也决定实行自2005年8月以后的首次降息。但是由于以上措施并不能从根本上解决恢复市场信心的问题,因此不能遏制次贷危机恶化和蔓延的趋势。

(6)次贷危机从金融领域向实体经济蔓延。次贷危机对美国经济增长产生了负面影响。次贷危机直接造成美国房地产市场萎缩,到2008年3月,新屋开工数比2006年初累计下降了60%。这显然会抑制私人投资,减少就业机会,2007年美国失业率从5月的4.5%上升为12月的5%。从2006年6月至2008年3月,房价下跌了17%。房价泡沫破灭使居民的财富减少,加上失业人数增加,都会减弱消费者信心。因此,次贷危机会从投资和消费两方面对美国经济增长产生消极影响。在投资方面,美国住房投资支出对GDP的贡献,从2006年至2008年第一季度,每个季度都是负值,这使得美国私人部门投资对GDP增长的贡献从2007年第四季度到2008年第一季度都是负值。在消费方面,美国居民消费支出对GDP增长的贡献到2008年第一季度显著下降。受投资和消费减弱的影响,美国GDP增长率在2007年第四季度和2008年第一季度都分别下降为0.6%①。2008年9月,美国非农业部门的就业岗位比前一个月下降15.9万个,为5年多来最大单月降幅。至此,美国就业岗位已连续9个月下滑。当月,美国的失业率达6.1%,处于历史较高水平。美国经济2008年全年增长的前景不容乐观。根据国际货币基金组织(IMF)2008年10月8日报告预测,2008年美国经济增长为1.6%,2009年为0.1%。

由于美国次贷危机的扩散效应,也给世界经济增长的前景布上阴霾。首先,世界各国众多金融机构因涉及次贷资产缩水而蒙受损失,导致国际金融市场波动,全球股市下跌。由此增加了国际金融市场的不确定性而影响实体经济的发展。其次,美联储持续降息加速了美元贬值的步伐,推高了以美元计价的能源和农产品的价格,向有关国家输入了通货膨胀,世界各国面临滞胀的威胁。虽然到2008年下半年由于全球需求萎缩使原油等价格下降,一些国家面临通货紧缩的风险,但是另一些国家通胀的危险仍然存在。其三,美国经济增速下降致使进口需求减少,加上美元相对其他货币贬值,将增加其贸易伙伴国对美出口的难度并牵制经济增长。其四,次贷危机导致美国、欧元区和日本经济增长减速,虽然中国等新兴市场经济体仍然维持较高的经济增长率,但是世界经济增长率总体仍会下降。国际货币基金组织(IMF)2008年10月8日报告认为,受严峻金融危机冲击,世界经济正进入"严重低迷"时期。IMF将2008、2009年世界经济增长预期分别下调至3.9%和3%,大大低于2006年5.1%和2007年5.0%的增速,为2002年以来最低增速。另外,2008、2009年发达经济体的经济增速分别为1.5%和0.5%,远低于2007年的2.6%;新兴和发展中经济体的经济增速分别为6.9%和6.1%,低于2007年的8.0%,其中,中国的经济增速分别为9.7%和9.3%,低于2007年的11.4%。

(7)次贷危机进一步深化。2008年9月7日,美国财政部长保尔森正式宣布,从即日起美国政府将接管陷入困境的两大住房抵押贷款融资机构房利美和房地美。根据接管方案,美国财政部将向两房注资,并收购相关优先股;两大机构的首席执行官被限令离职,政府将成立联邦住房金融局(FHFA)接管这两家公司的日常业务;同时任命新领导人。美国政府将至多向两房提供2 000亿美元的资金;同时,财政部还计划购买由这两家公司发行的抵押贷款支持证券(MBS)到2009年底,避免美国房市崩溃,以挽救美国经济。

① U.S. Department of Commerce, Bureau of Economic Analysis

9月15日,华尔街第四大投资银行雷曼兄弟宣布申请破产保护;美国银行宣布将出资500亿美元收购美林全部股份,华尔街第三大投行也从此消失。加上2007年8月8日宣布倒闭的美国第五大投行贝尔斯登,昔日华尔街赫赫有名的5大投行,在次贷危机引发的金融海啸中一年左右倒掉其三。剩下的前两名高盛和摩根士丹利也处于风雨飘摇之中,后经美联储批准,被迫将其业务模式从投行转型为传统的银行控股公司,并开始和银行一样接受金融监管当局的监管。9月16日,美联储宣布向危在旦夕的全球最大保险公司美国国际集团(AIG)提供850亿美元紧急贷款,变相接管该集团。9月26日,美国最大的存贷款机构华盛顿互惠银行宣布停业,JP摩根大通以19亿美元接手这家银行,爆美国史上最大规模银行倒闭案。随之而来的是全球股市暴跌,到处风声鹤唳。

为了挽救金融危机,世界各国纷纷采取救治措施。2008年10月3日晚,美国总统布什签署了总额达7 000亿美元的金融救援方案。10月8日,全球主要中央银行美联储、欧洲央行以及英国、瑞士、瑞典、加拿大、阿联酋、中国央行,澳大利亚和以色列央行(7日)实行"联动"降息。10月14日,美国宣布动用2 500亿美元收购九大金融机构的股份,英国将出资500亿英镑(约合870亿美元)收购银行股份。10月15日,欧盟各国就总额1.7万亿欧元(约合2.3万亿美元)的泛欧紧急金融援助方案达成一致。但是这些并不能阻止金融危机的进一步蔓延。

(8)次贷危机的深层原因。这次由美国次贷危机引发的全球金融危机,其实质是美国凭借以美元为中心的国际货币地位,依赖向其他国家借贷进行过度消费的经济增长模式的危机。它已演变为全球性的经济危机。

美国实行低储蓄率、以信贷促进高消费、以高消费带动经济增长的模式,造成了长期的贸易逆差和巨额财政赤字。美国凭借其作为国际货币发钞国的地位滥发货币,可以长期地维持贸易逆差;又通过不断发行国债吸收世界资金来弥补财政赤字;还通过大量发行各种债券和信用卡来维持美国国民的超前消费(就像这次的住房抵押债券一样)。

美国凭借其全球金融霸权对世界的掠夺,终因其造成的全球流动性过剩和美元的大幅贬值而自食恶果,引发了被格林斯潘称为"百年一遇"的全球金融危机。这既是美国经济增长模式的危机,也是现行国际货币、金融体系的危机。

在全球金融危机的背后,隐现的是美国IT泡沫破灭以后世界创新周期的低潮效应;是由于若干新兴经济体的蓬勃崛起,美国的科技和金融优势面临挑战的反映。

二、欧洲经济一体化的发展及社会经济形势

（一）欧洲经济一体化的深化与扩大

20 世纪 90 年代以来，西欧发达资本主义国家最引人注目的成就是欧洲经济一体化的发展。主要表现在以下几方面。

1. 欧洲联盟的诞生。欧洲联盟包括欧洲经济与货币联盟和欧洲政治联盟两部分。欧洲统一大市场的建立是欧洲联盟建立的基础。

（1）建立欧洲统一大市场。早在 1957 年的《罗马条约》中，就规定了建立欧洲统一大市场，实现商品、资本、劳务和人员的自由流动这一目标。1985 年，欧共体委员会主席德洛尔再次提出了建立统一大市场的建议，并得到欧共体各成员国的赞同。1986 年 2 月 17 日，欧共体通过《单一欧洲法令》（即《欧洲单一文件》），1987 年 7 月 1 日，《单一欧洲法令》生效。该法令要求在 1992 年 12 月 31 日之前正式建成欧共体内部的统一大市场，这个内部市场由一个没有内部边界的区域构成，在该区域内实行商品、人员、劳务和资本的自由流动。欧共体为实现这个目标取得了以下重大进展。

其一，在商品流通领域。为清除贸易障碍采取的措施包括：简化海关手续，统一商品过境管理和商品分类目录；建立统一的科技规范和制度标准，加强成员国之间的科技合作与交流；成立欧洲标准委员会来制定贸易领域的卫生、安全条例和规章；逐步统一各国的税务清算体制。

其二，在人员交流领域。平等对待异国公民并给予相同的公民待遇；1991 年，相互承认对方的教育文凭和职业证书，允许持有证书的技术人员、自由职业者以及技术工人自由地到任何成员国就业和生活。

其三，在劳务方面。允许各种职业的人员到任何成员国开业，这些职务包括医生、建筑师、律师、工程师以及会计师。同时还允许金融业、保险业、交通运输业和大众传播媒介进行跨国经营。

其四，在资金方面。首先于 1986 年 11 月废除了成员国关于金融交易的跨国限制，使得债券可以在整个欧共体自由流动；从 1989 年开始逐步取消外汇管制；创立欧洲货币单位作为成员国之间的记账单位；建立欧洲汇率体系以稳定资金市场。

在取得以上进展的基础上，1993 年 1 月 1 日欧洲统一大市场正式建立。

（2）建立欧洲联盟。1991 年 12 月 9 日，欧共体 12 个成员国首脑在荷兰马斯特里赫特城签署了《欧洲联盟条约》。该条约亦称《马斯特里赫特条约》，简称《马

约》。《马约》由《欧洲经济与货币联盟条约》和《欧洲政治联盟条约》两部分组成。根据《马约》的决定,欧洲一体化将从经济联合走向政治、经济的多元一体化联合,欧共体将改称为欧盟。

首先,在经济领域。实际上,在1989年4月17日,欧共体委员会主席德洛尔领导的工作小组就向欧共体委员会提出了建立欧洲经济与货币联盟的正式计划,被称为“德洛尔计划”。该计划将实现欧洲经济与货币联盟分成三个阶段进行:

1990年7月至1993年12月为第一阶段,主要任务是完成欧洲内部市场的建设。

1994年1月至1996年12月为第二阶段,主要任务是建立欧洲中央银行体系,逐步将货币政策的决策权从成员国政府转移到共同体。在协调欧共体成员国政策的基础上,在技术和法律层面为经济货币联盟的建立做好准备。在此阶段,欧共体委员会为未来的经济与货币联盟规定了五项趋同标准:各国年预算赤字控制在国民生产总值的3%;公共部门总债务控制在国民生产总值的60%;通货膨胀率不得超过欧盟三个最低通货膨胀率平均数的3%;银行长期利率最高不超过欧盟最低平均数的3%;不在欧洲汇率机制内调整波动幅度。

从1997年1月或最迟1999年1月起进入第三阶段,建立欧洲中央银行,发行欧洲统一货币。

以上计划实行的结果是:1993年底,欧盟理事会认为,根据《马约》的要求,第一阶段的目标基本实现,可以于1994年1月1日按时进入第二阶段。由于各种原因,很多成员国都难以在预定的时间内达到趋同标准,决定将第二阶段的时间延长到1998年12月。在1998年底,成员国成功地实现了向第三阶段的过渡。从1999年1月1日起,参加欧洲货币联盟的11个成员国开始实行单一货币制度,经过几年的努力,2002年1月1日,欧洲单一货币——欧元现钞正式进入流通领域,欧元区成员国的货币停止使用。

其次,在政治领域。《马约》提出的政治联盟包括外交和安全政策,司法与内部事务合作等内容。其主要目标是:①促进平衡持久的经济和社会进步。达到该目标的主要途径是建立一个没有内部边界的欧洲共同体,加强经济社会一致性,成立经济与货币联盟。②在国际上,通过实行包括拟定共同防务政策在内的共同外交和安全政策,以政治联盟的面貌出现。③实行联盟公民权制度,以加强对联盟成员国国民的权利和利益的保护。④在内部事务和司法方面密切合作。

1993年10月29日,欧共体在布鲁塞尔召开特别会议,宣布《欧洲联盟条约》于当年11月1日正式生效,欧盟诞生。开辟了欧洲一体化的新阶段,开始了欧洲联合的新纪元。

2.欧盟的扩大。1995 年 1 月 1 日,欧盟进行了冷战结束之后的第一次扩大。奥地利、芬兰、瑞典 3 国正式加入,使欧盟从 12 国扩大为 15 国。该年欧盟人口增至 3.7 亿,总面积增至 323 万平方千米,国内生产总值达 82 910.80 亿美元,占世界总值的 28.8%,远远超过美国(69 520.20 亿美元)和日本(51 085.40 亿美元),使欧盟的总体实力明显增强。同时,3 国地处北欧、西欧、俄罗斯的交汇点,战略位置重要,它们的加入使欧盟在美、日、欧三角中的竞争地位有所加强。

欧盟的前身欧洲共同体自 20 世纪 50 年代成立以来,经过 1973 年、1981 年、1986 年、1995 年四次扩大。但是以往的扩大都是在西方政治和经济体系内进行的。20 世纪 90 年代初,冷战结束,前苏联、东欧国家剧变并走上资本主义道路。在这种情况下,为了实现“大欧洲”的梦想,压缩俄罗斯的势力范围,增强与美国抗衡的力量,扩大欧盟的市场并充分利用中东欧的劳动力和自然资源,获取更大经济利益,欧盟提出了东扩计划。

从 1991 年开始,该计划经过 10 多年的准备和实施,终于在 2003 年 4 月 16 日,欧盟 15 个成员国首脑与 10 个新入盟的国家首脑在希腊雅典签署了正式的入盟条约。这 10 个国家是:匈牙利、波兰、捷克、斯洛伐克、斯洛文尼亚、拉脱维亚、立陶宛、爱沙尼亚、塞浦路斯和马耳他。根据该条约规定,从 2004 年 5 月 1 日起,这 10 个国家成为了欧盟的正式成员。

欧盟经过第 5 次扩大,成员国从 15 个增加到 25 个。欧盟 25 国面积为 400 万平方公里,人口 4.5 亿,CDP 约达 10 万亿欧元,经济总量超过美国,在世界经济中的地位极大地增强,对世界经济格局产生了重大影响。

首先,在经济实力上,欧盟东扩后的经济与美国并驾齐驱。2002 年欧盟 15 国的 GDP 已经达 9 万亿美元,占世界 GDP 的 28%,仅次于美国的 10.45 万亿美元。10 国入盟后,新欧盟的 GDP 增加 5% 以上,其经济总量超过美国。这使得世界经济由美国经济主导、欧洲经济为辅、日本经济次之的格局,转变为欧美主导世界经济、日本经济地位下降的格局。20 世纪 90 年代初以后,由于前苏联解体,经济力量严重分散与削弱,其最大继承国俄罗斯也退出了世界经济大国的行列,失去了作为世界经济一极的地位。因此,20 世纪 90 年代初以后,形成了美、欧、日三足鼎立的世界经济格局。

其次,在贸易上,欧盟东扩将巩固其世界第一大贸易集团的地位。2002 年,欧盟商品进出口贸易额分别为 2.39 万亿美元和 2.27 万亿美元,约占世界进出口总额的39.5%和36.7%，超过美国所占的11.5%和19.5%，日本的6.9%和5.5%。欧盟东扩后，将便利内部贸易，增强其外贸实力，创造新的贸易效应。

再次，在对外投资上，欧盟东扩将增强其世界最大投资者的实力。2002年，欧盟对外直接投资额为3 942亿美元，占世界总额的60.9%，而美国为1 197亿美元，占18.5%，日本为315亿美元，仅占4.9%。欧盟东扩后，由原来欧盟是对该地区吸引外国直接投资的主要来源地，变为成员国内部之间相互直接投资，使新成员国能够更便利地利用原成员国的资金，促进该地区的经济融合与发展。

最后，在货币上，欧盟东扩将巩固欧元与美元抗衡的重要货币地位。欧元自流通以来地位不断加强，现已占世界货币市场的1/4，债券市场的1/3，外汇市场的2/5；在欧元区以外，有50多个国家和地区的货币与欧元汇率挂钩。欧元的创立与流通，标志着一体化最高程度的欧洲经济与货币联盟的进程获得巨大成功。欧盟东扩后的新成员国也将在条件成熟时使用欧元，这必将进一步巩固欧元抗衡美元的地位[①]。

2007年1月1日，罗马尼亚和保加利亚也将加入欧洲联盟，届时欧盟27国将有面积420万平方公里，人口4.8亿，国内生产总值占世界1/3，外贸总额占世界1/5，经济实力进一步增强。

（二）欧洲的社会经济形势

德国、法国、英国和意大利在西欧国家经济中居于主导地位，可以这些国家为代表来分析欧洲的社会经济形势。

德国、法国、英国和意大利在20世纪80年代初期到中后期陆续走出滞胀以后，虽然通货膨胀率降低了，但是经济增长率仍然很低，失业率居高不下，甚至高于滞胀时期（见表7－5）。这种有滞无胀的状况从20世纪90年代以来一直持续至2003年。2004年，西欧主要资本主义发达国家的经济开始进入新的增长期。虽然2005年由于遭到欧洲宪法被法国和荷兰拒绝以及世界原材料和石油价格上涨的双重冲击，使经济增速有所减缓，但是2006和2007年又恢复了较快增长（见表7－8）。然而由于受到席卷全球的次贷危机、全球性通货膨胀和欧元升值的影响，西欧经济在2008年第二季度普遍减速，欧元区15国经济在第二季度收缩了0.2%，德国、法国和英国等国的经济都出现倒退或者零增长。与此同时，各国通货膨胀率普遍上升。2009年，德国、法国、英国和意大利的GDP都是负增长（见表7－8）。

① 有关数据引自陈淑仁. 欧盟再扩是另一个美国还是美国的对手. 人民网

表 7-8 1991~2007 年德国、法国、英国、意大利有关经济指标

年份	GDP 增长率(%)				消费物价上涨率(%)				失业率(%)			
	德国	法国	英国	意大利	德国	法国	英国	意大利	德国	法国	英国	意大利
1991	5.0	1.0	-1.4	1.5	3.5	3.2	7.4	6.2	5.5	9.5	8.6	8.5
1992	2.3	1.4	0.2	0.8	5.0	2.4	4.3	5.0	5.8	9.9	9.8	8.8
1993	-0.8	-0.9	2.3	-0.9	4.5	2.1	2.5	4.5	6.9	11.1	10.4	9.8
1994	2.6	2.2	4.3	2.2	2.7	1.7	2.1	4.2	7.4	11.7	9.7	10.6
1995	1.8	2.1	2.9	2.8	1.7	1.8	2.6	5.4	7.1	11.2	8.7	11.2
1996	1.0	1.1	2.8	0.7	1.2	2.1	2.4	4.0	7.7	11.6	8.2	11.2
1997	1.7	2.2	3.1	1.9	1.5	1.3	1.8	1.9	8.6	11.5	7.1	11.3
1998	2.0	3.5	3.4	1.4	0.6	0.7	1.6	2.0	8.1	11.1	6.3	11.4
1999	1.9	3.3	3.0	1.9	0.6	0.6	1.3	1.7	7.5	10.5	6.0	10.9
2000	3.1	3.9	3.8	3.6	1.4	1.8	0.9	2.6	6.9	9.1	5.5	10.1
2001	1.2	1.9	2.4	1.8	1.9	1.8	1.2	2.3	6.9	8.4	5.1	9.1
2002	0.01	1.0	2.1	0.5	1.4	1.9	1.3	2.6	7.7	8.6	5.2	8.6
2003	-0.3	1.1	2.8	-0.01	1.0	2.2	1.4	2.8	8.8	9.0	5.0	8.4
2004	1.1	2.5	3.3	1.5	1.8	2.3	1.3	2.3	9.2	9.3	4.8	8.0
2005	0.8	1.7	1.8	0.6	1.9	1.9	2.0	2.2	10.6	9.3	4.8	7.7
2006	2.9	2.0	2.9	1.8	1.8	1.9	2.3	2.2	9.8	9.2	5.4	6.8
2007	2.5	2.2	3.1	1.5	2.3	1.6	2.4	2.0	8.4	8.3	5.4	6.0
2008	0.7	0.1	-0.1	-1.3	2.8	3.2	3.6	3.5	7.3	7.8	5.6	6.8
2009	-4.7	-2.5	-4.9	-5.2	0.2	0.1	2.1	0.8	7.5	9.5	7.5	7.8
2010	3.5	1.5	1.3	1.3	1.2	1.7	3.3	1.6	6.9	9.7	7.8	8.5

资料来源:IME:World Economic Outlook Database for April 2011.

20 世纪 90 年代以来,西欧主要发达资本主义国家的社会经济形势表现出以下特点:

1. 经济增长滞缓与失业率居高不下。相对于其他 OECD 国家,西欧国家经济增长缓慢。在直到 2004 年为止的过去 10 年中,美国、澳大利亚、加拿大、新西兰等讲英语的经济体,年均经济增长率为 3% 以上,而欧洲大约在 2% 左右,日本为 1%。在整个 20 世纪 90 年代,美国每年人均产出的增长比欧盟高出 0.5%,比欧元区三大经济体——法国、德国和意大利高出几乎 1 个百分点。受其影响,2002 年以购买力平价(PPPs)计算的人均收入,欧盟比美国低了几乎30%。

据OECD首席经济学家Jean Philippe Cotis的分析,经济快速发展的经济体在劳动利用率和生产率方面同时具有很高的水平。相应地,欧洲经济疲软的两个主要原因,恰恰首先是劳动利用率的下降趋势,其次是劳动生产率的下降趋势①。

(1)低劳动利用率。据统计,在很多欧洲国家,就业率20年以前就开始下降,而经济增长较快的OECD国家的就业率普遍保持稳定。总体来看,欧盟大约有30%可工作人口没有找到工作或者没有找工作,而美国的这一比例不到25%。导致这种低水平的劳动利用率的原因,一是欧洲人更偏爱闲暇,当欧洲人变得更富裕了以后,他们宁愿牺牲较高的收入来换取更多的闲暇时光。二是欧洲的劳动力市场和税收政策削弱了工作的积极性,减少了雇佣员工的需求。例如,劳动力市场政策规定给提前退休的员工进行补贴,这使得那些愿意工作到法定退休年龄后的员工在经济上处于不利地位。这些政策对就业率造成了负面影响,尤其是对年龄较大的工人。

低劳动利用率即意味着高失业率。欧洲国家的高失业率除上述原因外,还由于其劳动力市场僵化和社会保障水平过高。主要表现为:其一,对雇员有过多的保护政策,如严格的解雇程序、高昂的解雇费用、临时工限制措施、法定最低工资和工作时间限制,这些都会增加劳动成本,而不利于增加就业。其二,过高的失业补贴。在德国,失业者拿到的失业补贴至少相当于他们从前工资的一半,有的甚至相当于从前工资的2/3。这无疑会严重影响失业者的就业积极性。其三,过高的社会保障水平。欧元区国家的社会保障体系,除了家庭补助等基本上由政府通过补助或税收减免提供之外,其余保险基本上来自企业,即雇主和雇员交纳的社会保障税。国家则负担社会保障开支大于收入的部分。雇主所承担的高额社会保障税大大提高了企业的劳动力成本。同时,高水平的社会福利也大大降低了劳动者的就业积极性②。

(2)较低的劳动生产率。欧盟委员会在2002年5月15日的一份通报中指出,这些年来,欧盟的劳动生产率明显低于美国。在1990~1995年期间,欧盟的劳动生产率平均每年提高2%,而在1995~2001年期间,平均每年仅提高1.3%,但同期美国的劳动生产率平均每年提高2.5%③。欧洲劳动生产率落后于美国的原因是多方面的,但是在知识经济时代,能否在高科技的发展上走在世界前列是一个很重要的因素。目前,欧盟国家在科研上的投入占其GDP的1.9%,而美国是2.7%;

① Jean Philippe Cotis. 增长的痛苦. 金融与发展. 2004,6(2)
② 姚枝仲. 欧元区经济:复苏受阻于外部冲击. 国际经济评论. 2004(1)
③ 欧洲劳动生产率落后于美国. 法国:世界报. 2002-05-16

欧洲科研人员在劳动人口中所占比例为0.54%，而美国为0.87%。实际上，劳动生产率的提高是各种因素综合作用的结果。欧盟要实现劳动生产率的提高，除了上述需要增加科研投入以外，还面临调整经济结构、改革经济体制和制定有效的政策，以此增加经济的灵活性、竞争性，刺激产生研发动力，从而达到提高效率，促进创新和新技术的应用等多方面的艰巨任务。

2. 社会保障制度改革艰难前行、任重道远。由英国工党政府首先在1911年实施的失业保险、健康保险等社会福利制度①，第二次世界大战后在西方国家尤其是西欧国家得到了广泛的发展。较完善的社会保障制度②对于西方各国的政治、经济和社会发展起了重要作用。但是，由于福利过多、开支过大导致负担过重及企业竞争力下降等原因，20世纪80年代以来，曾广受赞誉的西方国家尤其是欧洲国家的社会保障制度面临新的挑战。

第一，劳工成本增加，社会负担过重。由于社会福利支出占国内生产总值的比重不断增长，导致财政赤字大幅上升。政府被迫巧立名目，增加税收，激起人民不满，造成社会不稳，政局动荡。

第二，过高的失业保险提高了失业率。一些国家失业补贴高达在职薪水的80%，有的国家甚至无时间限制。因此，一些国家的职工变懒，不少人宁愿长期失业。

第三，福利过多，开支过大，直接影响生产力提高和产品的国际竞争力。

第四，人口老龄化增加财政开支和社会负担。据联合国的预测，欧盟原15国至2020年将基本保持现有的人口，65岁及其以上的老年人将逐年增加，届时将由20世纪90年代中期的5 200万上升至7 500万，即增加45%。据统计，欧盟原12国的养老开支占社会保障总支出的44.8%。老年人激增意味着必须将更多的社会保险收入用于发放养老金，这显然大大加重了日趋减少的在业人员的税收负担。

第五，过高的医疗保险造成大量浪费，增加财政负担。例如，20世纪90年代中期以前，在英国，医疗保健对每个人都是免费的。在法国，个人只要有工作，交纳一定的医疗保险费就可报销75%的药费，看一次病的费用不过几十法郎。如果再参加一种互助性的医疗保险，药费便可100%报销。1994年法国的医疗保险出现了320亿法郎的亏空，占该年度政府财政赤字的10%。

面对上述诸种难题，从20世纪80年代中后期开始，西欧国家一直试图对社会福利保障制度进行改革。90年代，各国改革的共同趋势是：以立法的形式缩减国

---

① 最早的社会福利制度甚至可以追溯到19世纪80年代的德国。

② 社会保障制度的主要内容参看本章第二节中“二、国家全面加强对经济的干预”。

家福利开支,减少国家预算赤字;应人口老龄化的趋势,提高退休年龄,修改退休金制度,例如法国规定,将获得最高退休金的工作年限从37.5年,提高到40年;减少医疗保健开支;实现社会福利与经济发展和增长相平衡的福利保障政策,推行国家、企业、雇员(个人)三位一体的社会福利保障机制;社会保障税金及福利保障开支,由地方与中央两级实施,防止负担和风险过分集中;国家对失业工人实行再培训制度,享受福利者必须参与某种有益于社会的活动;推行强制性公共福利储蓄,鼓励私人增加储蓄;扩大公共福利资金来源;改革养老金制度,如减少基本养老金,发展主要由企业和雇员摊款建立的储蓄养老金和私营基金会养老金,把养老金投资到可获取高利润地区及对私营养老金进行再保险等①。

但是西欧国家的社会保障制度改革困难重重,改革方案往往遭到部分在野党和各大工会的反对。例如,20世纪90年代中期,法国政府的社会保障制度改革计划出台后,立即在全国掀起了一浪高过一浪的罢工、示威抗议,久久不能平息。

面对经济低迷、高失业率,以及社会保障制度改革的困境,为协调和促进欧盟各国就业政策及社会保障政策的改革,欧盟进行了一系列努力,出台了一系列举措。例如,1997年11月欧盟卢森堡特别首脑会议确定了欧盟共同就业战略,由此开始了"卢森堡进程";2000年3月欧盟里斯本特别首脑会议发表了题为《就业、经济改革与社会团结》的文件,提出了"里斯本战略",目标是:到2010年达到充分就业,使欧盟成为以知识经济为基础,最具有活力和竞争力的经济体。2000年6月欧盟委员会提出了《2001~2005年欧洲社会议程》,其核心是"使欧洲的社会模式现代化",提出成立"社会保障委员会"等一系列建议。

2003年,欧洲国家又刮起一股社会福利制度改革之风。德国的改革方案包括:缩短失业金领取期限,削减退休金比例,增加个人在医疗保险方面的负担份额,放宽企业雇佣与解雇工人的权利等。法国议会批准了一项退休金改革方案,规定无论公共行业还是私人行业的雇员,都必须在工作年满40年后才能全额领取退休金,而此前公共行业雇员只需工作37.5年。同时决定,自2020年起,上述期限将延长至42年。此外,奥地利、意大利政府也陆续出台了一些相关的改革方案,但是来自工会方面的阻力仍然较大。

总之,欧洲国家的劳动力市场和社会保障制度改革任重道远,是一项长期而艰巨的任务。

---

① 经济日报,1995-07-10

三、处于转型期的日本经济

(一)20世纪90年代日本经济长期萧条的特征及其原因

1.1991~2000年日本经济长期萧条的出现及其特征。1982年日本的消费物价上涨率下降到2.7%,成为第一个走出"滞胀"的主要发达资本主义国家。经过几年的经济恢复,1985年9月,美国、日本、原联邦德国、英国和法国的财长和央行行长在美国纽约的广场饭店举行会议,亦称为"广场协议",达成一揽子协议,内容包括抑制通货膨胀,扩大内需,减少贸易干预,联合干预外汇市场,使美元对主要货币有秩序地下调。

"广场协议"拉开了日元急速升值的序幕。日元汇率在1985年9月为1美元兑250日元左右,至1987年升到最高达1美元兑120日元。从日元的实际有效汇率看,1985年第一季度至1988年第一季度,升值54%;1990年第二季度至1995年第二季度,升值51%;1998年第三季度至1999年第四季度,升值28%。

日元的持续升值,使得日本人对日本的经济状况充满了乐观情绪,股票价格飙升,股票市价总额从1985年底的196万亿日元,上升到1989年底的890万亿日元;房地产价格飞涨,1985~1990年,东京的商业用地价格上涨了3.4倍,住宅用地上涨了2.5倍,全日本的商业用地价格上涨约1倍,住宅用地价格上涨约60%,形成了从1986年12月至1991年4月长达53个月的"泡沫景气"(也称作"平成景气"),这就是日本的泡沫经济时期。1986~1990年日本年均经济增长率高达4.6%。

面对通胀压力和愈演愈烈的投机之风,日本宏观调控部门相继采取了一系列紧缩措施。1989年5月,日本央行开始改变超低利率政策,贴现率逐渐上升,从2.5%上升到1990年8月的6%。结果,股票市价总额到1992年底跌至401.7万亿日元。接着,1990年3月,日本大藏省开始实行关于土地买卖的总量限制(1991年12月取消),从此地价开始明显下跌,土地资产价值总额从1990年底的2 388.7万亿日元,跌至1993年底的1 855.1万亿日元,泡沫经济崩溃①。

泡沫经济在1991年崩溃后,日本经济进入了从1991年到2000年的长期萧条时期,被人们称为"失去十年"。其主要特征是:

(1)经济增长持续低迷。自1992年以来,日本经济呈现极低的增长率或负增长,而且萧条状态长时间持续。1992~2000年实际GDP年均增长率为1.1%。

---

① 朱明.日本经济的盛衰.合肥:中国科学技术大学出版社,2004

[日]堺宪一.战后日本经济.北京:对外经济贸易大学出版社,2004。

1995 和 1996 年虽有短暂恢复，实际 GDP 分别增长 2.0% 和 2.8%，但因受亚洲金融危机影响，1997 年 GDP 只增长 1.6%，1998 年出现 2.1% 的负增长，1999 和 2000 年增长率分别为 -1.0% 和 2.9%（见表 7-9）。

表 7-9　1991~2007 年日本有关经济指标

	GDP 增长率(%)	消费物价上涨率	失业率(%)
1991	3.4	3.4	2.1
1992	1.0	1.6	2.2
1993	0.3	1.3	2.5
1994	1.1	0.6	2.9
1995	2.0	-0.1	3.2
1996	2.8	0.1	3.4
1997	1.6	1.9	3.4
1998	-2.1	0.6	4.1
1999	-0.1	-0.3	4.7
2000	2.9	-0.7	4.7
2001	0.2	-0.7	5.0
2002	0.3	-0.9	5.4
2003	1.4	-0.3	5.3
2004	2.7	0.0	4.7
2005	1.9	-0.3	4.4
2006	2.4	0.3	4.1
2007	2.1	0.0	3.9
2008	-1.2	1.4	4.0
2009	-6.3	-1.4	5.1
2010	3.9	-0.7	5.1
1992~2000 年平均	1.1	0.6	3.5
2001~2007 年平均	1.6	-0.3	4.7

资料来源：IME：World Economic Outlook Database for April 2011

（2）失业率持续上升。日本失业率从 1992 年的 2.2% 逐年上升，到 2000 年失业率达 4.7%，1992~2000 年失业率年均为 3.5%（见表 7-9）。完全失业人数从

1992年的146万上升到2000年的332万。

(3)通货紧缩逐步加深。日本的消费物价指数1983~1991年年均增长率为1.8%(见表7-5),1992~2000年年均增长率只有0.6%,1999年和2000年消费物价指数增长率分别为-0.3%和-0.7%(见表7-9)。

(4)内需萎靡不振。日本内需对GDP的贡献率,自1997年起连续4年都是负数。曾经作为拉动日本经济增长主要引擎的企业设备投资,20世纪90年代以来持续不振,1992~1994年连续三年下降,分别为-4.8%、-11%和-7.8%。1996和1997年有所增长,但1998及1999年又分别下降了5.2%和1.0%。同时,个人消费处于极度低迷之中,日本民间最终消费支出,1981~1990年年均增长率为3.6%,1991~2000年该数字仅为1.5%,还不及前10年的一半。

(5)金融机构相继倒闭。这次经济萧条打破了日本金融机构不会破产的神话。1994年12月,东京协和、安全两家信用社首先倒闭,拉开了二战后日本金融机构倒闭破产的序幕。接着又有宇宙、木津、大板信用社,兵库银行、阪和银行等一大批金融机构破产。到1997年,又出现金融机构倒闭的新高潮。该年4月25日,日本人寿保险公司破产,成为战后50余年首例破产的人寿保险公司。11月,又有三洋证券、北海道拓殖银行、山一证券公司等上市金融机构破产,其中山一证券是日本第四大证券公司,有上百年的历史,而北海道拓殖银行也有97年的历史,在日本全国大银行总资产排名曾居第19位,因而这两家金融机构破产的影响巨大。

(6)不良债权急剧增加。1995年底日本银行业不良资产已达50万亿日元(而日本全国银行的自有资本总额仅30万亿日元)。若加上其他金融机构的不良资产,则日本整个金融界的不良资产将超过60万亿日元。到1999年3月底,日本所有金融机构拥有的不良债权金额仍高达80.6万亿日元。

2.日本经济长期萧条的原因。第二次世界大战后,一向以经济高速增长著称的日本,到了20世纪90年代经济却一蹶不振,陷入了长期萧条境地,主要原因有以下几个方面:

(1)产业结构调整滞后。20世纪80年代后期,信息技术革命浪潮在全球兴起,美国走在世界信息技术革命的前列。1990年,美国对信息技术产业的投资首次超过对其他产业的投资,标志着美国已开始进入信息社会。1996年,美国对计算机技术的投资占世界同类投资总额的40%。相比之下,日本在1986~1990年却利用日元汇价大幅度上升的时机,在国内大炒房地产,在国外大量购买著名的摩天大楼,形成了泡沫经济。1991年日本的泡沫经济破灭以后,与美国相比,日本已经丧失了综合竞争优势。日本不仅在汽车等一些重要传统产业领域失去了竞争力，而且在高技术产业领域也已大大落后于美国。据估计，日本的信息技术要比美国落后10年左右。例如，在电脑技术方面，20世纪80年代日本的个人电脑技术与美国相当，在芯片等方面还具有优势，但日本却把重点放在发展大型计算机上，结果因市场容量有限而没有发展前景；美国则大力发展个人电脑，从而培育出一个具有广阔发展前景的信息产业。据世界银行统计，2000年2月，每万人拥有因特网用户，美国为1 939.97户，日本只有208.06户。

(2)科技创新后劲不足。作为一个追赶型的国家，在二战以后的很长时期里，日本主要依靠引进欧美国家的先进技术并加以消化、吸收和创新来促进经济发展。因此，日本在应用技术研究上具有优势，而在基础科学、高新技术的研究和创新上能力和后劲不足。虽然日本政府已经意识到这个问题的重要性，而且在1980年提出了"技术立国"的发展战略，并宣告日本已结束"追赶现代化时代"，进入了世界一流国家的行列，但是这一战略的转移和实施，不是在短期内能完成的。由于日本长期重应用开发，轻基础研究，科研经费虽然不少，但是80%来自私人企业，政府投入的研发经费只占全部科研经费的20%。相比之下，美国政府投入的科研经费约占其总额的1/3。此外，日本科学家发表的论文仅占世界科学论文总数的8%，远低于欧盟(28%)和美国(36%)。这些因素严重影响了高科技产业的发展。在过去30年里，日本依靠开发别国发明的录像机、存储器和数控机床等取得了巨大成功，但在接近世界先进水平后，再也无法依靠模仿或开发别国的科研成果来求得发展。例如，在高清晰度电视的开发上，日本坚持发展其领先的传统模拟式传输系统技术，而美国则发展了数字化信号传输系统技术，结果日本不仅在这场竞争中失败，而且严重削弱了日本电子产业在国际上的实力。到1994年，日本整体生产力落后美国25%，但劳务成本却高于美国14%①。

(3)经济体制不合时宜。日本在第二次世界大战后形成的一整套经济体制，在相当长的时间里曾经对日本经济高速增长起过积极作用。但是在许多方面已经不能适应经济全球化和信息技术革命发展的形势。经济体制调整的滞后，成为日本经济长期萧条的体制性因素。

第一，政府主导型体制的弊病。第二次世界大战后，为了弥补市场缺陷，日本实行了政府主导型的市场经济模式。其主要特点是：在实行私人企业制度和按市

① 福斯．影响力经典：美日经济发展新浪潮．北京：中国人口出版社，1998：7

场经济原则进行资源配置的基础上，通过“官民结合”的宏观经济决策体系由政府制定经济政策；通过政府制定经济计划和产业政策引导企业的发展方向；政府制定严厉和广泛的国家规制并要求企业遵循市场规则。因此，政府不仅在宏观层面上而且在微观层面上都对经济进行干预。

这种政府主导型的经济体制曾经有力地推动了战后日本经济的快速发展。但是日本政府对市场经济活动的过度干预和管制，一方面使市场机制的作用受到限制，而且这种严重依赖大公司的经济体系不利于拥有高新技术的创新型中小企业的发展，因而不适应信息技术革命的形势。另一方面，这种官僚体制容易产生官商勾结的既得利益集团，一些官僚可能利用权力向与其利益相关的企业透露有关信息，阻碍新公司进入相关市场，造成官员的贪污腐败。

第二，主银行制度的缺陷。第二次世界大战后，为了实行赶超战略，在资金短缺的情况下，为使企业获得稳定的资金来源，日本形成了主银行制度。其特征是在银行和企业之间保持长期稳定的关系，企业的资金来源以银行间接融资为主，主银行对关系企业有着特定的监督和救济功能。

主银行制度曾经在战后日本经济增长和发展中起到了重要作用，但是也有一些缺陷。由于有政府支持和银行救济，容易造成银行超贷，企业超借。在金融业监管不力的情况下，形成大量不良债权，致使银行倒闭，企业破产。另外，日本直接融资形式和风险投资机制不够发达，不利于拥有高新技术的创新型中小企业扩大融资来源，不利于高新技术产业的发展。

第三，不适应经济全球化的贸易体制。第二次世界大战后，为了解决日本作为岛国自然资源严重匮乏的问题，日本提出了“贸易立国”的经济发展战略。随着日本经济对外依赖程度的提高和经济实力的增强，在外部压力的推动下，日本逐步推行贸易自由化的方针，形成了独特的贸易体制。其主要特征是：在表面上日本是一个高度贸易自由化的国家，然而事实上，其对外开放具有明显的“单向性”，即根据自身利益限制许多商品进口或外资进入。在对外贸易方面，国内各企业集团内部保持着长期而稳定的交易关系，对外则具有较强的封闭性和排他性，对外国产品的进入形成壁垒。在投资方面，长期以保护国内幼稚产业为由，推迟资本市场的开放。[①]

日本的这种利己主义的贸易体制，使其成为世界最大的贸易盈余国和对外开放的最大受益者。但是直到20世纪80年代中期以后，日本实行的仍然是传统的

① 参看 徐梅. 市场开放对日本经济的影响. 载于高增杰. 日本:2001. 北京:世界知识出版社,2002

加工贸易型体制,贸易特征以产业间分工为主,80年代后期,日本的产业内贸易指数仅为28,而其他主要资本主义发达国家都在50以上。日本的这种贸易体制给日本经济带来了诸多消极影响。其一,削弱了企业的国际竞争力。从长期看,日本政府对国内产业的过度保护会降低这些产业部门的创新和生存能力,难以适应激烈的国际市场竞争。其二,不断地产生国际贸易摩擦。日本的许多贸易政策和措施与国际市场规则相违背,即在促进出口的同时,却阻碍外来商品进入国内市场,长期出现巨额贸易顺差,因此不断与逆差国产生摩擦。其三,国内投资环境不完善,导致就业形势恶化。日本的劳动力价格、土地价格、税收等投资成本均明显高于许多国家和地区。例如,日本普通工人的月收入大约比美国高40%多,相当于中国的18~43倍,韩国的3倍,中国香港的2~4倍,新加坡的3~5倍,菲律宾的10~21倍,泰国的10~19倍。高投资成本加上其特有的相对封闭性经济体制和排他性交易惯例,使外国资本难以进入,本国企业则纷纷到海外投资,国内就业机会减少。再加上20世纪90年代国内市场需求低迷,更进一步加剧了失业率的上升。最后,国内物价较高,降低了消费者的福利水平。日本政府对国内市场的保护,限制了外国低价商品的进口,提高了国内的物价水平,使日本国民未能真正享受到与其作为世界第二经济大国相应的富裕生活水平①。

(二)进入21世纪的日本经济

2001年,小泉政府一反日本历届政府总是在"改革优先"还是"景气优先"问题上摇摆不定的态度,表示哪怕让国民忍受经济低增长以及失业的"阵痛"也要推进改革的决心,开始进行"结构改革"。其主要内容是:①通过"金融再生计划"加速处理不良债权。结果主要银行的不良债权比率从2001年度末的8.4%降低到了小泉政府结束时的2006年度末的1.8%。使日本的不良债权问题基本上得到了解决②。②开展规制改革和制度改革以促进经济增长。截止到2006年3月的5年间,已实行了1 500多项规制改革③。③建立政府决策过程透明化和经济与财政一体化运作的体制。

2001年,日本经济的一些指标有恶化趋势,个人消费支出急剧下降,对外出口明显减少,民间企业设备投资和民间住宅投资的增加缺乏后劲,企业经营和收益状况也普遍恶化,全年GDP增长率为0.2%。2002年日本经济开始缓慢回升,实际

---

① 徐梅.市场开放对日本经济的影响.载于高增杰.日本:2001.北京:世界知识出版社,2002

② [日]加藤弘之,[中]丁红卫.日本经济新论:日中比较的观点.北京:中国市场出版社,2008:24

③ [日]加藤弘之,[中]丁红卫.日本经济新论:日中比较的观点.北京:中国市场出版社,2008:24-25

GDP 增长率为0.3%。2003 年,在世界经济形势好转和中国经济的强劲拉动下,日本积极扩大出口,形成"出口拉动"与"内需支撑"并举的快速复苏局面,实际 GDP 增长率达 1.4%。在日本的出口增长中,中国市场的地位举足轻重,2003 年,日本出口增加额的 67.6% 是对中国出口的增加。在内需方面,设备投资、住宅消费和个人消费都出现增长势头。

2004 年以后,日本由于出口强劲增长和投资日益扩大,以及结构改革的深入,经济进入稳定的恢复期,2004 年 GDP 增长率达 2.7%,2005 ~ 2007 年分别为 1.9%,2.0% 和 2.3%,2001 ~ 2007 年 GDP 年均增长 1.5%,走出了"失去的 10 年"的阴影。

2008 年,由于受到次贷危机、全球性通货膨胀的影响,日本经济在第二季度收缩了 0.6%,为 7 年来的最糟糕季度表现。在 2008 年 GDP 增长率为 -1.2% 的基础上,2009 年为 -6.3%。

四、世界经济格局向美国、欧盟、中国和日本四强主导演变

1991 年 12 月,前苏联解体后,形成了美国、欧共体(1993 年后改为欧盟)和日本三足鼎立的世界经济格局。这种态势一直延续到 21 世纪初,由于新兴经济体的迅速发展特别是中国的崛起而改变。新兴经济体的代表性国家包括转轨国家中国和俄罗斯,以及发展中国家印度和巴西,被称为"金砖四国"(BRICs)①。

当 20 世纪 90 年代到 21 世纪初西欧发达国家在经济缓慢增长、日本经济在"失去的 10 年"中徘徊的时候,"金砖四国"异军突起。特别是中国,20 世纪 90 年代以来,中国经济总量在世界经济中排名不断上升,并和美国经济一起成为世界经济增长的引擎。

从经济总量上来看,2007 年,按当年汇率计算中国在世界经济中的排名已经上升到世界第四位。1978 年,中国 GDP 总量只有 2 683 亿美元,到 2007 年,中国 GDP 总量已经达到 32 508 亿美元,增长逾 11 倍,占世界总量的 6.0%。2007 年,经济总量约为美国的 1/4,日本的 3/4,且与第三位的德国差距很小。2008 年,中国 GDP 达 45 199.5 亿美元,已超过德国(36 516 亿美元),仅次于美国和日本。2010 年,中国 GDP 增长为 58 782.6 亿美元,超过日本(54 588.7 亿美元),成为仅次于美国(146 578 亿美元)的世界第二大经济体。如果按照购买力平价(PPP)计算,中国

---

① BRIC:即 Brazil,Russia,India 和 China 第一个字母的集合。

经济总量占世界份额由改革开放初期2%左右上升到2007年的10.8%,已经成为世界第二大经济体,经济总量超过美国的1/2。(见表7-10)

表7-10 世界前10名经济体经济总量份额排名变化(1980~2010)

排名	1980年		1990年		1995年		2000年		2005年		2010年	
	经济体	GDP	经济体	GDP	经济体	GDP	经济体	GDP	经济体	GDP	经济体	GDP
总额(十亿美元)	总额	11797	世界	22884	世界	29548	世界	31823	世界	44881	世界	54321
1	美国	23.6%	美国	25.4%	美国	25.0%	美国	30.8%	美国	27.7%	美国	23.3%
2	日本	9.0%	日本	13.3%	日本	17.9%	日本	14.7%	日本	10.2%	中国	9.3%
3	联邦德国	7.0%	德国	6.8%	德国	8.5%	德国	6.0%	德国	6.2%	日本	8.7%
4	法国	5.9%	法国	5.5%	法国	5.3%	英国	4.6%	英国	5.0%	德国	5.3%
5	英国	4.6%	意大利	5.0%	英国	3.9%	法国	4.2%	中国	5.0	法国	4.1%
6	意大利	3.9%	英国	4.4%	意大利	3.8%	中国	3.8%	法国	4.8%	英国	3.6%
7	中国	2.6%	加拿大	2.5%	巴西	2.6%	意大利	3.5%	意大利	4.0%	巴西	3.3%
8	加拿大	2.3%	西班牙	2.3%	中国	2.5%	加拿大	2.3%	加拿大	2.5%	意大利	3.2%
9	西班牙	1.9%	巴西	2.2%	西班牙	2.0%	巴西	2.0%	西班牙	2.5%	加拿大	2.5%
10	阿根廷	1.8%	中国	1.7%	加拿大	2.0%	西班牙	1.8%	巴西	2.0%	印度	2.4%

注:表中数据是按照当年汇率计算出的数据,其中1980年数据没统计前苏联数据,德国1990年数据为联邦德国数据(下文同),若按购买力平价(PPP)计算,2007年世界前10名经济体为美国、中国、日本、印度、德国、英国、俄罗斯、法国、巴西和意大利,分别占世界份额的21.3%,10.8%,6.6%,4.6%,4.3%,3.3%,3.2%,3.2%,2.8%和2.8%。

资料来源:根据国际货币基金组织(IMF)数据库计算。

21世纪初以来,中国经济与美国经济一起成为拉动世界经济增长的发动机。在过去的30年中,世界经济发展稳定性增强,易变性下降,这固然有美国经济的牵引作用,但不乏中国经济强劲持续扩张的拉动。改革开放初期,由于汇率不稳定、经济总量还不够大等因素,中国对世界经济增长拉动作用还不太明显,但进入20世纪90年代后,中国对世界经济的拉动作用逐渐显现出来,尤其是在1997年亚洲金融危机、2001年美国经济衰退期间以及2007年以来美国次贷危机期间,中国经济持续增长对世界经济的拉动作用也更加显而易见。如按当年汇率计算,2005年中国对世界经济增长贡献率为9.4%,仅次于美国排名世界第二,到2010年中国对世界经济增长贡献率上升到17.8%,而美国对世界经济增长贡献率则下降到

10.8%。若按购买力平价(PPP)计算,中国对世界经济增长贡献率2006年就已经列世界第一,达到17.0%,超过美国0.4个百分点,2010年对世界经济增长贡献率已经超过美国11.5个百分点(如表7-11所示)。

表7-11 11大经济体对世界经济增长贡献率变化(1985~2010)

排名	1985年		1990年		1995年		2000年		2005年		2007年	
	按当年汇率计算	按购买力平价计算	按当年汇率计算	按购买力平价计算	按当年汇率计算	按购买力平价计算	按当年汇率计算	按购买力平价计算	按当年汇率计算	按购买力平价计算	按当年汇率计算	按购买力平价计算
美国	69.7%	25.0%	13.8%	19.8%	11.0%	20.3%	64.1%	20.4%	22.4%	19.0%	10.8%	13.0%
中国	-0.9%	6.7%	-2.7%	4.1%	5.7%	13.3%	13.5%	10.9%	9.4%	16.2%	17.8%	24.5%
德国	2.1%	4.3%	14.3%	7.8%	12.7%	4.2%	-28.1%	4.1%	1.4%	2.5%	-0.5%	3.1%
英国	6.5%	3.8%	6.7%	2.6%	3.2%	3.5%	-2.6%	3.2%	2.3%	2.4%	1.3%	1.1%
法国	6.3%	3.0%	10.4%	4.0%	7.0%	3.1%	-14.7%	3.3%	2.3%	2.1%	-1.5%	1.2%
日本	23.8%	10.4%	3.7%	12.2%	17.3%	6.8%	33.2%	5.8%	-1.4%	5.3%	8.5%	4.9%
俄罗斯	—	—	—	—	1.2%	-1.3%	7.5%	4.6%	5.2%	3.8%	4.9%	2.5%
印度	1.9%	3.1%	0.9%	4.1%	1.4%	5.6%	2.5%	4.1%	3.4%	6.6%	5.4%	10.0%
巴西	22.8%	5.3%	0.8%	-0.2%	5.9%	3.8%	6.7%	2.8%	6.5%	2.3%	9.8%	4.1%
韩国	0.8%	1.4%	1.4%	2.4%	3.2%	3.5%	7.8%	2.7%	3.3%	1.8%	3.5%	2.3%
新加坡	-0.3%	0.1%	0.3%	0.4%	0.5%	0.5%	1.2%	0.5%	0.3%	0.5%	0.8%	0.9%
加总	132.6%	63.2%	50.0%	57.6%	69.6%	63.8%	92.3%	62.9%	55.4%	62.9%	60.8%	67.6%

注:表中贡献率为该国当年经济增量占世界当年经济总增量之比计算出,如按照当年汇率计算,当前中国对世界经济增长贡献仅次于美国位于世界第二,若按照购买力平价计算中国对世界经济增长贡献已超过美国,排名世界第一。

资料来源:根据国际货币基金组织(IMF)数据库计算。

2007年,中国对外贸易总额为21 738亿美元,占世界份额的7.7%,居世界第三位,仅落后于美国(11.3%)和德国(8.5%),日本居第四(4.7%)。中国出口总额在世界总出口额中占比不断上升,从1978年占0.8%上升到2007年8.8%,排名已经超过美国(8.4%),上升到世界第二位,并与出口排名第一的德国(9.5%)差距不断缩小,日本居第四(5.1%)。2007年,中国进口总额占世界进口总额6.7%,仅次于美国(14.2%)和德国(7.5%),名列第三位,日本居第四(4.4%)。由于中国已经是世界第三大贸易国,加上中国贸易的增长速度远高于前两名的增长速度,从而促使中国成为对世界贸易增长贡献第一大国。2006年,中国对世界贸易增长贡献率达到10.8%，超过美国(10.1%)和德国(8.6%)，成为带动世界贸易增长的头号大国。2007年，中国对世界贸易增长贡献率上升到11%，世界贸易增长第一贡献国地位进一步得到巩固。

以上事实表明，从21世纪初以来，随着中国经济实力的不断增强，中国在世界经济发展中日益发挥重要的推动和影响作用，世界经济格局开始逐步向美国、欧盟、中国和日本四强主导的方向演变。当然，中国在世界经济格局中的主导作用还只是初步形成，要起到多面、强大和稳定的主导作用还有一个较长期的发展过程。

思考题

1. 20世纪50年代初到70年代初，主要发达资本主义国家经济大发展的主要特点及其主要原因是什么？

2. 20世纪70年代初到80年代初，主要发达资本主义国家经济"滞胀"的特点及其主要原因是什么？

3. 主要发达资本主义国家经济陷入"滞胀"后，国家干预经济的政策与以前相比有什么变化？

4. 简述美国"次贷危机"的成因及其影响。

5. 20世纪90年代日本经济长期萧条的特征和原因是什么？

6. 概述第二次世界大战以来世界经济格局的演进。

主要参考文献

1　陈宝森. 剖析美国"新经济". 北京：中国财政经济出版社，2002

2　郭吴新. 当代世界经济格局与中国. 武汉：湖北教育出版社，1997

3　郭吴新等. 90年代美国经济. 太原：山西经济出版社，2000

4　何伟文. 21世纪以来美国经济走势：回顾与探讨. 载于中国美国经济学会，浦东美国经济研究中心编. 全球经济失衡与中美经贸关系. 上海：上海社会科学院出版社，2007

5　黄素庵. 美国经济实力的衰落：技术、竞争、霸权. 北京：世界知识出版社，1990

6　[日]加藤弘之，[中]丁红卫. 日本经济新论：日中比较的观点. 北京：中国市场出版社，2008

7 [日]久保新一.战后世界经济的转换.中译本.天津:南开大学出版社,1996

8 李世安,刘丽云.欧洲一体化史.石家庄:河北人民出版社,2003

9 宋玉华等.美国新经济研究——经济范式转型与制度演化.北京:人民出版社,2002

10 朱明.日本经济的盛衰.合肥:中国科学技术大学出版社,2004

11 李琮.世界经济百科辞典.北京:经济科学出版社,1994

12 熊性美,陈漓高.当代世界经济.天津:南开大学出版社,1996

13 宋则行,樊亢.世界经济史(下卷).修订版.北京:经济科学出版社,1998

14 张伯里,朱邦宁.世界经济学.北京:中共中央党校出版社,1998

15 张明.透视美国次级债危机及其对中国的影响.国际经济评论,2007(9-10)

16 庄宗明.世界经济学.北京:科学出版社,2003

第八章 发展中国家经济的特征及其经济发展战略

第二次世界大战以前，由于帝国主义的侵略和扩张，广大亚非拉国家沦为帝国主义的殖民地和附属国。第二次世界大战后，亚非拉地区展开了反对殖民统治的民族独立运动，一些亚洲国家取得了民族独立。但是，直到20世纪50年代中期，亚非拉地区特别是非洲，多数国家还处在殖民统治之下；已经取得独立的国家，特别是拉丁美洲，很大一部分在政治上还受制于美国等西方国家，经济上十分落后。因此，当时的亚非拉国家，在国际上被称为“不发达国家”或“欠发达国家”。50年代后期，特别是60年代以后，大部分亚非拉国家通过不同方式取得了独立，这些国家在巩固政治独立的同时，还面临发展民族经济的任务。为了真实反映这些国家发展变化的状况，大约在1964年召开联合国第一届贸发会议前后，把广大亚非拉地区的民族独立国家称为发展中国家，而取代了“不发达国家”或“欠发达国家”的概念。目前，发展中国家包括了170多个国家和地区，人口约占世界总人口的4/5，土地面积约占世界总面积的2/3。

第一节 发展中国家经济的基本特征

一、不同经济特征

发展中国家因其历史、文化、社会和经济发展水平不同，而具有不同的基本经济特征。

（一）在面积、人口、自然资源和环境上的差异

根据世界银行《1999/2000年世界发展报告》统计，1998年，人口在5 000万以上的发展中国家共有11个，其中，中国、印度、印度尼西亚、巴西和孟加拉国5国人口在1亿以上；人口在500万以下的国家有23个。1996年国土面积在100万平方公里以上的发展中国家有21个；面积在5万平方公里以下的国家有15个。一般来说，大国自然资源比较丰富，一些国家（如中东地区国家）拥有丰富的石油资源，一些国家（如撒哈拉以南的非洲国家）则自然资源贫乏，自然环境恶劣。

（二）经济发展道路不同

二次大战后，获得民族独立的国家由于历史、社会条件和阶级力量对比的差异，以及国际环境的影响，在社会主义和资本主义两条道路之间作出了不同的选择。

1. 少数国家走上了社会主义的发展道路，建立了社会主义的经济政治制度，这些国家有中国、朝鲜、越南和古巴等。

2. 有些国家仿效社会主义模式，走形似社会主义或曰"非资本主义"的道路。例如，从1955年到1990年，先后有50多个民族独立国家的执政党宣称要建立社会主义，或曰"非资本主义"，这些国家约占战后新独立国家总数的59%。其中，亚洲11个，非洲34个，拉美14个。这些国家所选择的社会主义，与中国等国共产党领导下的科学社会主义不同，而是非无产阶级领导的社会主义，其采取的经济措施包括建立国有经济、实行土地再分配、通过经济计划干预经济活动以及试图通过平均分配和福利措施来实现社会公正。

3. 绝大多数国家选择了资本主义的发展道路，建立了资本主义的政治经济制度。

4. 极少数国家继续维持着封建的、前资本主义的制度，在旧基础上缓慢发展。

（三）经济发展水平和人均收入水平的差异

发展中国家由于社会、历史、资源禀赋、发展战略不同，工业化进程和经济发展水平不同，人均收入也有较大差异。

1. 低收入国家和地区。世界银行《2000/2001年世界发展报告》把1999年人均GNP低于755美元的国家和地区划归低收入国家和地区。这类国家共有59个，约占发展中国家的1/3，主要分布在南亚、中亚和撒哈拉以南的非洲地区，此外还包括美洲的海地和尼加拉瓜等。

2. 中等收入国家和地区。这是指1999年人均GNP在756～9 625美元之间的国家和地区。1999年这类国家共有54个。其中，人均GNP在756～2 995美元之间的为中下等收入国家，这类国家共有57个，主要分布在拉丁美洲、东欧和亚太地

区;人均 GNP 在2 996 ~9 265 美元之间的为中上等收入国家,这类国家有 38 个,大部分是拉丁美洲国家。

3. 高收入的发展中国家。这是指 1999 年人均 GNP 超过 9 266 美元的国家。主要包括几个石油生产和出口国,如阿拉伯联合酋长国、科威特、卡塔尔、文莱等中东和亚太地区国家。这些国家虽然人均收入高,但是制造业还不够发达,产业结构单一,主要依靠丰富的石油资源来促进经济发展。

二、共同经济特征

发展中国家有以下几个共同的经济特征:

(一)生产力发展水平较低

发展中国家在经济发展的起始阶段劳动生产率水平较低,从而生产力发展水平普遍较低。这是因为这些国家在获得政治、经济独立以前,长期遭受帝国主义的剥削和压迫。在摆脱了殖民统治以后,这些国家经济基础薄弱、生产力水平低下的状况不可能在短期内改变。虽然在独立以后发展中国家致力于发展生产力,一些发展中国家甚至跨入了新兴工业国家的行列,但是在总体上发展中国家的生产力发展水平仍然较低,与发达国家相比有很大的差距。1993 年发展中国家作为整体的劳动生产率仅相当于发达国家的 1/24,从而产出也低,发展中国家的人口占世界人口的 85.5%,然而其 GDP 总额只占世界 GDP 总额的 20%。

发展中国家生产力发展水平低的主要原因是科技发展水平落后和劳动者文化素质低。而生产力发展水平低的结果又制约了发展中国家的整体发展状况。1990 年联合国开发计划署(UNDP)提出了"人类发展指数"(HDI)。该指数是用预期寿命指数、受教育程度指数和生活质量指数这三方面单项指数①进行简单平均而得,其中受教育程度指数包括成人识字率(占 2/3 权重)和综合入学率(占 1/3 权重)两项指标,生活质量指数用人均 GDP 表示。2001 年部分国家和地区的 HDI 数值排序如表 8 - 1 所示。

从表 8 - 1 看出,发展中国家的人类发展指数(HDI)为 0.655,OECD 国家为 0.905,两者有明显的差距。而且发展中国家作为一个整体,HDI 数值低于全世界 0.722 的水平。

---

① 单项指数的计算方法是:(实际值 - 最小值)/(最大值 - 最小值),因此每个方面的成就均为 0 到 1 之间的数值,由此计算的 HDI 也是 0 到 1 之间的数值。

表 8-1 2001 年部分国家和地区的 HDI 数值与排序

国 家(地区)	HDI 数值	HDI 位次	按经济水平与区域划分的 HDI	
			区 域 类 型	HDI 数值
高人类发展水平			发展中国家	0.655
瑞典	0.941	3	欠发达国家	0.448
美国	0.937	7	阿拉伯国家	0.662
日本	0.932	9	东亚和太平洋地区	0.722
德国	0.921	18	拉丁美洲和加勒比	0.777
韩国	0.879	30	南亚	0.582
阿根廷	0.849	34	撒哈拉以南非洲	0.468
乌拉圭	0.834	40	中、东欧和独联体国家	0.787
卡塔尔	0.826	44	OECD	0.905
阿拉伯联合酋长国	0.816	48	高收入 OECD 国家	0.929
古巴	0.806	52	高人类发展水平	0.908
中等人类发展水平			中等人类发展水平	0.684
伯利兹	0.776	67	低人类发展水平	0.440
多米尼加	0.776	68	高收入经济体	0.927
委内瑞拉	0.775	69	中等收入经济体	0.744
沙特阿拉伯	0.769	73	低收入经济体	0.561
阿曼	0.755	79	全世界	0.722
秘鲁	0.752	82		
菲律宾	0.751	85		
中国	0.721	104		
南非	0.684	111		
赤道几内亚	0.664	116		
蒙古	0.661	117		
加蓬	0.653	118		
纳米比亚	0.627	124		
博茨瓦纳	0.614	125		
低人类发展水平				
巴基斯坦	0.499	144		
津巴布韦	0.496	145		
海地	0.467	150		
冈比亚	0.463	151		
安哥拉	0.377	164		
中非共和国	0.363	168	埃塞俄比亚0.359	169
莫桑比克	0.356	170		
布基纳法索	0.330	173		

资料来源:UNDP.2003 年人类发展报告.北京:中国财政经济出版社,2003

（二）产业结构比较落后

世界产业结构演变的历史表明，随着一国工业化进程的发展和人均收入水平的提高，在国内生产总值中，第一产业的比重趋于下降，第二产业的比重先上升后下降，第三产业的比重趋于上升。例如，1950～1990 年，美国、日本、法国、德国、英国、意大利和加拿大 7 个主要发达资本主义国家第一、二、三产业占国内生产总值比重的变化就反映了这种趋势。1950 年、1970 年、1990 年，以上 7 国第一产业占国内生产总值的比重平均为 15%、5%、3%；第二产业相应为 42%、43%、36%；第三产业相应为 43%、52%、62%。相比之下，发展中国家产业结构发展水平较低，相比发达国家明显落后（见表 8－2）。

发展中国家产业结构发展水平低的主要原因是，总体来看，发展中国家的工业化发展水平以及人均收入水平还未达到相应的高度，与发达国家相比还有较大差距。

表 8－2　1998 年不同类型国家（地区）第一、二、三产业增加值占 GDP 百分比

国家（地区）	第一产业	第二产业	第三产业
低收入国家	21	41	38
不包括中国和印度	25	33	42
中等收入国家	9	36	56
下中等收入国家	12	36	52
上中等收入国家	7	35	57
中、低收入国家	12	37	51
东亚和太平洋	15	45	41
欧洲和中亚	11	34	55
拉美和加勒比地区	8	34	58
中东和北非	—	—	—
南亚	25	29	46
撒哈拉以南非洲	17	34	50
高收入国家	2	32*	65
全世界	5	33*	61

注：*1995 年数据

资料来源：世界银行. 1997 年世界发展报告. 北京：中国财政经济出版社，1997

世界银行. 1999/2000 年世界发展报告. 北京：中国财政经济出版社，2000

（三）二元经济结构突出

二元经济结构是指在一个国家内不同产业、不同地区的发展水平，不同阶层或群体的生活状况和生活方式，形成强烈的反差，以致造成不同产业、不同地区之间发展的不平衡，社会不同阶层或群体的生活水平和生活方式的不平衡。发展中国家的这种二元经济结构突出地表现为：现代、先进的工业与传统、落后的农业并存；繁荣、现代化的城市与原始、封闭的农村并存；少数富裕阶层与多数贫困阶层并存；开放、现代化的生活方式与保守、传统的生活方式并存。

造成以上状况的原因，是由于广大发展中国家在独立以前长期遭受殖民主义的压迫和剥削，被纳入资本主义的国际分工体系，成为宗主国的附庸，生产方式原始落后，生产力水平极其低下。一些国家独立以后，甚至仍然存在着落后的前资本主义的生产关系，经济基础薄弱，产业结构畸形，产品结构单一，还未能很快摆脱对前宗主国的依附关系。

独立以后的发展中国家为了摆脱贫穷、落后的状态，进行了改革，开始走工业化发展的道路，一些国家的工业化取得了显著成绩。但是在从传统社会向现代化社会转型的过程中，在工业化、城市化发展过程中，则不可避免地会在发展中国家出现不同程度的二元经济结构，这种状况还要持续相当长的时间，并将随着工业化的完成而逐步减轻。应该指出的是，发展中国家的二元经济结构的严重程度在不同国家不是完全一样的，这会由于不同国家采取的政治经济体制、经济发展战略和政策措施的效果而有所区别。

（四）在国际经济关系中处于弱势地位

发展中国家由于经济不发达，在国际经济关系中特别是与发达国家的经济交往中往往处于弱势和不平等的地位。虽然在经济全球化条件下，发达国家与发展中国家的经济是相互依赖和紧密联系的，但是发达国家凭借其经济优势和强大的经济实力，在与发展中国家的经济交往中经常处于主导、控制和支配地位，而发展中国家则往往处于被动、依附和外围地位。发展中国家的这种弱势地位主要表现在以下几个方面。

1. 在资金方面的弱势地位。发展中国家为了解决经济建设中资金短缺的问题，往往需要利用外国资本，特别是引进跨国公司的直接投资，或者向国际金融机构和西方银行借贷。为此不得不接受跨国公司和国外金融机构提出的一些苛刻条件，使发展中国家的经济在一定程度上受到外国资本的影响或控制，一些发展中国家由于债务负担沉重甚至面临着债务危机。

2. 在国际贸易方面的弱势地位。由于在工业和科技发展水平上发达国家对发展中国家处于优势地位,发达国家一般向发展中国家大量出口附加价值高的资本品和高技术产品,而发展中国家往往向发达国家大量出口附加价值低的农矿初级产品和劳动密集型产品,初级产品的价格下降使发展中国家的贸易条件恶化,同时又不得不与发达国家的制成品进行不平等交换,导致贸易逆差扩大。一些发展中国家的经济由于对出口的依赖很大,国际市场价格波动往往会对国内经济造成冲击。另外,发达国家经常采取形形色色的非关税壁垒措施限制发展中国家的商品进口,使发展中国家处于被动地位。

3. 在技术和人才方面的弱势地位。发展中国家由于科技基础薄弱,不得不引进发达国家的先进技术和设备,这不仅要支付大量的技术转让费和设备购置费,还不得不接受发达国家提出的附加条件,甚至受到一定程度的控制。另外,由于发展中国家技术人才短缺,不得不从发达国家引进专业技术人才;与此同时,由于发达国家科研和生活条件优厚,吸引了大批发展中国家培养出来的优秀人才流入发达国家,使一些发展中国家专业人才短缺状况更加严重。

4. 在国际经济体系和国际经济组织中的弱势地位。由于发展中国家在国际贸易、国际金融、科技水平和专业人才等方面与发达国家相比在总体上处于弱势地位,因此在国际经济体系、国际分工和国际经济组织机构当中也处于弱势地位。例如,在世界银行、国际货币基金组织和世界贸易组织当中,发达国家都居于主导地位。在旧的国际经济秩序中,发达国家处于中心和支配的地位。经过数十年的不懈努力,发展中国家在建立国际经济新秩序的斗争中虽然取得了一些新进展,但是还远未达到发展中国家所希望争取的目标。

第二节　发展中国家的经济发展理论和战略

一、经济发展理论

第二次世界大战后,发展中国家为了促进经济发展,纷纷制定经济发展战略,而一些经济发展理论则成为他们制定经济发展战略的依据。实际上,人们对发展的认识是逐步完善和深化的。战后初期,发展经济学沿袭西方发达国家经济增长理论,把经济增长等同于经济发展,认为资本短缺是制约发展中国家经济发展的主要障碍,因此主张通过加快资本形成,动员社会物质资源,以带动经济起飞,实现工业化的发展。随着发展中国家经济实践进程的发展,人们开始认识到,经济增长只是发展的一个重要方面,发展不纯粹是一个经济问题,它还应包括整个社会政治、经济制度(体制)的进步,以及消除不平等和贫困等多方面的变化过程。发展中国家在工业化过程中,二元经济结构的矛盾并没有随之消失,反而更加突出。因此必须重视农业的问题,加强国家对农业的支持,促进农业的改革和发展。此外,人们还认识到,在工业化过程中,应把克服资本短缺障碍转变为提高资本的质量,特别是从注重物质资本转变为注重人力资本,以人的发展为核心促进经济发展。而且,在加速经济发展的同时,还要注意保护资源、环境和维护生态平衡,保持经济、社会、生态三个方面的和谐统一,实现可持续发展。以下介绍几种主要的经济发展理论。

(一)结构主义的经济发展理论

结构主义的经济发展理论,从发展中国家的经济结构出发考察这些国家的经济发展特点及其进程。该理论产生于20世纪50年代,是若干经济发展理论观点的集合,主要包括以下几种。

1. 大推动理论。大推动理论是保罗·罗森斯坦-罗丹(Paul N. Rosenstein Roden)提出的。该理论把资本形成看成经济增长和发展的中心力量。为了实现工业化,必须采用大推动的办法。因为:第一,20世纪的工业化需要较大规模的社会资本投入,而发展中国家的国民收入对工业品的需求有限。如果同时建立许多工厂,每个工厂生产不同的产品,就会形成大规模的,使各个厂商有利可图的市场。第二,大推动可以促成外在节约,即由许多厂商形成的亲和力可降低单个厂商的成本。第三,只有采用大推动方式才能使发展中国家的经济迅速发展,缩小与发达国家之间的差距。

2. 平衡增长理论与不平衡增长理论。平衡增长理论的倡导者罗森斯坦-罗丹、纳克斯等人认为,制约经济发展的主要条件是资本形成不充分。影响资本形成的主要因素不是储蓄供给的不足,而是投资有效需求的欠缺。因此,对一种工业投资而不对其他工业作相应的投资,就会由于投资的工业缺乏足够的需求而使投资以失败告终。平衡论者重视宏观经济的计划化,主张为国内市场而发展工业生产。不平衡增长理论的倡导者艾伯特·O. 赫希曼则认为,增长过程在实质上是不平衡的。束缚经济发展的首要因素是决策能力或企业家才能。他主张不要同时发展各项工业,而应当集中力量首先发展部分工业,以之为动力逐步扩大对其他部分工业的投资。不平衡论者重视出口市场和市场机制的作用，主张生产的专业化，主要关心供给，而不是需求问题。

3. 二元经济结构模式。由美国经济学家刘易斯建立的二元经济结构模式认为，发展中国家的传统农业部门中存在着劳动边际生产率为零的大量剩余劳动力，而同时传统农业部门与高劳动生产率的现代工业部门存在着工资差别，于是经济的自动机制把劳动力从低工资的农业部门推向高工资的工业部门，结果提高了农业部门的工资水平，增加了工业部门的就业和产出，同时工农业也将得到均衡的发展。

（二）经济成长阶段论

1960 年美国经济学家 W. W. 罗斯托发表了《经济发展阶段论》一书，此后其他经济学者对其理论作了进一步地深化和完善。该理论把人类社会经济发展划分为 6 个阶段：传统社会阶段、为起飞创造前提阶段、起飞阶段、成熟阶段、高额群众消费阶段和追求生活质量阶段。他并认为亚非拉的不发达国家基本处于第二阶段——为起飞创造前提条件阶段（即过渡阶段），而第三阶段——起飞阶段则是人类社会发展具有决定意义的阶段。"起飞"的必要条件是，净投资在国民收入中的比例由 5% 增长到 10% 以上。判断一个社会进入起飞阶段的标准是：足够大的投资率；主导部门的存在和发展；相应的社会、政治体制和结构等。为此，处于过渡阶段的不发达国家必须重视农业，利用外资并充分发挥知识分子和企业家的作用。

（三）国际依附理论

国际依附理论也称"中心与外围学说"或"发展主义"。这是第二次世界大战后激进经济学者关于发展中国家依附或隶属于发达国家的理论。代表人物有 A. G. 弗兰克、A. 伊曼纽尔、S. 阿明、R. 普雷维什等人。他们认为，在现存的国际经济关系中，由于不合理的国际分工，发达国家处于中心地位，发展中国家则处于外围。在中心国家具有技术资金优势，而外围国家经济技术落后的情况下，外围国家为实现工业化不得不依靠中心国家的资金、技术等，从而形成了外围对中心的依附关系，发展中国家的贸易条件长期处于恶化之中。因此，发展中国家应实行进口替代和保护政策，促使国内幼稚工业发展和生产多样化，改善贸易条件，同时，进行社会革命，与现存国际经济体系和世界市场决裂。

（四）人力资本投资理论

20 世纪 60 年代，美国经济学家西奥多·舒尔茨把发达国家农业经济学和人力资本理论结合起来，应用于对发展中国家经济发展问题的研究，提出了有关改造传统农业的理论。舒尔茨认为,技术进步论过分强调生产过程中的物质因素,而忽视了人力因素。他把资本分为两种类型:常规资本与人力资本。用于教育、培训、卫生保健等也是一种投资,即人力资源开发性投资,它不仅有短期效果,从长期看,也是提高劳动生产率的重要途径。人力资本特别是产生人力资本的教育是现代经济增长的主要动力和源泉。农业生产力的提高,必须依靠劳动者的能力和知识水平的提高。因此,要实现对传统农业的改造,就需要人力资本的形成和运用。这样,改造传统农业理论与人力资本理论就可以相通,使人们从注重物质资本转变为注重人力资本,以人的发展为核心促进经济发展。

(五)可持续发展理论

1972年6月在瑞典斯德哥尔摩召开的联合国人类环境会议上,各国代表就环境与发展问题第一次大范围地展开了辩论,此后,世界各国围绕环境与发展问题进行了不懈的研究和探索。1987年2月,挪威首相布伦特兰夫人领导的世界环境与发展委员会,向联合国提交了《我们共同的未来》的报告,该报告对"可持续发展"作了定义,即"可持续发展是既满足当代人的需要,又不对后代人满足其需要的能力构成危害的发展。它包括两个重要的概念:'需要'的概念,尤其是世界上贫困人民的基本需要,应将此放在特别优先的地位来考虑;'限制'的概念,技术状况和社会组织对环境满足眼前和将来需要的能力施加的限制"①。在上述基础上,世界各国在可持续发展问题上逐步取得共识,并完善、深化成可持续发展的理论。可持续发展理论指出传统的工业化过程和发展战略使人类的社会物质财富极大增长、文化生活水平极大提高的同时,也引出了对资源衰退、环境污染和生态破坏,以及贫困人口增加,贫富差距扩大等严重问题进行反思,主张从现在开始世界各国建立一种全新的发展观,通过实行一项关于人类社会发展的全面性战略——可持续发展战略,在加速经济发展的同时,要注意保护资源、环境和维护生态平衡,保持经济、社会、生态三个方面的和谐统一,实现可持续发展。

二、工业化发展战略

工业化是发展中国家实现经济结构转变,进而促进经济增长和发展的重要阶段和途径。

所谓经济结构,是指国民经济中不同部门的产出在国民生产总值中所占的比

① 世界环境与发展委员会.我们共同的未来.长春:吉林人民出版社,1997:52

重。发展中国家的经济结构转变一般经过三个阶段:第一,初级产品生产阶段。在这个阶段,农业占主要地位。第二,工业化阶段。这个阶段的特征是经济重心由初级产品生产向制造业生产转移。第三,发达经济阶段。其特征是制造业在国民生产总值和劳动就业中的比重下降,而服务业的比重上升。

发展中国家的工业化能否取得成功,取决于其能否实行适宜的工业化发展战略。

依据一国(或地区)经济发展的不同阶段和目标,对产品的内销和出口,资金的流进和流出所采取不同的政策,发展中国家的工业化战略可以划分为三种类型:内向型、外向型和综合型。

(一)内向型工业化战略

内向型工业化战略是指致力于建立和发展本国的制造业以代替同类制成品的进口,实现国家工业化和经济独立自主的战略。其政策特征是产品主要面向国内市场,资金主要用于国内建设,较少对出口生产进行刺激。

与内向型工业化战略相对应的贸易战略称为进口替代战略,即采取某些限制进口的政策,保护国内市场,同时引进外资、技术促进本国制造业的发展,建立起本国工业生产体系,以本国的制成品代替过去同类产品的进口。例如,在20世纪六七十年代,阿根廷、墨西哥、土耳其、中国、印度、乌拉圭、智利、秘鲁和多米尼加等国家都实行过这种战略。

(二)外向型工业化战略

外向型工业化战略又分为两种类型。

1. 外向型初级产品生产导向战略。这是指具有初级产品生产比较优势的国家,通过向国外出口农产品、矿物原料等初级产品,提高人均国民收入,增加资本积累,扩大工业品消费市场,以此奠定工业化发展基础的战略。例如,在20世纪六七十年代,伊朗、南非、委内瑞拉、马来西亚、伊拉克、阿尔及利亚、厄瓜多尔、科特迪瓦等国家都实行过这种战略。

奉行这种战略的国家实行了不同的产业政策。多数国家对制造业实行了保护政策,以图加速经济增长,而其出口收入完全或主要依赖初级产品。但马来西亚则对不同部门实行较为中性的刺激政策,因此,马来西亚在初级产品出口保持高水平的同时,制成品的出口也有显著增长。

2. 外向型的工业生产导向战略。这种工业化战略是指一国(或地区)在具备了一定工业基础的条件下,大力促进工业制成品的出口,并实现出口结构的逐步升级,以此来推动工业化和经济发展的战略。

与这种工业化战略相对应的贸易战略有两种。

第一个是出口导向(或出口替代、出口鼓励)战略。其政策特征是对出口和进口替代的生产都给予大致相同的积极的刺激政策。与进口替代战略形成对照的是,出口导向战略在国内市场销售和面向国外市场销售方面都给予同等对待。例如,在20世纪六七十年代,韩国、以色列、中国台湾地区都实行过这种战略。

第二个是贸易自由化战略。其政策特征是对进口替代和出口活动都无明显的激励。实行这种战略的国家或地区具有相对自由的贸易体制,既没有什么数量控制,也很少采取同价格相关的措施(如关税等)。中国香港和新加坡是实行这种战略的典型。

(三)混合型(或中间型)工业化战略

混合型工业化战略是指把内向型和外向型工业化战略相结合的战略。这种战略融合了出口导向和进口替代战略的要素,其保护措施属于中等保护水平,贸易政策既刺激了出口又消除了和进口替代相联系的反出口偏向,从而把有效的进口替代和适度的出口扩张结合起来。在20世纪六七十年代,巴西、哥伦比亚、菲律宾、泰国、埃及都实行过这种战略。

对以上各种工业化战略,发展中国家作何选择,取决于以下条件:第一,一国(或地区)的初始条件,如人口规模,收入水平,资源禀赋。第二,贸易政策以及由所选择的政策所反映的政策体制(或制度环境)。第三,外部事件(如战争、旱灾等)和世界经济状况。第四,工业化和经济发展阶段与水平,如出口导向战略的实施要以进口替代阶段为先导。

第三节 不同类型发展中国家的经济发展

参照联合国贸发会议对发展中国家的分类,我们将发展中国家分为石油输出国、农矿原料出口国、出口加工国(地区)和经济综合发展国等四种类型,分别对其经济发展战略和特点进行分析。

一、石油输出国的经济发展

联合国贸易和发展会议把石油和石油产品出口占总出口50%以上的国家列

为石油输出国。1974 年,属于这一类型的发展中国家共有 18 个,其中属于“石油输出国组织”的为 13 个,它们是:伊拉克、伊朗、科威特、沙特阿拉伯、委内瑞拉、阿尔及利亚、厄瓜多尔、加蓬、印度尼西亚、利比亚、尼日利亚、卡塔尔、阿拉伯联合酋长国,其他国家为:阿曼、巴林、文莱、安哥拉以及特立尼达和多巴哥。1976 年发展中国家的石油产量占世界石油总产量的 58.8%,而其石油出口占世界石油出口总额的 90.3%。其中“石油输出国组织”13 个成员国石油产量占世界的 51.3%,出口量占世界的 84.4%。

20 世纪以来,亚非拉地区的石油资源一直是帝国主义国家争夺的战略原料。直到二次世界大战以后,发展中国家的石油资源,大部分仍然控制在西方石油垄断资本手里。到 1972 年,美国、英国、荷兰、法国等国的 8 家大石油垄断公司(即美国的埃克森、德士古、莫比尔、加州美孚和海湾等五家石油公司,英国石油公司,英荷壳牌石油公司和法国石油公司),控制了世界石油开采的 65%,亚非拉地区石油开采的 76% 和中东石油开采的 87%。

从 20 世纪 60 年代开始,随着产油国纷纷独立,亚非拉产油国同西方石油垄断公司的斗争进入了一个新的时期。1960 年 9 月,“石油输出国组织”成立,该组织成员国同国际石油垄断公司进行了长期不懈的斗争。20 世纪 70 年代以后,该组织成员国通过增收石油所得税,修改石油标价,加强对外国石油公司的监督,参与股权,对外国石油公司实行国有化,独立进行石油的出口和销售等措施,收回了石油资源的主权。结果“石油输出国组织”成员国的石油收入极大增加,从 1972 年的仅 144 亿美元,增至 1980 年的 2 700 多亿美元,增加了 17.8 倍。

石油输出国经济发展战略的主要特点是:充分利用得天独厚的丰富石油资源,通过大量的石油及其制品的出口,换取巨额石油收入,改变单一经济结构,实现国家工业化。其主要战略措施包括:

第一,发挥石油资源优势,大力发展石油工业,促进石油及其制品出口。一些石油输出国通过对石油资源有计划地开采,积极发展炼油工业,提高炼油能力,发展石油的深度加工,增加出口石油的附加价值;大力发展石油化学工业,生产化肥和各种化工原料,除满足国内需求外,还向国外出口。例如,石油输出国组织成员国的炼油能力,1973 年仅 1.92 亿吨,1977 年增至 2.38 亿吨,1985 年达 3.5 亿吨。

第二,实行进口替代战略,促进本国非石油产业发展,改变单一经济结构。一些石油输出国采取一定的贸易保护政策,一方面,大量发展与人民生活密切相关的轻工业,以满足人民生活多样化的需求;另一方面,重视钢铁、金属冶炼、水泥等重工业的发展。例如,20 世纪 80 年代初,石油输出国组织成员国的钢生产能力已达 2 500 万吨,不少国家钢铁不仅可以大部分自给,而且还有少量出口。

20 世纪 70 年代以后,一些石油输出国也开始重视农业的发展。一些国家炎热干燥、沙漠化严重。为了改变气候、环境恶劣对种植业生长不利的影响,这些国家的政府投入巨额资金,用于垦荒、兴修水利,发放低息贷款,实行价格补贴,以此促进农业生产发展。例如,沙特阿拉伯的小麦产量从 1974 年的 12.6 万吨增加到 1984 年的 136 万吨,已能大部分满足国内需要。但是,仍然有一些石油输出国存在较严重的"重油轻农"现象,20 世纪 80 年代以来,这些国家也已开始重视农业的发展。

第三,加强基础设施建设,大力发展文化教育、医疗卫生和社会福利事业。许多石油输出国为了促进社会的发展,投入大量资金加强交通、运输、通信、供水、供电等基础设施的建设。例如,据估计,1980 年石油输出国组织成员国的发电量,比 1974 年增加了 5 倍。一些国家在发展文化教育方面也有显著成效,例如,1960 ~ 1980 年,沙特阿拉伯成人识字率从 3% 上升到 25%,阿尔及利亚从 10% 上升到 35%,伊朗从 16% 上升到 50%。此外,一些富裕的石油输出国实行了免费教育、免费医疗、免所得税、养老制等福利措施。

上述战略措施促进了石油输出国的经济快速增长和发展。一些国家已经属于世界上最富有的国家,其人均国民生产总值甚至超过许多发达国家的水平。但是,由于社会、经济制度等各方面的原因,许多石油输出国内存在财富分配严重不均的状况,两极分化日益严重,成为一些国家政局动荡的重要因素。

二、农矿原料出口国的经济发展

农矿原料出口国是指农(主要是经济作物)矿(石油除外)业在国民经济中占主要地位,其初级产品出口占出口总额绝大部分的国家。这类国家大约有 50 多个。由于长期的殖民统治和掠夺,使这些国家形成了严重的畸形经济结构,国民经济的发展主要依靠一种或几种农矿原料的生产和出口。例如,在亚洲,泰国的大米,缅甸的柚木,马来西亚的锡和橡胶;在非洲,赞比亚和扎伊尔的铜,利比里亚的铁矿石,几内亚的铁矾土,加纳的可可,冈比亚和塞内加尔的花生,苏丹的棉花,索马里的牲畜;在拉丁美洲,智利的铜,玻利维亚的锡,哥伦比亚的咖啡,厄瓜多尔的香蕉等。

这类国家在独立后,采取了发展民族经济的战略,但是由于各种原因,取得的结果却有很大的差异。

其中一类国家由于实行了适合本国国情的经济发展战略,取得了较大的成功。这里以东南亚国家联盟中的泰国、马来西亚、印度尼西亚和菲律宾(以下简称东盟四国)为例进行分析。东盟四国经济发展战略的共同特点是:自第二次世界大战后相继独立以来,从20世纪50年代(菲律宾于1950年,泰国于1954年,印尼于1956年,马来西亚于1957年)开始,各国先后实行了促进初级产品出口多样化和进口替代工业化相结合的发展战略;60年代末70年代初以来,开始实行出口导向和进口替代相结合的工业化发展战略。

(一)促进初级产品出口多样化

经过多年的努力,东盟四国发挥资源优势,已从过去依赖少数农矿初级产品出口发展到出口产品多样化。

以泰国为例,在农产品方面,大米是泰国传统的出口产品。20世纪60年代以后,其他农产品,如橡胶、木薯、玉米、高粱、甘蔗、水果和蔬菜等的生产和出口都显著增加。大米占农业产值和出口的比重,从1960年的37.7%和30%,下降到1987年的20.3%和16.2%。20世纪70年代以来,泰国成为仅次于巴西的世界第二大木薯生产国和第一大出口国,每年出口量约占世界出口总量的90%。与此同时,泰国仍然保持大米出口大国的优势,20世纪80年代末以来,泰国大米每年出口量在400万吨以上,成为世界第二大出口国。1992年,泰国大米产量达到1 800多万吨,出口量达到500万吨,成为世界第一大出口国。此外,渔业部门也已成为泰国经济中收入和出口的主要来源,如冻虾和墨鱼已成为泰国的主要出口产品。泰国采取促进农业发展的措施,包括发放农业贷款,政府增加对农业基础设施的投资,制定农产品收购保障价格,建立农产品收购网以保证农产品价格的贯彻等。

在矿产品方面,泰国的矿产资源丰富,锡矿1981年探明的储量为150万吨,居当时的世界首位。其他矿产资源如钨、铁、煤、铜、锰、锑、萤石、石油、宝石、盐、铅等,也有一定的储量。泰国从20世纪70年代开始大力发展采矿业,矿产品生产和出口的数量和品种有很大增加。例如,泰国锡矿的产量和出口量仅次于马来西亚和印尼,居世界第三位,珠宝装饰品每年出口额在10亿美元以上,成为世界第二大珠宝出口国。①

① 叶卫平.东盟经济圈与中国企业.北京:中国经济出版社,1996

（二）实行进口替代和出口导向工业化战略

东盟四国在独立之初，基本上没有工业或很少工业。为了获得经济的独立和发展，从20世纪50年代到60年代，东盟四国实行了进口替代工业化战略，主要生产劳动密集型的工业品，包括纺织、服装、食品、饮料、烟草、木材和木制品等。这使得东盟四国的工业在国民经济中的地位有所上升。例如，工业占国内生产总值的比重，泰国从1960年的19%上升到1970年的26%；马来西亚从1960年的18%上升到1965年的25%；印度尼西亚从1951年的12%上升到1970年的21%；菲律宾从1950年的14%上升到1970年的29%。①

20世纪60年代末70年代初，东盟四国由于国内市场狭小，进口替代工业已不能仅靠内部需求来推动，在亚洲"四小龙"（韩国、中国台湾、新加坡、中国香港）的成功示范带动下，东盟四国开始实行战略转型，在原先进口替代的基础上，实施出口导向的工业化战略，发展外向型经济，即通过引进西方发达国家和亚洲"四小龙"的资金技术，大力发展劳动密集型的出口加工业，并进一步实现出口产品多样化和提高初级产品的加工度。到70年代末，东盟四国除印度尼西亚外，其余三国的出口结构都发生了很大变化，农矿初级产品占出口总值的比重，泰国、马来西亚、菲律宾分别从1960年的98%、94%、96%，下降到1979年的75%、82%、65%；制成品占出口总值的比重，泰国、马来西亚、菲律宾分别从1960年的2%、6%、4%上升到1979年的25%、18%、35%，②其中主要是纺织品和服装、加工食品等劳动密集型产品。

20世纪70年代末80年代初，东盟四国再一次进行战略调整。80年代前半期，一方面引进西方发达国家的资金技术，实行第二次进口替代战略，重点发展钢铁、石油化工、机器制造业、电力等重化工业以促进产业结构升级；另一方面则引进亚洲"四小龙"的资金技术，发挥本国劳动力资源丰富和价格低廉的优势，扩大劳动密集型产品的生产和出口。但是，东盟四国重化工业的发展受到资金不足的限制，为此从80年代中期开始又对经济战略进行了调整，在继续实行重化工业进口替代的同时，充分发挥本国资源优势，大力发展以本国资源和原材料为主的劳动密集型产品出口，尽量提高农矿出口产品的加工度和附加价值，为发展重化工业积累资金，被称为"第二次出口导向战略"。到80年代末，东盟四国工业占国内生产总

---

① 熊性美，陈漓高．中国外向型经济发展战略．北京：中国物价出版社，1992：36

② 熊性美，陈漓高．中国外向型经济发展战略．北京：中国物价出版社，1992：33

值的比重进一步上升。1988 年，泰国、马来西亚、印度尼西亚、菲律宾的工业占国内生产总值的比重分别为：35%、40%、36%、34%；同年，四国制成品占出口总值的比重分别为：52%、45%、29%、62%。①

20 世纪 80 年代末 90 年代初，由于日元升值和亚洲"四小龙"的经济发展，同时为了摆脱欧洲和美国对其出口产品的限制，日本和亚洲"四小龙"掀起了向东盟国家投资的热潮，以此来输出已失去竞争力的传统产业，利用当地的廉价劳动力加强出口竞争力。于是，大量外资涌入东盟四国面向出口的制造业部门，如泰国的纺织服装、电子装配业和塑料制品等行业；马来西亚的电子、电器、化工、木材加工和纺织品等；印度尼西亚的食品、纺织品和皮革、木材和木制品、化学产品、橡胶制品和金属制品等。

由于 20 世纪 90 年代初以后，外资开始从以劳动密集型产品为主向技术密集型过渡，促进了东盟国家出口产品的技术和档次的升级。东盟国家已发展成为世界上重要的电子电器生产和装配基地。与此同时，东盟四国的经济结构也发生了巨大变化，已从原先的农业国进入工业化国家的行列。②

1997 年，一场历史上罕见的金融危机席卷东南亚地区，东盟四国首当其冲。这次危机从泰国开始，随之波及菲律宾、印度尼西亚、马来西亚等东南亚国家和地区，影响了亚洲和世界经济。危机期间，东盟四国企业大量倒闭、失业人数激增，出口继续下跌、外汇储备剧减，经济增长率下降、通货膨胀率上升。1998 年，四国经济增长率，泰国为 -10.8%，印度尼西亚为 -13.1%，马来西亚为 -7.4%，菲律宾为 -0.6%。

这次金融危机爆发从东盟四国内部来看，主要有两方面的原因：

第一，产业结构与出口结构的缺陷。虽然东盟四国从 20 世纪 90 年代开始发展技术密集型产业，然而产业结构基本上仍处于工业经济阶段。在产业结构转换和升级过程中也存在一些明显的缺陷。一是外资流入和银行贷款大量投入房地产业，同时短期资本又大量集中于证券市场。二是以产品出口作为本国经济增长的主要动力，形成高度依赖国际市场的产业结构。三是东亚经济体在发展技术密集型产业时，过于单一地将电子产业作为国民经济的支柱产业，致使东亚区域内产业结构与出口结构趋同，加剧了国际市场竞争。1995 年，电子产品出口占总出口的

---

① 熊性美，陈漓高．中国外向型经济发展战略．北京：中国物价出版社，1992：33，36

② 陈文宏，朱文辉，蔡志斌，王玉清．东亚经济何处去——97 东亚金融风暴的回顾与展望．北京：经济管理出版社，1998

比重,马来西亚为50%,菲律宾为45%,韩国为40%,泰国为33%。这样,当1996年世界电子产品市场出现需求疲软时,就导致一些国家(地区)的电子产品严重积压,价格大幅下跌,出口急剧下降,国际收支恶化。

第二,经济体制的弊端。这其中之一即是僵硬的汇率制度和资本项目下宽松的外汇管制。长期以来,东盟四国实行的是钉住美元的固定汇率制。20世纪90年代以来,一方面,随着这些国家竞争力下降和出口贸易剧减,经常项目赤字上升,加之与其货币挂钩的美元汇率强劲,加重了这些国家货币贬值的压力。国际炒家正是看准了其汇率制度的脆弱性,以泰铢为突破口发起冲击,引发了金融危机。另一方面,这些国家又实行了过快的金融自由化政策,资本项目下的外汇管制基本取消,为国际游资进行外汇投机大开方便之门,成为金融危机发生的重要条件。此外,这些国家普遍缺乏有效的金融监管机制,致使外资大量流向房地产和证券市场,形成泡沫经济。泡沫经济破灭则成为引发金融危机的一个内在因素。

1999年以来,亚洲金融市场趋于稳定,东盟四国经济开始复苏,经济步入正常增长。此后,四国经济进入一个相对稳定的调整时期,包括对产业结构、经济体制和发展战略的调整。这是一个较长期艰难的过程。只要调整和改革取得成效,四国经济再次出现繁荣是有希望的。

农矿原料出口国中也有一些国家,虽然也有较好的自然资源条件,但是由于各种原因,特别是体制的缺陷和经济政策的失误,经济发展并不理想。这些国家要获得工业化的成功,还需付出更大的努力。

三、出口加工国(地区)的经济发展

在发展中国家,有少数国家和地区,面积不大,自然资源也不多,但是有优越的地理环境并具有一定技术的廉价劳动力。第二次世界大战后,这些国家和地区通过实行外向型经济发展战略,迅速成长为新兴工业化经济体,取得了举世瞩目的成就,它们主要包括韩国、新加坡、中国的台湾和香港地区,被称为亚洲“四小龙”或亚洲“四小”。

亚洲“四小”都是在工业基础非常薄弱的条件下开始工业化进程的,而且除中国的香港外,都是从进口替代战略起步的。中国的台湾于1953年到1960年前后,韩国于1953年到1963年,新加坡于1961年到1966年前后,都曾实行过发展劳动密集型工业的进口替代。中国香港作为自由港,没有实行过进口替代战略,但从20世纪50年代中后期起,也通过加快以纺织业为先驱行业的加工业的发展,奠定了轻工业产品出口扩张的基础。

20 世纪 50 年代末 60 年代初,“四小”进口替代工业的发展很快就受到了内部市场狭小的限制,对进口原材料和设备的依赖,使国际收支逆差趋于扩大。此时正值西方发达国家进行产业结构调整,着重发展资本和技术密集型产业,而将某些劳动密集型工业向海外转移的时期,“四小”适时抓住良机进行战略转型,中国台湾从 1960 年前后、韩国从 1964 年、新加坡从 60 年代中后期开始相继从内向型战略转变为外向型战略,表现为实行货币贬值,以单一汇率制取代多重汇率制,放松进口管制,实行鼓励出口的税收、信贷制度等;中国香港则利用自由港的条件在 50 年代末 60 年代初,从原先的转口贸易直接转向出口导向战略。

亚洲“四小”的出口导向战略主要是依靠两个“动力”和一个“轴心”。这两个“动力”,一是引进西方发达国家的资金技术,二是制成品出口扩张;而实现产业结构与出口结构的逐步升级则是由这两个“动力”带动运转的“轴心”。

(一)引进西方发达国家的资金技术促进产业结构和出口结构的升级

从第二次世界大战后到 20 世纪 80 年代,西方发达国家进行过三次产业结构调整和转移。第一次是在 20 世纪五六十年代,西方发达国家着重发展资本和技术密集型产业,而将某些劳动密集型产业向海外转移;第二次是 70 年代,西方发达国家加速发展技术知识密集型产业,将一部分资本密集型产业向海外转移;第三次是 80 年代以后,西方发达国家在加速发展以微电子为基础的信息技术、生物技术、新材料技术、新能源技术、空间技术、海洋技术等高技术新兴产业的同时,把一些淘汰的劳动密集型、资本密集型甚至是技术密集型产业向海外转移。

亚洲“四小”充分利用了西方发达国家三次产业结构调整的时机,引进跨国公司的对外直接投资。发达国家对外直接投资所转移出来的资金技术与“四小”的当地资源相结合,以及亚洲“四小”在 20 世纪 70 年代以后加紧向东盟四国的产业转移,改变了“四小”和东盟四国的要素供给结构,从而优化了产业结构和出口结构。

西方发达国家跨国公司的直接投资对亚洲“四小”的产业结构和出口结构转换的影响,特别明显地表现在制造业部门。一方面,外资企业的制成品生产和出口已经成为“四小”制成品生产和出口的重要组成部分;另一方面,外资企业产业结构和出口结构的逐步升级也带动了“四小”产业结构和出口结构的升级。

(二)通过制成品出口扩张带动产业结构和出口结构的升级

制成品出口扩张的深层含义是以国际市场需求为导向扩大制成品的出口,而国际市场需求结构的变化则通过与之相应的制成品出口类型的变化带动了产业结构和出口结构的优化。

战后西方发达国家的三次产业结构调整和转移，为亚洲“四小”先后提供了占领和扩充大量劳动密集型产品、资本密集型产品和某些技术密集型产品的国际市场的机会，从而形成了亚洲“四小”外向型工业化战略和外向型经济发展的三个阶段，同时也是产业结构和出口结构逐步升级的三个阶段。

第一阶段是在20世纪60年代，亚洲“四小”大力发展劳动密集型制成品的生产和出口。

第二阶段是在20世纪70年代，“四小”利用西方发达国家进行第二次产业结构调整和转移的时机实行战略转型，促进产业结构和出口结构升级。中国台湾从1972年、韩国从1973年开始，在继续发展外向型经济加速轻纺工业产品出口扩张的同时，实行重化工业的进口替代；新加坡虽然没有实行第二次进口替代，但却在70年代初开始通过新兴工业政策调整和大量引进西方发达国家的资金技术，加速发展重化工业；中国香港没有走发展重化工业的道路，但却从60年代末起通过引进西方发达国家的资金、技术和管理经验，大力发展以电子工业为中心的资本和技术密集型产业及其他加工业，同时又加速发展对外贸易、交通运输、房地产业、金融业和旅游业，成为一个结构多元化的工商业城市。这个时期，亚洲“四小”在继续发展劳动密集型产品出口的同时，加速发展资本密集型产品的生产并逐步增加该类产品的出口。

第三阶段是在20世纪80年代。70年代末以后，亚洲“四小”的劳动密集型产品因工资成本上升而丧失价格优势，同时这些产品的出口又受到西方发达国家贸易保护主义日益严重的限制。于是亚洲“四小”利用西方发达国家第三次产业结构调整和转移的时机实行战略转型。新加坡和中国台湾于1979年分别提出“第二次工业革命”和“科技升级”，韩国于80年代初提出“科学技术立国”战略，中国香港也对促进科技发展表现出积极态度。“四小”通过积极引进外资和技术，大力发展以电子工业为中心的技术知识密集型产业，促进产业结构和出口结构的升级；同时又通过增加对外直接投资，将一些劳动密集型产业（主要是轻纺工业）向东盟、中国等地转移。

亚洲“四小”在20世纪60年代初开始从进口替代战略转向出口导向战略后，经济迅速增长，多项经济指标都走在世界前列，1970～1988年不到20年时间里，人均GNP增长10倍左右或以上，跨入举世瞩目的新兴工业化国家行列，创造了世界经济奇迹。

20 世纪 90 年代以来,亚洲“四小”加速进行产业结构调整,大力发展高新技术产业。从 90 年代初起,韩国制定并实施了面向 21 世纪的科技发展新规划,提出了 2000 年跻身于世界科技七强的奋斗目标。新加坡提出 90 年代实行“第三次经济发展战略转变”,继续大力发展高新技术知识密集型产业,并重点转向优先发展高附加价值的新型产业及金融、咨询等服务业。中国台湾于 1991 年召开了第四次科技大会,拟定了台湾科技发展的 10 年规划,提出要在 21 世纪成为“亚洲技术中心”。中国香港特区政府也成立了科技中心,建立科研基金。这些国家和地区还颁布科技法规,以保障科技进步。同时,不断加大科技投入,努力提高投资效益。①

在 1997 年东亚金融危机中,韩国是“四小”中的最大受害者。表现为若干大企业集团申请破产保护或者倒闭,股票价格暴跌,汇率急速下降,企业纷纷裁员,经济增长率下降,1998 年韩国的经济增长率为 -6.7%。而新加坡、中国的台湾和香港地区则由于经济基础较稳固,或者金融体系较完善,外汇储备额高,政府措施得当,在这次金融风暴中有惊无险,其中,新加坡所受影响最小。

韩国在这次金融危机中之所以受到严重冲击,从内部来看,主要有两方面原因:

第一,经济体制的弊端。“政府主导型”经济体制被普遍认为是东亚发展模式的一个主要特征。其核心是在发挥市场机制在资源配置中的作用的同时,特别重视政府对社会资源配置和企业经营方向的指导作用。这种经济体制对加速东亚经济体的工业化进程曾起过十分积极的作用,但是其一些方式也有弊端。韩国政府为实施大企业集团战略,促进支柱产业形成,政府高级官员直接参与金融机构对企业的贷款活动。这种“官制金融”体制,降低了金融机构应承担的借贷风险,导致企业过度负债经营,银行出现大量呆账、坏账。当一些大企业集团在债务危机中相继破产时便易引发金融危机。

第二,经济、科技发展战略的缺陷。第二次世界大战后,东亚国家与地区普遍实行“赶超型”经济发展战略。韩国的“赶超型”战略自 20 世纪 80 年代以来已进入后期,而东盟四国正处于中后期。这样,韩国一方面在高技术产品上受到发达国家的挤压,另一方面在传统产业上又受到东南亚国家的挑战。80 年代以来,虽然韩国及东南亚国家都先后提出科技发展战略或政策,但是由于基础研究力量薄弱,高科技产业又过于集中于电子行业,因此,一方面,出口结构趋同,加剧了互相之间

① 吴建华. 东亚现代化与中国. 北京:中央编译出版社,2004:110 ~ 111

的竞争;另一方面电子产品零部件组装的相当大部分要从发达国家进口,当国际市场电子产品价格下跌,出口急剧下降时,贸易逆差加大,这对韩国陷入金融危机起了推波助澜的作用。

1999 年,东亚经济开始快速复苏,其中,韩国的经济增长率高达 10.9%。除了扩张性财政政策的作用外,国际电子产品市场复苏也是一个重要因素。然而,不仅韩国,其他东亚国家和地区同样都面临经济体制改革、产业结构和经济发展战略调整的艰巨任务。这是在经济全球化和知识经济时代,东亚经济体在 21 世纪再创“经济奇迹”的必由之路。

四、经济综合发展国的经济发展

经济综合发展国家如亚洲的中国、印度,拉丁美洲的墨西哥、巴西、阿根廷,非洲的埃及等。这些国家幅员辽阔、人口众多,自然资源丰富,劳动力充足,拥有潜在的巨大国内市场,具有经济综合发展的条件。

这里以拉丁美洲的巴西为例,对其经济发展战略的特点和成效进行分析。

20 世纪 20 年代以前,巴西的经济结构以农业为主,工业为辅。国家经济主要建立在咖啡生产和出口的基础上,1929 年世界经济危机之前,巴西的咖啡年产量约占世界产量的 1/3 至 1/2。巴西外汇收入主要依赖于农产品的出口,1925~1929 年,仅咖啡、可可、橡胶三项,就占巴西出口总值的 77.1%。与此同时,工业也比较落后,工业结构基本上以轻工业和纺织工业为主,重工业还未建立起来。手工工场,半手工业作坊还大量存在,约占工业企业的一半以上。

1929 年的世界经济危机对咖啡等农产品生产造成了严重的冲击。1931 年的咖啡价格只相当于 1925~1929 年的平均价格的 1/3。巴西的咖啡、可可、橡胶以及畜产品的出口急剧下降。经济危机对生产的冲击,使巴西政府认识到仅仅依靠极少数初级农产品的出口是其经济的主要弱点,而要摆脱困境就必须实现农业生产的多样化。于是巴西大力发展从 20 世纪 20 年代初就开始试种优质新品种的棉花种植业,到 1935~1939 年,棉花出口量年均已占总出口量的 18.6%,在巴西出口总额中仅次于咖啡,居第二位。这种新品种棉花在危机期间仍保持较高价格。棉花种植业的迅速发展,不仅有助于缓解巴西的经济危机,也为巴西的工业革命创造了有利条件。

(一)实行进口替代工业化战略

从 1930 年到 20 世纪 50 年代,巴西为了恢复和振兴民族经济,推行了工业特别是重工业的进口替代政策。

巴西政府在工业化过程中加强了对经济的领导和干预作用。特别是在1939年第二次世界大战爆发以后,巴西政府对巴西工业发展制订规划,以便有计划、有步骤地实现工业化。巴西政府还通过建立新的金融机构,向国际金融机构举借大笔贷款等在国内外积极筹措资金,支持工业建设。政府还通过实行国有化政策,控制了石油开采和提炼、煤矿和铁矿开采业、钢铁工业、水泥工业、交通运输业、银行和信贷业等与国计民生有重大关系的经济部门。

这个时期,巴西不仅轻工业有所发展,而且重工业也得到了优先发展。早在二战期间,巴西的生铁、钢材、煤炭、铁矿砂、电力和纺织业的产量,在拉丁美洲国家中已占第一位。随着工业的迅速发展,巴西的经济结构也发生了重大的变化。农业在国民生产总值中所占比重逐渐下降,而工业在国民生产总值中所占比重逐渐上升。到1953年,巴西工业和农业占国民生产总值的比重分别为23.7%和26.1%,这表明巴西已从农业国向工业—农业国迈进。

(二)实行适度的出口鼓励战略或混合型工业化战略

巴西从20世纪60年代初开始,实行了一种新的混合型工业化战略,即在对某些进口替代工业继续进行保护的同时,采取鼓励制成品出口的措施。为了消除或者降低保护措施对出口的歧视倾向,对出口企业实行了出口退税和出口补贴政策。

1968~1974年,巴西经济经历了为期7年的繁荣时期,被称为“巴西经济奇迹”。在这一时期,国内生产总值年均增长率达10.1%,工业增长率年均达12.2%。1970~1973年,出口年均增长率达21%。1965~1969年,外国直接投资年均流入8 400万美元,而1973年和1974年分别为97 700万美元和94 400万美元。1965~1969年国外贷款年均60 400万美元,1973年和1974年分别为45亿美元和66亿美元。到20世纪70年代中期,巴西已经建立了既有基础工业部门,又有新兴产业部门的较为完整的工业体系。经济结构发生了很大变化。到1983年,在国内生产总值构成中,工业占35%,农业已降为12%。

需要指出的是,巴西在工业化过程中积极利用外资来促进经济的发展。1982年,外国在巴西的投资与再投资达211.76亿美元。1980年工业部门外资企业的产值为159亿美元,占当年巴西国内生产总值的8.1%。同年,在外资企业工作的工人占巴西产业工人总数的18.5%。外资企业为巴西产品出口提供了国际销售渠道,促进了巴西出口产品多样化,给巴西带来了先进的生产技术和管理经验。但是,外国直接投资对巴西的经济发展也有一些消极的影响。例如,外资企业在一些部门占有较大的优势，1980 年，外资企业产值占本部门产值比重较大的部门为：化妆品、肥皂和烟草工业，均为 80%，电子与通信 79%，交通 75%，人造橡胶和医药工业 50%，机械工业 29.8%，化学工业 24% 等。此外，民族私人资本企业在与强大的跨国公司竞争中处于不利地位。因此，巴西政府也从加强对本国企业的信贷等方面，提高其与外资企业的竞争力。

除了利用外国直接投资以外，巴西还通过实行负债发展战略来加速经济发展。1967 年巴西的外债总额是 33 亿美元，1973 年增加到 126 亿美元，1977 年上升到 300 亿美元，1981 年达到了 610 亿美元。在 14 年内，其外债增加近 18 倍。1974 ~ 1978 年，巴西投资资金的 30% 来自国外的中长期贷款。一般认为，债务国每年的还本付息额不应超过其当年出口总额的 20% 或 25%，但在 1982 年巴西的这一指标超过了 91%，1967 ~ 1982 年间，没有一年低于 30%。巴西的负债发展战略增加了其经济发展的脆弱性，成为诱发债务危机或经济危机的隐患。

20 世纪 70 年代中后期，西方发达国家在经济"滞胀"条件下，实行贸易保护主义政策，限制进口，压低初级产品价格，使拉丁美洲国家深受其害；美国在 80 年代初实行高利率、高汇率政策，加剧了拉美国家的债务负担。1982 年 8 月，墨西哥宣布无力偿还外债，此后拉美各国先后陷入极为严重的债务危机。1987 年 2 月，巴西单方面宣布延期偿还债务。在整个 80 年代，拉丁美洲国家包括巴西经济陷入严重衰退时期，被称为"失去的十年"、"衰退的十年"。

为了摆脱经济困境，拉丁美洲各国从 20 世纪 80 年代中期开始进行经济改革，中心是减少国家干预和扩大对外开放。拉美国家从总体来看，改革取得了成效，摆脱了 20 世纪 80 年代的经济困境，从 1991 年起，经济趋于好转。除墨西哥 1995 年金融危机和巴西 1999 年金融动荡外，历年平均经济增长率都在 3% 左右。但是 20 世纪 90 年代对巴西来说又是一个"失去的 10 年"，1990 ~ 1999 年间其经济增长率只有 1.7%，低于 1980 ~ 1989 年的 2.9%。

思考题

1. 分析发展中国家的基本经济特征及其形成的原因。
2. 试结合发展中国家的实践阐述工业化的类型及其在经济发展中的作用。

主要参考文献

1　畅征,刘青建.发展中国家政治经济概论.北京:中国人民大学出版社,2001

2　程极明.世纪经纬——20世纪世界经济的总结与展望.南京:南京师范大学出版社,1999

3　池元吉.世界经济概论.北京:高等教育出版社,2003

4　刘力.全球经济中的发展中国家——可持续发展·贸易与环境.广州:中山大学出版社,2004

5　陆国俊,金计初.拉丁美洲资本主义发展.北京:人民出版社,1997

6　[美]M.P.托达罗.第三世界的经济发展.中译本.北京:中国人民大学出版社,1988

7　王朗玲,孟庆琳.西方经济思想库.第二卷.北京:经济科学出版社,1997

8　巫宁耕.战后发展中国家经济概论.北京:北京大学出版社,1986

第九章 由计划经济向市场经济转轨国家的改革与发展

第一节 计划经济体制与前苏联、东欧国家剧变前的经济体制改革

一、计划经济体制

“经济体制”实质上是社会资源的配置方式。目前我们主要区分为计划经济体制和市场经济体制两种。无论实行何种经济体制，都必须与社会生产力发展水平相适应，而与实行何种社会制度无关。但是这种认识，却是经过人类社会几十年的实践，付出了沉重代价才得到的。

1917年俄国十月革命胜利后，建立了世界上第一个社会主义国家前苏联。但是社会主义制度没有现成的实践经验可以借鉴，前苏联的缔造者只能根据对马克思主义创始人理论的理解，来创立社会主义经济制度。马克思认为：“生产资料的全国性的集中将成为由自由平等的生产者的联合体所构成的社会的全国性基础，这些生产者将按照共同的合理的计划自觉地从事社会劳动。”①恩格斯也指出：“一旦社会占有了生产资料，商品生产就将被消除，而产品对生产者的统治也将随之消

① 马克思恩格斯. 马克思恩格斯选集. 北京：人民出版社，1972，2：454

除。社会生产内部的无政府状态将为有计划的自觉的组织所代替。”[①]前苏联社会主义制度的缔造者列宁则进一步强调计划对社会主义国家的重要性，他指出：“没有一个使千百万人在产品的生产和分配中最严格遵守统一标准的有计划的国家组织，社会主义就无法设想。”[②]并认为在共产主义社会的第一阶段即社会主义阶段，“整个社会将成为一个管理处，成为一个劳动平等、报酬平等的工厂”[③]。因此，在传统的观念中，计划或计划经济成为社会主义的一个本质特征，社会主义甚至等同于计划经济。

马克思主义创始人所设想的社会主义，是在资本主义生产力高度发达的基础上建立起来的，然而十月革命时的俄国还是一个资本主义发展比较落后的国家。即使到了现在，人类社会科学技术水平和生产力水平达到了空前的高度，但是仍远未具备仅仅通过一个社会中心制订计划来实现社会资源配置的条件。因此，20 世纪 30 年代在前苏联成型，以后在其他社会主义国家推广的、高度集中的计划经济体制，实际上超越了当代社会生产力发展的水平。这种计划经济体制是在特定历史条件下形成的，被称为中央计划经济体制或传统计划经济体制。

社会主义国家在改革以前实行的中央计划经济体制有以下主要特征：

第一，国家所有制居于主导地位。社会主义国家有两种公有制形式：国家所有制和集体所有制。国家所有制居于主导地位，被称为全民所有制；而集体所有制则处于从属地位。

第二，经济决策权高度集中。国家不仅在宏观上对社会资源配置进行决策，而且对微观经济主体的生产经营活动和分配有决定权，企业没有经营自主权，成为行政管理机构的附属物。

第三，指令性计划和行政命令成为社会资源配置的主要手段。排斥市场调节的作用，商品货币关系受到严格的限制，价格仅仅作为核算手段，而且严重僵化，长期不变，不能反映商品的稀缺性。

第四，分配过程带有平均主义色彩。忽视物质利益原则，以致按劳分配原则几乎成为形式，使劳动者的积极性不能充分发挥。

中央计划经济体制的优点是国家能最大限度地动员和集中有限的社会资源服务于特定的目标，因而在战争时期、战后的恢复重建时期、落后国家实行赶超战略

---

① 马克思恩格斯. 马克思恩格斯选集. 北京：人民出版社，1972，3：323

② 列宁. 列宁选集. 北京：人民出版社，1960，3：545

③ 列宁. 列宁选集. 北京：人民出版社，1960，3：258

的初期能较好地发挥作用。

但是中央计划经济体制也有着严重的弊端。主要表现为:

第一,社会资源配置不合理。中央计划经济体制的本意,是中央计划当局通过制订计划自觉地实行对社会资源的有效配置。但是中央计划经济有效运行的前提,"一是中央计划当局掌握充分而完整的信息,二是信息的传输与处理非常迅速,三是信息在传输过程中不因各种利益关系出现失真与歪曲"①。很显然,当前的科技和生产力发展水平还不具备这些前提。还必须依靠市场调节机制,在计划的指导下,才有可能较好地实现社会资源的合理配置。因此,排斥市场调节的中央计划经济体制由于经济决策权高度集中在少数人手里,很难避免决策中的主观主义,从而造成资源配置的不合理,使国民经济比例失调。例如,为了尽快实现工业化,而忽视了农业的发展;为了优先发展重工业,又忽视了轻工业的发展;为了追求经济高速增长,提高了积累率,却降低了人民的消费水平;等等。往往使得一方面许多产品特别是消费品供应严重短缺,出现所谓的"短缺经济",而另一方面又有一些产品大量积压,导致资源浪费。

第二,经济效率低下。社会主义国家的国有企业虽然称为全民所有制企业,但是作为行政管理机构的附属物,产权并不明晰,上级行政机构用计划和命令来指挥企业的经营活动,却不必对其经营的后果负责;企业的经营者只需按上级计划行事,却不必对企业的亏损负责,即所谓"人人都是企业的主人,人人都不必对企业负责";企业的经营活动只考虑如何完成上级计划指标,而不是如何适应市场需求;衡量企业经营业绩的主要标准是增长率,而不是企业的利润率;企业一旦建立,就不用担心被淘汰,职工也不用担心会失业,即所谓"两个铁饭碗";企业职工的收入与其劳动成果没有密切挂钩,企业的分配所得与其经营成果没有必然联系,也就是所谓的"职工吃企业的大锅饭,企业吃国家的大锅饭"。在这种体制之下,企业通过高投入、高消耗来实现高增长,实行粗放式经营;企业经营者和职工缺乏技术创新的内在动力和持续的劳动积极性,企业普遍设备陈旧,工艺落后,经济效率低下。

二、前苏联、东欧国家的经济体制改革

20 世纪50 年代以前,前苏联和东欧社会主义国家的经济建设取得了较好的成就,经济增长率较高。但是,随着世界经济形势的变化,世界科技发展水平的提高,

---

① 孔田平. 东欧经济改革之路——经济转轨与制度变迁. 广州:广东人民出版社,2003:9

以及这些国家经济发展的深化，中央计划经济体制的上述弊端开始日益显现出来。从20世纪50年代起，前苏联、东欧国家开始了漫长的经济体制改革过程。

（一）前苏联的经济体制改革

前苏联解体以前，其经济体制改革经历了三个时期：

1. 赫鲁晓夫时期的改革。改革首先是从农业开始的。为了克服农业危机，1953年苏共中央提出的改革措施是：提高农产品征购和收购价格，降低农产品义务交售定额；大力提倡发展个人副业；实行大规模垦荒等。这次改革取得了较好成效。1958年与1953年相比，谷物增产91%（其中小麦增产131%），肉类增产62%，奶类增产105%，蛋类增产76%。但是由于改革只是对某些农业政策的调整，并未触及体制深层次的问题，因而其成效不能持久，开垦的荒地土壤迅速退化。1959年农业大减产，1963年发生了农业危机。农业改革陷入困境。结果农业经营的计划指标又重新恢复，自留地和个人副业重新受到限制，农业改革终于失败。

在农业改革的同时，苏共中央开始对工业经济管理体制进行改革。主要内容是：贯彻"物质利益原则"；精简中央经济管理机构和人员；取消部门管理体制，实行地区管理体制，把权力下放给各经济行政区国民经济委员会；减少国家计划指标；扩大各加盟共和国的职权等。但是这次改组并没有改变计划经济体制实行行政管理的实质，只是在集权和分权上做文章，企业仍然是行政机构的附属物，权力下放的结果是导致了地方主义和分散主义，造成了经济管理的混乱，企业效益下降。为此，赫鲁晓夫不得不把大部分管理权力重新收回到中央，加强对地方的集中控制。因此这是一次不成功的改革。

2. 勃列日涅夫时期的改革。1965年，以勃列日涅夫为首的苏共中央在"利别尔曼建议"的基础上推行"新经济体制"改革，主要内容是：撤销各经济行政区的国民经济委员会，重建中央各专业部；减少指令性计划；扩大企业的生产、经营活动权限；加强经济核算，在企业内实行利润提成制；加强经济刺激，把企业经营成果同经营者和职工物质利益挂钩；改变物资供应办法，在坚持国家对主要物资计划分配的前提下，建立供求企业之间的长期、直接联系；调整工业品批发价格；改革信贷制度，将国家拨款改为银行贷款；建立联合公司，减少管理层次等。上述改革措施在勃列日涅夫执政前期（1964～1974年）取得了较好成效，使前苏联的经济力量和人民的生活水平都有所提高；但在其执政后期（1975～1983年），经济又陷入了困境，发展速度减缓。20世纪60年代，前苏联国民生产总值年平均增长率为5.1%，1971～1975年为3.7%，1975～1980年降到2.7%，1982年又降到0.7%。

勃列日涅夫的改革最终陷入了停顿。主要原因是改革未能触及高度集中僵化的传统经济体制的弊病；经济增长方式以粗放式经营为主；农、轻、重比例长期失调；与美国开展军备竞赛加重了军费开支负担。这些都导致经济增长缓慢，扩大了在科学技术方面同西方发达国家的差距。再加上特殊利益阶层对改革的阻挠，使改革陷入了停滞状态。

3. 戈尔巴乔夫时期的改革。1982 年 11 月至 1985 年 3 月，勃列日涅夫、安德罗波夫、契尔年科三位苏联领导人相继逝世。1985 年 3 月戈尔巴乔夫上台执政。面临全面停滞的前苏联经济，戈尔巴乔夫决心通过经济体制的“根本改革”和政治体制改革，扭转经济停滞状况。经济体制改革的主要方案是：改变企业的经济地位，扩大企业的经营自主权，使其从单纯的计划执行者变为自负盈亏、相对独立的商品生产者；取消指令性计划，使计划调节与市场机制相结合；国家对经济的管理，从以行政方法为主转为用经济方法；向市场经济过渡等。但是改革因遇到巨大的阻力而困难重重，1989 年以后经济状况开始恶化。戈尔巴乔夫认为经济体制改革的最大阻力来自政治体制，必须通过政治体制改革来消除经济改革的障碍。政治体制改革以“民主化”、“公开性”和“多元化”为指导思想，以实现“民主的、人道的社会主义”为基本目标。但是这种急风暴雨式的政治体制改革是建立在经济困难重重的基础上的。而政治改革又导致了极度的思想混乱，社会秩序失控，这又加剧了社会动荡和经济危机，终于在 1991 年发生“8·19”事件，导致苏联解体，戈尔巴乔夫下台。

（二）东欧国家的经济体制改革

南斯拉夫、匈牙利和波兰是东欧社会主义国家中进行经济体制改革较早的国家。

1. 南斯拉夫的经济体制改革。1950 年，南斯拉夫就率先进行了改革，实行工人自治制度。把国家所有制改为“社会所有制”，将权力下放给各共和国。企业拥有简单再生产和收入分配的自主权，国家仍保留扩大再生产、投资、外贸和价格等的集中控制权。这个时期强调企业的独立性，注重物质刺激，引进了部分市场协调机制，打破了传统计划经济的僵化体制，促进了国民经济的迅速发展。1953～1963 年，南斯拉夫的工业年平均增长率为 13.8%，国民收入增加一倍，这是南斯拉夫经济改革取得最好成效的时期。

20 世纪 60 年代中期，南斯拉夫进一步扩大地方和企业的权力，国家放弃了投资决策权，企业获得扩大再生产的决策权。1971 年起，南斯拉夫实行联合劳动体制，联合劳动基层组织成为独立经济核算单位，享有生产、流通和分配的完全自主权。主要通过自治协议与社会契约来调节经济活动。但是南斯拉夫的社会所有制也同传统的国有制一样，具有产权不明晰的弊端，实行地方分权和取消国家控制，造成了多中心和国内市场分割，未能形成统一的市场。结果经济增长率逐步下降，1988 年社会产值下降 2%，劳动生产率下降 1.2%，失业人数剧增，年通货膨胀率为 215%，外债达 202 亿美元，引起了社会的不稳定。

2. 匈牙利的经济体制改革。1968 年 1 月，匈牙利开始全面开展经济体制改革，目标是建立把中央有计划控制和发挥市场调节机制作用有机结合起来的经济体制。中央仍制定中长期计划，取消对企业的指令性计划指标。企业经理仍由国家任命，价格主要由国家确定，企业经营效益的好坏在很大程度上取决于企业领导人同国家主管部门在财政上的讨价还价。新经济体制在改革初期促进了经济的发展，1968 ~ 1973 年，匈牙利的国民收入和工业年增长率都在 6% 以上。但在 1973 年国际石油危机以后，匈牙利经济也陷入了危机，经济改革出现倒退，中央集权重新恢复。

从 20 世纪 80 年代初开始，匈牙利允许发展多种形式包括私人的小型企业，允许职工从事第二职业。实行政企分开和权力下放，企业成立企业管理委员会，企业摆脱了行政部门的直接管理，享有充分的经营自主权。但是企业产权不明晰的弊病依然存在，企业不能破产，职工不会失业，过大的社会福利体系增加了财政赤字，计划与市场的混合造成了经济的混乱。1989 年初起，匈牙利开始实行“自发私有化”，向私人出售 10% 的国营股份公司股票。开始实行企业破产法，推进银行和税制改革。匈牙利市场取向的改革日益明显。

3. 波兰的经济体制改革。1956 年，波兰提出经济体制改革的方案，但却未能彻底实施，到 20 世纪 50 年代末，改革开始停顿和倒退。1970 年波兰政府企图通过提高食品和生活必需品的价格来解决市场供应不足的问题，引起了工人罢工和游行示威，并造成流血冲突，因此半途而废。20 世纪 70 年代初，波兰将部分产品定价权下放给联合公司，在化工、轻工等部门削减中央指令性计划指标，扩大联合公司的经营自主权。然而联合公司却利用其垄断地位，采取提高价格、以次充好的办法来提高利润和职工收入，从而加剧了商品短缺和通货膨胀。1973 年石油危机提高了进口商品价格和国内农产品价格，而政府补贴的增加又加重了财政负担。70 年代中，国家恢复了高度的中央集权，改革陷于倒退。

从 1982 年起，波兰开始实行中央计划与市场机制相结合的经济体制改革，取消指令性计划指标。中央主要运用经济手段管理经济;企业实行职工自治,自主经营,自负盈亏,享有经营自主权。逐步放开对价格的管制,建立市场定价机制。但是部分价格放开后,企业不断提高价格,导致工资—物价轮番上涨,通货膨胀逐年上升。从1982年到1987年,商品零售价提高136.8%,职工工资增加161.8%。价格改革因此陷于停顿。

第二节 俄罗斯的经济体制改革

从20世纪50年代以来,虽然前苏联、东欧社会主义国家先后进行了不同程度的经济体制改革,但是因为改革阻力重重、政策失误,不能彻底打破传统计划经济体制的模式,改革的失败造成经济状况日益恶化,人民生活水平下降,加上政治体制的弊端,引起了社会的剧烈动荡。1989年秋,波兰第一个发生政局剧变,执政党下台,由反对派取代。从1990年初开始,匈牙利、民主德国、保加利亚、罗马尼亚、南斯拉夫、阿尔巴尼亚等国相继发生社会动荡,政局剧变。1991年8月19日,前苏联发生全球震惊的“8·19”事件,成为苏联解体的催化剂,苏联作为一个统一的多民族国家不复存在。

一、“休克疗法”——激进式改革方案

苏联解体后,俄罗斯从1991年底开始实施向市场经济转轨的改革。俄罗斯总统叶利钦任命盖达尔为主管经济的第一副总理,负责拟订和实施激进的经济改革方案——“休克疗法”,并聘请美国哈佛大学教授杰弗里·萨克斯为政府经济顾问。

萨克斯是“休克疗法”的创始人,1985年受聘担任玻利维亚总统的经济顾问,协助该国制定反危机纲领,以遏制恶性的通货膨胀和稳定经济。当时玻利维亚的通货膨胀率达到24 000%,存在巨额财政赤字和外债,本币汇率暴跌,经济秩序混乱。萨克斯提出并实施了财政、货币紧缩政策,价格、外贸自由化政策和私有化政策,结果取得成效。萨克斯及其“休克疗法”也因此名声大振。

俄罗斯选择“休克疗法”这种从计划经济向市场经济转轨一步到位的激进式改革,是相对于渐进式改革而言的。

“休克疗法”的主要措施是:经济自由化、紧缩政策和大规模私有化。

（一）经济自由化

1. 价格自由化。从1992年1月2日起，俄罗斯90%的消费品价格和80%的生产资料价格完全放开，到3月底，消费品价格全部放开（房租、公共服务、公共交通除外）。对动力煤、炼焦煤、石油和石油气、气体凝析液、天然气、发动机燃料、页岩、电力、贵金属及其合金、铁路货运、海洋货运等生产技术性产品和服务，提价限额为4～8倍；对奶类、儿童食品、食盐、食糖、植物油、伏特加和啤酒、集中供热、铁路客运、海洋客运、空中客运和行李运输、火柴、药品和医用品、残疾人康复设备、汽油、煤油、邮电服务等主要消费品和服务收费，提价限额为2～5倍。

随着价格的全面放开，物价指数急剧上涨。企业利用增加工资和提高价格来提高职工收入，导致工资和物价轮番上涨。1992年俄罗斯生产下降20%，通货膨胀率却达到2 600%。

2. 对外贸易自由化。废除国家在对外经济活动中的垄断原则，取消各种限制企业参与对外经济活动的禁令，企业可以自由从事对外经贸活动。取消所有商品的出口限额和许可证；逐步降低和取消出口关税；减少和取消进口许可证和配额。稳定卢布，使卢布具有可兑换性。

（二）紧缩政策

为了遏制恶性通货膨胀，俄罗斯实施了财政和货币的紧缩政策。在财政政策方面，实行增收节支，平衡预算的政策，主要是：提高税率以增加收入，如征收28%的增值税和32%的利润税；削减财政开支，如减少国家对企业的亏损补贴、价格补贴、国家投资、军费开支和行政费开支。

在货币政策方面，实行控制流通中的货币量的政策，主要是：控制货币发行，控制财政透支；紧缩银行信贷，提高中央银行对商业银行的贷款利率，严格控制贷款规模和基建项目投资，防止信用膨胀。

（三）私有化

私有化是指将国有资产转变为非国有或私人所有。其目的是通过私有化构建市场体系和营造市场环境，让企业在竞争的市场中独立经营，提高经济效率。1992年10月1日，俄罗斯政府开始向全体居民每人无偿发放一张面值为1万卢布（相当于25美元）的私有化证券，居民可用这种证券直接购买私有化企业的股票，也可存入投资基金或出售转让。从此拉开了全面私有化的序幕。全面私有化包括“小私有化”和“大私有化”。

“小私有化”是指对国有商店、餐馆、旅馆、服务业以及小型工业、运输业和建筑企业的私有化。主要采取拍卖、招标、租赁和股份制的方式。到1993年底,已有包括70%的商业和服务业,54% ~56%的轻工、食品和建筑企业,总共6万家小企业实现了私有化。

"大私有化"是指对国有大型企业的私有化。主要采取拍卖和股份制的方式。到1994年5月初,有1.9万家大型企业实现了私有化,约占大型企业的60%。

俄罗斯激进式改革推行者的初衷是希望通过一步到位的改革来迅速实现向市场经济体制的转轨。但是事与愿违,俄罗斯的经济形势不但没有好转,反而进一步恶化。俄罗斯国内生产总值连续大幅度下滑,1992年比1991年下降14.5%;物价暴涨,通货膨胀率恶性上升;财政赤字不断扩大;对外贸易额持续下降;卢布汇率暴跌;外汇严重短缺;贫富差距急剧扩大。俄罗斯的经济到了崩溃的边缘。

二、向渐进式和务实的改革转变

(一)切尔诺梅尔金政府的渐进式改革

为了挽救危机,1992年12月,切尔诺梅尔金接替盖达尔担任俄罗斯联邦政府总理,对向市场经济过渡的政策进行了调整。1993年对前一段过激的转轨政策采取了一些缓解措施,例如,把原先的"无赤字"目标改为逐年减少赤字规模;对价格放开采取谨慎态度;注重居民的社会保障;加强国家对宏观经济的干预等。

1994年1月,切尔诺梅尔金政府制定了一个经济改革的新方案,放弃激进的"休克疗法",以渐进方式推进改革。主要措施包括:从1994年7月1日起,停止"证券私有化",实行"现金私有化",即用现金购买企业股份,以此增加生产投资;加强国家宏观调控,紧缩财政,控制货币发行量和限制贷款规模,抑制通货膨胀;完善社会保障体系,补发拖欠的工资、退休金,解决企业之间严重的三角债问题;重视军事工业和高科技工业发展,增加对其预算拨款;确定卢布与美元汇率的波动幅度,稳定卢布汇率;保护民族工业,改善投资环境,实行独立自主的对外经济政策。

经济改革政策实施后,俄罗斯的经济滑坡开始逐渐趋缓。1994 ~1997年,国内生产总值年增长率分别为:-18.6%,-4.1%,-4.9%和0.4%;通货膨胀率分别为:322%,131.4%,14.8%和12.5%。1997年,居民实际收入增长6.3%,职工实际工资增长4.7%。

(二)普里马科夫的稳健纲领及其延续

1998年,由于受到亚洲金融危机的冲击以及国内政治、经济形势的影响,俄罗斯金融市场发生剧烈震荡并酿成严重的金融危机。5月27日,卢布汇率大幅度下降,超过"安全汇率走廊"1 美元兑换 6.188 0 卢布的最低警戒线,达到 1 美元兑换 6.201 0~6.203 0 卢布;同日,俄罗斯股市也下跌 10.5%。与此同时,从 1998 年 3 月到 1999 年 5 月共 14 个月期间,叶利钦总统三次更换总理(依次为基里延科、普里马科夫、斯捷帕申),俄罗斯政坛动荡成为金融危机的直接诱因,而金融危机又引发了严重的社会、经济危机:生产大幅度下降,固定资产投资、对外贸易双双缩减,卢布持续贬值,通货膨胀迅速上升,大批银行倒闭,居民收入、职工工资下降,失业率上升。

在基里延科政府解救金融危机政策无效的情况下,面对严峻的政治、经济形势,俄罗斯政府从普里马科夫总理开始,制定了稳定经济和国内社会经济形势的措施,正式确立社会市场经济作为俄罗斯经济转轨的目标模式。其主要措施包括:

(1)调整货币政策,将原先的紧缩货币政策转变为"有控制地发行"货币,既要解决经济中货币不足的问题,刺激经济发展,又要控制通货膨胀的水平。

(2)改革税收制度,将企业利润税由 35% 下调到 30%,增值税由 20% 降到 15%,以此减轻企业负担,刺激经济发展。

(3)实行增收节支的财政政策,减少国家机关的预算开支,削减国家预算赤字;统一税率,加大税收监管力度,扩大税基,增收个人所得税和小商业、娱乐、服务业的营业税。

(4)加强国家对外汇的控制,出口企业和国内居民外汇收入的 75% 必须出售给中央银行;政府主动承担陷入困境的商业银行的外债。

(5)加强对国家财产私有化的监督和生产资料价格的控制。加强国家在市场经济中的作用。

(6)及时发放工资和退休金;过去拖欠的工资和退休金要予以补发,并根据物价上涨幅度给予补偿。

以上措施的实施,缓解了社会、经济危机,使俄罗斯濒临崩溃的经济出现了复苏的迹象。1998 和 1999 年,俄罗斯的国内生产总值增长率分别为 -4.6% 和 3.2%;通货膨胀率分别为 85% 和 36.5%;预算赤字占国内生产总值的比重分别为 7% 和 0。

1999 年 5 月斯捷帕申接替政府总理以后,基本上延续了普里马科夫政府稳健的经济政策。1999 年 8 月 9 日,叶利钦总统解除了斯捷帕申的总理职务,提名普京为联邦政府总理。

(三)普京的改革方略

1999 年 8 月 16 日,普京担任联邦政府总理以后,总体上沿袭了普里马科夫的经济政策。同年12月26日,普京在《千年之交的俄罗斯》一文中阐述了其改革方略,强调只有将市场经济民主的普遍原则与俄罗斯的现实有机地结合起来,才会有光明的未来。2000年3月26日,普京当选总统以后,提出建立"有秩序的市场经济"或"社会市场经济"的主张;制定了长期经济计划,强调发挥国家在建立市场经济体制和维护市场经济运行条件方面的积极作用;进行经济结构改革,包括财政改革、金融改革、税收改革、社会福利制度改革等;重视发展中小企业,刺激经济增长,改善投资环境,加大引进外资力度;打击在政治经济上兴风作浪的寡头势力。

普京的改革措施取得了较好成效,各项主要经济指标几乎全面好转。2000年以来,俄罗斯经济形势在1999年开始好转的基础上连续回升,2000~2003年,工业生产连年增长,制造业迅速回升,1999~2003年,机器制造与金属加工工业5年内增长了50.8%;轻工业和食品工业5年内分别增长42.6%和28.5%;农业产值5年来年均增加4.3%。国家预算从2000年以来一直保持盈余,2003年顺差达到74.5亿美元。

居民生活水平有所提高。2000~2003年的4年内,居民实际收入增加50%,退休金平均提高90%;失业率下降;全国贫困人口由1998年的3 480万下降到2003年的2 900万①。

宏观经济稳步发展(见表9-1),俄罗斯国内生产总值连年快速增长,2007年达到8.5%;消费物价上涨率持续下降,2007年降到9.0%;对外贸易迅速增加,2007年贸易总额达到创纪录的5 782.4亿美元,贸易顺差1 321.2亿美元;外汇储备急剧增加,2007年为4 640亿美元,仅次于中国和日本居世界第三位。2007年,FDI流入达489亿美元,居世界第七位。

表9-1 1992~2010年俄罗斯有关经济指标

年份	GDP增长率(%)	消费物价上涨率(%)	贸易总额(亿美元)	贸易余额(亿美元)	外汇储备(亿美元)
1992	—	—	827.2	13.6	20
1993	-8.7	874.6	803.9	82.1	60
1994	-12.7	307.6	1 233.3	123.3	40
1995	-4.1	197.5	1 517.7	140.5	140

① 徐坡岭,冯舜华.俄罗斯经济:新世纪良好开局与存在的问题.2004年中国世界经济学会常务理事会年会会议论文

续表

年份	GDP 增长率（%）	消费物价上涨率（%）	贸易总额（亿美元）	贸易余额（亿美元）	外汇储备（亿美元）
1996	-3.6	47.7	1 654.4	156.8	110
1997	1.4	14.8	1 680.9	99.3	130
1998	-5.3	27.7	1 387.0	110.7	80
1999	6.4	85.7	1 192.6	320.8	80
2000	10.0	20.8	1 547.0	564.4	240
2001	5.1	21.5	1 622.8	440.0	330
2002	4.7	15.8	1 741.6	400.5	440
2003	7.3	13.7	2 196.1	522.5	730
2004	7.2	10.9	2 903.3	760.9	1 210
2005	6.4	12.7	3 814.0	1 057.4	1 760
2006	8.2	9.7	4 847.7	1 242.7	2 960
2007	8.5	9.0	5 782.4	1 321.2	4 640
2008	5.2	14.1	7 926.5	1 505.6	4 117
2009	-7.8	11.7	5 143.7	924.0	4 166
2010	4.0	6.9	6 254.0	1 674.0	4 436

资料来源：IME；World Economic Outlook Database for April 2008；EIU Country Data.

以上情况表明俄罗斯的经济转轨已经开始走上稳定和有秩序发展的道路。但是俄罗斯还面临许多经济和政治困难，如由大量中小银行组成的商业银行体系力量过于脆弱，随时有发生危机的可能；经济增长对国际市场特别是石油、天然气价格上升有较大依赖；贫富差距扩大有可能引发社会动荡，寡头对经济的控制与恐怖主义的威胁等，都使俄罗斯经济的发展趋势存在不确定因素。这些是俄罗斯在前进道路上需要加以克服的。

第三节　东欧国家的经济体制改革

1989 年东欧剧变后，东欧各国开始了在新的政治、经济条件下的经济转轨进程。1990 年 1 月 1 日，波兰率先开启了东欧经济转轨的先河。

在转轨模式上，波兰、捷克斯洛伐克等国家采取了激进式的“休克疗法”；而匈牙利、罗马尼亚等国家实行了渐进式的改革；还有一些国家则采取实用主义的做法，交替实行激进式和渐进式措施，或者实行两者的折中或混合。但是，无论采用何种改革方式，有关各国在从计划经济向市场经济转轨的过程中，均普遍实施了以下的政策措施。

一、宏观经济稳定化政策

在转轨初期，大多数东欧国家都存在着程度不同的宏观经济不稳定的情况，如严重的通货膨胀、巨额财政赤字、高失业率和沉重的外债负担等，这显然不利于各项改革措施的实行。因此，实行宏观经济稳定化政策可以为各项改革创造良好的宏观经济环境。20 世纪 90 年代东欧国家实行的宏观经济稳定化政策主要包括以下几类。

（一）实行财政与货币紧缩政策

波兰、匈牙利、保加利亚、罗马尼亚和捷克斯洛伐克等国都采取了严厉的财政与货币紧缩政策，包括控制预算支出，削减财政补贴，大幅度提高利率，严格税收制度，限制工资增长幅度等，以此控制通货膨胀和财政赤字。

（二）本国货币贬值，确立合理汇率

为了纠正本国货币定值过高的偏向，波兰、捷克斯洛伐克、匈牙利等国家实行了货币贬值，如 1990 年 10 月、12 月，捷克斯洛伐克将本国货币分别贬值 35% 和 15%，波兰、捷克斯洛伐克在本币贬值后实行固定汇率；匈牙利将本国货币贬值 15%，并对汇率进行小幅度调整。

从总体上看，宏观经济稳定化政策取得了一定的成效。主要表现为：

1. 通货膨胀率有所下降。例如，波兰的通货膨胀率 1989 年曾高达四位数，此后逐年下降，1990 年为 585.8%，1998 年降到 11.8%。捷克斯洛伐克的通货膨胀率 1991 年为56.6%，1998 年为 11.9%。匈牙利的通货膨胀率 1991 年为 34.2%，1997 年为 18.3%。

2. 经济开始回升。例如，1992 年波兰经济率先走出谷底，比上年增长 2.6%。从 1994 年起，绝大多数东欧国家经济都开始复苏；到 1995 年东欧各国经济普遍好转，经济增长率平均达 5.2%。2000 年东欧国家的经济增长率平均为 6%。

3. 外汇储备增加，外债负担减轻。1997 年，波兰的外汇储备达 180 亿美元，捷克为 150 亿美元，匈牙利为 80 多亿美元。由于巴黎俱乐部和伦敦俱乐部分别减免

波兰 50% 和 65 亿美元外债，使波兰外债总额从 1990 年的 493 亿美元减少到 1996 年初的 434 亿美元，匈牙利的外债也从 1994 年的 189 亿美元降低到 1996 年的 105 亿美元。

4. 外国直接投资增加。经济形势的好转改善了投资环境，一些东欧国家的外国直接投资有所增加。从 1990 年到 1999 年，波兰累计吸收外国直接投资达 389 亿美元，到 1997 年底，匈牙利吸收的外国直接投资总额达 170 多亿美元。

但是东欧国家在经济状况总体上好转的同时还存在一些问题，如一些国家在稳定化政策实行初期财政赤字曾大幅度下降，然而不久之后财政赤字在大多数国家又重新上升，大多数国家的失业情况严重，贫富差距也有所扩大。

二、经济自由化政策

经济自由化是东欧国家从传统计划经济体制向发达市场经济体制转轨的重要内容，它主要包括价格自由化和贸易自由化。

（一）价格自由化

在市场经济中，通过市场供求变化形成的价格机制是实现社会资源有效配置的重要机制。然而在传统的计划经济体制中，国家实行价格管制，价格只是作为一种核算工具，并不反映商品的稀缺性，而且长期固定不变，不能在社会资源配置中起导向作用。

在东欧剧变以前，虽然一些国家也曾经进行过价格改革，但是由于建立市场经济的目标不明确，与价格改革相配套的其他改革措施，如企业改革、社会保障制度的建立没有跟上，这些国家的价格改革未能获得成功。

以建立市场经济为目标的价格改革的主要措施就是放开价格，实行价格自由化，即通过市场来形成价格。

东欧国家的价格自由化是通过两种方式进行的。一种是采取激进的“休克疗法”，一步到位的方式，其特点是一次性放开绝大部分商品的价格，物价因此一次性迅速上升，然后逐步回落，例如，波兰 1990 年 1 月 1 日实行“休克疗法”，一次性放开了 90% 的商品和劳务的价格；保加利亚于 1991 年 2 月一次性放开了 90% 的商品的价格。另一种是采取渐进的方式，其特点是价格改革分几步进行，物价随之分阶段上涨，到一定幅度后再逐步回落。例如，罗马尼亚在剧变前没有经历过市场取向的改革，价格是分阶段放开的，政府分别于 1990 年 11 月、1992 年 5 月对价格进行了大幅度调整，到 1993 年底大多数的商品价格已经放开，通货膨胀率从 1990 年的5.1%，上升到1991年的161.1%，1992年的210.4%，1993年的256.1%，此后开始回落，1994年为137.1%，1995年为32.3%。

东欧国家的价格自由化政策在相关配套措施的支持下取得了成效。虽然东欧各国的价格改革曾经带来过高通货膨胀率，但是通过实施宏观经济稳定化政策，各国的通货膨胀率已普遍下降，形成了由市场决定的价格机制。无论是实行“休克疗法”的波兰等国，还是实行渐进方式的匈牙利等国，价格改革后商品供应增加了，短缺现象开始消除。

（二）贸易自由化

贸易自由化是指取消国家对外贸的管制。东欧国家从传统计划经济体制向市场经济体制转轨，必然要实行对外开放，进行贸易体制的改革，实现本国经济与国际经济接轨。因此，贸易自由化是经济转轨的重要方面和内容。贸易自由化的政策措施主要有：取消国家对外贸的垄断，所有经济实体都可以从事外贸业务；降低关税水平，实行合理关税，取消进出口的数量限制；实现本国货币的可兑换性。在贸易自由化方面，匈牙利、波兰和捷克的成效比较突出。

匈牙利政府在1990年底颁布法令，允许所有法人、公司、个体经营者从事进出口业务。1991年，除一些主要消费品外，90%的进口商品取消配额限制。关税水平不断降低，从20世纪80年代末的25%降到1991年的13%。1992年7月1日，匈牙利银行间外汇市场建立，取消了国家对外汇经营的垄断。

1990年，波兰取消了国家对外贸的垄断，允许所有经济实体从事外贸业务。同年1月，除少数商品外，大多数商品的数量限制被取消。1990年6月，取消了4 500种商品的进口关税，关税水平降到5.5%。1991年5月17日，兹罗提贬值14.4%，从钉住美元转为钉住货币篮子。到1999年1月，兹罗提已基本上实现了经常项目和资本项目的可兑换性。

1991年，捷克取消了国家的外贸垄断，放开了外贸经营权；取消了外贸的数量限制，将进口关税降为5%。1993年，本币克朗与货币篮子挂钩，并允许在一定的幅度内波动。1995年10月1日，外汇法规定允许克朗实行经常项目的完全可兑换性和资本项目的部分可兑换性。

贸易自由化加速了东欧国家的全面对外开放，有利于引入竞争机制打破国内的垄断状况，充分发挥比较优势以实现资源的合理配置，扩大对外贸易，增加外资流入，发展对外经贸关系。

三、私有化政策

私有化是指将国有企业的产权从国家所有转变为私人所有。20 世纪 70 年代末 80 年代初，发达资本主义国家以英国为代表曾经掀起过全球性的私有化浪潮，其主要目的是为了促进市场竞争，提高企业的经济效率，减少国家补贴，增加财政收入。对于从传统计划经济体制向市场经济体制转轨的国家来说，私有化的主要目的是为了建立市场经济体制下的现代企业制度和微观基础，使原有的国有企业明晰产权，成为自主经营、自负盈亏的市场竞争主体，提高经济效率。

东欧国家在经济转轨过程中的私有化主要采取公开出售、无偿分配和内部购买三种方式。公开出售是将国有企业改造成股份公司后，将股票公开出售给私人或机构投资者。无偿分配是指将股票免费分发给所有公民。内部购买是指将股票出售给本企业的经理和职工。总体来看，德国东部和匈牙利以公开出售为主，波兰、捷克、罗马尼亚则是三种方式并用。

德国东部的私有化由一个政府机构托管局负责。该局把 316 个大型联合企业分解为 8 500 个大中型国有企业，然后又拆散成 1.4 万家企业。到 1996 年，大约 2/3 的企业被西部企业和外国企业买走，1/3 的企业被原企业管理者和职工购买。表明私有化已全部完成。

匈牙利的私有化由国家私有化和国有资产管理股份公司负责。匈牙利私有化的一个重要特点是将国有企业出售给外资。其做法是将经济效益好的企业先行出售，对效益较差的企业进行整顿后再出售，对长期亏损、无发展前途的企业则按破产处理。到 1997 年底，匈牙利的私有化基本完成。

罗马尼亚将公司资产的 70% 由国有资产基金会通过出售的方式进行私有化，其余 30% 的资产则由国家私有化基金会无偿分配给本国成年公民。无偿分配与有偿出售是罗马尼亚私有化的主要特点。此外，罗马尼亚在小企业私有化中还以优惠价格向本企业管理者和职工出售资产。到 1998 年中，私营经济占国内生产总值的比重已达 60%。

总之，东欧各国都根据自己的国情实施了各具特色的私有化政策，而且大多数国家的小私有化已经完成。但是，除德国东部由于有西部为依托，私有化已全部完成外，其余国家的大私有化进展相对缓慢。到 1998 年中期，私人部门占国内生产总值的比重，匈牙利达 80%，捷克为 75%，保加利亚最低，也达到 50%。

东欧国家的私有化在取得一定进展的同时，也存在一些问题，例如：庞大的国有资产出售与居民购买力严重不足的矛盾;资本市场不发达使国有资产评估和出售产生困难;因一些官僚利用特权从中牟利而产生社会不公平现象;大量人员失业和贫富差距扩大挫伤了人民的积极性,这些问题都制约了私有化的进程。

四、金融体制改革

东欧国家的经济转轨,除了经济自由化和私有化外,金融市场是否健全,对于转轨的成功与否也有着重大的影响。完善的金融市场的建立则有赖于金融体制的改革。

东欧国家金融体制改革的主要内容包括:

(一)改革单一银行体系,建立两级银行体系

在传统计划经济体制下,实行单一的银行体制,高度集中的国有银行几乎垄断了所有的金融业务,国家银行集中央银行和商业银行的职能于一身,专业银行只是国家银行的附属机构,没有独立性和自主权。不仅如此,即使是国家银行,也往往是作为财政的“出纳”来执行资金调拨任务,而不是通过自己的主动运作来配置资金。因此,东欧国家在转轨之初就开始建立两级银行体系,一方面,健全中央银行的职能,中央银行与国家财政分离,执行独立发行货币、制定货币政策、调节货币市场的职能。另一方面,中央银行以外的银行实现商业化,中央银行与商业银行分离,商业银行按照市场规则运作。一些东欧国家,如南斯拉夫、匈牙利、波兰在20世纪80年代末剧变前的改革中就已开始建立了两级银行体系。捷克斯洛伐克、保加利亚和罗马尼亚等国则在剧变后的90年代初开始建立了两级银行体系。

(二)改造国有商业银行

为了建立能够按照市场规则运作的商业银行体系,东欧国家对国有商业银行进行了改造。其主要步骤是首先清理银行的不良资产,然后将国有银行私有化,并允许外国银行参与。外国银行参与东欧国家银行的私有化是东欧国有商业银行改造的重要特征。因为国有银行私有化的目的不仅仅是为了改变产权结构,而是要建立起与发达市场经济体制相适应的现代化银行体系。而资金雄厚、经验丰富、技术先进、机制健全的外国银行的参与则满足了这种需要。外国银行大举进入东欧国家参与国有银行改造主要发生在20世纪90年代中后期。外国银行参与主要是通过购买东欧国有银行股份的方式。到2000年,大部分东欧国家外资占银行资产的比率都在50%以上,其中,爱沙尼亚、克罗地亚、匈牙利、波兰、捷克和保加利亚

外资占银行资产的比率在2/3以上。

（三）发展资本市场

东欧国家从转轨伊始就将发展资本市场作为金融体制改革的重要内容。资本市场包括股票市场和债券市场，这在传统计划经济体制中是不存在的。而发达的资本市场是发达市场经济体制的重要组成部分，也是东欧国家实行私有化、进行产权交易的必要途径。因此，东欧国家在转轨之初纷纷建立证券交易所。但是，由于东欧国家的资本市场尚处于初创时期，其规模还很小，所发挥的作用有限，与发达国家相比还有很大差距。可见，东欧国家建立完善的金融体制是一项长期的任务。

第四节　中国的经济体制改革

中国的经济体制改革是在坚持社会主义制度前提下进行的，经过30多年的探索和实践，中国走出了一条成功的经济转轨之路。中国特色的社会主义市场经济体制逐步建立和完善，各领域的经济建设成果显著，在融入世界经济全球化的进程中，中国正在由经济大国向经济强国迈进。

一、改革前的中国经济体制

从1949年中华人民共和国成立到1952年，完成了土地改革，国民经济初步恢复。1953年毛泽东提出“过渡时期总路线”，即实行社会主义工业化，对农业、手工业和资本主义工商业实行社会主义改造。掀起了“社会主义高潮”。到1957年第一个国民经济五年计划完成的时候，社会主义改造基本完成，中国仿照前苏联模式，全面建立起了公有制占绝对统治地位的集中计划经济体制。这种经济体制的主要特点是：

第一，在所有制上，追求“一大二公”，基本取消了个体经济，全国实行单一的公有制。全民所有制成为国民经济的主体，集体所有制受到限制，有的转为国营企业或者经营方式向国营企业看齐。在农村，建立政社合一的人民公社，实行公社、大队、生产队三级所有的集体所有制，基本上取消自留地。

第二，在资源配置上，排斥或废除了市场制度及其作用。高度集中的计划或行政命令成为社会资源配置的基本工具。生产资料统配统分，农产品统购统销。价格只是作为经济成本核算的工具，不是反映供求关系的信号。

第三，在国家和企业的关系上，企业成为上级行政管理机关的附属物，人、财、物、供、产、销全部由上级行政机关决定。企业没有经营自主权，也不用自负盈亏。企业没有经营积极性和主动性。

第四，在中央和地方的关系上，总是在行政权力的集中或分散上兜圈子。由于用行政命令配置资源的体制不改变，形成“一统就死，一放就乱”的恶性循环。

第五，在分配制度上，平均主义盛行，无论农村城市，实行“一平二调”，企业吃国家“大锅饭”，职工吃企业“大锅饭”，农民吃集体“大锅饭”，严重压抑了企业、职工和农民的积极性、主动性和创造性，生产效率低下。

以上计划经济体制严重束缚了生产力的发展，加上各种国内外的原因，中国基本脱离了与外部世界的经济联系，计划经济体制的弊端日益严重，国民经济的发展与世界的差距越来越大。根据经济合作发展组织（OECD）计算，1952～1978 年，中国 GDP 年均增长 4.4%，低于世界 4.5% 的平均增长水平。

二、中国经济体制改革的历程

（一）十一届三中全会后由计划经济向市场经济体制的转轨期

实际上，中国高度集权的行政体制在 20 世纪 50 年代中期刚刚在全国全面建立时就遭到过众多批评，并在 1958～1978 年进行了行政性分权的反复试验，但用这种方法建立起来的经济体制是没有效率的①。

1978 年 12 月，中共十一届三中全会作出了把工作重点转移到社会主义现代化建设上来和实行改革开放的战略决策，真正意义上的中国经济体制改革拉开了帷幕。改革率先在农村展开，家庭联产承包责任制、统分结合的双层经营体制开始推行；逐步取消农副产品的统购统派，放开大部分农副产品价格；调整农村产业结构，发展多种经营和乡镇企业，极大地调动了农民的生产积极性。1984 年中共十二届三中全会通过了《关于经济体制改革的决定》，改革开放由农村转移到城市。

从 1978 年十一届三中全会到 1992 年邓小平南方谈话发表之前，社会主义经济改革，实际上是在计划经济体制的框架内进行的。

邓小平的南方谈话对中国 20 世纪 90 年代的经济改革与社会进步起到了关键的推动作用。为了摒弃人们对市场经济体制会导致资本主义道路的担心，他明确提出：计划多一点还是市场多一点，不是社会主义与资本主义的本

---

① 吴敬琏. 当代中国经济改革：战略与实施. 上海：上海远东出版社，1999：49～67

质区别。计划经济不等于社会主义，资本主义也有计划；市场经济不等于资本主义，社会主义也有市场，计划和市场都是经济手段。江泽民同志在中央党校发表讲话，提出了“社会主义市场经济”的概念，对正在形成中的经济体制作出了科学的定义。

（二）十四大后社会主义市场经济体制的全面建设期

1992 年 10 月，中共十四大确立了邓小平建设有中国特色社会主义理论在中国的指导地位，确定了中国经济体制改革的目标是建立社会主义市场经济体制。主要内容包括：全面深化改革，并采取一系列宏观调控措施，其中包括确立以公有制经济为主体、多种所有制经济共同发展的基本经济制度；国有企业扩大经营自主权，推行承包责任制，进一步转换经营机制，建立适应市场经济需要的产权明晰、权责明确、政企分开、管理科学的现代企业制度；建立全国统一开放的市场体系，实现城乡市场紧密结合，国内市场与国际市场衔接，促进资源的优化配置；转变政府管理经济的职能，建立以间接手段为主的完善的宏观调控体系；建立以按劳分配为主体，效率优先、兼顾公平的收入分配制度；建立多层次的社会保障制度，促进经济又快又好地向前发展。

1993 年 11 月，中共十四届三中全会通过了《中共中央关于建立社会主义市场经济体制若干问题的决定》。全会指出，社会主义市场经济体制是同社会主义基本制度结合在一起的。建立社会主义市场经济体制，就是要使市场在国家的宏观调控下对资源配置起基础性作用。

1995 年 9 月，中共十四届五中全会通过了《中共中央关于制定国民经济和社会发展“九五”计划和 2010 年远景目标的建议》。“九五”和 2010 年的奋斗目标，都把推进经济体制改革作为重要内容：“九五”期间要加快现代企业制度建设，初步建立社会主义市场经济体制。在此基础上，2010 年要形成比较完善的社会主义市场经济体制，进一步推进经济管理体制和运行机制的规范化、法制化。

1997 年 9 月，中共十五大进一步指明了中国经济体制改革的方向是社会主义市场经济，强调“要加快国民经济市场化进程”，提出了非公有制经济是中国社会主义经济的重要组成部分。鼓励资本、技术等生产要素参与收益分配，使中国经济体制改革迈出更大的步伐。

2002 年 11 月，中共十六大提出 21 世纪头 20 年是完善社会主义市场经济体制和扩大对外开放的关键阶段。提出要“让一切劳动、知识、技术、管理和资本的活力竞相迸发，让一切创造社会财富的源泉涌流”，“最广泛、最充分地调动一切积极因素”。首次提出劳动、资本、技术和管理等生产要素“按贡献”参与分配的原则。

2003 年 10 月，中共十六届三中全会通过了《中共中央关于完善社会主义市场经济体制若干问题的决定》（以下简称《决定》）。《决定》分 12 个部分：一、中国经济体制改革面临的形势和任务；二、进一步巩固和发展公有制经济，鼓励、支持和引导非公有制经济发展；三、完善国有资产管理体制，深化国有企业改革；四、深化农村改革，完善农村经济体制；五、完善市场体系，规范市场秩序；六、继续改善宏观调控，加快转变政府职能；七、完善财税体制，深化金融改革；八、深化涉外经济体制改革，全面提高对外开放水平；九、推进就业和分配体制改革，完善社会保障体系；十、深化科学教育文化卫生体制改革，提高国家创新能力和国民整体素质；十一、深化行政管理体制改革，完善经济法律制度；十二、加强和改善党的领导，为完善社会主义市场经济体制而奋斗。《决定》是对党的十四大之后社会主义市场经济体制改革的总结和对新目标、新任务的展望。

从中国经济体制改革的历程可以看出，发展社会主义市场经济，实现国民经济市场化，是当代中国经济体制改革的一条主线。如果说十一届三中全会至十四大是由计划经济体制向市场经济体制的转型期，那么，十四大之后，中国则进入了全面的社会主义市场经济体制建设期。

三、中国经济体制改革的成就

改革开放 30 年，中国基本上实现了由计划经济体制向社会主义市场经济体制的过渡，社会主义市场经济体制逐步形成和完善，初步建立了以混合经济为基础的市场经济体制。主要表现为：

全面建立现代企业制度，形成各种所有制经济平等竞争、相互促进的新格局。至 2005 年，竞争性领域的国有企业改革已基本完成。大量原国有企业转为私营企业或混合型股份制企业。尚存的大中型国有（及国有控股）企业大部分已完成股份制改造，并逐步完善法人治理结构。一个富有活力的国有企业新体制正在形成。目前，中国工业已经形成了国有、私营和三资三种经济成分“三分天下”的竞争局面[①]。

2006 年，全国有私营企业 498 万户，占全国企业总数的 58%；国有企业 71.7 万户，占 8.3%；集体企业 109 万户，占 12.6%；外商投资企业 27.5 万户，占 3.1%。

---

① 高梁．国企改革若干回顾和思考．开放导报，2008(2)．

据统计，包括个体、私营和外资在内，非公有制经济已经占全国固定资产投资的60%以上。2006年规模以上工业增加值中，国有及控股占26%，私营占20.6%，外资占28%。据对有关统计数据的总体分析，目前全部非公有制经济已占GDP比重的一半，约占GDP增量的2/3。目前我国已经涌现出一大批资产规模大、市场占有率高，公司治理结构健全、现代管理水平高、拥有自主知识产权、核心竞争力很强的私营大公司和大集团。据统计，2006年注册资本金超过1 000万元的私营企业有13.7万户，超过亿元的有4 245户；股份有限公司1 421户，私营企业集团5 594户①。

国有企业和国有资产管理体制改革迈出重要步伐，国务院成立了国有资产监督管理委员会，颁布了《企业国有资产监督管理暂行条例》，管资产与管人、管事相统一的国有资产出资人制度基本确立；农村税费改革在全国范围展开，城乡分割的户籍制度逐渐打破；金融体制改革稳步推进，金融分业监管体制继续完善，国有商业银行和保险公司股份制改革步伐加快，资本市场进一步开放，利率市场化、农村信用社改革等多项金融改革试点取得突破；电力、民航等垄断行业改革迈出新的步伐；行政管理体制改革有了新的进展，发展改革委员会、商务部以及银监会挂牌，不但合并了交叉的职能，而且按照“决策、执行、监督”对各部门进行重新排序，使机构在制定平等游戏规则的同时，真正扮演了一个权威而公正的裁判；中国践行入世承诺，加快外资、外贸领域的改革，已经建立了全方位、多层次、宽领域的对外开放体系，在继续扩大利用外资的同时积极实施“走出去”战略，鼓励企业跨国经营，以积极的姿态融入世界经济的全球化大潮。

经过30多年的改革，中国社会主义市场经济体制已经初步建立并日臻完善，市场在资源配置中的基础作用显著增强，宏观调控体系框架也初步形成。可以预见，到2010年，中国将建立起比较完善的社会主义市场经济体制，到2020年，中国的社会主义市场经济体制将走向成熟。

改革开放从根本上改变了传统僵化的经济体制，使社会主义制度充满生机和活力，使整个国家面貌发生了前所未有的变化。中国经济快速增长，1980～2007年中国GDP平均增长率达到9.9%，是同期世界经济增长最快的国家之一。1978年中国GDP总量只有2 683亿美元，到2007年中国GDP总量已经达到32 508亿美元，增长逾11倍，占世界总量的6.0%。经济总量约为美国的1/4，日本的3/4，

① 陈永杰. 论各种所有制经济平等竞争的新格局. 开放导报，2008(1)

世界排名第4位。到2010年,中国GDP总量达到58 783亿美元,占世界总量的9.3%,已居世界排名第二位。

从1978年到2007年30年间,中国进出口贸易总额从211亿美元增长到21 738亿美元,尤其是2001年底加入世界贸易组织(WTO)后,对外贸易更是连续六年保持了20%以上的高速增长,2002年到2007年,对外贸易总额年均增长27.5%,6年内翻了近两番,中国已经是世界第三大贸易国。

从1978年到2007年30年间,中国出口贸易总额由99.5亿美元增长到12 179亿美元,年均增长19%。2001年中国加入世界贸易组织后,出口增速明显加快,在2002年到2007年6年来,出口年均增长28.9%。中国出口总量在世界总出口量中占比不断上升,从1978年占0.8%上升到2007年8.8%,排名已经超过美国上升到世界第二位。并与出口排名第一的德国差距不断缩小,且不断将日本、法国和英国甩在后面。

1980年中国引进FDI只有0.57亿美元,2007年达到826.6亿美元,居世界第四位。从1992年开始,中国已经连续16年成为吸引外资最多的发展中国家。

2006年中国外汇储备一举超过日本,成为世界第一外汇储备大国①。2007年中国的外汇储备达1.53万亿美元,占世界外汇储备总额36.2%,比日、美、英、德、法五国外汇储备之和还要多3780亿美元。

这表明,中国正在迅速崛起,从经济大国向经济强国迈进。

快速的经济增长,良好的政治经济环境,加上巨大的市场,使中国日益成为全球最具活力、最具吸引力的经济热土。正如著名经济学家斯蒂格利茨在《改革向何处去?论十年转轨》中指出的,“到目前为止,中国的转轨道路是成功的”。“在原计划经济国家中,中国是唯一保持转轨与发展并行不悖的国家”②。中国的经济体制改革为整个世界经济领域的发展添上了浓墨重彩的一笔。

思考题

1. 试述传统计划经济体制的主要特征及其弊端。
2. 剧变前,前苏联、东欧社会主义国家的经济体制改革为什么没能取得成功?

---

① 关于外汇储备适度规模问题这里不加论述。

② [美]罗伯特·J.巴罗,哈维尔·萨拉伊马丁.经济增长.中译本.北京:中国社会科学出版社,2000:序言

3. 俄罗斯和东欧国家的经济转轨有什么经验和教训？
4. 激进式改革和渐进式改革各有什么利弊？
5. 结合现实描述中国经济体制改革的主要成就有哪些？

主要参考文献

1 胡键. 俄罗斯转轨的制度经济学分析. 北京:学林出版社,2004
2 孔田平. 东欧经济改革之路——经济转轨与制度变迁. 广州:广东人民出版社,2003
3 王义祥. 中东欧经济转轨. 上海:华东师范大学出版社,2003
4 吴敬琏. 当代中国经济改革:战略与实施. 上海:上海远东出版社,1999
5 张仁德,张貌. 东欧独联体国家向市场经济过渡. 兰州:兰州大学出版社,1994
6 张幼文,黄仁伟. 2003 中国国际地位报告. 上海:上海远东出版社,2003
7 [美]罗伯特·J. 巴罗,哈维尔·萨拉伊马丁. 经济增长. 中译本. 北京:中国社会科学出版社,2000:序言
8 池元吉. 世界经济概论. 北京:高等教育出版社,2003

第四篇

科技进步与社会生产力提高——世界经济发展的动力源泉

➤ 第十章 科技进步与世界经济的发展

➤ 第十一章 科技进步与经济周期波动

➤ 第十二章 新技术革命与知识经济

➤ 第十三章 科技进步与世界经济可持续发展

第十章 科技进步与世界经济的发展

第一节 科技进步是世界经济发展的动力源泉

一、科技进步与世界经济发展的一般关系

从系统论的角度看，世界经济是在人类社会发展到一定历史阶段，通过世界市场的不断发展而日益形成的相互联系、相互依赖、共同运动的经济系统。世界经济系统包括世界范围内的各国或各地区的市场，并通过经济的纽带进行联结，使之成为一个有机运动的活性系统[①]。这个系统内包括三个层次的问题：其一是作为组成世界经济的各国或各地区的子系统；其二是世界各专业市场成为联系各个子系统的经济纽带；其三是将各专业市场在各个子系统处形成的纵横交错的结点连接起来，作为联系全球经济的纽带，把全球经济组成一个统一的市场。

世界经济作为一个完整的系统，影响其发展的因素有很多，有自然禀赋的资源条件、各国的思想传统及文化习俗、社会意识形态及政治制度、生产关系及经济制度、国内市场与国外市场等。如果把世界经济作为一个复杂的系统进行活性系统模型（Viable System Model，VSM）的研究，我们便会发现世界经济系统中的"活性"

① 和金生.企业战略管理.天津：天津大学出版社，2003：209

就是科技进步。在各种因素中,科技进步始终起着一种积极的推动作用,成为世界经济增长的动力源泉和衡量一国经济发展水平的重要标志。

对于科技进步的定义,可以说是众说纷纭。有的学者将科技进步的概念分为狭义和广义两种。狭义的科技进步主要指对生产过程或生产力系统直接的改善或提高,主要包括:对工具系统的改进或更新,选用新的原材料,新能源的应用或动力系统的改进,改造旧产品或设计新产品,改进旧工艺或引入新工艺,提高劳动者的技能,改善检测手段,提高管理水平等。广义的科技进步则指与生产发展有关的各种科学技术因素,主要包括:科学技术的发展、装备及工艺的改进、劳动力素质的提高、资源的合理配置、规模经济性、预测与决策、规划与计划、管理与经营等①。也有学者认为技术进步泛指技术的各个构成因素及其结合方式的变化,这种变化能够导致生产能力的提高。技术进步包括两层含义:技术进化和技术革命。技术进化是指对原有技术和技术体系的渐进性的改革创新。当技术进化和科学研究的成果积累到一定程度,就会导致劳动工具和设备体系发生巨大改变,技术体系的这种质的飞跃性变革就是技术革命②。

二、科技进步推动社会经济发展的一般原理

科技进步是推动世界经济发展的动力源泉,是推动社会经济发展的革命性力量。技术进步能够提高各种生产要素的使用效率,改善它们的结合方式,促进产出增长,直接使一国的生产可能性边界向外推移。新的产品和产业部门随着技术进步而不断涌现,产业结构因之调整,整个经济结构也随之发生变化。技术进步还会不断带来新的思想观念,推动社会向前发展。以下主要从两个方面简单分析一下科技进步推动社会经济发展的一般原理。

(一)科技进步可以通过提高经济效益来推动社会经济发展

经济效益是指投入与产出之间的对比关系。和单纯通过增加投入来增加产出不同,通过经济效益的提高实现的经济增长是一种内涵式的增长,属于经济发展的范畴。

在决定经济效益的各项因素中,劳动者素质、技术水平、装备水平和管理水平的作用都非常重要。一般情况下,科技进步可以通过以下几个方面来提高经济

① 钱时惕.科技进步与世界经济发展.保定:河北大学出版社,2000:141

② 齐良书.发展经济学.北京:中国发展出版社,2002:136

效益：

第一，降低能耗、物耗，提高物资利用效率。通过改进产品或工程设计，开发或推广新工艺、新技术、改进或更新设备，提高工具系统的寿命等途径，可以节约原材料消耗、能源消耗，从而提高资源的利用效率，提高投入产出比，或者说提高经济效益。

第二，节约活劳动，提高生产效率。通过改进或更新设备，采用新工艺、新技术、提高劳动者素质及管理水平，就可以缩短产品生产周期或在相同的时间内生产更多产品，用较少劳动生产更多产品或生产相同的产品而减少所使用劳动的数量，提高生产效率。战后发达资本主义国家工业生产的增长主要是依靠提高劳动生产率而实现的，而其中有80%来源于科技进步的贡献①。

第三，提高产品质量，推出新品种，增加产值及利润。由于设备与工艺的改进、劳动者素质的提高、检测手段的精密化，产品质量就会提高。另外，采用新材料及通过产品开发推出新品种，提高产品质量，扩大市场，从而增加产值和利润，提高经济效益。

（二）科技进步可以通过产业结构的演变，实现经济发展

产业结构演变升级是社会经济发展的内在要求。历史事实证明，世界经济正是在产业结构不断更新中繁荣和发展的。科技进步对产业结构演变的影响主要表现在三个方面。

第一，技术革命会导致产业群的崛起。一次技术革命必然引发一系列新技术的产生，这些新技术经过演化将导致新产业群的出现。例如，第一次技术革命导致了纺织机械、冶金机械、采掘机械、农用机械和运输机械等机械工业群的崛起。第二次技术革命导致了电机工业、电器工业、电信工业、电加工工业等电气工业群的崛起。第三次技术革命导致了电子材料工业、电子器件工业、仪器仪表工业、家用电器工业、医疗电子工业等电子工业群及塑料工业、化纤工业、橡胶工业等石油石化工业群的崛起。

第二，科技进步会影响不同产业的兴衰。由于科技进步能够降低物耗、能耗，提高生产效率和产品质量，开发新的品种和新的产业，这一切会对不同的产业产生不同的影响和效果。因此，技术进步有可能使一些产业发达起来，而使另一些产业衰败下去。例如，由于性能优越的高分子材料以及复合材料的出现使各种新型材料工业得到发展，而钢铁工业（采掘、冶炼、加工等）的发展则受到抑制。新一代计算机的兴起

① 钱时惕. 科技进步与世界经济发展. 保定：河北大学出版社，2000：145

和旧一代计算机的淘汰则引起微电子工业的兴起和传统电子工业的衰败。

第三,科技进步还改变着产业内部的面貌。如现代化的钢铁工业,由于高炉炼铁、氧气顶吹炼钢、连铸、热轧、冷轧等自动化流水线的形成,与早期钢铁工业以人工操作为主的面貌完全不同。

科技进步导致产业结构演变有两个主要后果,其一是引起三大产业在国民生产总值中比重的变化,其二是劳动力在三大产业中分布的变化。表10-1和表10-2分别是1965~1986年各种类型的国家中三大产业在国民生产总值中的比重和劳动力在三大产业中分布的变动情况。

表10-1　三大产业在国民生产总值中的比重(%)

国家和地区	第一产业		第二产业		第三产业	
	1965年	1986年	1965年	1986年	1965年	1986年
低收入国家	42	32	28	35	30	32
中下等收入国家	30	22	25	30	43	46
中上等收入国家	18	10	37	40	46	50
(以上发展中国家合计)	(30)	(19)	(31)	(36)	(38)	(46)
市场经济工业国	5	3	40	35	54	61

资料来源:世界银行.1988年世界发展报告

表10-2　劳动力在三大产业中的分布(%)

国家和地区	第一产业		第二产业		第三产业	
	1965年	1986年	1965年	1986年	1965年	1986年
低收入国家	77	72	9	13	14	15
中下等收入国家	65	55	12	16	23	29
中上等收入国家	45	29	23	31	32	40
(以上发展中国家合计)	70	62	12	16	18	22
市场经济工业国	14	7	38	35	48	58

资料来源:世界银行.1988年世界发展报告

从这两个表中,可以清楚地看到科技进步引起产业结构演变的主要趋势:第一产业对国民生产总值的贡献逐渐减少,第二产业对国民生产总值的贡献在发展中国家呈上升趋势,而在发达国家中已呈下降趋势,第三产业对国民生产总值的贡献在逐渐增加;劳动力在第一产业的分布在不断下降,劳动力在第二产业的分布,在发展中国家呈上升趋势而在发达国家已开始下降,在第三产业的分布则均呈上升趋势。这也是世界各国由于科技进步推动经济发展,使社会由农业社会经工业社会向信息社会或后工业社会过渡的一般趋势。

20世纪50年代以来,索洛等经济学家创立了新古典经济增长模型。根据这个模型考察和分析了某些国家国民经济增长中科技进步的贡献,结果发现,科技进步对世界主要资本主义国家国民经济增长的贡献到20世纪50~70年代已达到50%~70%。当然,科技进步还与经济的周期性波动有着密切的联系,这一点将在下一章论及。

三、科技进步对世界经济发展的重要意义

生产力和生产关系的矛盾是推动人类社会发展的动力,也是推动世界经济形成和发展的动力。在生产力和生产关系的矛盾运动中,生产力起着决定性作用,而在生产力诸要素中,科学技术又是居于最根本位置上的要素。恩格斯曾指出:"大工业把世界各国人民互相联系起来,把所有地方性的小市场联合成为一个世界市场,到处为文明和进步准备好地盘,使各文明国家里发生的一切必然影响到其余各国……"①纵观历次科技革命给世界经济带来的影响,可以说,世界经济经历的商品国际化、资本国际化和生产国际化的每一个阶段都与一次科技革命相联系,而且呈现出一些内在的规律性。

第一,科技进步发展着新的生产力,推动世界经济向新的阶段迈进。发生于18世纪的第一次科技革命,产生于英国,后蔓延到美国、法国、俄国及日本等国,世界市场在大工业的基础上建立。批量生产的出现使各国、各地区打破了自给自足经济的封闭状态,对资源的掠夺活动开始出现。19世纪发生的电气代替蒸汽的第二次科技革命,使自由资本主义过渡到垄断资本主义,全球出现了垄断组织和殖民统治体系,世界经济出现资本国际化的趋势。第二次世界大战前后,世界范围内发生了以原子能利用、合成化学、半导体和电子技术等兴起为主要标志的第三次科技革命。在第三次科技革命的推动下,世界经济发展在第二次世界大战后进入了一个新的阶段,这个阶段的世界市场进一步扩大,各国之间的经济联系和相互依存进一步增强,国际分工进一步加深,跨国公司出现并进一步发展,世界经济多极化趋势明显。从20世纪八九十年代开始,全球范围内以信息革命为核心的科技革命新高潮蓬勃兴起,数字化技术迅速推广,世界经济步入了信息化时代。目前,这种日新月异的科技革命使技术替代的间隔期越来越短,世界成为一个"地球村",人类加快了向地球以外星球寻求资源的行动,经济全球化的趋势日益明显。

第二,科技进步带来了全球生产格局的新变化,推进了世界经济中心的迁移。

---

① 恩格斯.共产主义原理.马克思恩格斯全集.北京:人民出版社,1972,4:361

各国生产力水平的差异是由各国的科技水平决定的，劳动生产率的差异决定了一国在国际分工中的地位，因为国与国之间的经济关系是由各国在生产价值链条上所处的地位与创造的价值决定的。开始于英国的第一次科技革命使英国成为世界经济的中心。英国之所以在相当长的时期内能够在国际经济舞台上处于主导地位，就是因为它是世界上最早完成产业革命从而率先成为生产力水平最高的国家。之后，19世纪末到20世纪初，美国赶超英国并取代了英国。第二次世界大战后，日本加大对高新技术产业的投资力度与政策扶持，很快超过了欧洲诸强成为世界第二大经济强国。这些尝到科技革命甜头的国家迅速成长为经济强国，并大力积累引发新一轮科技革命的资本、技术及跨国经营的产业等。

第三，科技进步产生新的国际分工。伴随着每一次的科技革命，新的国际分工随之产生。国际分工是世界市场的基础，世界市场在国际分工的不断深化中得以发展。

科技进步对国际分工的形成和发展起着巨大的推动作用。国际分工发展的历史表明，每一次科技革命都把国际分工推向一个新的阶段，而且科技进步决定着一国在国际分工体系中的地位。

关于近代国际分工的历史，一般认为：第一次科技革命产生了以商品交换为纽带的国际分工形态，即国际贸易；第二次科技革命转变为以国际金融资本为主导的国际分工形态；第三次科技革命形成了以国际资本流动和跨国公司经营为核心的国际分工形态。第四次科技革命是在知识经济时代发生的，其形态为以知识的产生、传播和运用为核心的国际分工形态，这种形态最显著的特征是以拥有的人力资源数量及质量为依据进行国际分工（关于知识经济将在第十二章专门论述）。发达国家部分劳动密集型、污染型产业向外转移的趋势及核心技术本土化的趋势日益明显；与此同时，经济不发达国家也在力图摆脱技术上的依附地位，自主开发自己的高新技术，但这项任务任重而道远。

第四，科技进步引发全球性的产业结构调整。产业结构是根据主产品的同质性原则对基层单位所进行的部门分类，体现了资源在社会生产和生活各个部门配置的比例关系。现在国际通行的三次产业分类法最早由费舍尔（A. G. B. Fischer）提出，后经英国经济学家科林·克拉克作了进一步研究。现在，第一部门以广义农业为主，即包括种植业、林业、畜牧业和渔业；第二部门以制造业为主；其他的归入第三部门。

随着社会经济生活的日益复杂，三次产业划分法的局限性日益明显，主要是第三产业的内容过于庞杂，因此，将第三产业中的电子信息产业作为第四产业的呼声日益强烈。科技进步是导致全球产业结构日益庞杂的主导力量，尤其是20世纪八九十年代,伴随着信息产业的迅速发展,世界经济产业结构格局受到了巨大冲击。

第五,科技进步提升国家在国际市场上的竞争力。在科技进步如此迅猛发展的时代,一个国家的国际竞争力再也不能完全靠资源优势来维持了,而必须更多地依赖科技进步来增强竞争力,特别是产业的国际竞争力。科技进步可以改变一个国家在国际市场上的竞争力,特别是对外贸易的份额。下面选取属于发达经济国家的美国、英国和属于发展中国家的中国、印度等国进行比较,来说明这一点(参见表 10 - 3)。

表 10 - 3 1820 ~ 1992 年按不变价格计算的出口总额(单位:百万美元)

国别 \ 年度	1820	1870	1913	1929	1950	1973	1992
英国	1 125	12 237	39 348	31 990	39 348	94 670	194 535
美国	251	2 495	19 196	30 368	43 114	174 548	451 026
印度	0	3 466	9 480	8 209	5 489	9 679	20 105
中国	0	1 398	4 197	6 262	6 339	11 679	84 940

资料来源:麦迪森.世界经济二百年回顾.北京:改革出版社,1996:163

通过表 10 - 3,不难看出科技进步对以上四个国家对外贸易的影响。1820 年中国没有本国的对外贸易,原因是清朝实行闭关锁国政策,道光二十年到二十二年(1840 ~ 1842 年)英国侵略中国的中英鸦片战争之后,中国发生了重大变化,在外国资本主义——帝国主义的侵略和压迫下,中国社会变成了半殖民地半封建社会。在此以前,中国社会处于封建时期,长达 2 400 年之久。中国封建时期的社会经济是以个体小农业和家庭小手工业紧紧结合在一起为基本特征的。在这样的社会中,自给自足的自然经济占主要地位。另外,自明朝后期,明政府对民间商业、矿业加重征税,起了压制新兴的资本主义萌芽的作用。清朝实行的是类似的政策,它通过官僚机构垄断一些大商业,如盐业和进出口贸易,并且在内地设立关卡,对于运销过程中的商品重重征税,这些都不利于自由商品经济的发展。而在印度自 1600 年 12 月英国成立东印度公司至 1805 年英国扩张至印度的全境,使印度沦为英国的殖民地,其从事的贸易是为英国人服务的印度洋至大西洋之间的贸易。而此时,伦敦、阿姆斯特丹、纽约在 1800 年已开设股市。1820 ~ 1913 年之间,英国对外贸易出口额领先于美国,处于上升阶段,1913 ~ 1929 年之间,英国对外贸易有被美国取代之势。1913 ~ 1950 年,美国重视科技进步,赶超英国并很快取代英国成为世界最强国。1950 年以后,美国借第三次科技革命的浪潮,充分壮大自己的经济实力,提高其在世界经济中的地位,对外贸易呈快速上升之势。中国自 1978 年开始实行改革开放,使中国的对外贸易释放出巨大潜力。1978 年,中国进出口总额只有 200

多亿美元，居世界第29位。2004年，中国外贸总额首次突破万亿美元大关，达到11 547.4亿美元，成为世界排名第三的贸易大国。据统计，2007年进出口总额高达21 737亿美元，比1978年增长104.3倍，年均增长17.4%，占世界贸易总额的比重也由1978年的0.8%提高到7.7%①。

第六，科技进步将实现全球资源共享，使经济一体化进程加速。自20世纪70年代以来，科技革命进入到一个新的、更高的发展阶段——信息化革命阶段。也许目前对信息化给出一个准确的评估还为时过早，但是，信息化的推进对世界经济的影响之快之广无疑是前所未有的。其影响的领域主要表现在以下几个方面：

其一，国际贸易的信息化趋势。即国际贸易信息化，主要指信息技术、信息产品以及信息服务在国际贸易结构中所占的比重增大，以及国际贸易方式和支付手段的信息化。今后，随着信息服务业的发展，其在国际贸易中的地位会越来越明显。

其二，国际金融的信息化趋势。表现为资金流动与生产的脱节和与信息联系的加强，资金流动方式的电子化以及金融机构经营的国际化。国际金融市场也凭借现代化的信息处理技术使世界各国和各地区纳入到全球一体化的运行轨道上。

其三，跨国公司经营的信息化趋势。主要表现在跨国公司的组成结构中，从事信息技术产业经营的公司发展较快，跨国公司的国外投资愈来愈重视信息技术以及信息服务领域，经营管理也日益信息化等方面。

目前，以信息化为纽带的全球性生产分工合作体系已初步形成，世界经济的一体化将在以信息革命为核心的科技进步中得以实现。

第二节　第三次科技革命与战后世界经济的恢复和发展

关于第三次技术革命，目前存在着两种不同观点。一种观点认为第三次技术革命是指20世纪四五十年代兴起、目前仍在继续的新技术革命，包括原子能技术、信息技术、空间技术、新能源技术、新材料技术等等。另一种观点则认为第三次技术革命专指20世纪四五十年代兴起到70年代达到高潮的电子技术的异军突起，而把70年代以来出现的信息技术、生物技术、新能源技术、新材料技术、空间技术、

① 国家统计局．大改革　大开放　大发展——改革开放30年我国经济社会发展成就系列报告之一．2008-10-27. http://www.stats.gov.cn/tjfx/ztfx/jnggkf30n/t20081027_402512199.htm

海洋开发技术等划分为第四次技术革命或称最新的科技革命（亦称“现代科技革命”）。由于目前的科技发展已经对人们的生产方式乃至社会生活方式的方方面面产生了全局性的重大影响，因此，在这里采用第二种观点，把20世纪四五十年代之后的科技发展细分为两次技术革命。这一节，主要分析第三次技术革命与产业革命及其对战后世界经济恢复和发展的作用。

一、第三次技术革命与产业革命发生的背景

第三次技术革命和产业革命发生在20世纪40～80年代这样一个历史时期。在此之前，从社会方面来说，发生了两次世界大战和持续不断的世界性经济危机；从科学发展来看，19世纪和20世纪之交的自然科学革命经过20世纪二三十年代理论上的探索，自四五十年代开始进入应用阶段。

（一）列强经济发展的不平衡及第一次世界大战

在第一次技术革命与产业革命中，英国走在世界各国的前面，到19世纪80年代以前，一直居于世界工业生产的首位，被称为“世界工厂”与“日不落帝国”。但是，在第二次技术革命与产业革命中，美国及德国由于在电力、炼钢、化工领域积极采用新技术、发展新产业而把英国、法国抛在后面。19世纪末20世纪初，世界经济重心开始从英国向美国和德国转移。此外，由于第二次技术革命和产业革命，俄、日、意、澳等国的经济实力也有了较快增长。列强经济实力发生了变化，但它们在世界贸易、殖民地占领及资本输出方面的地位并未发生相应的变化。这种状况引起帝国主义的不满情绪，按经济势力重新瓜分殖民地和世界市场，成为后起帝国的强烈愿望与要求，这样，它们同老牌帝国主义之间的矛盾就导致了第一次世界大战的爆发。

第一次世界大战对世界经济发展产生了两方面的影响。其一是，英、德、法、澳、俄等主要欧洲国家损失惨重，暂时退出世界市场竞争，美国以及日本大发战争横财，经济地位空前上升，世界经济重心加速向美国转移。另一结果是，社会主义苏联在战争中诞生，打破了资本主义经济在世界一统天下的局面，使世界经济体系变得更为错综复杂。

（二）持续不断的世界性经济危机

20世纪上半叶，资本主义世界连续爆发了多次世界性的经济危机，其中包括1920～1921年的经济危机、1929～1933年的经济危机，以及1937～1938年的经济危机。持续不断的经济危机对资本主义国家的社会生产力造成严重破坏。这些经济危机一方面暴露了自由放任的市场经济本身的缺陷，另一方面也说明，由于第二

次技术革命及产业革命的冲击已近尾声,没有大的技术创新,生产发展失去动力就会下滑。因此,世界经济新的振兴呼唤着新的技术革命和产业革命。

(三)第二次世界大战

资本主义世界经过20世纪20年代相对稳定的经济增长和30年代特大经济危机与持续萧条的打击,帝国主义国家经济政治发展的不平衡再一次加剧。其中,除美国继续保持经济领先地位外,英、法经济相对衰落,而德国及日本则超速增长,后来居上。随着帝国主义国家经济实力的变化,它们之间的矛盾也发生了新的变化。在重新划分势力范围的争夺中,第二次世界大战终于爆发。

同第一次世界大战相比,第二次世界大战的规模更大,卷入战争的国家更多,世界经济遭受的破坏也更严重。不过,由于战争的需要,刺激了许多新型技术部门如电子及通信技术、核能技术及核武器制造、特种性能材料的生产技术等的发展。这些军用技术在战后的民用化,对新技术革命的产生起到了一定的推动作用。

(四)科学革命的推进

19与20世纪之交的自然科学革命,打破了原子不可分的观念,使人类的认识得以深入到微观领域。20世纪二三十年代建立了微观粒子运动规律,从而为宏观领域的物质运动找到了共同的理论基础。微观世界的理论建立之后,不论是科学内在发展的规律,还是社会发展的需要,都要求科学理论向应用方向延伸。正是在这种形势下,20世纪四五十年代建立在微观粒子运动规律基础上的各学科的理论,在半导体技术、集成电路(导致微型计算机的出现)、高分子技术(导致石油化工的兴起)、原子能技术(导致原子反应堆以及后来核电站的出现)等方向找到了应用,并对新兴产业的出现起到了开拓的作用。

二、第三次产业革命的主要内容

第三次产业革命以电子技术的广泛应用为主要内容,主要包括以下几个方面。

(一)电子技术的产生和发展

原子的可分性,使人类的认识深入到了微观领域并建立起微观粒子(其中首先是电子)运动规律。在这种条件下,电子技术逐渐产生并发展起来。电子技术是以电子运动为基础、以电子器件为核心的有关技术的总称。它的产生和发展经历了真空电子管、晶体管和集成电路三个主要阶段。

1. 真空电子管阶段。1904年,英国工程师弗莱明利用热电子发射效应发明了真空二极管,它具有检波与整流的功能。1906年,美国工程师德福莱斯特在真空二极管的基础上发明了真空三极管,使之具有放大作用。此后,电子显像管(1923年)、五极管(1927年)、光电摄像管(1933年)、速调整管(1939年)等电真空器件的发明,再加上各种电子元件,电子专家先后设计并制造出各种不同的电子线路、电子仪器、电气设备以及无线电通信装置,包括超外差收音机(1919年)、电视机(1928年)、雷达(1935年)等。

2. 晶体管阶段。电真空器件的发明和广泛使用为电子技术的发展开辟了道路,成为20世纪上半叶电子技术的基础。但随着电子技术的发展,真空电子管逐渐暴露出严重的局限性,如体积太大、耗电太多、启动时间太长等。1948年,美国贝尔实验室的巴丁、肖克莱、布拉顿发明了晶体管,克服了真空电子管的上述缺点。晶体管在性能与真空三极管完全相同的基础上,在实用性、经济性上都具有明显优势,因此很快取代了真空电子管而使电子技术更为迅速的发展与普及。

3. 集成电路阶段。晶体管的出现,使电子仪器体积大为缩小,但是,对于具有复杂电子线路的电子仪器来说,体积还是太大。1959年,基尔巴将晶体管与电子元件放置在一个半导体基片上,构成集成电路(当时称为固体电路)。1961年,仙童公司和得克萨斯公司开始大量生产集成电路产品。此后,随着半导体器件、电路设计技术和微细加工技术的进步,集成电路中单个元器件的线度急剧下降,一块半导体芯片中所包含的元器件数迅速上升,从而使电子系统向微型化、低能耗、高可靠和高性能方向跨出了一大步,进入微电子或集成电路时代。集成电路的出现大大降低了电子系统的制造成本,为电子技术的广泛普及、电子工业的蓬勃发展提供了经济上的保证。

除电子管、晶体管和集成电路外,这个时期电子技术发展的另一个重大成就就是电子计算机的出现。

1941年,德国工程师楚泽研制成功第一台电磁式计算机。1944年,美国人艾肯发明了机电式计算机并用于核裂变的计算。因为这两台计算机使用的都是机械继电器而不是电子管线路,因此在运算速度上受到很大限制。1946年美国的毛奇勒与埃克特用电子管代替继电器研制成第一台电子计算机并用于军事中的弹道计算,从此开始了计算机时代。随着电子器件的进步,计算机也不断更新换代。20世纪70年代以前,计算机先后经历了电子管阶段(1946~1956年)、晶体管阶段(1957~1962年)、集成电路阶段(1963~1970年)。大规模集成电路自1971年以来导致了微型计算机的出现,为计算机的普及、信息社会的到来奠定了技术基础,目前正在研究的智能化计算机则成为计算机发展的第五个阶段。

(二)生产自动化过程

生产自动化是由于电子技术、控制理论、传感技术、机械技术等的综合推动而发展起来的。

1946年,美国的福特在一次会议上最早提出"自动化"一词。1948年,福特公司在汽车生产中推广使用"连续自动工作机";1951年,前苏联在莫斯科建成第一座全自动的汽车活塞厂,该厂从进料到成品的全部加工工序,包括检验、包装全部实现自动化。1955年,计算机开始应用于发电厂、炼油厂、化工厂、钢铁厂等企业,实现了自动流水线与计算机控制的结合。截至1965年,世界上已有600多个工厂实现了生产的电子计算机控制。生产过程的自动化大大节约了劳动力、降低了劳动成本、减轻了工人的劳动强度、提高了产品质量,使生产过程的面貌焕然一新。

(三)围绕电子技术的广泛应用,一系列新兴产业崛起

电子技术的广泛应用使各种电子产品达到了几万种之多,一系列新兴产业也随之崛起。例如:电子材料工业,包括半导体材料、导电材料、电热材料、电声材料、绝缘材料、磁性材料、液晶材料等;电子器件工业,包括电子元件、电子真空管、晶体管、光电管、印刷电路、集成电路等;仪器仪表工业,包括各种电参量及非电参量测试仪表(电流表、电压表、电阻计、频率计、温度测试仪、噪声测试仪、真空计、速度测试仪)、科学仪器、办公自动化设备等;家用电器工业,包括收音机、电视机、电冰箱、录音机、录像机、摄像机、洗衣机、空调器、音响、电子表等;机电一体化工业,包括数控机床、报警系统、精密机械及设备、工业机器人;计算机工业,包括计算机软、硬件系统和计算机辅助器材等;医疗电子工业,包括B超、CT、电泳仪、核磁共振仪、医用电子显微镜等。

需要指出的是,除了上述电子技术广泛应用所引起的第三次产业革命外,石油及石油化学工业的兴起、原子能技术及核电工业的发展以及空间技术与航天工业的发展,也对这一时期世界经济的恢复和发展产生了重大的影响。

三、战后世界经济的恢复与发展

第三次技术革命和产业革命是在经历了两次世界大战和持续不断的世界性经济危机,并且科学技术进展到一定阶段的历史大背景下兴起的。新的技术革命与随之而来的产业革命对战后世界经济的恢复和发展起到了积极的推动作用。

第二次世界大战以后,由于意识形态的对立,世界经济形成了以美国为首的资本主义和以前苏联为首的社会主义两大对立的阵营。

以美国为首的资本主义国家，实行的是市场经济制度，由于市场经济与科技进步的内在相容性，较好地吸收了第三次技术革命的成果并引发了相应的产业革命，使经受战争破坏的资本主义各国的经济很快得到恢复，并迎来了20年的持续发展。据统计，两次世界大战之间的20年，即1919～1938年，主要资本主义国家经济增长率平均为2.3%；而战后的20年，即1951～1970年，这些国家的经济增长率平均为5.3%。其经济发展速度超过了历史任何时期，被称为资本主义发展的“黄金时代”。表10－4是主要资本主义国家几个历史时期的经济发展速度的比较。

表10－4　主要资本主义国家战后和战前国民生产总值实际年均增长率的比较(%)

国别	1900～1913年	1913～1938年	1953～1973年
美国	4.3	2.0	3.5
英国	2.4	1.0	3.0
法国	1.1	1.1	5.2
联邦德国*	3.0	1.3	5.9
日本	4.1	4.5	9.8

注：*二战前为德国

资料来源：正村公宏. 日本经济论. 日文版. 1979：5

战后世界经济的恢复和发展无疑是多种因素合力的结果，但科技进步带来的劳动生产率的提高，仍是其中最明显的推动力量。这一点可以从战后主要资本主义国家劳动生产率与国内生产总值平均增长率的比较中得到印证(见表10－5)。

表10－5　主要资本主义国家劳动生产率与国内生产总值平均增长率(%)

国别	项目	1951～1987年平均
美国	国内生产总值	3.2
	劳动生产率	2.0
日本	国内生产总值	7.5
	劳动生产率	6.7
联邦德国	国内生产总值	4.4
	劳动生产率	4.7
法国	国内生产总值	4.0
	劳动生产率	4.1
英国	国内生产总值	2.5
	劳动生产率	2.7

资料来源：美国总统经济报告. 1989：150

二战后,以前苏联为首的社会主义阵营国家的经济也得到高度发展。但是,由于这些国家实行的是计划经济,排斥市场经济,从而在一定程度上阻碍了科技与经济的紧密结合,使社会主义的优越性没有得到充分发挥,经济发展的速度逐渐缓慢下来。这种状况,由于各社会主义国家先后实行了从计划经济向市场经济转型的经济改革而开始改变。

第三节　现代科技革命与世界经济发展

现代科技革命或者称第四次科技革命(也有人称之为新技术革命),主要是指20世纪70年代以来信息技术、新材料技术、新能源技术、激光技术、生物技术、空间技术、海洋开发技术等高技术群落在全世界范围内的蓬勃兴起。这次技术革命是19世纪与20世纪之交自然科学革命发展的产物,同时,也是第三次技术革命的继续和发展。同历史上曾经发生过的三次技术革命相比,这次技术革命的内容更为丰富,对世界经济发展的影响也更为深刻和广泛。

一、现代技术革命的特点和主要内容

第一次技术革命的主导技术是蒸汽动力技术,第二次技术革命的主导技术是电力技术,第三次技术革命的主导技术是电子技术。在前面这三次技术革命中,主导技术只是一项。而第四次技术革命,则是以技术群落的形式出现的,起主导作用的不再是某一个门类的技术,而是由信息技术、生物技术、新材料技术、新能源技术、海洋技术、空间技术、激光技术等组成的一种技术群落。这些主导技术群落有着共同的理论基础,它们之间相互联系、相互渗透,从而整体相关。

(一)信息技术

信息和能源、材料一起是构成物质世界的三个基本要素。随着科学技术和社会的不断发展,信息开始发挥越来越重要的作用。20世纪70年代以来,信息技术得到了飞速的发展,其中,最引人注目的有两件事:一是70年代大规模集成电路的出现,使微型计算机在70年代末开始发展起来。计算机的功能不断扩充,体积不断缩小,价格不断降低,使作为信息处理的计算机从科研机构进入工厂生产线、机关办公室,并走入越来越多的普通家庭。二是由于卫星通信、光纤通信和光盘存储的广泛采用,使信息传输的容量、速度和联网的规模都空前扩大。当前,信息技术

的发展已呈现出声音、图像、文字一体化的趋势,全球化、网络化、个体化的统一趋势和计算机的智能化三大趋势。

(二)新材料技术

材料是物质世界三个基本要素之一,材料技术的发展是各种新技术发展的基础。某些重要的新型材料的出现,往往会导致某种程度的技术革命或推动新兴产业的出现,产生巨大的经济效益。半导体材料对于微电子技术及微型计算机的出现就是典型例证。20 世纪 70 年代以来,具有各种特殊性能的新材料,如光导纤维、非晶体硅、高温结构陶瓷、快离子导体陶瓷、高温超导材料、碳 60、钛合金等不断涌现。据统计,目前已有 25 万种性能各异的材料问世,以适应生产及生活各个方面的需要。现代新材料技术已经从经验性阶段走入科学性阶段,即从结构研究、分子设计出发来研制、生产新的材料,这为新材料的开发打下了坚实的基础。

(三)新能源技术

能源是一切物质活动的基础,由于煤、石油、天然气等非再生性能源日渐枯竭,因此,寻找新的能源成为关系人类生存与发展的重大课题。20 世纪 70 年代以来,人类在这方面取得了长足进展。一是核裂变发电技术和核工业日趋成熟,核电在世界能源结构中的比例不断提高,目前已达到 25% 左右。二是可控核聚变研究已取得突破性进展。1991 年 11 月 9 日,在 JET(欧洲联合核聚变装置)上第一次成功实现了受控核聚变反应,持续时间为 2 秒,产生电力约 1.7 万兆瓦。它标志着人类即将把核聚变发电梦想变为现实。据专家估计,核聚变发电在 20 ~ 30 年内将进入工业化阶段,从而使人类完全摆脱"能源危机"的威胁。因为,核聚变的原材料可以从海水中提取,可满足人类数十亿年的需要。

(四)激光技术

激光是一种新型光源,它具有亮度高、方向性好、脉冲时间短、覆盖波段宽且可调谐等优点,是一种强有力的技术手段。自 1961 年出现第一台红宝石激光器以来,激光技术得到了迅速而广泛的发展。目前实现了激光振荡的工作物质达千余种,激光谱线万余条,研制成功不同类型的激光器数十种。20 世纪 70 年代以来,在激光技术的基础上,已形成激光工业。激光技术的应用非常广泛,如激光测量、激光医学、激光通信、激光信息处理、激光光谱分析、激光热处理、激光武器等。近年来,激光技术在微型加工(分子、原子级水平)、瞬间研究(微微秒、毫微微秒)、控制化学反应(选择性激发)等领域更显示出其独特而不可取代的功能。

（五）生物技术

生物技术是指运用工程的方法对生命系统进行作用，以实现预期目的的一种技术，故生物技术又称为生物工程。现代生物技术是建立在对生命系统分子水平认识的基础上的。1953 年确立的遗传物质 DNA 的分子结构奠定了分子生物学的基础。在此基础上，20 世纪 70 年代初出现了基因重组技术，即将某一种生物的遗传物质 DNA 分离出来，把它组合到另一种生物的遗传物质中去。由于这种基因重组技术的出现，人类就可以根据需要，用工程的方法来改造现有的生物种类或制造新的生物种类。在这种意义上，就可以制造出所谓的“超级植物”、“超级动物”、“超级药物”等。现代生物技术将从根本上改变包括农业、医疗卫生、制药、食品、化工、能源、环保等在内的一系列产业部门的生产过程和面貌，因此，有人认为 21 世纪将成为生物技术的时代。

（六）空间开发技术

近 30 年来，宇航技术或空间技术得到迅速发展。1957 年前苏联首次成功地发射了第一颗人造地球卫星，1969 年美国“阿波罗”号宇宙飞船登上月球，1976 年美国“海盗号”探测器在火星上软着陆成功等一系列成就，标志着人类进入宇宙空间的新时代。目前，人类的空间开发技术主要是围绕着人造卫星的发射与利用、空间工业化和行星际探测三个方面展开的。由于空间技术在科学、经济，特别是军事上具有重大的意义，因此，成为 20 世纪 70 年代以来各国竞争的一个重要领域。

（七）海洋开发技术

海洋占地球面积的 71%，有广阔的开发空间。20 世纪 70 年代以来，人类除了向空间发展之外，还试探着向海洋发展。海洋开发技术主要包括海洋资源开发、海洋养殖与捕捞以及海洋能的利用三个方面。

二、现代技术革命对世界经济发展的影响

现代技术革命是以整体相关的技术群落形式出现的，因此，它对世界经济发展的影响比以往任何一次技术革命都更为深刻和广泛。现代技术革命不仅加速了产业结构的调整与进化，还有力地推动着世界经济的全球化进程。

随着现代技术革命的深入，必然会有大量新技术、新材料、新工艺投入生产，各种新技术手段，特别是信息与管理技术用于生产经营活动，从而使各国的经济活动日益紧密地融合在一起，显示出全球化时代的大趋势。生产国际化的深入与跨国公司的蓬勃发展、贸易自由化与国际贸易的繁荣与发展，以及经济一体化的发展等

都是全球化的重要表现。前者已经在第二篇有过详细论述,关于经济一体化和全球化则是第五篇的主要内容,因此,在这里,不做过多论述。

(一)产业结构的变化

产业结构的变化表现在两方面。首先,从三次产业在国民经济中的比重来看,前面已经提到,无论是发达国家还是发展中国家,第一产业在国民经济中的地位都在下降,第三产业在国民经济中的地位都在上升,而第二产业在发展中国家的地位在上升,在发达国家已经开始出现下降趋势。这说明,经过历次产业革命的推进,人类社会已经走出农业社会,已经或正在完成工业化过程并向后工业化社会或信息化社会演进①。其次,从工业内部的行业结构的变化看,总的趋势是,钢铁、煤炭、汽车、纺织、有色金属、采掘等传统工业部门将相对衰落,正成为“夕阳工业”;而科技含量高的电子工业、计算机工业、机器人工业、航天工业、原子能工业等工业部门正在兴起和繁荣,成为“朝阳工业”。例如,1977~1984 年,美国的计算机、办公自动化、电子、医疗器械、通信设备等高新技术产业年平均增长率为 14%,而整个工业平均增长率仅为 2.9%。就业人数的变化也可以说明这一点:据统计,1982 年,美国汽车工业蓝领工人的 19%(约 21 万人)失去了工作,美国钢铁企业开工率仅为 42%。到 20 世纪 90 年代,美国钢铁、汽车等传统工业部门就业比例从 1982 年的 22% 下降到 8%,与此相反,新兴工业部门,如电子工业的就业比例则以 10%~20% 的速度增长。另外,由于技术革新速度不断加快,缩短了从技术发明到技术创新的时间间隔,加快了产品与产业更新的速度,其结果就是:一方面,大批企业破产,另一方面,大批新企业诞生,从而导致结构性危机。例如,1982 年,美国有 25 346 家企业破产,同时,有 566 942 家新企业开业。

(二)世界经济的信息化

现代科技革命对世界经济发展产生的影响是深远和广泛的,但能真切地感受到的却是扑面而来的信息革命与世界经济的信息化。

近 20 年来,以电子计算机和现代通信技术为基础的信息革命对人类的发展产生了深刻的影响。工业、农业和交通运输业等都受到了信息浪潮的强烈冲击,人类的整体面貌发生了翻天覆地的变化。“信息革命”使我们所处的社会正经历着一场巨大的变革。社会学家丹尼·贝尔提出了“后工业社会”学说,未来学家阿尔

---

① 有的学者将以第一产业为主的社会称为农业社会,以第二产业为主的社会称为工业社会,以第三产业为主的社会称为信息化社会(这个名称还未得到公认)。参见钱时惕. 科技进步与世界经济发展. 保定:河北大学出版社,2000:208

温·托夫勒提出了“第三次浪潮”学说，约翰·奈斯比特则提出了“信息社会”学说，他们纷纷从不同的角度观察着这场变革带来的巨大影响。

这场信息革命的浪潮不仅包括计算机、通信技术本身的迅速发展及其产业化，还包括农业、制造业和服务业等传统产业的信息化，其中最引人注目的就是“信息高速公路”的建设和网络技术的发展。这场信息革命不仅对企业的微观组织结构产生了深远影响，还对国际贸易的方式、世界市场的规模和国际分工的格局，甚至南北关系都产生了深远的影响，限于篇幅不做过多的论述。

鉴于这场技术革命还处于兴起阶段，尚未完全转化为产业革命，相信它必将在未来几十年甚至更短的时间内产生更加深远而广泛的影响，为世界经济发展注入更大的动力。

思考题

1. 如何理解科技进步是世界经济发展的动力源泉？

2. 第三次技术革命和现代技术革命的主要内容有哪些？对世界经济发展的影响如何？

主要参考文献

1　张幼文. 世界经济学. 上海：立信会计出版社，2001

2　陈漓高. 经济全球化与中国的对外开放. 北京：经济科学出版社，2001

3　钱时惕. 科技进步与世界经济发展. 保定：河北大学出版社，2000

第十一章

科技进步与经济周期波动

第一节　经济周期理论概述

一、经济周期的概念

经济周期(Business Cycle)是指在一定的时间长度内,一国宏观经济变量(产值、投资、消费等)以一种周期性或近似周期性的方式变化的过程,即总体经济活动的扩张和收缩交替反复出现的过程。

早期经济学家对经济周期的定义是建立在实际 GNP(Gross National Product,即国民生产总值)或总产量绝对量的变动基础上的,认为经济周期是指 GNP 上升或下降的交替过程。这一定义被称为古典的经济周期定义。现代经济学关于经济周期的定义,是建立在经济增长率变化的基础上的,它认为经济周期是经济增长率上升和下降的交替过程。根据这种定义,衰退不一定表现为国民生产总值绝对量的下降,只要其增长率下降,即使其数值不是负数,也可以称之为衰退,即增长性的衰退。

经济生活中,凡引起供需失衡的因素都可能引致经济波动,这些因素既包括技术进步、气候变化、自然灾害、资源发现和市场原材料价格波动等来自供给方面的冲击,也包括国家财政政策、货币政策和汇率政策等宏观经济政策造成的国家需求方面的冲击,以及由预期和偏好变化引起的私人投资和消费支出变动产生的私人需求方面的冲击①。正是因为影响经济波动的因素很多,并且带有一定的随机性,因此,它不像自然界某些周期活动(如潮涨潮落、钟摆运动等)那样严格,可以准确地预测。经济周期只能说明一种大致的趋势而已。所以,不管哪种经济理论,都只是力图对经济波动提供一种合理的解释,而要确切地预测经济周期几乎是不可能的,“世事如棋局局新”就是这个道理。

二、经济周期的类型及其阶段

按照经济周期时间的长短,经济周期可分为以下几种类型:

第一,朱格拉周期。1862 年,法国经济学家朱格拉(C. Juglar)在其《法国、英国及美国的商业危机及其周期》一书中指出,资本主义经济存在着 9 ~ 10 年的周期波动,这种周期被称为“朱格拉周期”。由于这种周期同其他周期相比属于中等长度,因此也被称为中周期。

第二,基钦周期。美国经济学家基钦(J. Kitchen)于 1923 年提出了存在着一种 40 个月左右的小周期,被称为“基钦周期”。两三个这样的小周期又合成为一个大周期。

第三,康德拉季耶夫周期。是前苏联经济学家康德拉季耶夫(N. D. Codrulieff)于 1925 年提出的。康德拉季耶夫认为资本主义经济存在着 50 ~ 60 年一个周期的长波运动,所以又称之为长周期。

第四,库兹涅茨周期。1930 年,美国经济学家库兹涅茨(S. Kuznets)提出存在着一种平均长度为 20 年的周期,称之为“库兹涅茨周期”。这也是一种长周期。

在周期长度的划分上,9 ~ 10 年的周期称为主周期。一个主周期可能包含若干个短周期,一个长周期也可以包含若干个主周期。在研究长周期时,通常要对统计指标做一些技术性调整,以削平短期波动,突出研究长周期。例如,康德拉季耶夫在 50 ~ 60 年长周期的研究中,就用 9 年平移法消除了若干主周期的波动。

一般从一次危机到下一次危机称为一个经济周期。它一般包括四个阶段:危机、萧条、复苏、高涨。第二次世界大战后,随着资本主义经济的发展,以及政府干预政策的实施,经济周期发生了一些变化。危机和高涨的幅度降低,使得四个阶段的界限难以划分。西方经济学家一般不再使用“危机”这个词,并用衰退和扩张两个阶段的划分来代替传统的四个阶段。衰退是经济的下降阶段,扩张是经济的上

① 宋玉华,徐前春. 世界经济周期理论的文献述评. 世界经济. 2004(6):71

升阶段。如图 11－1 所示。经济周期两个阶段相互交替的转折点，分别称为"波峰"和"谷底"。"波峰"和"谷底"是两个时点概念，不同于传统的"高涨"和"萧条"两个概念。"波峰"是从扩张转向衰退的转折点，而"谷底"则是从衰退转向扩张的转折点。经济从一个波峰到另一个波峰，或者从一个谷底到另一个谷底，就是一次完整的经济周期。这种总体经济活动的扩张和收缩交替反复出现的过程，称为经济波动。

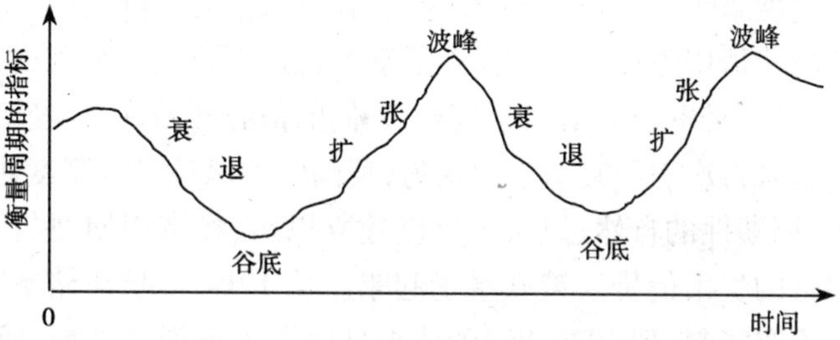

图 11－1　经济的周期性波动

资料来源：魏埙等. 现代西方经济学教程（下）. 天津：南开大学出版社，1992：284

三、对经济周期波动原因的解释

引起经济周期性波动的因素既有经济制度以外的如太阳黑子、战争和政治事件等外生因素，也有经济制度本身的因素，即内生因素。这里介绍几种代表性的用内生原因解释经济周期性波动的理论。

（一）熊波特的创新理论

美籍奥地利经济学家熊彼特（Joseph Alois Schumpeter）1939 年出版了《经济周期：资本主义过程的理论、历史与统计分析》一书，建立了用"创新"来解释经济周期的学说。

熊彼特认为，企业家是资本主义经济的灵魂，而创新则是企业家的基本职能。所谓"创新"就是重新组合生产要素，建立一种新的生产函数。这种创新包括五个方面的内容：①引进新产品；②开辟新市场；③采用新技术和新的生产方法；④创造和使用新材料、新能源；⑤创立新的企业组织。创新的过程不是持续的，而是阶段性的，于是便使经济呈现出周期波动。他认为企业的创新汇集起来就会造成某些产业的创新，甚至造成"产业突变"，然后引起整个经济的创新。较小规模的创新造成了 3～4 年的短周期，小规模的创新汇集成较大规模的创新造成了 9～10 年的中周期，整个经济的创新造成了50～60年的长周期。他把1780年至20世纪30年代的150多年分为三个长周期：1780～1842年为产业革命时期；1842～1897年为动力钢铁时期；1897年至20世纪30年代末为电器、化学、汽车时代。

（二）弗里德曼的货币原因说

货币学派的代表人物，美国经济学家弗里德曼（M. Friedman）认为，经济波动的基本原因是信用的扩张和收缩。他解释说，20世纪30年代大危机以前，信用的过度扩张造成过度繁荣，尔后出现贷款拖欠、存款人信心下降、银行挤兑、信用扩张突然终止等情况。信用恐慌造成工商业活动的急速下降和一系列的倒闭风潮。当信用开始恢复后，信贷资金的困难会缓解，人们的信心开始恢复，经济随之回升，直至信用的过度膨胀再次引起衰退。他认为，美国联邦储备银行制度建立以前，这一过程是自发的、周期性的自然过程，该制度建立以后，经济周期便与人为的因素即国家或中央银行的货币信贷政策联系了起来。从1914年联邦储备银行作为美国的中央银行实施职能起，到1929年10月4日证券市场崩溃之前，或更确切地说，到1928年该行第一任行长本杰明·斯特朗去世之前，由于执行了正确的货币政策（例如在信用恐慌出现时，采用了增加货币信贷供给的措施，缓解了信用紧张），使经济没有发生过大波动。而斯特朗的继位者却采取了错误的货币政策，当1929年信用恐慌出现时，反而限制了货币信贷的供给，从而加剧了信用危机，导致了1929～1933年的经济大危机。

（三）凯恩斯的解释

凯恩斯认为，决定就业量的种种因素都可以用来解释商业循环（周期）现象，特别是其中的消费倾向、灵活偏好和资本的边际效率这三大因素。其中，资本的边际效率是这三大因素中最主要的。商业循环的主要原因，是资本边际效率的循环性变动。所谓循环运动（Cyclical Movement），是指当经济总体向上前进时，使其向上前进的力量开始逐渐扩大，相互加强，继而逐渐不支，达到某一点时，向下的力量代之而起，这种向下的力量也是开始逐渐扩大，相互加强，达到最高阶段，然后逐渐衰退，最后又让位于相反力量即向上力量。在商业循环中，一个需要特别加以说明的特征就是“恐慌”（Crisis）现象，即需要说明为什么从向上趋势变为向下趋势时，转变得非常骤然、剧烈。凯恩斯认为，经济繁荣之后“恐慌”的来临，是由于资本边际效率的突然崩溃。在繁荣阶段，市场充满乐观情绪。繁荣后期，即使资本品已经很多，生产成本在逐渐增加，利率上升，人们对资本的未来收益仍作乐观预期，故投资仍继续增加。但一旦乐观过度，失望会骤然来临而且十分剧烈，资本的边际效率宣告崩溃。这时,人们对未来的看法变得黯然、不放心,于是灵活偏好大增,利率上涨,投资量急剧减少,市场情绪充满悲观、无信心,从而导致恐慌。恐慌经过一段时间以后,资本品由于使用、腐蚀或折旧而逐渐显得稀少,于是资本的边际效率开始提高。随着资本边际效率的提高,经济逐渐复苏,于是人们又增强了信心,投资增加,市场又逐渐充满乐观情绪,从而导向经济繁荣。

除以上三种代表性解释之外,其他关于经济周期的解释还有许多种,例如:①用机器和耐用消费品的"重置浪潮"来解释经济周期。②消费不足说,即认为经济中出现萧条,是由于社会对消费品的需求赶不上消费品生产的增长。③投资过度说,这又分货币投资过度论和非货币投资过度论。前者认为,银行信用膨胀,利率降低,如市场利率低于均衡利率,则资本市场上对投资资金的需求超过储蓄,资本品的生产扩大,而一旦银行紧缩信用,就会发生经济危机;后者认为,新技术、新产品的发明,新市场的开拓,是经济周期进入高涨阶段的主要原因。可见,这些解释同前面的解释都存在一定程度上的联系。

四、长周期理论与创新说

(一)康德拉季耶夫的长周期理论

1925 年,前苏联经济学家康德拉季耶夫发表了《经济生活中的长周期》一文,提出了资本主义经济存在着 50 ~ 60 年一个周期的长波运动。当时,康德拉季耶夫的长期波动假说并未引起西方经济学界的普遍关注。20 世纪 70 年代出现的严重衰退和整个 70 年代的严重不景气,使人们回想起 40 多年前的"大危机"和随后的长期萧条,一些经济学家觉察到在这惊人相似的历史背后可能会隐藏着某种规律,于是开始热衷于长期波动的研究。在从 20 世纪 70 年代至今对长期波动的诸多研究中,最受人们关注的还是熊彼特在 20 世纪 30 年代提出的"创新说",这一学说在战后得到了很大发展。

康德拉季耶夫对美国、英国和法国 1780 ~ 1920 年间的商品价格、有息证券行市、工资、对外贸易、煤炭的消费量和产量以及生铁和铅的产量的统计资料进行了研究,并用 9 年平移法消除了 7 ~ 10 年的周期波动,结果发现这些指标都表现出一致的周期性波动,其周期为 50 ~ 60 年。

康德拉季耶夫概括了长期波动的五个特点:①长期波动包含着传统的周期波动(10 年左右的周期波动)。在长期波动的上升期,繁荣的年份较多,在下降期则以萧条年份为主。②在长期波动的衰退期间,农业通常出现特别显著的长期萧条。

③在长期波动的衰退期间，生产和交通运输中有特别多的重要发现和发明，但这些通常只是在下一个长期高涨开始时才能得到大规模的应用。④在一次长周期高涨开始时，通常黄金产量会增长，并且由于新国家，特别是殖民地国家的参与，世界市场一般有所扩大。⑤在长期波动的上升期，即在经济力量的扩展高度紧张时期，一般会发生灾难性的广泛的战争和革命。

康德拉季耶夫认为，上述五个特征只是根据经验研究发现的一些明显现象。它能证明长期波动的存在，但并非是长期波动的原因。

（二）熊波特的创新说

熊彼特从20世纪30年代起开始研究长期波动，是研究长期波动成因最早的经济学家之一。他用创新来解释经济长期波动成因的理论，经过其他经济学家的发展和完善，已经成为当代最具权威的一种理论。尽管在“创新”的大前提下，不同经济学家各自强调不同的因素，使用不同的分析方法，但“离开创新就无法解释长期波动”已经成为多数经济学家的共识。

如前所述，创新是企业家对生产要素的重新组合，与科技人员的创造发明并不完全相同。创造发明有时会呈现出某种共生、集群现象，但这种共生和集群并无特别规律的周期性，而大规模地采用发明创造的企业家的创新活动却有明显的周期性。

创新是一个分阶段的过程，这一过程通常被称为“创新的生命周期”。它由采用阶段、扩散阶段、成熟阶段和下降阶段构成。

采用阶段是创新的起始阶段，它通常处在上一次创新浪潮下降期的期末。这时，上一次创新带给经济的活力已经枯竭，经济增长缓慢，市场趋于饱和，投资不旺，有效需求经常不足，企业家开始寻找新的出路。新的发明创造几乎在任何时期都存在，但是在上一创新的扩散和成熟阶段，只能有一部分与上一次创新的具体内容相适应的创造发明被采用，而那些不适应上一次创新的创造发明会被排斥，遗留下来和后来的创造发明累积在一起，为新的创新活动打下基础。此外，在上一次创新周期的下降阶段，由于经济衰退，也会一定程度地刺激新的创造发明。因此，在上一创新浪潮下降阶段的后期，企业家寻找新的创造发明并不困难。但是，将新的创造发明用于某种生产过程却是困难的。企业家在采用新发明的阶段，不仅要承担技术上、工艺上能否成功的风险，还需要承担与现有经济结构发生冲突的风险，这就使采用阶段变得很长。根据库兹涅茨的经验研究，这一阶段一般会长达20年左右。

这一时间之所以这样长,有两种不同的解释:一种解释认为,采用新的创造发明是用新技术突破旧技术体系的过程,它必然是困难重重的。另一种解释认为,采用新技术是在旧技术体系下的一些最初变革,一开始不可能对旧体系构成破坏,而是要千方百计地去适应旧的技术体系,否则它就不可能发展。为适应旧技术体系,新技术就不得不考虑利用旧技术体系来改善能源、材料以及配件等等,这就限制了新技术效益的发挥。因此,采用阶段是一个很长的时期。此外,也有一些经济学家认为,采用阶段能否结束并进入扩散阶段关键在于基础创新的出现。熊彼特把基础创新看做是像工业革命时期的铁路和蒸汽机的采用那样的创新,而当代一些经济学家则把它推广到信息、自动化、能源、合成材料等更广泛的领域。更多的经济学家则更注重技术创新群的出现和它们结成的新的技术体系。

当企业家们纷纷采用新技术、新发明的时候,就会出现创新群。它们相互结合,并和旧的技术体系的某些部分结合在一起,形成新的技术体系。这一阶段被称为新技术的扩散阶段。按照杰伊·W.弗雷斯特(Jay W. Forrester)的观点,这一阶段与采用阶段可以同称为技术创新阶段。人们看到新技术的采用可以带来更高的利润,于是投资开始增加,总需求开始上升,国民收入增长。在这一新技术的扩散阶段中,一方面由于形成了新的技术体系,会造成对一些不适应这一体系的新技术和发明的排斥;另一方面,随着投资增加会形成一些新产业,或使某个老产业以全新的面貌出现,其能源、原材料、机器设备以及产品等等都不同于旧技术体系下的情况。如战后的纺织业就是与合成纤维、自动化等新技术体系结合在一起,改变了旧时的产业。经济中的新产业和一些较大地改变技术面貌的老产业合成为领先部门,它们与其他产业结合成新的产业结构。于是在领先部门的带动下,整个经济会进入较长期的增长阶段。

在新产业结构形成的初期,高额利润来自新技术、新产品等技术创新,但当技术扩散已经基本结束,与新技术体系相适应的新发明已被采用,而被排斥的不适应新技术体系的发明创造又不能带来高额利润时,技术创新时期也就结束了。这时,市场竞争更激烈,企业家转向靠管理和经营策略来提高利润,于是进入了弗雷斯特所称的"管理创新时期"。当管理创新的效率充分发挥出来之后,便进入创新的成熟阶段。根据库兹涅茨的经验研究,从创新群结成新的技术体系,到整个创新过程进入成熟阶段,需要大约20年的时间。在这一阶段,整个经济将呈现出以增长和繁荣为主的景象。

进入创新的成熟阶段后,总产量的上升放慢,竞争更加激烈,市场趋于饱和,投资开始沿着下降的趋势发展，对未来经济预期的悲观情绪开始蔓延，经过一段时期便会进入创新的下降阶段。荷兰经济学家 J. V. 杜因(J. V. Duijn)认为，一次创新浪潮的下降阶段，是一个无限制的阶段，它自身的技术体系已经不可能重新使经济上升，但下降阶段的经济衰退会刺激新的创新浪潮。

弗雷斯特认为，在下降阶段，会开始一个"政治创新"的时期。由于经济经常处于衰退，政府的经济政策以及某些经济和政治制度、管理体制等就会发生变革，这种变革会刺激新的创新。创新说的重要代表人物 M. 格哈德(M. Gerhard)也持类似看法。他认为，资本主义经济制度具有内在的调节机制，它会使创新浪潮重新出现。

创新的生命周期是一个很长的过程，随着其不同阶段的交替，经济呈现出有规律的长期波动。一方面，创新导致了经济波动；另一方面，经济波动又会导致后一个创新浪潮去代替前一个创新浪潮。

五、科技进步与经济周期之间的关系

(一)技术革命与经济长波

熊彼特的技术创新理论是最早解释技术进步与经济波动之间关系的理论。他认为资本主义经济发展过程中大体存在三种长度不同的周期，即长周期(康德拉季耶夫周期)、中周期(朱格拉周期)和短周期(基钦周期)。这三种周期都与一定的技术创新活动相联系。熊彼特将到他那个时代为止的资本主义经济发展划分为三轮长波：第一轮长波(1783～1842 年)，以纺织机和蒸汽机的创新活动为基础；第二轮长波(1842～1897 年)，以钢铁和铁路技术的创新活动为基础；第三轮长波(1897年至20世纪30年代)，以电气、化学和汽车技术的创新活动为基础。并且，杜因的研究表明这三个长波已基本得到现实的证实。熊彼特认为，经济长波是由以产业革命为代表的重大基本创新活动(群集)引起的，产业革命是重大技术创新活动的浪潮。当创新的浪潮出现后，最初只有少数厂商具有该产品的供给能力，加上人们对创新产品的需求弹性较高，整个世界对周期主导产业产品的需求大于其供给。企业家的超额利润会吸引众多的企业群起模仿，推动社会产出的增加，带来经济的扩张，形成长波的繁荣期。在周期的繁荣阶段，创新占主导地位。当创新扩散、生产扩张后，产品供给增多，该产品的市场需求逐渐趋于饱和，市场价格下降。厂商为保持产品的市场份额，不得不设法降低生产成本，因而产品和技术进入了成本竞争阶段，企业边际利润下降，经济进入长波的下降期。在此阶段，技术创新能力衰减，成本竞争占主导地位。但每一个长波下降期都在酝酿一次新的创新高潮，最终导致新的长波上升期的到来。可以说，是技术进步的这种周期性变化导致了经济的周期性波动，经济长波经历的时间也内在地由技术进步周期性变化的时间决定。当技术创新和扩散的速度加快时，长波所经历的时间可能随之缩短。①

康德拉季耶夫从统计资料所总结出来的世界经济的三个长波周期，与三次技术革命对世界经济的作用及影响的时间历程之间也存在着某种对应关系，有着密切的内在的联系。

事实上，每一次技术革命，都是一次技术"范式"的变化，都会激发一系列新技术的兴起，通过技术创新与技术扩散，带动一系列新产业的崛起。有眼光的企业家、银行家很快看到了新技术、新产业的广阔、深远的发展前景，大量增加投资。新企业一个个出现，各种新型功能的产品大量涌现，受到用户欢迎，就业机会增加，各种服务业也跟着兴旺起来，经济不断走向繁荣。但技术革命的冲击波总有一定的时间作用范围，当新技术的作用达到高峰、趋于饱和，新产品变成老产品，人们期待的新产业、新产品还未出现时，整个经济活动也就从繁荣经过衰退而走向萧条。因此，一次技术革命将在世界范围内带来一个经济长波。至于一次技术革命对应多长的经济周期，将由技术革命作用的深度、广度及时间响应来决定，并没有固定的周期。

经济学家门斯(G. Mensch)对过去200年的技术创新进行了实证研究，结果发现，技术创新群也存在波峰与波谷，并且这种峰谷与康德拉季耶夫周期有较高的拟合度，说明科技进步与经济周期之间存在着某种程度上的因果关系，见表11－1。

表11－1 技术创新峰谷与经济长波对比

	门斯的基本创新	康德拉季耶夫周期(原始的)
波谷年份	1795	1790
	1845	1844
	1905	1895
	1955	
波峰年份	1770	
	1825	1814
	1885	1874
	1935	1916

① 参见陈漓高，齐俊妍. 技术进步与经济波动：以美国为例的分析. 世界经济. 2004(4)：35～43

续表

	门斯的基本创新	康德拉季耶夫周期(原始的)
年数		
波谷到波谷	50,60,50	54,51
波峰到波峰	55,60,50	60,42
波谷到波峰	30,40,30	24,30,21
波峰到波谷	25,20,20	30,21

资料来源:门斯.技术的僵局.英文版.1979。转引自:钱时惕.科技进步与世界经济发展.保定:河北大学出版社,2000

(二)技术创新与经济周期波动

除了技术革命与经济长波之间的关系,某些重大的技术创新往往也会引起经济活动中的某种周期。这是由于每种技术创新经济后果都有一个从小到大、饱和然后衰退的过程。如果这种技术创新能引起重大经济反响(只有某种重大技术创新才有这种经济影响,一般大多限制在某一行业),这种技术创新也会对应某些局部的经济周期,例如塑料的发明及应用对化学行业的经济影响。

科技进步是经济周期变化的重要推动力量,经济的周期波动反过来也会促动科技进步。现实中,人们普遍比较关注经济波动的破坏作用,而忽略了它的积极影响。实际上,在一个市场经济中,经济波动给公司带来的经济环境的变化和竞争上的动力或压力往往会推动公司改革,使之提高管理效率,加快技术创新,从而推动科技进步。

第二节　当代世界经济的长期波动

随着世界经济的形成,世界经济的发展表现出各种周期性的波动与经济危机。这一节主要分析第二次世界大战以后世界经济的长期波动,即世界经济为期50年左右的长周期的基本情况及其发生的原因,并着重介绍经济长波的最新发展趋势。

一、世界经济周期和世界经济危机

按照持续时间的长短,世界经济周期一般可分为两种:一种是期限为10年左右的世界经济主周期,简称为世界经济周期;另一种是期限在50年左右的世界经济长周期,即经济长波。

世界经济周期一般是指世界范围内总体经济活动呈现出的大约10年一次的周期性波动过程。和经济周期的定义一样,世界经济周期也是总体经济活动上升和下降循环交替的波动过程,不同的是它研究的范围是整个世界,而非单个国家。当然,它主要是指发达资本主义国家,尤其是指在当今世界经济中起主导作用的主要发达资本主义国家,同时也包括在经济上从属于发达资本主义国家的发展中国家。

世界经济长周期是指世界经济增长速度存在的长度为50年左右的周期性波动。同样,世界经济长周期也伴随着物价水平、利率、失业率和工资水平等宏观经济指标长期变化率的波动。但是,与经济增长率相比,这些指标都是次要的或从属性的,因为在不同的长周期中,某些次要指标可能会出现相反的变动趋势。因此,经济长期增长速度的周期性波动或变化是世界经济长周期的本质特征。世界经济长周期可以划分为两大时期:上升期和下降期。长期平均经济增长率在上升期较高,而在下降期则较低。一般而言,在上升期,物价和工资上涨率及利率较高,失业率较低;而在下降期,上述指标呈相反的变化。

和经济周期联系较紧密的一个概念是经济危机。世界经济危机一般是指在世界范围内发生的周期性的、普遍的生产过剩危机。它一般被定义为持续两个季度以上的生产下降或负增长,因而它不是一般性的生产下降。西方国家常说的衰退实质就是危机。需要指出的是,世界经济危机是指主要发达资本主义国家同时爆发的危机。一方面,由于主要发达资本主义国家的经济对资本主义世界经济的状况具有决定性的影响,所以它们同时爆发危机就意味着整个世界经济的恶化和处于危机状态;另一方面,只有几个对世界经济具有决定性影响的主要发达国家同时爆发危机,才会使整个世界经济陷入危机。作为世界经济周期的四个阶段之一,它是一个决定性的阶段,它既是前一个周期的终点,又是下一个周期的起点。

二、关于世界经济长周期的早期理论研究

(一)长波理论的提出

对世界经济长期波动现象的研究始于19世纪末期。1896年,俄国人帕尔乌斯通过对西方国家农业的研究,发现西方国家的经济发展中存在着一种带有规律性的现象,大体上每经过五六十年就会发生一次长期经济波动。1913年,荷兰经济学家冯·盖尔德伦用大量数据证明西方经济发展中存在着60年一个大循环的规律。但第一次最系统、最明确地提出长波理论的当属前苏联经济学家康德拉季耶

夫。1925年,康德拉季耶夫经过对英、法等国1790年以来的一系列主要经济指标进行统计分析之后,发表了《经济生活中的长期波动》一文,正式提出在西方经济发展中存在着平均长约50年的长期波动这一结论,这就是所谓的“长波理论”。19世纪末20世纪初,一些经济学家如都冈·巴菲诺夫斯基、帕累托、欧文·拉希尔等也不约而同地发现了不同系列指标中资本主义经济运行的周期波动现象。因为康德拉季耶夫的论述是其中最详尽、最精辟和最具代表性的,康德拉季耶夫周期几乎成了长期波动或长周期的代名词①。

(二)长波理论的主要内容

康德拉季耶夫的研究发现,英国、美国和法国从1780年到1920年存在着三个长波:第一个长波从1789年到1849年,约60年。其上升阶段从1789年至1814年,大约25年;其下降时期从1814年开始到1849年终止,为期35年。第二个长波始于1849年,止于1896年,约47年。从1849年到1873年为上升时期,从1873年到1896年为下降时期。第三个长波始于1896年,1896年到1920年为其上升阶段。康德拉季耶夫的统计资料只收集到1920年,他估计1920年之后应开始下降。多数经济学家的研究都表明,从1789年到1973年的184年中,主要资本主义国家都经历了四个长周期。但对波动的起止年份存在着一些差别。日本经济学家筱元三代平概括了有关长期波动年份的几种不同划分。从表11-2可以看出,对于18世纪到二次世界大战以前的长周期划分差别较小,除少数人的分法出入较大外,对战后长波的划分差距不大。多数人认为,从20世纪40年代末(或50年代初)到70年代初为第四个长波的上升阶段,从1973年以后开始进入第四个长波的下降阶段②。

表11-2 有关长波时期的各种划分

	第一次长波 谷 (年)	第一次长波 峰 (年)	第二次长波 谷 (年)	第二次长波 峰 (年)	第三次长波 谷 (年)	第三次长波 峰 (年)	第四次长波 谷 (年)	第四次长波 峰 (年)
康德拉季耶夫 A	1789	1814	1849	1873	1896	1920	—	—
(1922) B	1770	1810/1817	1844/1851	1870/1875	1890/1896	1914/1820	—	—
德沃尔夫(1929)		1825	1849/1850	1873/1874	1896	1913	—	—
范·西里亚西-旺特鲁普(1936)	1792	1815	1842	1873	1895	1913		

① 庄宗明.世界经济学.北京:科学出版社,2003:234~235

② 魏埙等.现代西方经济学教程(下).天津:南开大学出版社,1992:306~307

续表

	第一次长波 谷 峰 (年)		第二次长波 谷 峰 (年)		第三次长波 谷 峰 (年)		第四次长波 谷 峰 (年)	
熊彼特(1936)	1787	1813/1814	1842/1843	1869/1870	1897/1898	1924/1925	—	—
科林·克拉克(1944)	—	—	1850	1875	1900	1929	1945	1970
杜普里兹(1947~1978)	1789/1892	1808/1814	1846/1851	1872/1873	1895/1896	1920	1939/1946	1974
罗斯托(1978)	1790	1815	1848	1873	1896	1920	1935	1951
曼德尔(1980)	—	1826	1847	1873	1893	1913	1939/1948	1973
范·杜因	—	—	1845	1872	1892	1929	1948	1973

注:A:根据批发物价指数,B:考虑了其他指标。括号内为论文发表年份。

资料来源:外国经济学说研究会编.现代国外经济学论文选(第10辑).北京:商务印书馆,1986:226。
转引自魏埙等.现代西方经济学教程(下).天津:南开大学出版社,1992:307

(三)对长波形成原因的解释

经济学家对长波形成原因的解释大致可以分为两类,即"外源性因素"论和"内源性因素"论。

"外源性因素"论认为,长期波动产生于外源性因素,如战争与革命,过激的阶级斗争形式等。康德拉季耶夫本人并没有对长波产生的原因作出明确的解释,不过,他认为长波的出现与技术的变革、战争和革命、新国家被纳入世界经济之中、新金矿的发现和黄金产量、储量的增加有着密切联系。因此,康德拉季耶夫的解释在一定意义上可以归类于"外源性因素"论。

"内源性因素"论认为,生产力体系内部的深刻变革是迅速增长阶段与缓慢增长阶段周期性交替出现的根据。这种变革是由基础性革新所引起的,由此而产生的"例外的生产力"导致新的增长部门利润率提高,发展迅速,从而带动整个经济增长,但经过20~30年之后,这种效益潜力发挥到一定程度就会出现部门利润率下降,从而引起整个经济呈缓慢增长或下降趋势①。熊彼特用"创新理论"解释经济长期波动的成因,是"内源性因素"论的典型代表。

三、以创新为基础的当代世界经济长期波动

自熊彼特提出以创新理论为基础的长波理论之后,长波理论的主要研究者如

---

① 庄宗明.世界经济学.北京:科学出版社,2003:236

罗斯托、G. 门施、C. 弗里曼、雅各布·范杜因等的观点虽然不尽相同，但理论基础都是熊彼特的创新理论。可以说，创新理论已经成为解释长波的主流。

（一）历次经济长波的划分

熊彼特以各个时期的主要技术发明和它们的应用以及生产技术的突出发展，作为各个"长波"的标志，把近百余年来资本主义的经济发展过程进一步分为三个"长波"，并将每一轮经济长波区分为繁荣、衰退、萧条和复苏四个阶段。范杜因在20世纪70年代考察了截止到1973年的经济长波，总结了前三波的各个阶段以及第四波的前两个阶段。范杜因的研究表明这三个长波已基本得到现实的证实。陈漓高等以熊彼特的技术创新理论为基础，通过对二战以来技术进步与经济波动的考察，总结了第四个长波的后两个发展阶段，并通过对美国20世纪90年代以来信息技术与经济波动的考察，大致确定了目前正在经历的以信息技术创新和信息产业为主导的第五轮经济长波开始的时期，并结合自20世纪90年代特别是2002年以来美国经济及世界经济的走势，分析了信息技术外溢对第五轮经济长波的影响和第五轮经济长波的发展趋势，得到的结果见表11－3①。

表11－3　五轮经济长波及不同阶段经历的时间

长波（主导的技术创新）	繁荣	衰退	萧条	回升
第一波（纺织工业和蒸汽机技术）	1782～1802年（20年）	1815～1825年（10年）（战争1802～1815）	1825～1836年（11年）	1836～1845年（9年）
第二波（钢铁和铁路技术）	1845～1866年（21年）	1866～1873年（7年）	1873～1883年（10年）	1883～1892年（9年）
第三波（电气和重化工业）	1892～1913年（21年）	1920～1929年（9年）（战争1913～1920）	1929～1937年（8年）	1937～1948年（11年）
第四波（汽车和电子计算机）	1948～1966年（18年）	1966～1973年（7年）	1973～1982年（9年）	1982～1991年（9年）
第五波（信息技术）	1991～2011年	2011～	？	？

注：1973年以前参见：雅各布·范杜因. 创新随时间的波动. 载外国经济学说研究会. 现代外国经济学论文选（10），北京：商务印书馆，1986；1973年以后为陈漓高、齐俊妍所续。

资料来源：陈漓高，齐俊妍. 信息技术的外溢与第五轮经济长波的发展趋势. 世界经济研究，2007（7）：30

（二）第四波后两个阶段及第五波的发展趋势

在二战之后的50多年中，各国的经济都经历了几次繁荣和衰退，形成了相对

① 详细内容可参见陈漓高，齐俊妍. 技术进步与经济波动：以美国为例的分析. 世界经济，2004（4）：35～43和陈漓高，齐俊妍. 信息技术的外溢与第五轮经济长波的发展趋势. 世界经济研究，2007（7）：26～33

完整的四个长波。值得注意的是，整个世界 GDP 增长率的变动与美国基本一致，这反映了美国对第四轮及以后经济长波的带动作用，以及在经济全球化日益深化的背景下，各国经济波动日益同步的趋势。具体来说：第四波在 1948 ~ 1966 年期间达到波峰，这正是战后发达资本主义国家的经济高速增长的时期。在此期间，以汽车和计算机技术为标志的技术创新为这些国家乃至全世界的经济高速发展提供了重要动力。到 20 世纪 70 年代，发达资本主义国家普遍出现的滞胀现象说明第四波开始衰退并向谷底下降。这期间曾出现了两次经济危机（1973 ~ 1975 年经济危机，1979 ~ 1982 年经济危机），整个世界的经济增长也出现了减速。自 1983 年以来，各发达资本主义国家先后走出滞胀，经济开始缓慢回升。

20 世纪 90 年代以来，以美国为主导的信息技术革命带来了涉及技术创新、制度创新和市场创新的全方位创新局面，出现了熊彼特所说的重大创新活动的群集，促进了美国经济繁荣发展。在美国的带动下，信息和网络技术作为新一轮技术创新的核心开始在其他发达国家迅速发展，并推动世界经济第五轮长波趋势的出现。陈漓高等对历史上已经经历的四次经济长波的持续时间和每一波不同阶段的平均时间进行总结发现，长波的周期不断缩短，但每一波繁荣期经历的时间却相对稳定，平均为 20 年。由于信息技术有独特的外溢作用，陈漓高等假定由信息技术支持的第五波的繁荣期也是 20 年左右，因此推算出第五波的繁荣期大约是 1991 ~ 2011 年。技术创新要经历革新期、成长期繁荣、调整期和成熟期繁荣四个不同的阶段，这四个阶段将推动经济长波的上升期。目前的信息技术创新正在经历成熟期繁荣，其强大的技术外溢作用正在渗透到经济的各个部门。但随着技术的进一步扩散，长波的下降期将会来临，在经历了约 20 年的长波繁荣期后，约在 2011 年左右世界经济可能进入长波下降期①。但是由于信息技术所具有的上述特点，以信息技术为基础的第五轮经济长波下降期持续的时间会相对较短，而且即使在周期的低谷也有可能只表现为增长率的下降而非负增长。

从经济发展的经验看，每一次产业革命和主导技术的创新都为下一轮产业革命和技术创新奠定了坚实的基础。任何一次产业革命结束后，该产业中的主导技术仍然在下一次产业革命中发挥基础性作用，随着科技的发展和关联性增强，主导技术间的联系日益紧密。信息技术强大的外溢性决定了它更能够在未来的其他领

① 2007 年，美国爆发次贷危机并进一步演变为全球性金融危机，导致世界经济增长率总体下降，2008 年 10 月 8 日，国际货币基金组织报告指出，世界经济正进入“严重低迷”时期。这表明第五轮长波的繁荣期比这里推算的结束时间可能稍稍提前。

域发挥巨大的作用。目前,NBIC 会聚技术方面的技术进步正在培育中,并有可能成为下一轮产业革命的主导。该技术是纳米、生物、信息和认知这四大科学技术领域的有机结合与融合,这四个领域中每一个领域都具有巨大潜力,而其中任何技术的两两融合、三种会聚或者四者集成,都将产生难以估量的社会和经济效能。

由于进入第五轮长波的时间太短,数据较少,第五轮经济长波后面的几个阶段还需要依据今后经济周期的实际进程做出判断。

(三)技术创新在经济长波中的主导作用

事实上,每一轮经济长波都是以技术创新为基础的。如表 11-3 所示,第一轮长波以纺织机和蒸汽机的创新活动为基础;第二轮长波以钢铁和铁路技术的创新活动为基础;第三轮长波以电气、化学和汽车技术的创新活动为基础。在每次长波周期中,都有一个领导长波运动的中心国,它也是每一次产业革命的领导国,这反映出技术创新与经济长波之间的密切关系。如在第一波和第二波中居于领导地位的是首先发生第一次和第二次产业革命的英国,由于美国是第三次产业革命的领导者,所以第三波的中心国便开始转移到美国。1946 年,美国发明了第一台电子计算机,此后与此相关的晶体管和大规模集成电路技术在美国迅速发展。这些技术的广泛应用使得生产日益向精密化和数控化发展,大大提高了生产率,使得战后美国生产力迅速发展,并带动了第四次经济长波的上升波。20 世纪 90 年代初,世界电子工业普遍低迷,只有美国仍保持较高势头。1993 年,克林顿政府正式提出《国家信息基础结构:行动计划》(NII),加大政府对信息技术科研创新的力度,美国掀起了以信息技术为核心的新的技术创新高潮。美国在此轮创新中的领先地位支持了它在 90 年代超常规的经济增长,成为世界第五个经济长波的领导者。

第三节 当代世界经济的周期性波动

这一节主要分析当代世界经济为期 10 年左右的周期性波动,即一般所说的世界经济主周期或世界经济周期。因为经济危机是主周期的决定性阶段,所以我们主要分析周期性的世界经济危机。资本主义经济危机是生产"过剩"的危机。经济危机的根源在于资本主义的基本矛盾,即生产社会化和资本主义私有制的矛盾。只要资本主义制度存在,周期性的经济危机就无法避免。一部资本主义的发展史,从某种意义上说,就是周期性爆发经济危机的历史。战后以来至今,共连续爆发了 5 次世界性的经济危机。

一、当代世界经济危机概况

（一）战后第一次世界经济危机（1957～1958年）

战后第一次世界经济危机发生在1957～1958年。由于第二次世界大战打乱了资本主义的再生产过程，战争对各国经济的破坏程度不同，各国经济的恢复进程和发展速度存在差别，拖延了统一的世界经济周期的形成，使战后世界经济危机被推迟。从时间上看，这次世界经济危机距离1937年的前一次世界经济危机相隔了20年。随着主要资本主义国家经济的恢复，资本主义生产不断扩大和市场日益缩小之间的矛盾也在不断积累，使各国都发生了不同程度的经济危机，如美国1948年1月至1949年10月、英国1951年6月至1952年6月、原联邦德国1952年1月至1952年5月、法国1952年1月至1953年1月、日本1951年5月至1951年10月的经济危机。危机持续时间有的长达1年以上，有的则短至几个月，工业生产下降幅度也从20%到2%～3%不等。但是，随着各国经济普遍恢复并进入迅速发展时期以后，各国经济周期开始出现同期性趋向。从20世纪50年代中期开始，主要资本主义国家都出现了以大规模固定资本更新为内容的经济高涨阶段，同时资本主义生产与市场的矛盾也日趋激化，最终导致了1957年初爆发的战后第一次世界经济危机。

这次经济危机是在各国周期高涨阶段趋于一致、爆发危机条件同时成熟的情况下发生的，所以危机在各主要资本主义国家几乎同时发生，具有明显的同期性。危机于1957年3月首先在美国爆发，接着日本、加拿大、英国、意大利也都在同年相继卷入危机，次年又波及法国和原联邦德国。这次危机在各国持续的时间及工业生产的下降幅度等情况如表11－4所示。

表11－4　1957～1958年世界经济危机概况

国别	危机前的最高点	危机时的最低点	工业生产下降幅度（%）	下降月数	失业人数（万人）	失业率（%）
美国	1957年4月	1958年4月	－13.5	13	508	7.5
日本	1957年6月	1958年6月	－10.4	13	92	—
英国	1957年10月	1958年10月	－3.7	13	59.6	2.1
法国	1958年3月	1959年2月	－5.0	11	17.9	—
联邦德国	1958年2月	1958年5月	－1.4	4	143.2	6.3
意大利	1957年10月	1958年8月	－3.4	8	176.6	—

注：英国的数据为制造业指数。

资料来源：根据1949～1976年《国际经济统计资料》编制。转引自陶季侃，姜春明．世界经济概论．天津：天津人民出版社，1999：270

从表 11－3 可以看出，这次经济危机几乎在各国同时爆发，而且危机也达到一定的深度。从危机持续时间来看，美国最长，工业生产连续下降了 13 个月，下降幅度达 13.5%。在美国经济中占重要地位的钢铁、小汽车以及煤炭的产量下降最多，分别降到 51%、48.5% 和 31.5%。失业人数达 508 万，失业率达到 7.5%，破产企业 1958 年 4 月达到1 458家。在危机期间，整个资本主义世界的工业生产指数，1958 年比 1957 年下降了 2.5%，进出口贸易总额下降了 6%，实际上各国遭受危机打击的程度比指数所显示的情况还要严重得多。在这次危机期间，物价不但没有下降，反而持续上升的现象在战后第一次出现。此外，1958 年美国在国际收支方面出现了 33.5 亿美元的巨额逆差，造成战后以来的第一次黄金大量外流，削弱了美国国际金融的霸主地位。除美国外，英国、法国、日本和意大利的危机程度也比较严重，只有原联邦德国遭受的打击较轻。这些国家在工业生产大幅度下降的同时也都伴随着不同程度的物价上涨现象。

这次世界经济危机标志着战后第一个经济周期的结束和第二个经济周期的开始。危机的发生是资本主义再生产过程中各种周期性因素起作用的结果。进入 20 世纪 50 年代以后，美国一度由于侵朝战争的刺激使经济出现“高涨”的那些不稳定因素已经消失，有的甚至变成了负面的因素。因此，最早促成了美国 1953～1954 年的经济危机的爆发。这次危机过后，美国政府采取了扩大资本投资和设备更新的刺激措施，盲目扩大了生产能力，造成生产能力的严重过剩，又为 1957～1958 年危机的爆发准备了条件。此外，由于资本主义政治经济发展的不平衡，原联邦德国、日本等经济恢复之后开始进入了迅速发展的时期，日益成为美国在国际市场上的竞争对手，使美国的国外市场进一步缩小。在美国国内外市场日益缩小的情况下，经过 1955 年和 1956 年的短暂“高涨”之后，一场经济危机终于爆发了。20 世纪 50 年代后期，其他主要资本主义国家也都完成了战后恢复，进入了大规模固定资本更新和生产发展的时期，随着生产的扩大与有支付能力的需求之间的矛盾的加深，爆发经济危机的条件便逐渐成熟了。

1957～1958 年的经济危机同时席卷了各主要资本主义国家，显示了危机的同期性。因为 20 世纪 50 年代后期，第二次世界大战对各国造成的不同后果和影响已逐渐消失，各国经济都进入正常的周期运行时期；随着战后各国经济的恢复和发展，各主要资本主义国家的经济联系日益密切，相互间的影响不断加深，社会资本的再生产在资本主义世界经济体系范围内形成了一个统一的整体；在资本主义世界经济体系中，美国的实力和地位在经过侵朝战争后虽然有所削弱，但仍然拥有经济优势和重要影响。在各国经济周期逐步趋于一致的情况下，一旦某个经济实力较强、影响较大的国家首先爆发危机，就会很快引起连锁反应，波及其他国家，加速各国经济危机的同时到来。一般来说，各国之间的经济交往（如贸易和投资）越是紧密，发生危机的国家向别国转嫁危机的愿望越强烈，这种周期的同步性也就越明显，来的就越快。

（二）战后第二次世界经济危机（1973～1975年）

战后第二次世界经济危机发生在1973～1975年，与前一次危机结束大约相隔了15年。

各主要资本主义国家在经历了1972年下半年到1973年上半年的短暂“高涨”之后，在1973年末和1974年初几乎同时又一次陷入了危机。这次危机首先在英国、美国、日本、原联邦德国等几个主要资本主义国家爆发，接着很快蔓延到与这些大国有密切经济联系的中小资本主义国家，形成了一次更加广泛的世界经济危机。

1973～1975年的经济危机是在主要资本主义国家财政金融危机日益加深，通货膨胀继续恶化，以美元为中心的资本主义货币体系瓦解，以石油生产国为代表的第三世界国家反对帝国主义掠夺的斗争空前高涨的形势下发生的。因此，这次危机波及的范围广、程度深、时间长，对各国经济的打击格外沉重，是战后以来最严重的一次经济危机。主要表现在：

第一，危机持续时间长，生产下降幅度大。这次危机持续了大约两年，整个资本主义世界的工业生产下降了8.1%；所有发达资本主义国家的实际GDP年均增长率，从1973年的6.0%下降到1974年的0.6%和1975年的-0.4%。

第二，企业大规模倒闭，失业人数大幅度增加。据不完全统计，在这次危机期间，西方国家仅资产在100万美元以上的大企业就倒闭了12万家。与危机前相比，原联邦德国、美国、英国、日本、法国的失业人数在危机期间分别增加了416.4%，125.0%，123.9%，109.3%和102.0%。到1975年底，发达资本主义各国的失业总人数大约为1 850万，创下了战后30年的最高纪录。

第三，股票价格猛烈下跌，金融剧烈动荡。股价是经济的“晴雨表”，股价的猛烈下跌意味着经济危机的深化。1973年初资本主义国家开始出现股价下跌现象，到1974年下半年进一步下跌，同危机前的最高点相比，美国、日本、原联邦德国、英国、法国分别下降了45.1%，35.6%，32.4%，70.2%和48.3%，都超过了战后历次危机的下降幅度。这次危机还导致了利率的飙升和银行的大量倒闭。

第四，固定资本投资普遍大幅度下降。企业大批破产倒闭，使企业家对未来产生悲观的预期从而不愿扩大投资,造成固定资本投资明显下降。在危机期间,各主要资本主义国家的私人投资,按固定价格计算减少了10.1%,其中生产性投资下降了4.5%,房屋建筑投资下降了32.5%。

第五,通货膨胀加剧,国际贸易萎缩。在1974年和1975年,绝大多数发达资本主义国家连续两年出现了高达两位数的物价上涨率。和同时出现的工业生产增长缓慢,长期大量失业存在等现象叠加在一起,又呈现出典型的"滞胀"特征。在这次危机期间,由于很多国家因国际市场萎缩而使出口贸易额大幅下降,出现严重的国际收支逆差,所以许多发达资本主义国家的贸易政策纷纷不同程度地转向保护主义,从而造成国际贸易的萎缩。这次危机期间,所有发达资本主义国家的进口和出口贸易量分别下降了11.6%和7.2%。

这次危机的爆发不仅表明了战后第二个世界经济周期的结束和第三个世界经济周期的开始,也标志着战后资本主义经济发展的"黄金时代"的结束和世界经济长周期下降波的开始。

(三)战后第三次世界经济危机(1979~1982年)

战后第二次世界经济危机从1975年第三季度结束后,仅仅相隔4年左右,又于1979年春爆发了第三次世界经济危机。这次危机持续的时间和生产下降的幅度见表11-5。

表11-5 1979~1982年的世界经济危机

	危机起讫年月	危机持续月数	工业生产下降幅度(%)	失业率(%)
美　国	1979.4~1982.12	44	11.8	10.8
日　本	1980.3~1983.1	35	4.1	2.5
联邦德国	1980.5~1983.1	33	12.2	8.5
英　国	1979.7~1983.1	43	14.8	12.5
法　国	1980.3~1983.1	35	7.4	8.2
意大利	1980.5~1983.1	33	22.0	10.5

注:失业率为危机期间的最高失业率

资料来源:根据联合国《统计月报》1980~1984年各期资料编制。转引自陶季侃,姜春明.世界经济概论.天津:天津人民出版社,1999:276

这次危机是在主要资本主义国家日益严重的经济"滞胀"背景下发生的。各国国内需求长期不振,国际市场相对缩小,生产与市场的矛盾尖锐化,再加上美国和西欧一些国家长期推行高利率的紧缩政策,以及第二次"石油危机"的冲击等非周期性因素的影响,终于导致这次世界经济危机的爆发。

与前一次危机相比,这次世界经济危机除了具有“滞胀”等特点之外,还具有以下几个特点:

首先,持续时间长,发展过程曲折。这次危机从 1979 年 4 月开始到 1982 年底,大约持续了三年半多,超过前一次危机的持续时间。在北美和日本,生产出现了“W”型波动,即工业生产在危机期间出现两次下降和其间的一次回升。

其次,生产下降的程度并不很大。从以往的危机看,危机的时间越长,生产下降的程度也就越大。这次危机尽管在持续时间上超过上次危机,但是其生产的下降幅度却没有超过上次。1979～1982 年的这 4 年期间,资本主义世界的实际 GDP 年均增长率分别为3.3%、1.3%、1.6%和－0.2%。

再次,企业破产倒闭和失业人数均创战后以来的最高纪录。1981 年,法国倒闭企业比上年增加了20.3%,英国增加了25%。1982 年,原联邦德国倒闭企业为12 700 家,比上年增加了30%以上,达到战后最高水平;美国则更为严重,倒闭企业数为25 000 家,比上年增长了近50%。经济的持续衰退和企业的大批倒闭,致使各资本主义国家的失业人数激增,失业率超过战后历次危机。据统计,到 1982 年,25 个发达资本主义国家失业人数已达3 200万。美国的失业率从 1981 年 7 月的7%上升到 1982 年 11 月的 10.8%,失业人数达 1 200 万,失业率达 42 年来的最高水平。欧洲共同市场 10 国同年失业人数为 1 120 万,失业率也超过了 10%。就连失业率一向很低的日本,也达到 2.5%,超过战后历次危机时期的水平。

最后,大多数发展中国家受害严重。在这次危机期间,一方面,世界市场上的初级产品价格暴跌和发达国家的贸易保护主义加强,导致了以初级产品出口为主的大多数发展中国家的出口收入急剧减少;另一方面,出现了世界金融市场上的利率飙升,而当时发展中国家的外债大部分为浮动利率的商业性借款,从而造成了其外债负担日益加重。因此,从 1982 年开始就爆发了债务危机,而且以拉美和非洲为代表的不少发展中国家为此付出了惨重的代价。这次世界经济危机的爆发表明了战后第三个世界经济周期的结束。从此,战后世界经济的发展进入第四个周期。

(四)战后第四次世界经济危机(1990～1993 年)

从 1990 年第二季度开始,发生了战后第四次世界经济危机。发达资本主义国家的实际 GDP 年均增长率,1989 年为 3.2%,1990 年为 2.1%,1991 年为 1.1%,1992 年为 1.7%,1993 年为 1.0%,1994 年为 2.9%。这些指标变化表明,从 20 世纪 90 年代初到 1993 年发生了战后第四次世界性的经济危机。

这次危机持续的时间与上一次危机大体相同，但是生产下降的幅度却小于上一次。美国危机持续的时间最短，遭受危机冲击的程度最轻，是这次世界经济危机的又一不同之处。美国的工业生产指数，1990 年仅下跌了 0.4 个百分点，1991 年也只下降了 2 个百分点，1992 年则上升了 3.1 个百分点。正因为美国在危机中的相对强势表现，大大降低了这次危机的程度。由于日本和德国两个世界经济大国是在 1991 年美国摆脱危机前后才相继进入危机的，因此造成了这次危机的持续时间较长。

（五）战后第五次世界经济危机（2001 ~ 2002 年）

2001 年 3 月，美国道—琼斯工业平均指数在一周时间内下挫 821 点，创单周下跌点数纪录；纳斯达克综合指数跌破 1 900 点关口，创 1998 年 11 月 17 日以来新低。美国 GDP 增长率从 10 年来的平均 3.3%，和 5 年来的平均 4% 以上急剧跌至 2001 年的 0.8%。美国股市暴跌，已经持续了 10 年的经济增长速度放缓，标志着美国的新经济和股市繁荣的结束。2001 年 11 月末，美国国民经济研究局宣布从 2001 年 3 月开始，美国经济进入了第二次世界大战后的第十次衰退。欧盟由于受占其整体经济 1/3 的德国经济的拖累，2001 年增长率显著下滑。日本经济也出现连续 10 年一蹶不振中的第三次衰退。因此有人说这是战后以来世界主要经济强国首次出现的集体衰退。东亚因受美日经济的严重牵连，不少中小国家和地区包括新加坡和中国台湾，经济急转直下，出现负增长。除中国、俄罗斯、印度“风景这边独好”使整个发展中国家总体增长率保持在 4% 的一个相对较高水平外，可以说整个世界经济在 2001 年出现了“明显逆转”。由此可以判断，从 2001 年 3 月开始，世界经济进入了战后第五次危机。

表 11 - 6 是国际货币基金组织在 2002 年 4 月发布的《世界经济展望》报告中，对2000 ~ 2003 年世界经济总体增长情况进行的总结和预测。从表 11 - 5 中基本上可以看出这次世界经济转入危机和走出危机的大致情况。

表 11 - 6　2000 ~ 2003 年世界经济总体增长情况（%）

	2000 年	2001 年	2002 年	2003 年
世界总产出	4.7	2.5	2.8	4.0
发达国家	3.9	1.2	1.7	3.0
美　国	4.1	1.2	2.3	3.4
日　本	2.2	-0.4	-1.0	0.8
德　国	3.0	0.6	0.9	2.7
法　国	3.6	2.0	1.4	3.0

续表

	2000 年	2001 年	2002 年	2003 年
意大利	2.9	1.8	1.4	2.9
英 国	3.0	2.2	2.0	2.8
加拿大	4.4	1.5	2.5	3.6
其他发达国家	5.3	1.6	2.5	3.7
欧 盟	3.4	1.7	1.5	2.9
欧元区	3.4	1.5	1.4	2.9
发展中国家	5.7	4.0	4.3	5.5
亚 洲	6.7	5.6	5.9	6.4
中 国	8.0	7.3	7.0	7.4
印 度	5.4	4.3	5.5	5.8
东盟四国	5.1	2.6	3.3	4.1
中 东	5.8	2.1	3.3	4.5
非 洲	3.0	3.7	3.4	4.2
拉丁美洲	4.0	0.7	0.7	3.7
转型国家	6.6	5.0	3.9	4.4
中东欧	3.8	3.1	3.0	4.0
独联体国家	8.3	6.2	4.5	4.6
俄罗斯	9.0	5.0	4.4	4.9

注:①2002 年和 2003 年为当时的预测数字;②东盟四国包括印度尼西亚、马来西亚、菲律宾和泰国

资料来源:IMF. World Economic Outlook. Economic Prospects And Policy Issues, 6

由于美联储大幅度降息和布什政府两轮减税方案的刺激,美国经济只经历了 2001 年二季度 -0.3% 的收缩后,便从四季度开始以 1.7% 的低速回升,2002 年一季度更是急剧加快为 5% 左右。美国的 GDP 增长率已由 2001 年的 0.8% 上升到 2002 年的 1.6%。2002 年美国经济的温和回升和 2003 ~ 2005 年的强劲增长,表明美国经济在 2002 年已经走出了衰退。欧盟、日本等国家也根据自己的特点先后采取了一系列刺激经济的计划或改革措施,使经济开始走出危机。随着欧、美、日经济的逐步复苏,世界经济从 2002 年起走出低谷,2003 年世界实际经济增长率为 3.8%,比 2002 年增长 1 个百分点,2004 年更是达到了 5%,创 20 年来最高纪录。国际货币基金组织预测 2004 ~ 2008 年世界经济的年均增长率将有望达到 3.2%。这些变化表明,世界经济已经摆脱危机,并正在迎来新一轮的经济增长周期。当然,受先后发生的一些不利的非周期性因素,如"9·11"事件、"非典"、"禽流感"、伊拉克战争、地区冲突、国际市场石油价格高涨、海啸、地震等因素的影响,世界经济的增长过程一直并仍将充满波动和不确定性。

2007年美国爆发的次贷危机在2008年升级为全球性金融风暴,引起了全球金融市场的剧烈震荡和资本市场的大幅缩水。其消极影响正在向实体经济渗透,私人投资减少,失业人数增加,消费者信心下降都使得美国经济增长的前景不容乐观。2010年债务危机的阴云笼罩欧洲,给世界经济增长的前景又蒙上了一层阴影。

二、当代世界经济周期性波动的特点和原因

二战后,决定资本主义再生产周期的国内外条件发生了巨大变化:从国内看,战后各资本主义国家普遍出现了科技革命浪潮,国家垄断资本主义得到发展和强化,各国信用制度不断健全和发展,跨国公司迅速发展;从国际看,战后初期,两种不同社会制度对峙,美国国际地位由盛转衰,西欧国家区域性一体化组织建立并发展壮大,"福利国家"政策在欧美发达资本主义国家流行,原殖民地半殖民地民族解放运动蓬勃发展和第三世界崛起,世界经济全球化使世界各国的经济日趋融合等等。这些变化使战后资本主义再生产周期和经济危机呈现出与战前不同的特征。除资本主义国家在战后经济危机期间普遍出现的"滞胀"特征外,资本主义国家经济周期和经济危机的新特征主要表现在以下两个方面。

第一个特点是世界经济周期性波动的阶段性差别较小。战前世界经济周期性波动一般具有明显的四个阶段,即每个周期经历危机、萧条、复苏和高涨四个阶段,而且每个阶段的特征鲜明。而战后世界经济周期性波动的上述四个阶段的差别较小。首先,萧条和复苏之间的界限趋于模糊。战后一般的情况是,生产下降到最低点即迅速转入回升,生产在最低点徘徊的时间很短,难以区别两者之间的界限。其次,复苏相对较快。一般当生产从最低点转入回升之后,在很短的时间内就恢复到危机前的最高点,所以复苏的时间短,速度快。

战后资本主义经济周期各阶段之间之所以不像过去那样明显,主要是因为战后各国政府都加强了对经济周期的干预和调节活动,即在经济萧条时期,政府通过扩大财政开支、减免税收、扩大社会保险、实行赤字财政和扩张信用等刺激措施来扩大社会需求,使萧条和复苏过程缩短。进入高涨阶段,政府为了抑制"过热",又通过增加税收、提高利率和减少财政支出等项措施,以紧缩需求,防止经济危机的爆发。战后各主要资本主义国家政府不仅通过政策措施来极力干预经济,而且还依靠自己的经济和技术实力直接参与再生产过程,为充分行使调节经济的职能提供了有利的条件,这对经济周期的发展也产生了很大的影响。例如,第一次到第二

次危机间隔的时间较长,美国主要是由于20世纪60年代初扩大侵越战争之后,军费开支猛增,通过国家财政预算拨款,扩大政府的商品和劳务需求,从而带动市场的扩大,人为地延长了再生产周期,推迟了这次经济危机的爆发。第一次经济危机生产下降到最低点时,美国政府便采取增加军费开支,增加公共工程、房屋建筑和失业补助等措施,刺激经济的回升。接着又采取放宽折旧和投资减税优惠办法鼓励私人投资。这些措施对缩短危机后的萧条与复苏阶段,加速高涨阶段的到来,都起到了一定的刺激作用。

第二个特点是,同战前相比,战后经济危机的持续时间相对缩短,危机期间的生产下降幅度较小,失业问题相对缓和,危机对资本主义经济的打击程度也相对较轻。从危机持续的时间看,以美国为例,在第二次世界大战前,如果把1920~1921年、1929~1933年和1937~1938年三次危机连同1923~1924年和1926~1927年的生产下降合并计算,平均每次危机的持续时间为17.6个月,而二战后每次危机延续的时间都没有过去长。这说明,战后经济危机的持续时间相对缩短。从生产的下降幅度看,再以美国为例,在战前1920~1921年、1929~1933年和1937~1938年三次世界经济危机中,美国创纪录的生产下降也只有15.3%。从失业问题看,在战前的上述三次危机中,美国的失业率分别达到11.9%,24.9%和19.0%,而在1979~1982年危机中创下的战后失业率记录为10.8%,在战后第五次世界经济危机中,美国2002年的失业率仅为5.8%。其他发达资本主义国家在这些方面的表现也大体相似,这表明危机对资本主义经济的打击程度在减弱。

战后世界经济危机的上述新特征可以归因于这样几个方面。第一,国家垄断资本主义调节作用的加强,垄断企业经营管理能力的不断提高,以及各种非物质生产部门的迅速扩大,使生产与市场的矛盾在一定程度上和一定时间内得到缓和。第二,战后各国经济危机次数不等,时间参差不齐,深度不同,同时各国之间经济联系更加密切,为各国向外转嫁危机、减小增长下降幅度提供了条件。第三,科学技术和生产设备的不断革新,一方面使资本主义再生产周期进程大大加快,另一方面涌现出许多新兴工业部门和新产品。这些新兴部门和新产品在危机期间受周期变动的影响相对较小,甚至在危机期间仍能够继续扩大生产和出口,对整个工业生产的下降起到了一定的抑制作用。此外,危机期间固定资本投资下降幅度较小对周期进程也产生了一定的影响。

例如,尽管在2000年受到网络技术泡沫的冲击,信息技术创新及信息技术的外溢对美国乃至世界经济增长的贡献率仍在不断提高,推动世界经济进入第五轮长波的繁荣期，并从2001～2002年的危机中迅速走出。[①]

思考题

1. 经济周期的类型有哪些？
2. 试解释科技进步与经济周期波动的关系。
3. 解释当代世界经济长期波动的原因。
4. 试解释当代世界经济周期性波动的特点和原因。

主要参考文献

1 陈漓高，齐俊妍. 技术进步与经济波动：以美国为例的分析. 世界经济，2004(4)

2 陈漓高，齐俊妍. 信息技术的外溢与第五轮经济长波的发展趋势. 世界经济研究，2007(7)

3 魏埙 等. 现代西方经济学教程. 天津：南开大学出版社，1992

4 熊性美，陈漓高. 当代世界经济. 天津：南开大学出版社，1996

5 宋玉华，徐前春. 世界经济周期理论的文献述评. 世界经济，2004(6)

6 李琮. 当代资本主义发展史略(上册). 北京：社会科学文献出版社，1991

7 钱时惕. 科技进步与世界经济发展. 保定：河北大学出版社，2000

8 陶季侃，姜春明. 世界经济概论. 天津：天津人民出版社，1999

9 郑必坚. 当代世界经济. 北京：中共中央党校出版社，2003

10 庄宗明. 世界经济学. 北京：科学出版社，2003

① 陈漓高，齐俊妍. 信息技术的外溢与第五轮经济长波的发展趋势. 世界经济研究，2007(7)：26～33

第十二章

新技术革命与知识经济

在20世纪的最后几年里，新技术革命浪潮在全世界引发了一场关于人类社会从“工业经济时代”向“知识经济时代”过渡的大讨论。与以往的农业经济、工业经济等经济形态相比，知识经济作为一种新型的经济形态，正深刻地影响着世界范围内的经济增长。

第一节　知识经济的由来和内涵

一、知识经济的提出

奥地利出生的美国经济学家熊彼特（J. Schumpter）在1934年《经济发展理论》一书中提出了经济创新的概念，按照他的定义，“创新”是指“企业家实行对生产要素的新的结合”。20世纪50年代末，美国经济学家弗里·马克卢普在其研究美国经济变化过程中提到：“从1947年到1958年间知识产业以平均每年10%的速度递增，增速是国民生产总值的2倍。1958年美国的知识产业的产值已占到国民经济生产总值的29%（为136 436亿美元）。”此外，他还提出了“知识产业”（Knowledge Industry）的概念。将“知识产业”界定为一个新概念，并将其划分为教育、研究与开发、信息设备、信息服务和通信媒介五个部分的学者是美国的克拉克·克尔。这些学者是知识经济研究领域中的最早贡献者。

20世纪80年代初，“知识经济”这一新概念在社会经济中的作用日益明确。

之后，英国福莱特在《高技术社会》一书中，将信息、技术作为知识经济的组成部分提出。而确切地使用“知识经济”这一概念是在1994年，当时C. 温斯洛和W. 布拉马在他们合著的《未来工作：在知识经济中把知识投入生产》中，对知识经济进行了解释。1996年底，经济合作与发展组织（OECD）发布了题为“以知识为基础的经济”（Knowledge-based Economy，简称“知识经济”）的年度经济发展研究报告和“科学技术产业政策”，并通过互联网向全世界发布，使“知识经济”概念在全世界产生了广泛影响。

二、知识经济的内涵

步入知识经济社会，生产能力迅速提高，资本积累的速度加快，知识经济为世界经济的发展创造了不竭的动力。近年来，学术界对知识经济的探讨日趋热烈，关于知识经济的内涵也可谓众说纷纭。

（一）知识经济的内涵

知识经济可以有多种表述方法，但在其基本内涵的研究上，各方观点存在一定的趋同性。有人认为，知识经济是建立在知识的基础上，经济系统体现知识的主导作用；也有人认为，知识经济是经济发展中知识占主导因素，处于中心位置；还有学者认为，知识经济以高新技术产业为支柱，以智力资源为依托，是可持续发展的经济等。然而，纵观这些观点，我们发现它们都忽略了一个重要的方面，即知识经济不是瞬间形成的，而是在知识与经济的缓慢结合中日益发展的必然产物。图12－1是按知识对经济的影响程度划分的经济形态的变动过程。

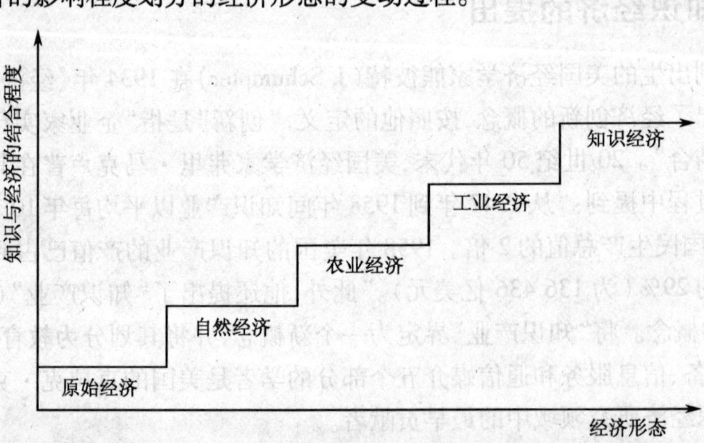

图12－1　知识与经济不同结合程度下的经济形态

可以先从以下几个方面对知识经济的内涵作一描述：

1. 知识经济是目前人类发现的最高级的经济形态。这种形态完全抛弃了以往传统工业经济提出的最大限度地攫取自然资源，尽可能多地生产物质财富的思想，代之以对自然资源通过知识和智力进行科学、合理、综合和集中的配置。

2. 知识经济是迄今为止发现的唯一可持续发展的经济形态。可持续发展，既包括生产的可持续性，又包括消费的可持续性。从具体国情出发，在坚持生产的可持续发展的同时，引导公民进行适度消费、公平消费、和谐消费。这些都需要研究与开发可持续性产品，挖掘智力资源的潜能，创造出可持续发展型的消费模式。

3. 知识经济是新经济增长的强大主导动力。知识经济的核心是创新，以科学创新和技术创新为主的知识创新是当前加强智力资源投入的最重要形式。创新的关键是高科技产业化的实施。未来新经济增长的主导力量就是知识创新带动的科技创新转化为现实生产力的速度与频率。

4. 知识经济始终围绕提高社会生产力这一中心目标。知识经济是经济与知识有机结合的必然产物，在经济发展的历史中，知识对经济的推动，对社会生产力的提高，最终使人类步入了知识经济时代。目前，绝不能认为过去的经济没有知识，高新技术产业将取代传统工农业等。现阶段，知识经济应最大限度地发挥其作用，提高社会生产力，而不是社会生产力在知识经济社会已达到巅峰。

（二）关于知识经济的不同表述

关于知识经济有多种描述，下面将几种具有典型意义的表述做一简单归纳。

1. 信息知识经济。这一概念是知识经济最早的诠释，始见于美国学者 M. 波拉特 1977 年出版的《信息经济：定义与测度》一书。后来，信息经济引申出信息、知识社会的概念，这种观点见于多处，如 1980 年美国的 A. 托夫勒的《第三次浪潮》和 J. 奈斯比特的《大趋势》，日本的屋太一 1985 年出版的《知识价值革命》和英国的 T. 福莱斯特 1986 年出版的《高技术社会》等著作中均有提及。

信息知识经济这一观点所说的“信息”实际上就是指“知识”。主张把技术知识当作社会财富，力图使信息的经济价值量化，认为主要依靠信息技术及其产业的发展可以取代传统工业经济。这种观点高估了信息技术及其产业在知识经济中的作用，对知识经济的发展进程估计过快，没有相应的理论体系支撑。

2. 以知识为基础的经济。“以知识为基础的经济”是经济合作与发展组织（OECD）1996 年正式提出的。在此前后，R. 米勒等人的文章详细地阐明了这一观点，他对知识经济的定义是：“以知识的创造、传播和使用为决定因素的经济。”这一观点认为,“国家创新体系”和多种媒体的“知识传播网络”支撑着经济活动;知识经济源于 F. 李斯特的知识创造与传播和 J. A. 熊彼特的创新经济思想。这一观点的倡导者在信息知识经济研究的基础上明确指出:“虽然知识经济被信息技术的应用推广所影响,但它与信息社会并不是同义词。”

这一观点的倡导者研究了什么是知识、知识资本、知识网络、知识的生产、传播和转让,以及知识经济的指标体系,对知识经济概念的深化做出了突出贡献。但是持这一观点的人研究社会问题的范畴相对狭窄,缺乏对知识经济产业的全面了解。

3. 可持续发展的知识经济。这种观点最早见于 1986 年发表的联合国教科文组织“多学科综合研究应用与发展”报告。这种观点对知识经济概念进行了很好的概括,他们认为:知识经济是以智力资源的占有、投入和配置,知识产品的生产、分配(传播)和消费(使用)为最重要因素的经济。其中智力经济包括信息、知识、人才、技术、决策和管理方法等。知识经济是指知识含量高、技术含量高、附加值高的高技术产业和高技能服务,其扩大再生产不会造成稀缺自然资源消耗的增加和环境污染的加剧,从而能够实现可持续发展。这种观点没有解决知识经济的指标体系、知识的存量和流量的度量问题,因此也是不完善的。

4. 生态知识经济。这一观点最早出现于由挪威的 G. H. 布伦特兰夫人主持的世界环境与发展委员会 1987 年编著的《我们共同的未来》一书中。在书中,这一观点宣传并发展了联合国教科文组织创造的“可持续发展”概念,以生态平衡为准则,分析了未来经济的发展,强调通过教育来提高人力资源的质量,把人口负担变为知识财富。然而,这种观点以生态平衡为可持续发展的第一准则,对智力资源研究不深,对高技术产业对可持续发展的巨大作用估计不足,同时也没有提出一个完整的理论体系。

5. 其他观点。在美国还有一种观点,即“新经济”,实际上是知识经济的同位语[①];至于“数字经济”、“网络经济”和“虚拟经济”等说法则或仅是知识经济的一个侧面、一种表象,或根本不属于知识经济的范畴。

三、对知识经济各种层面的认识

从以上这些林林总总的关于知识经济的定义或描述来看,人们对知识经济的认识尚是仁者见仁、智者见智,每一种描述都有其不同的侧重点,也有其各自的合

① 关于这一点,可参见本书绪论中第二部分的相关内容。

理性。也许,到目前为止,还很难用一段话来对知识经济作出最完美的定义。但是,从不同角度对知识经济的感性认识,无疑会帮助和深化我们对知识经济的理解。

传统生产函数注重的是劳动力、资金、原材料和能源,知识和技术只是影响生产的外部因素。目前,专家们正在发展新的分析方法,以便使知识更直接地包含于生产函数中。对知识投资可以提高其他生产要素的生产能力并将这些生产能力转化为新产品和新工艺流程。这些知识投资的特征是增加(而不是减少)回报率,它们是经济长期增长的关键。

新经济增长理论认为知识可以提高投资的回报,即导致收益递增,而这又可以反过来增进知识的积累。这样,存在投资持续增加从而导致一个国家经济持续增长的可能性。知识可以从一个企业转移到另一个企业,可以用极少的额外费用来重复利用新思想,还可以减轻由于资金紧缺而给经济增长带来的压力。

知识网络观点认为知识型经济注重信息和知识的扩散和使用。企业和国家经济成功的决定因素在于搜集和利用知识的效率。经济变成了一个网络的统治集团,由变化速度和学习速度的加速度所推动,所创立的是一个网络社会。在此社会中接触和联合知识的机会和能力以及对知识的强化学习,关系到个人和企业的社会经济位置。

以知识为基础的经济,其标志是对高度熟练技能的工人和工作人员的市场需求日益增加,这些员工也享受着工资奖赏。新的高性能的车间和灵活的企业强调工人的质量,例如,工人的首创精神、创造力、解决问题的能力、对变革的开放程度等,并愿意为这些技能付出努力。

综上所述,知识经济这个术语来自于对知识和技术在经济增长中作用的充分了解,并体现于人力资本和技术中的知识已成为经济发展的核心。据估计,1997年知识经济在OECD主要成员国中,已占到其国内生产总值的50%以上。由世界发达国家组成的经济合作与发展组织的年度报告讨论"知识经济",也足以说明这一新生事物的重要性。知识经济被称为21世纪发展的第一推动力。

第二节 从工业经济到知识经济
——划时代的变革

如果说在20世纪90年代初,人们还只是看到信息技术革命将引起新的经济增长，那么，现在事实已越来越清楚地表明，这场新技术革命更深刻的意义在于引起知识经济的全面崛起。

知识经济的出现是历史的必然，它来自于20世纪四五十年代出现的第三次技术革命和产业革命以及最近二十几年兴起的第四次技术革命（第十章中已经指出，有的观点是将这两次技术革命合称为第三次技术革命）。自18世纪工业革命以来，技术和知识在经济发展和社会进步中的作用越来越大。工业革命以后的世界历史发展进程表明，科技的进步和应用与国家的经济发展密切相关，几次技术革命都带来了相关产业的巨大发展，并导致了科学技术中心和经济中心的转移，进而造就了国家经济发展中心的历史全景。

英国是工业革命的发源地，蒸汽机的发明和应用带动了近代英国资本主义工业的发展。在相当长的一段时间里，英国是世界的科学中心和产业革命中心，是19世纪最强大的工业国家。随着工业革命的普及，世界科技、经济的发展格局也发生了变化。

在19世纪中叶，德国率先采用了先进的钢铁生产技术和生产体制，促进了钢铁工业的发展，并以有机化学和煤化学研究为发展方向，发展了合成化学工业，使之成为重要的出口工业，打开了工业技术的突破口；19世纪70年代左右，世界科技中心由英国转移到德国，时隔20年后德国取代英国成为世界经济中心。

1934年，美国经济学家熊彼特在《经济发展理论》一书中，揭示了产生这一历史的根源。他指出，不是资本和劳动力，而是创新才是资本主义发展的根本原因。而创新的关键，就是知识和信息的生产、传播和使用。

20世纪初以来，内燃机和电力的普及带动了经济迅速发展，率先掌握这些新技术的美国迅速发展成为世界头号经济强国。二战结束后，美国“大科学”开始形成，依靠科技推动各主要产业，如汽车、电讯、航空、石油化工等蓬勃发展，在世界市场上具有极强的竞争能力，成为世界的科技与经济中心。由于一向特别重视科学技术的研究与应用，二战后至今，虽然不断受到其他工业国家的挑战，美国仍长期在主要高技术领域保持领先，并使美国经济获得巨大发展。1957年，美国经济学家索洛指出，1909～1949年，美国非农业部门的劳动生产率翻了一番，技术进步的贡献占87.5%，劳动和资本的贡献只占12.5%。

英国、德国及二战前的美国等国的发展构成了传统工业国家的经济增长之路，日本和韩国以及当代的美国，则为新兴工业国家的发展提供了示范。日本、韩国发展最重要的共同之处在于，它们都强调并且依靠科技进步来获得经济增长，注重对国外先进技术的引进、消化、吸收和创新,最终形成自主技术;并选择适当的产业领域优先发展,以市场为导向,以出口为目标,以先进的科技为动力,不断调整产业结构,最终完成工业化过程。而美国由于重视信息革命,其经济迈进了新的历史发展时代——知识经济时代的门槛。

20 世纪 80 年代初,面对日本咄咄逼人的挑战,当时的里根政府已感到美国经济的竞争能力在全球范围内有所下降,立即组织各方面的专家智囊团,用两年时间进行科学"会诊"。结果发现,由于信息革命的发展,在经济领域中出现了一种崭新的因素,即创立 5 ~ 10 年以计算机为特征的中小企业发展迅速,如比尔·盖茨的微软公司。而缺少此类发展迅速的企业正是日本的弱点。里根政府果断制定并实施了"依靠高等学校与工业界相结合"、"发挥自己特长"的发展战略,而拒绝了诸如利用外汇汇率、增加关税来加强竞争力等近视政策,于是便有了后来的一系列成功:从 1991 年到 2001 年,美国经济连续保持了 10 年的高增长低通胀势头,创造了经济增长的"奇迹"。《时代》周刊指出,这一切都可以说是新技术创造了新经济。

20 世纪 90 年代以来,以数字化革命为特征的信息化浪潮扑面而来,几乎触及每一个行业、每一个部门,以及每一个国家的每一个角落,成为当今发达国家经济繁荣的关键。其特点可以概括为"三 C"、"三化"和"三性"。所谓"三 C",即 Computer(计算机)、Communication(通信)和 Control(控制)三者的有机结合。"三化",即数字化、网络化和信息化。数字化使世界浓缩于 0 和 1 两个数字之中;网络化就是人们熟知的信息高速公路;信息化导致制造技术发展到一个新的阶段,由过去的手工制造、机械化制造、自动化制造,发展到信息化制造,出现了"车间无人化",直接从事生产的劳动力大大减少,多数人用多数时间从事知识的生产和传播,形成经济信息化和社会信息化。"三性",即竞争性、全球性和综合性。数字化革命将使国家与国家之间、国家与地区之间、企业与企业之间的竞争更为激烈,竞争的手段更丰富,竞争层次更高。农业化经历了 5 000 年,各个国家、民族和地区可以各自为政,彼此可以相差上千年;工业化经历了 300 年,各个国家、民族可以相互独立,彼此可以相差上百年;而这次信息化一开始,就同全球化紧密相连,而且这是一场综合性的技术革命,是一群高技术综合发展的结果。新技术革命把人类带入一个全新的时代,人类知识的积累速度非常之快,知识传播的手段也发生了革命性变化,计算机和网络化的出现使传播成本大大下降,信息知识的产业化过程也在加快。特别是在发达国家,科学技术进步和知识增长的速度越来越快,知识和信息对经济增长和社会发展的作用,已超过了资本和自然资源。新技术、新经济将带来新的产业,形成一个个新的经济增长点,并出现一种新的生产方式,导致知识经济的萌芽,信息经济、知识经济、智力经济、数字化工业、知识社会……各种新名词不断涌现。新时代基本的经济特征——知识经济已初见端倪。

《纽约时报》一天的信息量等于公元 7 世纪一个人一生所能得到的信息的总和;在一片指甲大的芯片上可以存放两年的《人民日报》的信息;利用信息高速公路,一秒钟就可以把两年的《人民日报》的信息量全部传输完;用一张光盘可以存储一部上千万字的大百科全书的内容;一束光线就可以传输现在全世界每一天所有的电话通信量。

1997 年,美国信息高科技产业产值已经超过国内生产总值的 10%,以信息技术为主的知识密集服务出口总值已接近商品总额的 40%,经合组织主要成员国国内生产总值的 50%来自以知识为基础的产业。因特网已经走进越来越多普通用户的家庭,物联网的快速发展、云计算的出现,无一不使人们真切地感受到信息技术的气息。

由此可见,随着高科技尤其是信息技术的迅猛发展,知识在经济发展中已日渐成为最重要的力量,人类正在从工业经济向知识经济时代迈进。

第三节　知识经济的特征

本章第一节关于知识经济内涵的各种描述以及我们对知识经济定义的不同表述,已经使我们对知识经济的特征有了一个初步的认识。这一节我们再专门讨论一下知识经济与工业经济的异同之处,以及知识经济的基本特征有哪些,以期使我们对知识经济有一个更加全面的理解和把握①。

一、知识经济与工业经济的异同

(一)知识在工业经济和知识经济中所处的位置不同

知识在工业经济时代是生产的要素之一,而在知识经济时代,它已不仅仅是一项生产要素,而已经成为生产的支柱和主要产品。

在工业经济时代,整个社会的经济基础是工、农业生产和服务业,生产和消费工、农业产品和交通、通信、商贸、旅游、餐饮、金融、教育等第三产业提供的各类劳

① 关于这些问题的详细论述可参见陈漱高. 新经济挑战中国. 天津:天津人民出版社,2000:60~87

务是社会生活的主要内容。此时,知识以及它所包含的信息、科学技术,在生产产品和服务的过程中,起着重要的作用,它是生产的必要因素之一,而且这种必要性会随着科学技术的进步和生产力水平的提高而不断加强。据一般估计,科技进步在经济增长中的贡献,20 世纪初在发达国家也只占 5% ~10%,到二战前,已上升到 20% 左右。在二战后,逐步上升到 30% ~40%。到 20 世纪七八十年代,发达国家开始逐步进入后工业社会,科技进步的贡献率提高到 50% 以上。但是,在工业经济时代的多数年份里,知识(科学、技术)还仅仅是一种生产要素,或者说是经济增长的一个因素,尽管它的份额在不断提高,但它仍然只是一个因素。

到了知识经济时代,知识就不仅仅是生产要素或经济增长的一个因素,而成为生产的支柱,成为经济增长的决定性因素。如上文所述,OECD 主要成员国现在的国内生产总值已有 1/2 以上是由以知识为基础的企业生产的。同时投资正在向技术商品和服务倾斜,特别是向信息和通信技术领域倾斜。用于研究与开发(R&D)、教育、培训的投资额也在增加。OECD 国家投入到研究与开发中的费用约占其 GDP 的 2.3%,教育经费平均约占 OECD 成员国政府支出的 12%,在职业培训方面的投入费用约占 GDP 的 2.5%。从以上数字可以看出,发达国家已经高度重视知识的生产与应用。

知识本身成了产品,它不断被生产出来,并通过加工、处理、传输和经营而为越来越多的全球居民所消费。许多知识被物化,出现了各类软件、网络以及音乐磁带、激光唱片、影视录像等;一系列知识产业,如信息产业、教育、科研开发及设计、创意、咨询、旅游等表现出了强劲的发展潜力,其中有的产业已成为国民经济的主导产业或重要支柱。

(二)工业经济与知识经济产生的技术基础不同

工业经济产生于蒸汽机技术,而知识经济建立在信息技术基础之上。

世界工业经济的兴起是近 250 年左右的事情。从 18 世纪中叶起,在英、法、德、美等资本主义国家发生了以机器大生产代替工场手工业的变革过程。1733 年,在当时纺织工业最发达的英国,机械师约翰·凯伊发明了飞梭,使织布效率提高了 1 倍。1765 年织工哈格里夫斯发明了“珍妮机”,大大提高了棉纱的产量。直到 1785 年,工程师卡特莱发明水力织布机,使织布效率提高了 40 倍,从此,大规模的工厂生产逐步代替手工工场的生产方式。但是以水为动力的工厂受地理环境和气候的制约很大。1769 年,机械师瓦特对孕育已久的蒸汽机作出了关键性的改进,使其达到实用水平。1784 年,蒸汽机应用于纺织生产。从此,大机器生产摆脱了对自然力的过分依赖状况，集中的工业生产和工业化的城市迅速发展起来，引发了冶金、采煤、机器制造和交通运输的大发展，从而使许多国家进入工业化社会。

步入20世纪下半叶，出现了信息技术为先导的高技术群的迅速发展，促进了工业化社会向信息化社会和知识经济社会的过渡。信息技术一般包括计算机、通信和控制技术三个方面。后来随着信息的获取、传输和处理技术的发展，信息技术又被称为“四C”，即增加了信息采集（Collection）技术。当代信息技术的迅速发展首先是由于微电子技术的突破与巨大进展。从1958年世界上研制出第一块集成电路以来，电子技术逐步打破了传统器件与电路相分离的观念和生产模式，从初始化的集成电路到超大规模集成电路，集成度的增长已达数百万倍，而成本则相应地下降了上万倍。电子设备的不断小型化、廉价化和普及化为电子技术在国民经济中的普遍应用创造了条件。同时，信息的获取、传输和处理技术的迅速发展也促进了信息产业的飞速发展。从无线电广播、电报、电话的广泛应用，到以电子计算机为中心的卫星通信网的形成，当代人类已日益处于信息传播的氛围之中。光纤通信技术和卫星通信技术的应用，更为人类克服空间和时间的障碍提供了先进的手段，逐渐形成了一个国家的信息基础结构，并已开始向创建全球信息基础结构即全球信息高速公路方向前进。

信息技术是一门综合性很强的技术，它对社会经济的各个产业和社会生活的各个方面都具有极强的渗透力，因而信息技术的快速发展就成为加速经济发展和社会变革的强大推动力，它是知识经济时代产生的基本力量。

（三）工业经济与知识经济建立的物质基础不同

工业经济建立在资源的大量消耗之上，而知识经济建立在应用知识和智能的基础之上。

在人类社会发展的漫长岁月里，各类资源（包括土地、气候、能源、矿产、动植物等自然资源和人力资源）的利用和消耗一直构成社会生产的基础。也可以说，自然资源是社会生产力发展的物质基础，社会生产归根到底是从自然环境中获取自然资源，再加工成为生产资料和消费资料，但它必须以人类的劳动付出为条件。因此，人类的劳动过程实质上是人和自然之间的物质变换过程。物质的消耗和使用也就成为人类生活的永恒条件。但在不同的经济、社会条件和不同的生产力水平下，自然资源的利用方式和效果是大不相同的。在原始社会，由于生产力水平极为低下，对资源的利用是原始的依附性利用型，资源利用的特征是：自然生态系统主导；靠夺取自然产品维持生存；资源的社会消费总量不大，主要限于满足人类生存的需要;资源利用方式是一种不超过自然负荷而略带掠夺性质的;生态环境可以通过地理循环运动来补充、补偿或净化。

到了农业社会,随着生产水平的提高和科技进步,对资源的利用转为改造性利用的传统形式,资源利用的特征表现为既未能完全摆脱对自然资源的依附状态,又已具有一定的科学合理性。例如,我国传统农业就很强调充分用地、积极养地;农牧结合、多种经营;精耕细作,保护资源,反对"竭泽而渔";充分利用资源,注意生态平衡等。但这是一种自给自足的小农经济条件下的资源利用,技术落后,生产率低,总的来讲还得"听天由命"。

到了工业社会,随着技术水平的提高和生产力的迅速发展,人类对自然资源的利用能力有了大幅度上升,开始向大自然不断索取,尤其是机器大生产的发展更为这种索取提供了强大的动力。人类对自然资源的利用走向了掠夺式的利用方式。这种利用方式的特征是:具有明显的经济主导型特点,资源的开发利用依附于经济系统的需求和运动规律;具有产生资源耗竭趋势的特点,资源消耗过程中产生大量废弃物,造成严重的环境污染。这种掠夺式的利用方式使大量资源迅速被消耗掉,甚至可以使某些资源在地球上消失。这方面的情况是相当严重的,许多动植物物种灭绝,不可再生的矿产资源日益减少,如从1950年以来,世界能源消耗量每年以5%的速度上升,其中石油的消耗增长速度更快,据专家估计,自然界用了3亿年时间积累起来的能源资源,人类仅用一个世纪就消耗了大部分。地球上已经探明并且适于开采的石油储量在最近30~40年内就会被消耗殆尽;土地也因沙漠化和水土流失而大量减少,沙漠化正以每年约6万平方公里的速度扩散;全球每年有约25万吨的土地被雨水冲走。工业经济时代的传统产业,如冶金、采矿、能源生产、交通建设等都是资源密集型和劳动密集型的,其生产大部分建立在能源、水资源和原材料的高投入的基础之上,因此,资源的大量消耗是不可避免的。

到了知识经济时代,许多以资源、劳动消耗为主要特征的生产过程将向智能化的方向转变,生产和整个经济活动由依靠资源和劳动投入转变为主要依靠知识、技术,不仅高技术产业是高智能低物质消耗的产业,而且传统产业也将发生本质性的变化,不仅对现有资源的开发与利用将是节约的、洁净的,而且人类与资源的关系还会转变为:高生产力和高科技将不断发现或创造出地球上本来没有或已经绝迹的各类资源,包括有机物质和无机物质。一方面人类不断扩大其活动范围,向宇宙空间、海洋空间、南北极地拓展,寻求新的资源;另一方面,通过科学实验,人们还能创造具有新功能的合成材料和新的动植物品种,"克隆"出各种生物,以解决现有资源不足或枯竭的问题，以满足人类不断发展变化的需求。因此，在知识经济社会，人类将依靠知识智能合理地、科学地、节约地、创造性地利用资源，构建一种经济、社会、资源、环境协调发展的模式。

(四)工业经济与知识经济的生产经营特征不同

工业经济下的生产经营是以大型化、高速化、标准化、批量化为特征的，而知识经济则以更重视个性化、多样化和高质量为特征。

在发达国家，资本不断积累与积聚，建立了一批资本雄厚、设备先进、大批量、标准化生产的大型和特大型企业，它们凭借其强大的实力，发挥规模经济优势，占领国内、国际市场的巨大份额，甚至垄断市场，取得高额、超额利润。但是，随着工业的高度发展，这种生产模式也暴露出越来越多的问题。到20世纪七八十年代，这种以大型化、高速度、大批量生产和高能耗为特征的技术发展模式，已经发展到了极端的程度，对人类经济社会的贡献呈现出边际效益递减现象。许多发达国家开始反省，按工业化时期的技术模式继续发展下去，终究有一天世界资源将被消耗殆尽，人类赖以生存的生态环境将被彻底破坏。因此，在经历了20世纪70年代石油危机以后，为了改变高耗能的技术进步模式，实现工业化以后的发达国家，包括美国在内，开始了大规模的、长期的产业结构调整，从技术创新转向以高技术产业化为代表的新兴技术体系和产业体系的研究与开发，将传统技术和传统产业逐步转移到了第三世界国家。其国内的高新技术产业和知识密集型的服务业正在逐步成为经济的主导部门。同时，由于居民的消费结构也发生了巨大变化，恩格尔系数不断降低，人们对于住房、交通设施、衣着和日用品的需求也逐步得到满足或基本满足，对保健、学习、娱乐、旅游的需求日益增长，对物质产品的需求也越来越追求个性化、新颖性。因此，社会生产也必须适应这种需求，由大批量、高速度、标准化的模式转为个性化、高质量、分散性的生产模式，使整个社会的生产、生活模式发生巨大变化。

(五)各产业在工业经济与知识经济中的地位不同

工业经济的产业结构以第二产业代替第一产业成为国民经济主体或主导为特征。随着知识经济时代的逼近与到来，第二产业在国民经济中的比重不断下降。而服务业(第三产业)和知识产业的地位将不断上升，并占主导地位。

例如，英国在1889~1899年第二产业的比重是44.1%，1919~1929年变为41.3%，德国的第二产业比重在1935~1939年为50.3%，1963年为54%，1971年仍为53.3%，到1993年才下降到38%；法国的第二产业比重也曾一直很高，1896

年占46.2%，1963年为51%，1971年为52%，1994年则下降为22.8%。

到了后工业社会，世界经济特别是发达国家的经济重心逐步转向服务业（或称第三产业）。一方面，它在产业结构中的比重不断上升，已占据主要位置。如1994年服务业在美国经济整体中占71.1%，在法国占70%，在英国占66%，在德国（1993年）占61%，在日本占58%。另一方面，服务活动在现代企业生产活动中起到越来越大的作用，据估计，已占了投入成本的50%～70%，如会计、管理、计划、咨询、决策、研究开发、职工培训等，已成为企业活动的中心。鉴于服务活动的重要性，那些主要从事制造产品的企业也纷纷提供各类服务（如技术、管理、软件、咨询和售后维修等服务），这种趋势越来越强烈。在国际贸易中，服务贸易的比重也日益上升，1985年世界服务贸易总额为4 000亿美元，1995年上升为12 000亿美元，已超过当年世界贸易总额的1/4。

（六）工业经济与知识经济的主体成员不同

在社会成员的组成中，知识经济时代将由工业经济社会以劳动（工人）大众为主体转变为以知识分子为主体。

由于信息化发展和知识作用的提高，出现了产业结构软化，即社会生产和再生产过程中体力劳动和物质资源的投入相对减少，脑力劳动和科学技术的投入相对增多。与此相适应，社会中从事脑力劳动的人数不断增加，作用日益增强。例如，对于农牧渔业来讲，由于生物工程技术、遗传工程技术、海洋工程技术、电子计算机技术等的发展应用，使农牧渔业日益向着工厂化、离土化、人工智能化的方向发展，这就大大减少了对农业劳动力的需求，相应地对农业科技与管理人员的需求将显著上升。在工业部门中，由于生产自动化水平的不断提高，导致从产品研究开发设计、加工制造到质量检验的整个生产过程的日趋软化，结果是出现了大量由电脑操纵的无人车间、无人工厂，体力劳动者数量渐趋于零。同时企业的许多生产和经营环节从生产中分离出来，成立生产性的服务部门，如从事产品开发、技术开发、统计、税务和会计等的机构，其成员主要是专业人员，因此从事体力劳动的“蓝领阶层”将由占社会劳动者的80%以上，逐渐下降到20%以下，而从事脑力劳动的“白领阶层”的比重将上升到80%左右。例如，在美国1956年制造业中的“白领阶层”人数首次超过“蓝领阶层”人数。1960年他们的比例关系发展为75:25；1990年进一步变为84:16，这主要是由于制造业中大量使用自动化设备和机器人的缘故。

（七）工业经济与知识经济中企业的管理重点不同

企业的管理重点由工业经济时代的对产品生产、经营和有形资产的管理转变为对科研开发、职工培训和无形资产的管理,即由注重提高企业的生产效率转变为注重提高企业创造知识的能力。

长期以来管理的重点都放在对生产及其相关活动的计划、组织和控制上,以保证产品的生产、流通和消费是有序、合理、高效益的。到了知识经济时代,管理的核心不是计划和组织生产活动,而是激发创新。成功的企业在于能不断创造新的知识,并在企业内迅速扩散新知识,将新知识运用于新的技术和产品中。这种企业是不断创新的企业,是创造知识的企业,是知识型企业。因此,企业管理的重点将放在对研究与开发的组织与激励上,加速科研成果转化为现实生产力;放在对职工的培训与教育上,提高企业全体职工的科学、文化水平,激发他们的创新意识,提高他们的创新能力。管理的主要任务是创造并利用各种知识并使知识为企业所使用。对一些成功的企业来讲,创造知识的不仅是研究开发部门的工程师,而且是全体员工。一个有创造性的研究人员可贡献一项专利,一个管理人员对市场的了解可导致新产品的诞生,一个车间工人通过多年实践也会作出一项工艺创新,成为企业发展的动力。

二、知识经济的基本特征

(一)知识经济是知识化经济

知识经济的发展资源主要是知识和智力。在知识经济时代,掌握现代知识并具有创新、创造和运用能力的人将成为知识经济中的主力军,财富的再定义和利益的再分配取决于人们所拥有的信息、知识、智力和创造力。

知识化的特征表现在软件知识产业的勃兴方面,软件知识产业是当今世界知识经济初具框架的标志。知识化的特征还反映在制造业结构的高科技化、服务业的高科技化和产业结构的高科技化方面。作为工业经济主干的制造业已注入了越来越多的新科技知识。目前,发达国家的制造业中高技术产品的生产和出口所占的比重已接近1/3,80%以上的服务业采用了信息技术产品,就业机会增长还需要高度专业技能的岗位。

(二)知识经济是信息化的经济

所谓信息化,就是把信息看做是与物质、能源同等重要的第三要素,有意识地进行其生成、加工、传输、储存、利用等活动的总体。

知识经济是信息化的经济。信息化形式就是电子化、数字化和网络化。产业结构的高科技化、信息化使信息产业成为主导产业,电子信息产业和其他高技术将渗透到第一、第二、第三产业的各个领域。电子信息装配等高技术、高附加值产业和电子信息技术的嫁接,将促进产业的升级和自动化,加速整个信息化的过程。信息技术对经济和社会发展贡献最主要的不是其本身作为一个产业部门对国民生产总值的贡献,而在于它提供了一种有利的手段,加快了信息资源的开发利用,使国民经济和社会各个领域发展的质量和速度得到提高。

信息革命正在打破通信业、计算机和影视业、传媒业之间的分工,使公众电话网、数据通信网和广播电视网相互交织成一个整体,大大降低了通信基础设施的费用,提高了效益。

信息化的表征就是网络化。网络是人类文明进程的重要标志,高速、互动、传递信息、共享知识的新一代网络构成了知识经济的基础设施。网络化使得计算机从单机的局部网、广域网,走向全局化的网络和系统,把数据服务和大众传媒服务,都纳入到一个系统当中,各种数据的大汇集带来了无限的技术发展前景和商业机会。网络化将遍布知识经济社会的每个角落,没有网络化就没有生命力。

信息化的另一个表征是使世界虚拟化。由于数字化和网络化程度的提高,空间变小了,世界成为"地球村"。同时,又使空间扩大了,除了物理空间外,多了个媒体空间,通过信息可以虚拟市场、虚拟现实,如虚拟银行、虚拟商店等。

(三)知识经济是资产无形化经济

知识经济是以无形资产投入为主的经济,它在资源配置上,以智力资源、无形资源为第一要素。传统工业经济需要大量资金、设备,有形资产在经济体系中起决定作用,而知识经济则是知识、智力等无形资产的投入起决定作用。当然,知识经济也需要资金投入。对于高技术产业甚至需要风险资金投入,但是,如果没有更多的信息、知识、智力的投入,它就不是高技术产业。

从古典经济学诞生起,财富的源泉就一直被视为有形的生产要素;重商主义者认为财富的源泉是货币,重农主义者认为财富的源泉是土地;自亚当·斯密以后,则把劳动和资本看做是产业的真正基础。事实上,农业经济属于劳动密集型的产业模式,工业经济属资本密集型的产业模式,二者都是以开发稀缺资源为主旨的经济。

无形资产是指不具备物质实体的资产,主要有著作权、专利权、商标权、服务标记、计算机软件、企业管理系统、专有技术、专营权、生产许可证、进出口许可证、长期购销合同、土地使用权、矿产权、优惠的融资条件、国家赋予的税赋优惠权、商(信)誉以及企业员工的知识和头脑中的构想、见解等。

在企业资产中,无形资产的比例正大大增加。据测算,现在国外许多高技术企业的无形资产已超过总资产的60%,1995年,美国很多企业的无形资产的比例已高达50%~60%。我们可以通过一个简单的例子来说明以无形资产(知识)为基础的公司和以有形资产为基础的公司之间的对比:微软公司是知识经济时代的代表性企业,其资产主要是无形资产,而通用汽车公司则是工业经济时代的代表性企业,其资产主要是有形资产。在1998年12月底,微软公司的股票总市值为3 530亿美元,通用汽车的总市值为480亿美元。微软公司的年销售额为160亿美元,而通用汽车的年销售额为1 500亿美元。微软公司的市值高达通用汽车的10倍,平均每一名员工创造的销售额是通用汽车的两倍以上,获利率是通用汽车的10余倍。美国现在的国民生产总值近1/3是由像微软公司这样的知识企业提供的。

在知识经济时代,包括专利、商标在内的无形资产在整个经济资产中的比例大大上升,咨询业日渐兴盛。企业投入的是知识,产出的是经济效益和社会效益;交流的是无形或抽象的概念,得到的是有形或具体的财富;出售的是文化符号,换取的是经济效益,塑造的是文化形象,带来的是产业利润;对知识进行充分开发,可以节约人、财、物力的投入,减少库存,降低成本。特别是对知识进行再创造后所形成的策略、规划甚至专利,在产品开发、市场开拓等方面往往能达到事半功倍的效果,其价值就等同于投入大量的有形资产。

约30多年前,美国"可口可乐"公司的老板曾说过:我的公司即使在一夜之间化为灰烬,也完全可以凭可口可乐商标的高信誉在世界任何一家银行贷款,起死回生,重振雄风。当时,"可口可乐"商标值30亿美元。30多年过去了,"可口可乐"凭借其全球闻名的商标、形象和优质的服务,在世界120多个国家和地区办起了分公司。1993年,"可口可乐"商标的价值升至244亿美元。在当今,谁拥有驰名商标,谁就拥有广阔的市场。资料显示,1992年,世界驰名商标销售额中,美国的"可口可乐"为132.3亿美元,"柯达"为205.8亿美元,"国际商用机器(IBM)"为651.0亿美元,日本的"丰田"为791.1亿美元,瑞士的"雀巢"为390.6亿美元。今天,像可口可乐、柯达、索尼、松下、日立、夏普、西门子等著名大企业的真正价值,与其说是体现在他们所拥有的生产线及其他有形资产上,不如说更在于他们所控制的资料库、社会知名度、专利权以及他们员工头脑中的构想、见解、信息等要素上。也就是说,专利、策略、信息等无形资产在企业整体资产中所占的比例已越来越高。

无形资产的升值也将带来社会价值观的变化,拥有更多知识的人获得高报酬工作的机会增多,知识强国的产出增加。在知识经济中,要注意从狭义的信息资产向广义的知识资产转变。任何客观知识都是"显知识",它通过语言文字、符号、图形等手段或载体,可以进行存储、交换、传递和处理,因此也都是信息。信息当然也是资产,以信息为基础的经济可以称为信息经济。它既指信息部门的经济,包括信息技术产业和信息商品化产业,也指信息时代的经济,即以信息产业为主导的一种经济形态。

但是,知识经济以之为基础的知识却是广义的知识,它不仅指“显知识”,还指“隐知识”,而后者更值得重视。所谓“隐知识”,也称作隐含经济类知识,或者说可意会的知识。外在于人的信息并不能单独形成生产力,信息必须内化为生产者和管理者的学识,才能转化为现实的生产力,这一过程是信息与人的知识能力相结合的过程。斯科特·库珀正是在这个意义上得出了这样的结论:“由于信息与人类认知能力的结合才导致了知识的产生。”所以,知识经济不仅着眼于信息,更着眼于信息的分享,着眼于把“显知识”转化为生产者的“隐知识”。正如经合组织在关于知识经济的报告中所说:“在知识经济中,学习是极为重要的,可以决定个人、企业乃至国家经济的命运。”

智力资本是重要的无形资产。从人力资源来讲,智力资本是现代经济增长的最重要因素,这是现代经济增长理论的一个重要观点。早期是舒尔兹,后来是贝克尔、丹尼尔这些人因这一理论而获得了诺贝尔奖。现在,已有越来越多的办法可以测量智力资本。一个企业的员工,特别是决策人员的胜任能力、企业的商标和声誉,甚至于企业的数据库和手册、组织结构等等,这些内容构成了这一企业智力资本的基本内容。现在世界上有许多大企业专门设立副总裁,并称之为知识主管或智力资本主管,这在现代经济中已进入具体化的操作。

(四)知识经济是可持续化经济

可持续发展是一种包括工业发展、能源利用、农业供给、城市发展、人口控制、国民教育、国际贸易等经济和社会发展领域各个方面在内的新的发展战略。知识经济是促进人与自然相互协调、可持续发展的经济。

在工业经济时代,传统工业技术发明的指导思想都是单一地、尽可能多地利用自然资源,以获取最大利润,而不考虑或极少考虑环境效益、生态效益;建立在自然资源取之不尽、环境容量用之不竭的认识基础上,甚至以向自然掠夺为目的。人类在获得极大物质财富的同时,也使人类赖以生存的地球资源受到了严重的破坏,带来严重后果,造成资源枯竭、空气污染、物种锐减、厄尔尼诺现象频发……这些已向人类发出了严重警告,实现可持续发展已成为人们的迫切愿望。

知识经济的出现将使人类真正走上可持续发展的道路。作为知识经济技术的高技术产生在多种自然资源几近耗竭、环境危机日益加剧的时代,它把科学与技术融为一体,反映了人类对自然界与人类社会的科学、全面的认识。因此,高技术的指导思想是科学、合理、综合、高效地利用现有资源,同时开发尚未利用的自然资源来取代已近耗竭的稀缺自然资源。如信息科学技术的软件、生命科学技术的基因工程对资源的耗费与传统技术是不可同日而语的。

可持续发展的要素是人口、资源、环境,也可以说是控制人口,珍惜资源,保护环境,而资源在可持续发展中处于中心地位。知识经济的主要生产要素是知识、智力和人的创造力,可以重复使用,在使用过程中其价值不会减少反而会增加。知识经济较少消耗自然资源,而且还可能开发新的尚未利用的自然资源来取代接近耗尽的稀缺自然资源。

在知识经济时代,牵动经济发展的"领头羊"将不再是大量消耗自然资源的制造业,而是以信息、文化、科技为主体的"软资源",这样就最大限度地减轻了对环境的污染和对资源的浪费。因此,知识经济作为一种可持续发展的经济,日益得到世界各国的普遍认同。

(五)知识经济是全球化经济

随着网络无限制的延伸以及知识无国界的影响,以知识为主要经济资源的知识经济必定是全球化的经济。

知识经济是经济全球化条件下的经济。知识经济依靠无形资产的投入实现可持续发展前提,就是经济全球化。与此同时,高技术产业较之以前钢铁、机械和纺织等产业不同,它的产业技术领域十分广阔。仅以信息科学技术为例,任何国家都不可能在计算机技术、微电子技术、光电子技术、芯片技术、大规模集成电路技术、光纤技术、激光技术、网络技术和软件技术以及层出不穷的高新技术中全面领先,任何一个国家都可以充分利用自己的智力资源,"有所为,有所不为",在世界大市场中占据一席之地,成为经济全球化不可缺少的一部分。

一场以科学技术革命为先声的新一轮经济竞争正取代昔日的军事抗衡和政治对垒。国际经济势力正在重组,世界经济正向着经济的区域一体化和全球化方向发展。冷战结束,世界贸易组织的建立、信息技术的飞速发展,为经济全球化提供了保障和动力,经济全球化、区域集团化的进程正在加快。1998 年 5 月 3 日,欧洲正式拥有了自罗马帝国时代以来的新的统一货币——欧元。4 天后,世界两大汽车制造商戴姆勒奔驰与克莱斯勒公司合并,更名为"戴姆勒—克莱斯勒",从而跃居世界汽车制造商排行榜前三甲……这都是世界经济全球化和区域经济一体化的例子。

在信息革命、数字化革命的促进下,世界越来越小,各国间的相互渗透、相互联系越来越多。今天,金钱可以越过一切边界。投资者每天按几下按钮就能使1.5万亿美元资金和15万亿美元股票在全世界流动,从而使一系列国家听任投机者获利欲望的摆布。世界是联网的,不论是意大利的提包还是香港的时装鞋,都可以通过鼠标操作订货;办公室工作或软件的开发都可以请爱尔兰或印度的廉价工作人员去完成;广州的孩子病了,可以请北京的医生作出诊断,甚至进行异地手术。

经济全球化,是各国经济相互依赖、相互渗透、不断加深的一种战后经济新现象,主要表现为:各国之间的竞争更加激烈,贸易持续高速增长,对外直接投资数额巨大,世界市场体系加速扩大,跨国公司迅速发展,金融活动日趋活跃,区域经济集团化趋势与跨区域经济合作增强等。

经济的全球化使市场规模和容量达到了一个前所未有的水平;知识具有更大的共有性和外部性,使企业间的关系、竞争或联合的方式、市场结构均发生变化;基于更加完备的知识、信息和网络手段,供需双方的关系及交易的方式、渠道将发生新的变革。

经济全球化的脉络已经比较清晰:市场化的世界经济体制已基本形成,这是经济全球化的基础;世界经济的高度信息化向纵深发展,给经济全球化提供了条件;金融国际化在经济全球化的进程中起了越来越大的作用;跨国公司作为经济全球化的实体日益发展。其态势突出地表现为,以法国、德国为核心的欧盟,以美国为首的美洲自由贸易区,以及东亚自由贸易区三大经济与贸易板块的形成与发展,资本流动所体现的经济一体化也更加迅速。

与此同时,也存在世界经济的区域集团化趋势。区域集团化或地区经济一体化对经济全球化有助推作用,是经济全球化的必然阶段。地区经济一体化向全球化的方向发展是历史发展的必然。

信息革命、网络化的出现将世界各国更加紧密地联系在一起。一国的经济波动会迅速影响他国的经济发展。地区经济一体化、经济全球化是市场经济发展的一个必然趋势,它们本身是各种经济利益的重新组合和分化,也是各种经济力量消长变化与较量的必然结果。社会化大生产与市场狭小之间的矛盾是其产生的深刻原因。经济的区域化和全球化将使资金、原材料等生产要素得到最大限度的优化。生产的跨国化与资本的国际化将为经济注入新的活力。

(六)知识经济是个性化、小型化的经济

网络的诞生使得企业组织小型化,主动学习的知识工作者通过网络进行工作,以知识与创业为产品创造价值。

企业可以通过网络寻找资源与盟友，让组织内外的疆界可以像流水一样任意延展。创新对企业的重要性远胜过原料与厂房。“淘汰自己的产品”成为知识经济时代的生存法则。

今天的产品可以按个人的要求生产。在知识经济时代，如果你的企业需要100%符合自身特殊要求的产品，就肯定会有一个可满足您要求的、以非常现代化的技术装备起来的小型厂家为你生产。这就是知识经济个性化的魅力所在。

三、迎接知识经济时代

正如200年前工业经济的出现极大地改变了，甚至从根本上革新了数千年的农业文明一样，知识经济将确定无疑地从根本上冲击工业文明所形成的经济理论和社会经济运行模式，一场深刻的革命性的经济形态转换已迫在眉睫。目前，不论是发达国家还是发展中国家都在进行经济调整，不仅包括中观上某个、某些产业和行业结构的调整，而且包括宏观上国民经济的战略调整及微观上社会经济组织再造和经营管理方式的调整。可以认为，世界各国全方位的经济调整是对知识经济到来的一种响应。

面对知识经济，世界各国从各自的利益出发，制定出迎接这一新经济时代的宏伟规划及战略目标，而且他们付诸行动去实现这些目标的具体措施也各具匠心。自20世纪80年代以来因欧洲和日本的应用科技高速发展，美国在全球的科技领先地位和经济领先地位受到了极大的挑战。“冷战”结束后，美国不失时机地抓住知识经济崛起的机遇，大力调整国家的科技政策和产业结构，推动全国的信息基础设施建设，优先发展高新技术产业，同时，将高科技的军工技术转为民用的力度加大，并积极扶持军民两用技术的开发应用，导致了以知识为基础的经济模式跨越工业经济而取得主导地位，率先进入知识经济时代，从而重新确立并巩固了其世界第一科技大国、第一经济强国的地位。而传统上重视基础研究、轻视应用技术开发的欧盟和重应用、轻基础的日本，却在20世纪90年代以后显现出科技发展比例失调、经济增长迟缓的现象，拉大了与美国的差距。近几年，欧盟和日本都认识到科技发展的后劲不足是导致其经济发展速度落后于美国的根本原因，因此正在积极着手调整科技与经济发展战略，迎接知识经济的到来。作为昔日科技巨人前苏联的主要继承者俄罗斯，在历经20世纪90年代以来的科技和经济滑坡后重新出现转机，近几年开始在新体制下大力发展高新技术，以期在知识经济中占据重要的一席之地。为发展高新技术并促进其产业化，1996年俄罗斯出台第一部科技法，1998年3月，俄政府提出,在其后的3年内对科技领域投资100亿新卢布(合15.6亿美元)。

新兴工业化国家和发展中国家,如韩国、新加坡、印度、巴西、以色列等都相继对本国的经济发展战略进行了调整,以期在知识经济中占据优势地位。例如,近年来印度大力发展以软件产业为主要支柱的知识类产业,已在全球4 000亿美元的软件市场中占有相当的份额。据美国微软公司预测,世界未来最大的软件开发者,既不是美国,也不是欧盟和日本,而是经济相对落后的印度。1986年,印度政府把发展软件业视为"战略性产业",制定了相应的优惠政策,积极扶持该产业发展,并借助国内电脑普及和软件人才资源丰富的优势,使软件产业快速成长。由于措施得当,其所生产的软件质量赢得了全球用户的认可和信赖,世界上越来越多的大型企业开始采用印度软件,美国微软公司也在印度建立了第二个软件中心。印度软件产业的迅速发展,以及其逐步成为国家支柱产业的事实,非常典型地说明了经济不发达国家在培育知识经济的过程中,并不一定受制于国家基础科技较落后和经济基础较薄弱的状况,即使在其他技术与产业落后的情况下,独立依靠高素质的专业人才,发展一类或几类新兴技术与产业,同样可以在知识经济浪潮中立于潮头。"十一五"时期,我国开始实施自主创新战略,将提高自主创新能力、建设创新型国家作为国民经济和社会发展的主要任务。在2011年颁布的"十二五"规划中进一步提出了"创新驱动 实施科教兴国战略和人才强国战略",提出了增强科技创新能力、加快教育改革发展、造就宏大的高素质人才队伍等具体任务。这是我国在知识经济时代背景下做出的重大战略选择,也是知识经济时代的本质要求。

这一切都表明,知识经济作为世界经济潮流正对人类社会经济发展产生革命性的影响,它势将成为21世纪的主导经济形态。

思考题

1. 如何全面理解知识经济的含义?
2. 知识经济与工业经济的异同之处有哪些?
3. 知识经济的基本特征是什么?

主要参考文献

1 高洪深,杨宏志.知识经济学教程.北京:中国人民大学出版社,2002
2 陈漓高.新经济挑战中国.天津:天津人民出版社,2000

第十三章

科技进步与世界经济可持续发展

第一节　可持续发展问题概述

20世纪60年代，全球性的能源危机、环境污染和生态破坏开始引起社会各界的重视，片面强调物质财富增长的传统发展观受到挑战，一种全新的发展观——可持续发展思想产生了。20世纪80年代，经过20余年的发展，可持续发展思想引起了世界各国的普遍关注。1992年，在巴西召开了联合国环境与发展首脑会议，一个新的名词"可持续发展"，就在全世界开始流传，成为各行各业发展的基准思想，从此，世界经济的发展中也增添了新的内容。

一、可持续发展思想的由来

"可持续发展"一词起源于生态学范畴，现在广泛应用于经济学和社会学等领域。该词的最早引用始见于1980年由国际自然保护同盟（IUCN）制定的《世界自然保护大纲》，这也是国际文件中关于该词的最早记录。

可持续发展（Sustainable Development）是一个内涵丰富的概念，许多领域都有对它的阐述。环境学中，可持续发展是"保护和加强环境系统的生产和更新能力"；生态学中，可持续发展是"寻求一种最佳的生态系统，以支持生态的完整性和人类愿望的实现，使人类的生存环境得以持续"；在社会学中，可持续发展是"人口增长趋于平衡，经济稳定，政治安定，社会秩序井然的一种社会发展"或是"在环境允许的范围内,现在和将来给社会上所有的人提供充足的生活保障";在技术管理学中,可持续发展是"转向更清洁、更有效的技术,尽可能接近零排放或密闭工艺方法,尽可能减少能源和其他自然资源的消耗";在经济学中,可持续发展是"建立在成本效益比较和审慎的经济分析基础上的发展和环境政策,加强环境保护,从而导致福利的增加和可持续发展水平的提高"……

目前,被广泛接受的可持续发展的定义,是世界环境与发展委员会(WECD)1987年在《我们共同的未来》一书中予以界定,经过发展中国家与发达国家的一系列对话和辩论,于1989年联合国环境署(UNEP)第15届理事会期间达成共识的:可持续发展系指"满足当前需要而又不削弱子孙后代满足其需要之能力的发展"。这一定义涵盖内容比较丰富,其本质是"满足需要",重点在"持续"上,主要任务是在减少贫困和保护生态环境的同时促进经济良性增长。目前,发达国家已向可持续方向着力,发展中国家由于尚未完成工业化,收入水平低,有大量人口还生活在绝对贫困线以下,因此,发展仍须兼顾减少贫困和保护生态环境两个方面。

二、可持续发展战略的实施背景

社会再生产需要投入大量的资源,其中作为生产基础的自然资源并非取之不尽、用之不竭。人口增长、资源短缺、环境恶化使人类面临种种危机,可持续发展战略的实施成为必然。

(一)来自自然资源的压力

自然资源分为可再生资源和不可再生资源。可再生资源,如水、土地等,不能立即再生,但反复利用需要条件,利用时不能为所欲为,否则将使一部分资源不易再生,如化肥用量过大会造成土地板结等。不可再生资源指石油、天然气、煤炭等,这类资源储量有限,一旦用完,不可再生。另外,还有一种资源如太阳能、风能、潮汐能等,人类开发利用的程度很有限,称之为无限资源。

长期以来,人类在追求社会经济快速发展的同时,却忽视了对自然资源的保护,以致使多种资源面临枯竭,资源的枯竭使生态环境恶化,人类的生存环境面临威胁。世界自然基金(WWF)发表的《2002年生命地球》报告中指出,人类目前对地球资源的掠夺性使用,已超过了地球承受能力的20%,而且这个数字每年还在不断增加。根据人口增长、经济发展和技术革新所作出的预测显示,到2050年,人类将破坏掉地球上的180%到220%的生物生长能力。联合国的数据显示,支持人类生存空间和经济发展的四大生物系统——森林、海洋、耕地和草场、气候继续遭到巨大破坏。森林以每年1 400万公顷的速度减少;全球土地荒漠化以每年500万~700万公顷的速度发展,有100多个国家面临荒漠化威胁;有80个国家面临淡水资源匮乏;海洋污染日益严重,赤潮成为全球性公害;全球有1/4的哺乳动物、12%的鸟类濒临灭绝。

面对这些警告,人类应重新思考利用自然资源的方式,"循环经济"应运而生。循环经济一词,是由美国经济学家K. 波尔丁在20世纪60年代提出的。其含义为在资源投入、企业生产、产品消费及其废弃的全过程中,把传统的依赖资源消耗的线性增长的经济,转变为依靠生态型资源循环来发展的经济。循环经济把清洁生产和废弃物的综合利用融为一体,其本质是一种生态经济,它要求运用生态学规律来指导人类社会的经济活动。循环经济是对物质闭环流动型经济的简称。从物质流动的方向看,传统工业化社会的经济是一种单向流动的线性经济,即"资源→产品→废物"的线性经济的增长,依靠的是高强度地开采和消耗资源,同时高强度地破坏生态环境。循环经济是一种"促进人与自然的协调和和谐"的经济发展模式,它要求以"减量化、再利用、再循环"(3R)为社会经济活动的准则,运用生态学规律把经济活动组织成一个"资源→产品→再生资源"的反馈式流程,实现"低开采、高利用、低排放",以最大限度利用进入系统的物质和能量,提高资源利用率,最大限度地减少污染物的排放,提升经济运行的质量和效益。

当前,我国人口占世界的21%,人均耕地不到世界人均水平的40%,水资源只是世界平均水平的1/4,人均森林占有面积只是世界人均面积的1/5,45种主要矿产资源人均占有量不足世界人均占有量的1/2。但我国重要资源的消耗在世界上占的比重却很高。2003年,我国消耗了世界钢铁总产量的30%,水泥总产量的40%,煤炭总产量的31%,实现GDP却仅占世界的4%。同时我国矿产资源的回收率仅为30%,而发达国家为50%。我国每万元GDP用水量是世界平均水平的4倍,木材利用率比世界平均水平低20%,废钢铁回收率比世界平均水平低17%。这种以"高投入、高消费、高排放、低效益"为特征,以牺牲生态环境为代价的粗放式经济模式,在实现经济快速增长的同时,却造成了矿产资源和能源的日趋短缺,生态环境的总体恶化。

目前我国循环经济发展还处于起步阶段。国家发改委于2004年7月发出了加快发展循环经济的通知。2006年3月我国《国民经济和社会发展第十一个五年规划纲要》第六篇"建设资源节约型、环境友好型社会"中指出"落实节约资源和保护环境基本国策,建设低投入、高产出,低消耗、少排放,能循环、可持续的国民经济体系和资源节约型、环境友好型社会”。第二十二章“发展循环经济”中指出:“坚持开发节约并重、节约优先,按照减量化、再利用、资源化的原则,在资源开采、生产消耗、废物产生、消费等环节,逐步建立全社会的资源循环利用体系”。在重点行业、领域、产业园区和城市开展循环经济试点,如建设济钢、宝钢、鞍钢、攀钢、中铝等一批循环经济示范企业;建设资源循环利用产业链及园区集中供热和废物处理中心,建设河北曹妃甸、青海柴达木等若干循环经济产业示范区;建设湖南汨罗等再生资源回收利用市场和加工示范基地等。可见,大力发展循环经济已成为我国一项重要战略。为促进循环经济发展,提高资源利用效率,保护和改善环境,实现可持续发展,2008 年 8 月 29 日《中华人民共和国循环经济促进法》公布,并于 2009 年 1 月 1 日起开始施行,我国的循环经济发展纳入法制化轨道。

(二)来自人口增长的压力

随着人类生存条件的不断改善,人口数量在不断增长。据统计,世界人口 1800 年达到 10 亿人,1930 年达到 20 亿人,1960 年达到 30 亿人,1974 年达到 40 亿人,1987 年达到 50 亿人,1999 年达到 60 亿人,2005 年突破 65 亿人,预计将在 2012 年到 2013 年间突破 70 亿人。预计到 21 世纪中叶,世界人口将达到 90 亿至 100 亿人。根据科学家早先的测算结果,地球最多能够养活 100 亿到 150 亿居民。如果不及时有效控制人口增长,人类可持续发展的理想很可能难以实现。此外,人口增长过快,势必会带来一系列的社会问题,如对自然资源的过度利用,失业人口上升,对社会稳定带来威胁,人们的生活水平提高缓慢,人口素质的提高受到制约等。

目前,我国人口态势是一种“低生育率和高增长量并存”的局面。即对于一对夫妻来说,一生生育孩子的数量已经达到很低水平,但从全国来看,每年出生婴儿数量和净增人口数量还保持在相当高的水平。1950 年,我国人口出生量为 2 020 万人,人口增长量为1 030万人;2000 年,我国人口出生量为 1 960 万人,人口增长量为 1 100 万人,人口增长量还高于 50 年前。目前,虽然生育率很低,但我国人口在 13 亿的基础上还将继续增长,到本世纪中叶人口有望达到 16 亿,可能出现人口的“零增长”。这种“低生育率和高增长量并存”的人口态势,将在我国今后相当长的时间内继续存在,这是我国人口政策制定者观察人口态势的基本出发点,也成为可持续发展的瓶颈,因为这很可能引发粮食供需问题。

(三)来自环境问题的压力

环境问题主要是指由于人类的生产和生活活动引起生态系统破坏和环境污染,反过来又危及人类自身的生存和发展的现象。随着社会经济的快速发展、人口的增加，人类对自然环境和自然资源开发利用的广度和深度不断扩大，从20世纪后半期开始，环境问题也日益突出并迅速全球化，成为严重影响世界经济进一步发展的障碍。当代世界最严重的八大环境问题包括：①全球气候变化；②臭氧层破坏和损耗；③酸雨污染；④土地荒漠化；⑤森林植被被破坏；⑥生物多样性锐减；⑦海洋资源破坏和污染；⑧有机物的污染等。

1972年6月5日，联合国在瑞典首都斯德哥尔摩召开的人类与环境会议，提出了"只有一个地球"的口号，通过了《人类环境宣言》，并确定6月5日为"世界环境日"；1976年以来，针对大气臭氧层空洞问题，曾多次召开国际会议探讨解决的办法；1992年，联合国在巴西里约热内卢召开了环境与发展会议(UNCED)，对环境与发展方面的问题进行了空前的国际讨论，通过了全球可持续发展战略文件——《21世纪议程》。这些表明保护环境，促进生态平衡已成为当今世界各国的共识。

三、可持续发展的主要内容和基本原则

(一)可持续发展的主要内容

可持续发展的主要内容包括三个方面，即自然资源与生态环境的可持续发展、经济的可持续发展和社会的可持续发展。这三者构成的"三维复合系统"应注重内部的协调，其中生态持续是基础，经济持续是条件，社会持续是目的。既然经济发展、社会进步和环境保护是可持续发展的基础，那么，实施可持续发展战略就需要实行一套经济政策、社会政策和环境政策。而且由于这三个方面是相互依存的关系，所以三个方面的政策制定也必须相互协调。

在经济方面，可持续发展要求社会实行人均纯收入增长的发展战略，不能实行导致长期贫困的短期政策。发展中国家和地区基于现有的物质资本、人力资本和自然资源状况，寻找最适宜的增长途径；发达国家要减少自然资源的消耗量，并提高资源利用的效率。经济可持续发展还要求全面履行成本原则，不能忽视经济增长的社会和环境成本。

在社会方面，可持续发展要求财富、资源和机会在全社会成员中公平分享，即所有公民享有安全、人权、社会福利的最低标准的权利。社会公平意味着保证所有的人有受教育的条件和就业的机会，对社会的贡献得到公正的酬劳和补偿。社会可持续发展要求所有社会部门的积极参与。政府在制定关于社会公平和人口发展规模的基本社会政策时应对广大公众负责。它需要吸收、利用当地人民的知识和经验，加强社会群体计划和管理自身生活的能力。

在环境方面，可持续发展要求对生物圈的基础结构不断投入，以保证所有生命依赖的环境商品和服务的持续性和质量。环境可持续要求在利用自然资源时，不削弱自然的生产力和环境商品及服务对人类福利的综合贡献。为保证人类行为不导致不可逆的环境破坏，应贯彻预防原则，即当科学界对于环境问题依然存在争议与不确定性，但如果不采取行动而发生错误的后果可能非常严重时，依然有必要采取预防措施。

（二）可持续发展的基本原则

作为一种新的人类生存与发展模式，可持续发展要求人们遵守并维护以下几个主要原则。

1. 公平性原则。所谓公平性原则，一方面应包括当代人之间的横向公平，即要满足全体人民的基本需要和给全体人民机会以满足他们要求较好生活的愿望。然而，事实上，当今世界的同代人在占有和享用资源方面是不公平的。占世界人口1/5 的发达国家的居民已经达到了较高的生活水平，而占世界 1/5 的人口仍处于贫困状态，发达国家消耗了世界的大部分资源。另一方面，还要包括不同代人的纵向公平，即要给世世代代以公平利用自然资源的权利。

2. 可持续性原则。可持续性原则要求人类经济与社会的发展要以自然资源和生态环境的承载能力为限，超出自然资源和生态环境的承载能力的发展，会导致资源的浪费和枯竭，破坏了生态平衡，经济与社会的发展也难以为继。因此，可持续发展不仅要求人际间的公平，而且也要求人与自然的平衡，要求实现建立在保护地球自然系统基础上的发展。

3. 共同性原则。我们生存的空间只有一个地球，局部的环境污染势必会导致全球的生态失衡。虽然世界各国的历史、文化和发展水平不同，但是，可持续发展是全球发展的总目标，其公平性和可持续性原则是共同的。并且，实现这一总目标必须采取全球共同的联合行动。

4. 和谐性原则。在 2004 年 12 月我国的全国经济工作会议上，中央提出了 2005 年全国经济工作的主要任务。任务共分为六个部分，其中第四条和第六条分别是着力推进经济体制改革，建立健全全面协调可持续发展的制度保障，和坚持以人为本，努力构建社会主义和谐社会。从中可以体会到，可持续发展在经济社会管理中的运用已从最初的要求人类之间及人类与自然之间的和谐共生，扩展到社会经济管理方面的全面和谐发展。

5. 理性需求原则。从经济学角度讲，人类的需求是无限的，传统的发展模式以传统的经济学理论为理论基础，所追求的目标是经济的增长。然而，相对于人类无限的需求，再多的物品也是不足的，这种发展模式必将使世界环境随着人类无限的需求所带来的压力而不断恶化。可持续发展要坚持公平性和长期性的可持续发展，强调为所有人提供实现美好生活愿望的机会的同时，必然要求市场需求向人的理性需求转变。

6. 发展性原则。可持续发展战略已经成为全世界的共识，其在实践中的应用也使各国得益很多。在理论界，学者们对可持续发展的研究，以两种途径展开：其一是开拓可持续发展的理论空间，丰富其思想内核；其二是对其提出具体可行的解决方案。我们认为，理论只有在不断发展中才能展示出其生命力和价值，不断丰富的理论体系是科学的可持续发展思想的内在要求，固化的理论必将被时代淘汰。我国从自身国情出发，提出了科学的发展观，这也是可持续思想运用的具体体现。

第二节　可持续发展对世界经济的影响

可持续发展已经成为联合国和各国政府的行政目标之一，各国已经或正在制定行动议程以及与此配套的措施来逐步实行可持续发展的要求。这将对世界经济的发展产生多方面的影响。

一、可持续发展将改变世界资源配置格局

1968 年，来自西方不同国家的约 30 位企业家和学者聚集在罗马，共同探讨了关系全人类发展前途的人口、资源、粮食、环境等一系列问题，并对原有经济发展模式提出了质疑。这就是后来产生著名的经济“零增长”理论的罗马俱乐部。“零增长”理论出自罗马俱乐部研究小组 1972 年出版的研究成果——《增长的极限——罗马俱乐部关于人类困境的报告》。书中把人口、农业生产、自然资源、工业和环境污染五种关联的因素综合成一个“世界模型”，输入数据，用计算机进行模拟计算，得出了现在的世界体系在 2100 年以前必然崩溃，必须使人口的出生率等于死亡率，实现人口的零增长；还要使投资等于折旧率，实现经济的零增长。“零增长”是罗马俱乐部发展观的核心。自从罗马俱乐部的报告提出“零增长”理论以后，越来越多的人开始认真思考全球范围内的长期发展问题。人们开始重视发展的持续性，希望能找到一条持续发展的道路。

自然资源是各国最重要的生产要素之一,决定一国对自然资源利用状况的是该国的经济实力。目前,经济发达国家经过几百年的发展,许多国家的自然资源已经消耗得差不多了,也有的国家有意识地把本国的资源储存起来,想方设法去开发和利用别国,尤其是发展中国家的资源。这种资源配置的不均衡不仅体现在同代内,同时也体现在代际间。这种资源利用的模式是与可持续发展相违背的。

目前,我国正在掀起对"绿色 GDP"的研究,这是对十六届三中全会提出的"坚持以人为本,树立全面、协调、可持续的发展观,促进经济、社会和人的全面发展"的科学发展观进行贯彻的一项重大举措。用绿色 GDP 进行国民经济的核算,可以真实反映自然资源存量的消耗或折旧,可以体现出环境退化的损失和预防费用。同时,这样才能促使发达国家压缩对自然资源的需要,开发新技术,节约自然资源,开发更多的替代品,也可使发展中国家取得必要的资金,以保证其经济建设和人民生活水平提高的需要,从而使世界自然资源的利用逐步走向合理化,为全球资源公平配置的长期性打下良好的基础。

二、可持续发展对世界贸易的影响

二战结束后的半个多世纪里,可持续发展战略引起国际贸易和国际分工发生了一系列新的变化。

(一)国际贸易内容的变化

随着可持续发展战略的逐步实施,"绿色"浪潮席卷全球,绿色市场、绿色产业相伴而生。环保技术、环保产品和环保服务将备受青睐。随着环保产业在全球的兴起,环保企业如雨后春笋般在全球崛起,到目前,全世界从事环保产品研制开发、生产的已达数百万人,有大量的环保产品开始进入国际贸易领域,并成为国际贸易的大宗商品,据估计,每年起码有 5 000 亿美元的贸易额。未来,可持续发展对世界贸易的影响将体现在以下几个方面:一是商品结构方面的变化;二是环保技术和环保产业的跨国合作将成为合作的热门领域;三是贸易保护主义将更多地利用"绿色"作为护身符,形成"绿色壁垒"。

(二)国际分工得到科学划分

国际分工是国际贸易的基础,国际分工的深化推动了国际贸易的发展。二战后,伴随着第三次和第四次科技革命浪潮,发达国家出现了制造业空心化的趋势,国际分工一方面表现为发达国家牢牢控制着价值链战略环节的核心技术,如电子、信息、服务、软件、宇航、生物工程、新能源、新材料、海洋工程等高新技术,利用知识产权贸易和国际投资收益来实现巨额增值;另一方面,它们又将以制成品生产为主的非战略环节外包出去,使发展中国家逐渐成为价值增值较低的制成品生产国。例如,20世纪90年代初,日本彩电大多数还在本土生产,到2000年,日本名牌彩电的国外生产比重已超过80%。但是,日本厂商向国外转移的几乎都是彩电的组装系统和个别元器件,而彩电的核心技术及其研发仍由本国厂商控制。如今,可持续发展战略的实施使引领国际分工潮流的主体正由传统追求母国利益的小规模公司演变为追求全球战略的超国家的大规模跨国公司。同时,在知识经济时代,知识的先进期和保密期越来越短,发展中国家吸收和发展高新技术、创建新产业的能力也在迅速增强,并力图跨越技术的发展阶段,发展自己的核心技术。这两种力量有可能带来国际分工新的巨变。

三、可持续发展将加速全球产业结构调整

可持续发展影响最明显的要数产业结构的调整。随着知识经济时代可持续发展战略的实施,全球范围内将掀起新的产业结构的大调整。专家预测,在未来30年内,产业将走入低耗、高效、无污染的新阶段。根据可持续发展的要求,产业结构将主要发生以下三个方面的变化。

第一,发展中国家第一产业中农业将进入绿色农业时代。一般来说,发展中国家的经济尚不发达,现代的化学产品对土地的污染还不很严重,许多地方可以生产无公害的绿色产品,从而可以增加各国的外汇收入。对于广大的发展中国家来说,可持续发展标准为广大发展中国家的农业生产提供了一种发展框架和生产方向,在引进发达国家先进生产技术的同时,也提高了它们对各种农产品的安全标准的认知和自主研发能力。

第二,第二产业将得到重组。目前,发达国家已实现了现代化,其产业结构的调整导致劳动密集型产业及部分资本密集型产业向国外转移,发展中国家利用这个有利时机引进先进技术和管理经验,加速本国的产业结构调整和经济改革。一方面,一些高能耗、高污染的传统产业,如钢铁、汽车、化工、造纸、制冷产业等,将面临关停并转或技术改造。另一方面,环保产业将作为一个新的、有活力的产业而崛起。环保技术与环保产业的兴起将会同信息技术与信息产业一起引发一场新的产业革命,推动产业结构调整和改组的进程。

第三,多元化需求使服务产业也呈多元化发展势头。20世纪90年代以来,知识经济席卷全球发达国家,同时开始向迅猛成长起来的发展中国家扩散。知识经

济对可持续发展具有极大的促进作用,在人与自然之间创造出多层次、多角度的需求,这种需求强调可持续发展,强调建设全球和谐经济。新型服务产业,如现代家政、现代物流等应运而生。

四、可持续发展将对国际资本流动产生影响

国际资本流动的方式主要有两种:国际直接投资和国际间接投资。国际直接投资是指投资者直接在国外投资建立公司,开办工厂、开采矿产以及与当地人合股经营企业,投资后拥有管理权的投资方式。间接投资是通过信用和证券所进行的投资。20世纪70年代以来,随着跨国公司的大规模发展,以跨国公司为载体的直接投资流动速度加快。国际直接投资加速了世界经济的一体化进程,在一定程度上推动了地区经济的发展,促进了国际贸易的发展。但是,一些发达国家凭借资金上的优势将投向发展中国家的直接投资附加政治条件,这些国际直接投资成了干涉其他国家经济和内政的工具。例如,某些霸权国家利用直接投资控制了一些欠发达国家的某种资源的生产和销售,使之成为其原料的供应地,并借此向当地政府提出额外要求。另外,发达国家抓住发展中国家急需建设资金的现状,在投资中享受优惠的税收政策,由此获得超额利润和利息。国际间接投资为各国经济发展提供了资金来源,推动了国际金融市场的一体化进程,在一定条件下能促进资本在国际间的合理配置。但是,国际间接投资对世界经济也有一些消极影响。国际间接投资加剧了外汇投机行为,如20世纪90年代中后期的亚洲金融危机,加剧了国际信贷市场的波动,对各国货币政策的效力起到了削弱的作用。可持续发展战略的实施,使发展中国家在利用国际投资的时候,更多地立足于本国的国情,有针对性地利用国际直接投资来弥补国内建设资金的不足,同时注意保护本国利益,防止国际间接投资带来的短期行为对国内经济的冲击。如我国在制定和调整利用外资政策时,开始更多地考虑到外资对环境的影响等因素。

五、可持续发展加快技术创新的步伐

可持续发展对生产技术提出了新的要求,尤其是在环境保护、生物技术、控制"三废"等方面。目前,在可持续发展技术方面,发达国家拥有较多的高科技人才和比较雄厚的资金,这种类型的新技术也大多产生于发达国家。对于广大的发展中国家来说,它们处于经济发展的初级阶段,既缺乏技术,又缺乏资金,一般都采用比较落后的生产技术,即使是从发达国家进口的所谓"新技术",也是

发达国家允许向发展中国家出口的处于"成熟阶段"的技术,有的甚至是发达国家明令禁止的陈旧技术。这样,一些在发达国家因环境污染而无法继续使用的技术,转移到经济比较落后的国家去,就会形成"污染转移",或污染的"出口",这是违背可持续发展要求的,发展中国家应在提高自身技术创新的同时,警惕这种"污染转移"。

六、可持续发展对国际关系的影响

可持续发展战略着眼于全球基点,对全球范围内的资源进行"合理配置",强调的是在加强资源配置中实现资源的节约使用,而不仅仅是生产成本的节省。有时,跨国公司为了降低成本,往往只愿意开采富矿,而抛弃贫矿,对自然资源实施掠夺式的开采,造成自然资源的巨大浪费。这种行为是可持续发展中应加以严格限制的,因此,在一些国际会议上,许多国家开始在环境保护问题上找到一些共同点并立足于全球经济的可持续发展观。近年来,协助邻国进行污染治理的例子很多,可持续发展战略促使在相对狭小范围内的各国间开始出现合作。对全球资源的开采,更多的厂商开始由"竞争型"向"竞合型"方向转变,这都是可持续发展的必然要求。例如,日本和韩国也对中国治理大气和黄、渤海的水资源污染有很大的积极性,德国等欧洲国家主动向中东欧国家提供帮助,帮助它们治理环境等。这些共同应对环境污染的行动,表明了可持续发展是一个全球性的问题,经济全球化的趋势日益明显。

第三节　科技进步在世界经济可持续发展中的作用

科技革命与世界经济发展息息相关,没有科学技术进步就不会有世界经济的发展。世界经济需要可持续发展,可持续发展需要科技支撑,科技革命是推动世界经济可持续发展的基本力量。

一、科学技术是生产力

"科学技术是生产力"的思想,在马克思《资本论》、《经济学手稿》等著作中曾有多处提到过。邓小平不仅重申了马克思的科学技术是生产力的观点,而且根据科学技术发展的新特点和世界经济的新情况,提出了"科学技术是第一生产力"的新论断。这是对马克思主义“科学技术是生产力”理论的丰富和发展，使人们对科学技术的认识又有了新的提高和推进。经济学家们认为，随着科学技术的进步，现代科学技术与生产力诸要素的关系，可以用公式表示为：

生产力=科学技术进步×(劳动力+劳动工具+劳动对象)

由于科学技术具有乘数效应，科学技术进步越快，其乘数值也越大。

二、科技进步对世界经济可持续发展的支撑作用

20世纪80年代以来，电子信息、生物工程和新型材料、空间技术等高新技术取得的重大进展，极大地推进了世界经济的发展，科学技术日益渗透到世界经济和社会生活的各个领域，已经成为世界经济增长的主要驱动力，也必将成为世界经济可持续发展的驱动力。

(一)科技创新催生出符合可持续发展要求的新产业

科学技术的生命周期一般要经历创始期、成长期、成熟期和淘汰期四个阶段。

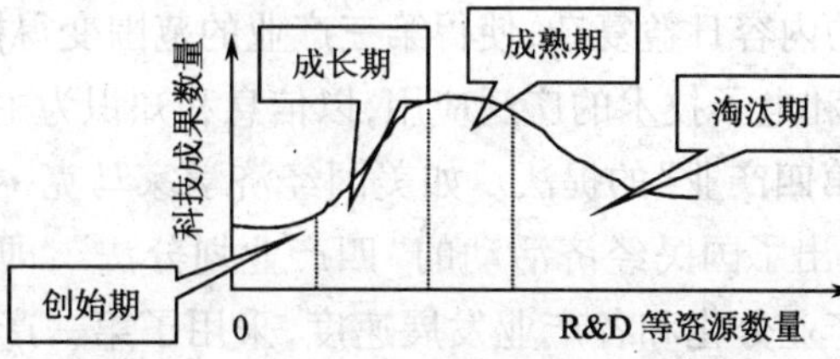

图13-1　科技创新的生命周期

图13-1说明了科技创新的生命周期过程，即在创始期和成长期，随着研发资源投入数量的不断增加，生产出的科技成果数量也在增加，当某种科技成果转化为生产力后，新产业就诞生了。伴随着产业生命周期从成长期进入成熟期，该项技术发展也进入到研究的后期，生产出的科技成果的数量开始下降，直到该技术被淘汰。此时，转换新技术，寻找新的研究与开发方向便成为迫切的任务。

当前，我们正享受着第四次科技革命带来的文明与便捷，这次革命为知识经济社会的到来奠定了基础。同时，科技进步也为“绿色”技术产业、软科学技术产业、知识产业、生物技术产业等新兴产业贴上了“可持续发展”的标签。

(二)科技进步趋势带动传统产业融合的趋势

随着科技进步步伐的加快，各产业之间的融合趋势也在加快。比如，第一产

业与第二产业、第三产业的融合，出现了农业产业化的趋势。农业产业化是指实现农业生产、产品加工、销售、服务的一体化，建立以市场为导向的农业生产体系。与传统农业不同，农业产业化已形成了生产、加工与销售完整的产业链条，打破了传统农业与加工业、服务业相分离的状态，建立起了以市场为导向的农业生产体系。

另外，在新技术革命的推动下，第一产业中的种植业、畜牧业、林业等，借助生物工程、遗传工程、海洋开发、电子信息、宇航技术等科技成果，向农业工业化、人工智能化的方向发展，减少对自然界和劳动力的依赖，增强了人对自然界的认知能力。

科技进步也加快了第二产业和第三产业融合的进程。这种融合的突出表现是第三产业向第二产业各个领域的渗透。服务业包括生产服务和消费服务。生产服务又包括生产前服务、生产中服务和生产后服务，随着生产社会化程度的提高和市场经济的发展，生产企业对服务的需要也越来越多，服务业随着需求的扩大也日益广泛地渗透到生产过程的各个环节中去。

由于第三产业的内容日益复杂，使得第三产业的范围变得模糊，难以界定。近些年来，随着信息化和电子技术的广泛应用，以信息和知识为主体的产业更加引人注目，因而出现了"第四产业"的提法。如美国经济学家马克·波拉特等人撰写的《信息经济》一书，提出了国民经济活动的"四产业划分法"，即农业、工业、服务业和信息业。该书按产业分化和各产业发展速度，采用了第一产业、第二产业、第三产业、第四产业的提法。显然，第四产业是从第三产业中分离出来的。其中包括原来向第一产业、第二产业提供服务的第三产业中的某些部门。随着知识经济的到来，与信息、知识和服务性行业有关的属于第四产业领域的新岗位在日益增加，对国民经济的贡献率也在快速提高。例如，美国20世纪70年代增加的2 000万个新岗位中，大约有90%属于信息、知识和服务行业。

随着科技进步以及知识、技术在各产业中的大量投入，产业结构的相互融合趋势日益明显。

（三）当前科技进步的核心——信息技术带动世界经济蓬勃发展

信息技术和信息产业成为推动世界经济发展的主要动力。围绕着信息技术和信息网络的发展，新兴产业纷纷涌现。以信息技术为主要内容的新技术革命，不但对传统的国际经济关系产生巨大冲击，引起世界经济从工业经济向知识经济转变，而且对世界经济的其他各个领域也将产生深刻影响。随着信息技术的发展，世界经济一体化趋势加速发展。许多国家达成共识,自然资源和劳动力的优势不再是决定竞争力的关键因素,一个国家和一个企业的竞争优势在很大程度上取决于科技发展水平,而目前科技水平的高低又取决于对信息资源的占有量。如果不能借助先进的通信手段,及时准确地获得市场信息,就很难在竞争中取胜。信息技术革命为落后国家追赶发达国家创造了条件,广大发展中国家只要积极创造条件,不失时机地引进发达国家在信息技术领域的成果,就会改变原来的落后状况,世界经济各个领域也会由此获得迅速扩大与发展。

(四)科技进步决定世界经济可持续发展的进程

科技进步对世界经济发展的决定性作用,从在世界经济发展的实践中日益为人们所感知转向人们开始自觉地利用科学技术进行世界经济的可持续发展战略的实施,这一过程经历了两个多世纪。从 18 世纪 60 年代到 19 世纪上半期,以蒸汽机技术为标志的第一次技术革命,改变了人类单一依靠手工生产技术的局面,使工场手工业过渡到机器大生产时代,实现了生产过程机械化,并导致纺织业、采矿业、冶金业、机械制造业、农副产品加工业以及以蒸汽火车、蒸汽轮船为代表的交通运输业等新兴产业的崛起。这次技术革命决定了世界经济的形成。19 世纪下半期发生的以重化工业技术为主的第二次技术革命使生产过程在机械化的基础上加上了电气化,并导致电力工业、电器工业、材料工业、电信工业、电加工工业以及以汽车、飞机为代表的交通运输业等新产业崛起,使世界经济出现以重化工业为主体的工业占主体地位、农业比重下降、第三产业开始加快发展的结构状况。相继而来的以高新技术为主的第三次技术革命,使生产过程在机械化、电气化的基础上转向自动化,并导致电子材料工业、电子器件工业、仪器仪表工业、家用电器业、机电一体化工业、计算机工业、医疗电子工业以及石油化工、核电工业等新兴产业崛起,世界经济格局转变为以第三产业占主导、工业比重下降、农业处于从属地位的状况。第四次技术革命引发信息技术产业群、知识产业群等的大发展,以及在可持续发展战略要求下的“绿色”产业群的兴起。

纵观历次由科技进步引发的技术革命,可以得出这样的结论:那些能够在世界经济发展中取得或保持优势地位的国家,都是在持续的科技发展中领先的国家,各国经济发展的差距本质上可以归结为科技进步的差距。另外,既然科技进步帮助人类创造出新兴产业,决定着世界经济发展的格局与脉搏,那么,科技进步也将担负起世界经济可持续发展的实施进程。

第四节　世界经济可持续发展制度设计

世界经济可持续发展制度,是一个内涵比较丰富的概念。它是指国家或国家集团间达成的关于全球经济可持续发展方面的规则体系,以规范世界各国对于经济环境的良性创建。这一制度体系的设计与完善过程就是一个不断消除利益分歧、促进各国合作的过程。

前联合国秘书长安南2002年9月曾在约翰内斯堡世界可持续发展首脑会议(WSSD)发言中强调:在地方、国家和国际各个层次上有效的可持续发展制度构架,是全面执行21世纪议程的关键。在20世纪60年代末,罗马俱乐部所做的关于全球未来的著名的计算机模型实验,分析了技术、人口、营养、自然资源与环境等因素,得出了如果世界按当时的趋势发展下去,全球体系将因超载而崩溃的结论。尽管在当时的认识水平下,首次提出的发展受到地球资源约束的增长极限理论不可避免地存在局限性,但罗马俱乐部对世界不可持续的发展模式提出的严重警告仍为提高人们对全球环境保护的认识作出了重要贡献。要想在地球资源约束中寻找解除约束的最优解,科技进步是根本的力量和手段。

一、世界经济可持续发展制度设计概况

1962年,美国学者卡森发表的《寂静的春天》中对环境污染造成的灾难性后果的描述,揭开了全球可持续发展的序幕。至今,可持续发展思想已走过了40多年的历程。以下是40多年来关于此项议题的大事记,从中我们可以理出全球经济发展带来的可持续发展课题的设计历程。

1972年,在瑞典斯德哥尔摩召开的联合国人类环境会议,首次将环境问题提上了最高的国际政治议程,发达国家与发展中国家关于环境问题的南北对话由此开始。联合国环境署(UNEP)也于1972年设立,全球10个国家相应设立了环境署,出台了《保护世界文化和自然遗产公约》等多边环境公约。

1980年,由世界自然保护同盟(IUCN)发起制定了《世界自然保护大纲》(WCS)。

1987年,世界环境与发展委员会(WCED)发表了著名报告——《我们共同的未来》,首次提出了可持续发展的定义,“既满足当代人的需求又不损害后代人满

足其需求的能力”。同时,报告强调了对诸如全球变暖和臭氧层耗竭等一些“超过目前科学认知能力”的环境问题的忧虑。

1988 年,UNEP 和世界气象组织(WMO)联合成立政府间气候变化专门委员会(IPCC),致力于对气候变化的科学认识、气候变化的影响及其适应性,以及缓解气候变化的社会经济影响和政策响应开展综合评估活动。

1992 年,联合国环境与发展会议(UNCED)在巴西里约热内卢召开,出席会议的代表来自 176 个国家,包括 100 多位政府首脑、1 400 多个非政府组织(NGO)的代表以及记者等共约 1 万多人。这次会议成了一次在讨论环境与发展问题方面规模空前的国际论坛,通过了全球可持续发展战略文件——《21 世纪议程》。

1993 年,在维也纳召开了世界人权大会。

1995 年,在哥本哈根召开了社会发展世界首脑会议。

1996 年,在罗马召开了世界粮食首脑会议。

1996 年,国际标准组织推出 ISO14001 质量认证体系,明确了对公司的环境管理要求。

1997 年,签署了《京都议定书》,明确规定发达国家率先减排温室气体。

2000 年,联合国召开新千年首脑会议,一致同意联合国的首要任务是消除极端贫困,强调在全球时代公平的重要性。

2000 年 11 月,WTO 召开了多哈部长级会议,环境与贸易问题是其中的一个重要议题。

2002 年 3 月,召开了国际金融与发展会议,明确承诺减免发展中国家债务,增加发展援助,促进经济和人文发展。

2002 年 8 月底 9 月初,在南非约翰内斯堡召开了世界可持续发展首脑会议(WSSD),发表了《约翰内斯堡宣言》,提出政府、非政府部门和国际组织为强化可持续发展制度应承担的责任,自此,全球可持续发展进入到全面实施阶段。

2003 ~ 2007 年,全球可持续发展论坛每年在法国巴黎举办,主要讨论同全球化、生态保护和可持续发展等有关问题。

2008 年 10 月,第六届全球可持续发展论坛在刚果(布)首都布拉柴维尔举行。本届论坛的主题是“非洲、环境、全球化”,讨论的重点是可持续发展、食品安全、基础设施、环境保护、水资源、能源、卫生和教育等。

二、世界经济可持续发展制度框架中的科技进步

国际环境制度是可持续发展制度建设的基础,改革国际环境制度的目的就是

为了更好地推进全球可持续发展进程。图 13 – 2 展示了一个按功能重组思路进行设计的国际环境制度改革的设想方案。

通过图 13 – 2，不难发现：全球可持续发展的基础——国际环境制度的决策是一个在高度科学和不确定性条件下的决策过程。国际社会要找到一个最佳的平衡点，并要达成共识实施该项战略，就要依靠科学技术进步。2001 年 6 月 5 日"世界环境日"在意大利都灵正式启动"千年生态评估活动"，该计划预计耗时 4 年，耗资 2 100 万美元，由大约1 500名科学家、专家和非政府组织代表参加，旨在采取措施逐步恢复全球生态系统的生产力。推进全球可持续发展不仅需要综合来自各个领域专家的知识，而且要将知识更好地传递给媒体、公众和政治家，促进科学知识向政策的转化。但是许多发展中国家往往缺乏必要的人员、技术和资金来有效监测本国的环境。这些国家在引进发达国家先进科学技术的同时，要更注重提高本国的科技水平，才能在全球经济的可持续发展中尽责任、担义务。以往，发达国家凭借其在政治、经济、技术和信息上的优势，在国际制度上起着主导作用，而发展中国家总是处于不利的从属地位。发达国家在国际制度中的主导地位，为本国经济政治利益服务，发展中国家将被"边缘化"。全球可持续发展有很长的路要走，扩大国际技术合作无疑是至关重要的。

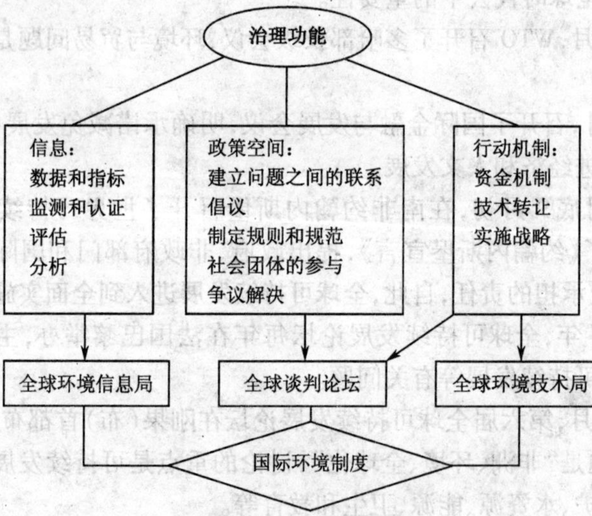

图 13 – 2　按功能重组进行国际环境制度改革的设想方案

资料来源：Daniel C. Esty and Maria H. Ivanova：2002 转引自陈迎．全球可持续发展的制度架构及发展趋势．世界经济与政治研究所工作论文系列 No. 006，2003：9

三、我国可持续发展现状

我国近20年来的经济增长是以严重的环境污染和生态破坏以及资源消耗为代价换来的。据初步统计，当前，全国有70%的河流污染严重，50%的城市地下水受到不同程度的污染，长江的年排污水量为130多亿立方米，水质已严重恶化。森林方面的生态破坏已经使我国在1998年全面停止了对天然林的砍伐。另外，我国西北的广大地区经济发展落后，有90%以上的贫困人口生活在生态环境恶化的高原、山区、沙漠等地带，生态环境脆弱，已陷入环境恶化与贫困加重的恶性循环中。如果不加快治理，我国经济的可持续发展将面临很大的威胁。

20世纪70年代初，在联合国人类环境会议的推动下，我国的环境保护工作开始起步。20多年来，我国已建立了比较完整的污染防治和资源保护的法律体系和政策体系，环境投资逐步增长，用于控制污染的费用已达当期GNP的0.8%。1992年提出了环境与发展十大对策，这是我国实行可持续发展战略的第一份专门性文件。1994年，我国通过了《中国21世纪议程》。该议程共包括四部分内容：一是可持续发展总体战略；二是社会可持续发展；三是经济可持续发展；四是资源与环境的合理利用与保护。为加快实施可持续发展战略，我国还制定了许多专门的政策方案或行动计划。主要有：中国环境保护战略、中国环境保护行动计划、中国生物多样化保护行动计划、中国林业21世纪议程等。2011年颁布的《中华人民共和国国民经济和社会发展第十二个五年规划纲要》，在第六篇“绿色发展 建设资源节约型、环境友好型社会”中提出了“积极应对全球气候变化、加强资源节约和管理、大力发展循环经济、加大环境保护力度、促进生态保护和修复、加强水利和防灾减灾体系建设”等六大任务。可见我国发展循环经济，推进可持续发展的决心。

然而，我国经济发展水平还不高，区域经济差异大，贫困人口数量大，生态环境脆弱，可持续发展的任务还十分艰巨。

思考题

1. 可持续发展的主要内容和基本原则有哪些？
2. 可持续发展对世界经济的主要影响有哪些？
3. 科技进步与世界经济可持续发展之间的关系如何？

主要参考文献

1　陈迎. 全球可持续发展的制度架构及发展趋势. 世界经济与政治研究所工作论文系列 No. 006, 2003

2　齐良书. 发展经济学. 北京: 中国发展出版社, 2002

3　赵莉, 王振锋. 世界经济学. 北京: 中国经济出版社, 2002

4　赵丽芬, 江勇. 可持续发展战略学. 北京: 高等教育出版社, 2001

5　陈漓高. 新经济挑战中国. 天津: 天津人民出版社, 2000

6　陶季侃, 姜春明. 世界经济概论. 天津: 天津人民出版社, 1999

7　王广信, 赵丽娜. 当代世界经济. 北京: 人民出版社, 2002

第五篇

区域经济一体化与经济全球化——当代世界经济发展的重大趋势

➤ 第十四章 区域经济一体化及其发展
➤ 第十五章 经济全球化及其发展趋势
➤ 第十六章 区域经济一体化与经济全球化

第十四章 区域经济一体化及其发展

区域经济一体化和经济全球化是当代世界经济的重要特征，特别是20世纪90年代以来世界经济中最具活力的现象。但由于区域经济一体化具有天时（资源禀赋、市场自然联合）、地利（地缘、周边关系）与人和（政治制度、文化习俗相近）等有利条件，对不同类型的国家具有更加直接的利益和影响，因此区域经济一体化的发展表现得更为突出。

第一节　区域经济一体化及其发展动因

一、区域经济一体化的定义

一体化（Integration）一词源于拉丁语，含义是企业间通过卡特尔、康采恩、托拉斯等形式结合形成的经济联合体。20世纪50年代初，人们开始用经济一体化①（Economic Integration）一词来表述各国家之间在经济上结合起来逐步形成一个经济联合体的过程，即区域经济一体化。对此国内及国际学术界都有许多描述。荷兰经济学家丁伯根（J. Tinbergen）被认为是第一个给经济一体化下定义的人，他认为经济一体化是有关各国贸易的自由化。平德（J. Pinder）认为，经济一体化就是

① 陈岱孙．市场经济百科全书．北京：中国大百科全书出版社，1998

"消除各成员国经济单位之间的歧视,而且要形成和实施协调的和共同的政策"①。彼德·林德特(Perter H. Lindert)和金德尔伯格(C. P. Kindleberger)认为,"经济一体化可以是指宏观经济政策的一体化和生产要素的自由流动以及成员国之间的自由贸易……是生产要素国际流动障碍消除,并导致要素价格的均等化"②。国内学者认为,区域经济一体化大致可以表述为:"一组国家在平等互利的基础上联合起来,彼此自愿地约束自己的部分经济主权甚至相互对等地让渡或分享一部分经济主权,通过制定条约、法规,建立必要的执行机构,共同规范部分生产要素(如商品)或全部生产要素(商品、资本、人员和劳务)在所有成员国家间自由流通的条件,从而使这一组国家的资源得以不受成员国边界的限制,在这一组国家的共同经济空间中得到优化配置,使成员国在经济上的互补性得以实现,达到共同繁荣的目的"③。区域经济一体化是"特定区域中的两个或两个以上的国家或地区,为谋求区域内商品和要素流动的自由化,通过达成经济合作的某种承诺或签订条约、协议,在经济上结合起来形成一个区域性经济联合体的过程"④。还有学者认为:"区域经济一体化是指地理位置相临近的两个或两个以上国家(地区),以获取区域内国家(地区)间的经济集聚效应和互补效应为宗旨,为促使产品和生产要素在一定区域内的自由流动和有效配置而建立的跨国性经济区域集团。"⑤"所谓区域经济一体化,即是为谋求共同的利益与经济发展,以对内加强经济合作与对外增强竞争实力为目的,由国家出面通过协定或条约将两个或两个以上主权国家为在国民经济的各个领域实行相互协调与合作而结合在一起的地区性经济安排。"⑥

以上定义虽不尽相同,但所要表达的实质内容却是一样的,即区域经济一体化是指两个或两个以上的国家通过签订条约或协议,甚至让渡部分经济主权,逐步减少直至消除区域内的各种壁垒,使商品和各种生产要素在成员国间自由流动,从而达到共同繁荣和发展的区域性经济安排。同经济全球化一样,区域经济一体化是一个动态的发展过程。

---

① 王鹤. 经济一体化理论述评. 世界经济. 1988(10)

② 彼德·林德特,查尔斯·金德尔伯格. 国际经济学. 中译本. 上海:译文出版社,1985:191,209

③ 李琮. 世界经济学新编. 北京:经济科学出版社,2000:551

④ 庄宗明. 世界经济学. 北京:科学出版社,2003:165

⑤ 陈漓高. 经济全球化与中国的对外开放. 北京:经济科学出版社,2001:217

⑥ 宫占奎,朱彤,曹苏峰. 国际贸易发展趋势与中国政策选择. 天津:南开大学出版社,1999:184

二、区域经济一体化的发展

(一)区域经济一体化的形成及发展

第二次世界大战后,建立新的国际经济秩序成为各国经济发展的重要条件和维持世界和平的基础,为此,各国在不断调整各自经济贸易政策的同时,也在寻求与其他国家更多的经济联系和区域间更紧密的经济合作。在这种国际环境下,1944 年 9 月 5 日,比利时、卢森堡和荷兰三国签署了关税协定,决定战后建立关税同盟,并向经济同盟发展。1948 年 1 月 1 日协定生效,它意味着比、荷、卢三国之间经济一体化的开始,同时也拉开了区域经济一体化的序幕。随后,欧洲煤钢共同体(1951 年)、欧洲原子能共同体(1957 年)、欧洲经济共同体(1957 年)、欧洲自由贸易联盟(1960 年)、中美洲共同市场(1962 年)、安第斯国家共同体(1969 年)、东南亚国家联盟(1967 年)、加勒比共同体(1973 年)、西非经济共同体(1974 年)等,如雨后春笋般相继出现,使区域经济一体化经历了 20 世纪 50 年代后期至 70 年代初的第一次高潮。在经历了 20 世纪 70 年代至 80 年代上半期的徘徊之后,从 20 世纪 80 年代中后期开始,特别是 20 世纪 90 年代以来,区域经济一体化的发展趋势明显增强。欧盟东扩,美国、加拿大、墨西哥三国的《北美自由贸易协定》生效,东盟自由贸易区的成立等,将区域经济一体化推向第二个高速发展时期。

目前世界上已建立的区域和次区域经济合作组织有 110 多个,参加国遍布世界各个地区,覆盖了世界全部国家的 90% 以上[①],WTO 成员 95% 以上参加了一个或多个区域一体化组织,仅欧洲、北美和亚太三大区域集团就涵盖了全球 48.4% 的人口、81.2% 的国内生产总值和 83.6% 的贸易额。此外,跨区域的双边或多边自由贸易协定因可操作性强而发展更快。

(二)区域经济一体化的发展动因

1. 世界经济格局的变化是区域经济一体化存在和发展的客观基础。第二次世界大战以后,特别是冷战结束后,世界政治及经济格局发生了重大变化,由个别超级大国统治和垄断的单极格局变为多元鼎立的多极化格局。在这种格局下,任何一个国家都没有能力左右整个世界经济和贸易的发展,单靠一国实力也很难在愈演愈烈的国际竞争中站稳脚跟。因此,与地理上相邻或相近、历史上早已有经济

① 李琮. 世界经济学新编. 北京:经济科学出版社,2000:550

联系渊源,且在文化、宗教、风俗等方面有较多共同或相近之处的国家组建区域经济一体化组织,是保持国际经济格局中地位和优势、提高国际竞争力的明智选择。对于实力弱小的发展中国来说,通过区域经济合作,可以以一个地区组织的资格参与国际事务,增加谈判实力,从而争取更大的发言权和更有利的国际地位。对于国力强大的发达国家而言,除了通过区域经济合作达到其扩大市场、实现资源更大范围的有效配置、促进本国经济发展的目的之外,还可以此为依托扩大影响,争取在本地区范围内起主导作用,形成以自己为核心的势力范围,并逐步向其他地区乃至全球扩张。因此,它们也倾向于建立本地区的经济一体化组织。

2. 福利效应是区域经济一体化发展的诱因。区域经济合作组织之所以受到各国政府的青睐并如此迅速的发展,一个重要原因是它具有促进成员国经济利益实现、增进福利效应的作用。

区域经济组织可以使区域内各国充分利用区域地缘优势,打破国界限制,共享资源及要素在成员国内自由流动的优势,共享市场规模扩大的成果,实现经济效益和经济福利的最大化。区域经济一体化从以下几个方面促进了成员国福利的增加。

第一,贸易创造效应。由于区域经济组织内部取消关税,实行自由贸易,从而使部分原先由国内以较高生产成本生产的商品被其他成员国的低成本产品所取代,提高了区域内的资源配置效率,扩大了成员国的生产和贸易。同时,由于低成本产品的流入,减少了消费者对该项产品的消费开支,增加了对产品的选择范围和社会需求,从而在节约社会劳动的同时提高了社会福利水平。

第二,规模经济效应。区域经济一体化组织取消了成员国之间的贸易壁垒,将原本各自分散孤立的单一市场扩大为区域性的统一大市场。厂商由此扩大了生产规模和出口规模,降低了产品成本,获得了规模经济带来的贸易利益。

第三,投资刺激效应。随着市场的扩大,区域内投资会大大增加。一方面,为了提高竞争能力,原有厂商增加投资,以提高产品质量和档次,相应扩大了的市场规模;另一方面,为了绕过区域经济组织对外设置共同关税所造成的贸易歧视,非成员国企业会到区域内进行直接投资。

第四,竞争压迫效应。区域经济一体化组织取消了各种贸易壁垒和限制,打破了成员国对本国市场的保护,使厂商面临空前激烈的竞争。在此压力下,各厂商努力提高技术水平和劳动生产率,降低成本,从而使经济资源得以更有效配置,整个区域的经济福利不断增加。

3. 贸易保护主义的加剧是区域经济一体化的催生剂。战后科技革命和生产力的高速发展以及国际分工的不断深入,都要求生产要素的快速流动和更佳配置。但是,为了保护本国市场和本国产品的竞争力,各国都采取了不同程度的贸易保护措施,通过设置各种关税或非关税壁垒,人为地限制生产要素的流动。当在市场规律驱使下生产要素的流动遇到来自其他国家和地区所设置的障碍,而这种障碍又难以在世界范围内得到解决时,受到阻碍的国家就会率先在本地区建立起区域性经济组织,通过同区域内其他国家的贸易磋商和政策协调,以首先在局部范围内解决商品和要素的流动问题。不仅如此,成员国还可以充分利用区域内各国间在生产要素方面的差异性和互补性,通过生产要素在国家间的转移和流动,使要素得到有效利用和最优配置。另一方面,当一国的市场和产业发展受到威胁和严峻挑战时,也会求助于地区经济组织,凭借区域性的集体力量或协调,保护成员国的产业和市场。从这一点也可以看出,区域经济一体化具有双重作用,一方面,在区域内拆除贸易壁垒,促进成员国之间的自由贸易;另一方面,又是排他的,它以区域集团的力量设置贸易壁垒,维护成员国利益,无形中助长了贸易保护主义。所以,从某种意义上说,贸易保护主义催生了区域经济的一体化。

4. 经济全球化的风险推动了区域经济一体化。由于经济全球化是一个自发的市场机制作用的过程,而市场机制的作用不仅具有随机性,而且其作用的结果往往是强者获利、弱者受损。因此,经济全球化的发展进程并不是稳定的,而是具有很大的风险性。经济全球化的风险既来自市场机制作用随机性的冲击,也来自一国不能根据全球化的进程作出适宜的调整,还来自于获益国差距的扩大和“边缘化”的威胁。要避免这种风险,采取封闭的反全球化态度是不可取的。因为在不可逆转的历史趋势面前,逃避只会失去更多的发展机会和历史机遇,正像世界银行所描述的那样:一国的经济发展速度和参与经济全球化的程度之间,存在着密切的因果关系。参与经济全球化有利于一国的经济增长;反之,面对经济全球化裹足不前,则必然影响经济的顺利发展。那些局部参加全球经济,对投资、贸易及新思想筑起围墙的国家,将付出高昂的代价——经济停滞,贫困加剧[①]。但完全听凭经济全球化中市场机制随意性的摆布,也将使一国的经济发展陷入被动,特别是对于经济发展水平较低的发展中国家来说,风险性就更大。因此,首先与经济发展水平相近的国家结成区域性经济组织,既可以通过享受区域经济自由

① 世界银行. 世界经济前景与发展中国家. 1996

化的利益促进本国经济发展，又能够通过借助区域经济一体化的力量把全球市场内部化为区域市场，有效地避免了全球化进程中市场过度开放所造成的冲击，化解了经济全球化可能产生的风险和消极影响。

第二节　区域经济一体化的形式与特征

一、区域经济一体化的形式

按照一体化程度的高低，区域性经济组织可以分为自由贸易区、关税同盟、共同市场、经济同盟和完全经济一体化五种渐进的形式。

（一）自由贸易区

自由贸易区（Free Trade Area）是指成员国之间取消关税和数量限制，实行区域内商品的自由流动，但仍保持各自对非成员国独立的贸易壁垒及其经济政策的独立性。它也是区域经济一体化中较低级的一种形式。

（二）关税同盟

关税同盟（Customs Union）是指成员国之间完全取消关税和其他贸易壁垒，对非成员国则实行统一的关税税率。在这种一体化形式下，各成员国之间的海关关境合并成一个统一的共同关境。关税同盟使成员国在关税方面形成了一体化，显然这方面的经济调节已经具有超国家性质。如1944年9月比利时、荷兰、卢森堡三国建立的关税同盟。

（三）共同市场

共同市场（Common Market）是指成员国之间完全取消关税和其他贸易壁垒，对外实行统一的关税政策；在实现商品自由流动的同时，还允许资本、劳动力等生产要素在成员国之间的自由流动。共同市场不仅实现了区域内关税的一体化，而且实现了贸易和市场的一体化。因此，共同市场是比关税同盟更高一级的区域经济一体化形式。如欧共体曾经历了这一阶段。

（四）经济联盟

经济联盟（Economic Union）是指成员国不仅实行商品、资本、劳动力等生产要素的自由流动和对外统一的关税政策，还制定和执行某些共同的经济政策和社会政策，使一体化的程度从关税、贸易和市场逐步扩展到生产、货币、财政、社会福利乃至整个国民经济，并建立起基于成员国部分国家主权让渡的超国家的协调管理机制。经济联盟是经济一体化的高级形式，目前的欧洲经济联盟就属此类。

（五）完全经济一体化

完全经济一体化（Complete Economic Integration）是经济一体化的最后阶段。它是指区域内影响商品、资本、劳动力等生产要素自由流动的各种障碍全部消除，成员国之间在经济、金融、财政及国际经济政策上完全统一，并建立起共同体一级的中央机构和执行机构，形成单一的经济实体。迄今为止，尚未出现此类经济一体化组织，欧洲联盟正在向这种形式过渡。

表 14－1　区域经济一体化的组织形式及特征

形式 \ 内容	关税优惠	区域内自由贸易	共同对外关税	区域内要素自由流动	经济政策协调一致	完全经济一体化
自由贸易区	√	√				
关税同盟	√	√	√			
共同市场	√	√	√	√		
经济联盟	√	√	√	√	√	
完全经济一体化	√	√	√	√	√	√

注：√表示具备该特征。

二、区域经济一体化的特征

（一）以贸易自由化为起点

从已建立的区域经济一体化组织来看，无论规模大小、成员多少、一体化程度高低，都是以贸易自由化为起点的。一体化组织成立的协定或条约，均以成员国相互之间提供关税减让为互惠互利条件，并以此为契机不断降低区域内的关税和非关税壁垒，促进区域内商品的自由流动。贸易自由化是各区域经济一体化组织的共同目标。在成员国关税一体化和区域内贸易自由化的基础上，区域贸易一体化向更高的层次扩展。

（二）以政府推动为契机

与经济全球化本质上是一种自发的市场行为不同，无论是哪种形式的区域经济一体化组织，都是由政府出面，在签订某种互惠互利的一体化协议的基础上建立的。这种国家间的协议，不仅是区域性经济组织成立的基石和标志，而且成为区域性一体化组织运行和合作的机制。成员国以协议的规则为行为准则，自觉遵守、认真执行和共同维护协议的各项条款,从而保证参加国在履行了协议规定的义务的同时,能够充分享受到应有的权益,实现成员国共同的目标。这种涉及国家之间的经济关系,甚至是部分经济主权让渡的超国家经济决策,如果没有政府的参与是不可能的。也就是说,区域经济一体化组织的建立是以政府的推动为直接表现的。

(三)具有对内自由和对外保护的双重特性

通过签订不同程度的优惠协定,区域经济一体化组织成员国之间消除关税和非关税壁垒,推动着商品和各种生产要素的自由流动,从而促进了成员国贸易的自由化和经济发展。但任何区域一体化组织的各种优惠措施都仅仅适用于区域内的成员,而对区外的其他国家则实行共同的贸易壁垒政策,以保护区域市场和产业免受外来商品的冲击。也就是说,区域经济组织在加强成员国对内开放、促进区域内贸易自由化的同时,对外则通过共同的关税和非关税壁垒等保护措施,限制非成员国商品的进入。这充分体现了区域经济一体化组织作为一种区域性经济组织,同时具有开放性和排他性的双重属性。

(四)贸易创造与贸易转移双重效应兼备

区域经济组织成立后,由于成员国之间取消了关税及其他贸易壁垒的限制,产品在区域内自由流动。因此,使得部分原先由国内以较高生产成本生产的商品改由从低成本的成员国进口,从而使进口和出口的成员国都能够更专业化于具有比较优势的产品,提高了资源的使用效率,扩大了生产规模和贸易规模。同时,由于低成本产品的流入,减少了消费者的消费开支,增加了消费者用于其他产品的消费,扩大了社会需求。生产、消费和贸易的同时扩大,提高了成员国的社会福利水平。这就是区域经济组织的贸易创造效应(Trade Creating Effect)。

但与此同时,区域经济组织成立后,使成员国原来从区域外低成本生产国进口的某种产品改由从区域内较高成本生产的成员国进口,使其进口成本增加,社会福利水平下降。从全球的角度讲,生产从效率较高的国家转移到效率较低的国家。这种转移使生产背离了比较优势原则,从而造成国际资源分配的恶化和全社会经济财富的浪费,使社会经济福利水平降低。这就是区域经济组织带来的贸易的转移效应(Trade Diverting Effect)。

(五)由地缘性向广泛性扩展

地理位置邻近,民族传统、宗教信仰、风俗习惯相近,劳务、资本、人员、信息等生产要素和商品的跨国流动便捷,不仅可以大大减少交易中的流通费用,而且易于在价值理念沟通的基础上达成一致。因此,地缘关系是区域经济一体化组织产生和发展的首要因素。实践中,几乎所有紧密型区域经济一体化组织都是起源于地理位置邻近的国家,这是基于地理条件、文化背景、经济联系及社会制度相似等因素的考虑。但随着经济全球化的深入发展,地缘关系逐渐为共同的经济利益取代而成为次要条件。互惠互利、谋求更大发展,成为区域经济一体化的基本原则和前提条件。在区域经济一体化合作的形式上,已打破地理位置的界限,向更广阔的范围扩展。特别是 20 世纪 90 年代以来,在各区域经济组织规模扩大、一体化进程加快的同时,区域经济组织的形式结构和主体结构同时发生变化,突破了成员国多为地理位置邻近、经济发展水平相似的旧式结构,出现了合纵连横、区域集团与区域集团之间、发达国家与发展中国家之间以及社会制度不同的国家之间组成的"跨区域"、"次区域",甚至跨洲的各种形式的新型组合。例如,一个大区域组织内部又存在着若干联系更为紧密的小区域组织(如亚太经合组织和其区域内存在着联系更加紧密的其他区域性经济合作组织),东盟自由贸易区和其他国家结成的经济合作组织(如"10 + 1""10 + 3"等)。再如,欧盟提出与北美自由贸易区联合为"泛大西洋自由贸易区",并已得到加拿大的支持;东盟与南美的南锥共同市场建立一个跨洲的自由贸易区计划正在协商酝酿之中。这种多层次、多角化的经济联合和合作的结构使许多国家同时是几个区域经济组织的成员,或者既处于某一大区域组织中,同时又是其中某一个,甚至是某几个次区域组织的成员,且这种趋势还在随着经济全球化和区域经济一体化程度的加深而发展。

在地域范围扩大的同时,区域经济组织合作的领域也越来越宽,由单纯的货物贸易领域扩展到服务贸易、技术贸易、知识产权和投资等领域的合作。

第三节 主要区域经济一体化组织

在众多的区域经济组织中,要数欧洲联盟(EU)、北美自由贸易区(NAFTA)、亚太经合组织(APEC)的规模最大、影响最深、地位最重要——三大区域经济组织占世界 GDP 的 85%,而代表发展中力量的东盟自由贸易区(AFTA)也是不可忽视的力量。

一、欧洲联盟

（一）欧洲联盟的演变及扩充

欧洲联盟（European Union，EU）是到目前为止发展最为完善、一体化程度最高的区域经济组织。欧盟的前身是1952年由法国、比利时、荷兰、卢森堡、原联邦德国、意大利6国成立的欧洲煤钢共同体。1957年6个创始国缔结了《欧洲共同体条约》（即《罗马条约》），成立了欧洲经济共同体（European Economic Community，EEC），并于1958年1月1日正式生效。其后，欧共体不断发展壮大，成员国不断增加。1967年7月1日，欧洲经济共同体与欧洲煤钢共同体和欧洲原子能共同体合并，改称欧洲共同体（European Community，简称"欧共体"或"共同体"EC）。1993年11月1日《马斯特里赫特条约》生效后，欧洲共同体更名为欧洲联盟。

自成立至今的半个世纪以来，欧盟迅速发展，一体化程度不断加深，而这种发展是与其组织规模的不断扩大相伴而行的。到目前为止，欧盟经历了5次扩充。第一次于1973年，英国、爱尔兰和丹麦3国加入共同体；第二次于1981年，希腊被吸收为欧共体的成员；1986年1月1日，西班牙和葡萄牙加入欧共体，经过第三次扩大，欧共体的成员国已增加到12个；1995年1月，瑞典、奥地利和芬兰成为欧盟成员，欧盟成员国增加到15个，成为一个拥有3.74亿人口的区域经济集团。在基本覆盖了西欧之后，在2000年的尼斯会议上，欧盟通过了《尼斯条约》，开始实施东扩计划。2004年5月1日，欧盟成功地实现了历史上第5次、也是规模最大的一次扩大。随着波兰、匈牙利、捷克等10国的加入，欧盟成员国增加到25个，几乎覆盖了欧洲的所有国家，欧洲统一大市场最终形成。

（二）欧盟的一体化进程

在欧洲联盟的规模逐渐由西欧向中欧和东欧扩展的同时，一体化的内容也不断丰富、程度逐渐加深，由最初的关税同盟发展到现在的经济和货币联盟。在其40多年的发展历程中，欧盟经历了3次一体化程度的飞跃。

1. 从各自为政到关税同盟（1957～1968年）。《罗马条约》规定，从1958年1月1日起，成员国分三阶段逐步降低直至最终取消相互间的关税，与此同时，逐步拉平对外关税标准，实现统一对外。1968年7月1日，取消了共同体内部的工业品关税，对外实行统一的关税税率。统一对外关税的建立，标志着关税同盟的建立，为经济一体化的深入发展奠定了基础。

2. 从关税同盟到共同市场（1968～1992年）。按照《罗马条约》，成员国之间不仅要相互减少关税，还要取消数量限制及其他贸易壁垒，不仅要取消工业品方面的关税和非关税壁垒，还要取消所有产品的贸易壁垒，以促进商品在区域内的自由流动。为了落实《罗马条约》，成员国范围内进一步实施共同的农业政策和贸易政策，取消了包括农产品在内的所有产品的关税和数量限制，实现了商品的自由流动。在实现了商品自由流动之后，欧盟一体化的脚步并没有停止。1986 年5 月，签署了《欧洲一体化文件》。文件规定，在 1992 年 12 月 31 日，建立一个商品、人员、劳务和资本自由流动的统一市场。为实现这一目标，在取消关税壁垒和数量限制的基础上，成员国之间进一步在间接税的征收、产品技术标准和学历及技术证书的互相承认等方面进行协调和统一，废除了限制劳动、就业和资本流动的诸多障碍。1992 年底，成员国内部实现了商品、人员、劳务和资本的自由流动，建立欧洲统一市场(共同市场)的目标如期实现。

3. 从共同市场到经济与货币联盟(1993～2002 年)。虽然 1993 年 11 月 1 日正式生效的《马斯特里赫特条约》(简称《马约》)标志着建立欧洲经济货币联盟的具体实施，但事实上，经济与货币联盟的推动，并不是从商品和要素自由流动的统一市场建立后才开始的，而是伴随着欧洲整个经济一体化的过程。在推进一体化的进程中，成员国越来越深刻地感到，如果只有统一的关税和贸易政策，而没有共同的货币政策维持各国货币和汇率的相对稳定，产品的自由流通就会受到影响，成员国之间的统一农产品价格制度也会受到损害。此外，美元危机造成的世界货币危机和大量欧洲美元在欧洲货币市场的兴风作浪，也会给各国经济带来影响。因此，随着一体化程度的加深，实行统一的货币金融和其他经济政策，实现经济货币同盟，越来越成为成员国的共同愿望。

早在 1969 年 12 月的共同体成员国首脑会议上，就正式提出了建立欧洲经济与货币联盟的动议。为此成立了以当时卢森堡总理兼财政大臣皮艾尔·维尔纳为首的专门委员会。该委员会于 1970 年 10 月提出了《关于在欧共体内分阶段实施经济与货币联盟》的报告，报告提出在 1971～1980 年的 10 年时间里分三个阶段实现经济和货币联盟的目标。从 1971 年 1 月 1 日起，经济和货币联盟计划启动。但由于遭遇国际货币危机和世界经济危机，各国面临着通货膨胀的压力，西方金融货币市场动荡不安，该计划中途夭折，欧共体成员国的第一次货币合作失败。

1979 年，当成员国所面临的经济形势向好的方面转化以后，共同体提出建立欧洲货币体系的设想，并于同年 3 月 31 日开始实施建立欧洲货币体系的协议。其主要内容是：第一，创建“欧洲货币单位”；第二，继续实行并扩大汇率的联合浮动体制,稳定西欧货币之间的比值关系;第三,设立“欧洲货币基金”,加强对外汇市场的干预。

欧洲货币体系的建立,为经济和货币同盟的建立奠定了基础。1992 年 2 月 7 日,在荷兰马斯特里赫特举行的欧共体 12 国首脑会议上,正式签署了《政治联盟条约》和《经济与货币联盟条约》,即《马斯特里赫特条约》(简称《马约》),并于 1993 年 11 月 1 日正式生效。《马斯特里赫特条约》为建立经济货币联盟确定了具体的时间表和步骤,是欧洲一体化向纵深发展的又一个里程碑。条约提出建设货币联盟、适用的单一货币、成立共同的欧洲中央银行并执行统一的货币政策。

《马约》规定:1990 年 7 月 1 日至 1993 年 12 月 31 日为第一阶段,在该阶段所有成员国都加入欧洲货币体系汇率机制,加强财政、货币金融政策的协调一致,取消所有的(个别情况例外)货币和资本流动的障碍,实现资本流动的自由化;从 1994 年 1 月 1 日开始为第二阶段,该阶段的主要目标是建立欧洲中央银行的雏形——欧洲货币机构,固定各成员国货币在欧洲货币单位的“货币篮子”中的比重。第三阶段最早于 1997 年 1 月 1 日,最迟于 1999 年 1 月 1 日开始,主要任务是成员国将经济货币决策权交给欧盟,建立起一种“真正的”单一货币和独立的欧洲中央银行。在实际进程中,第三阶段是从 1999 年开始的。1999 年 1 月 1 日,欧元正式启动,在经历了几年的过渡期转换之后,2002 年 7 月 1 日,欧元区 11 国的原货币完全退出流通,欧元(EURO)成为欧元区内唯一的流通货币,欧洲统一货币正式形成。欧元的形成表明欧洲区域经济组织向货币联盟迈出了重要的一步,欧盟实现了完全意义上的货币一体化,为建立真正的欧洲联盟奠定了重要基础。同时,欧元的形成也是自布雷顿森林固定汇率体系崩溃以来,世界货币结构最为重大的变化,为经济全球化过程的国际货币体系建设进行了开拓性尝试。

随着规模的扩张和一体化程度的加深,欧盟的经济实力已与美国相当,并在开展建立欧洲政治联盟的合作,在向全面一体化区域组织迈进的同时,大力开展跨区域的洲际合作。

二、北美自由贸易区

北美自由贸易区(North America Free Trade Area,简称 NAFTA)是在《美加自由贸易协定》的基础上建立的。这一设想最早由美国前总统里根提出,由继任总统布什签署协议。1988 年《美加自由贸易协定》生效之后,美国为了进一步增强与欧共体的抗衡和竞争能力,在继续与加拿大合作的同时,加强了同墨西哥及拉美其他国家的联系,并从1991年5月开始,与加拿大和墨西哥就建立北美自由易区的问题进行谈判,并于12月17日三国首脑签署了《北美自由贸易协定》,1994年1月1日生效。这是世界上第一个由经济实力悬殊的发达国家和发展中国家组成的经济一体化组织,共有人口3.93亿,面积2 028.9万平方公里,其经济规模与欧盟相当。

《北美自由贸易协定》的宗旨是:在美、加、墨三国间取消各种贸易壁垒,并放宽金融、劳务和投资的限制,创造公平的竞争条件,增加贸易和投资机会,保护知识产权,建立执行协定和解决争端的有效机制,促进三边和多边经济合作。协定规定,用15年的时间分三阶段取消三国间的关税和非关税壁垒,实行商品和服务的自由流动,在2010年前,实现北美三国间的自由贸易,并最终建成北美自由贸易区。

北美自由贸易区有两个重要特点:一是在一般自由贸易区实现商品自由流通的目标之外,增加了劳务合作和促进相互投资的目标,从而使北美自由贸易区的合作领域更广、一体化程度更高。二是兼顾了不同经济发展水平国家的利益。由于成员国经济实力相差悬殊,给经济规模较小、实力相对较弱的墨西哥带来了很大压力。考虑到这一情况,《北美自由贸易协定》实行有差别的消除贸易壁垒安排,给予墨西哥较大的优惠,使享受了北美自由贸易区大幅度降低关税好处的墨西哥劳动密集型产品的竞争力加强,如墨西哥的纺织品已经取代了中国纺织品在北美市场的领先地位。

《北美自由贸易协定》的顺利实施,促进了该地区贸易和经济的发展,使北美地区朝着经济一体化的方向迈出了重要一步。NAFTA的3个成员国之间的贸易从自由贸易区成立之前1993年的2 970亿美元发展到2000年的6 760亿美元,增长了128%。美、加、墨三边贸易额每日超过18亿美元。自由贸易区的顺利运作和重大成果,推动了北美自由贸易区向南美的扩张。为了扩大自己的影响和与欧盟相抗衡,在美国的积极倡议下,1994年12月10日,除古巴以外的南、北美洲34国领导人在美国的迈阿密召开了第三届美洲国家首脑会议,与会国一致同意,在2005年建立囊括整个北美和南美的美洲自由贸易区。

三、亚太经合组织

(一)亚太经合组织的发展

1989年,澳大利亚前首相霍克提出召开亚太经济合作会议的建议,得到该地区许多国家的积极响应,并于 1989 年 11 月在澳大利亚堪培拉召开了由美国、日本、澳大利亚、加拿大、新西兰、韩国和东盟 12 国参加的第一次会议,通过了《APEC 部长级会议联合声明》,正式宣告亚太经济合作组织(Asia Pacific Economic Cooperation,简称亚太经合组织 APEC)成立。APEC 的成立将以往亚太经济合作机制由民间、半官方性质推向官方、政府间的合作,但当时还只是国家间的一个部长级磋商机制,每年一次,讨论该地区及世界经济中共同关心的重大问题。在美国的推动下,从 1993 年开始,亚太经合组织部长级会议升格为国家元首会议。

1993 年 11 月,在美国西雅图召开第五次 APEC 部长级会议的同时,举行了亚太经合组织各成员领导人的第一届非正式会议。以后,在每年一度的部长级会议后,召开成员国首脑参加的非正式会议便成为 APEC 会议的基本模式。

在西雅图会议上,各国首脑发表了《贸易和投资框架》和《经济展望声明》,确定了实现贸易和投资自由化的目标。1994 年 11 月,在印度尼西亚茂物举行的 APEC 首脑第二次非正式会议上发表了《亚太经合组织领导人共同决心宣言》(也称《茂物宣言》)。宣言表示,为了实现亚太地区贸易和投资自由化的长远目标,所有成员都应"进一步减少相互间的贸易和投资壁垒,促进货物、服务和资本的自由流通。"宣言还规定了该目标实施的具体时间表:发达成员不迟于 2010 年,发展中成员不迟于 2020 年实现上述目标。

《茂物宣言》对亚太地区的经济合作具有深远的历史意义,为不同经济发展水平、甚至经济实力悬殊的成员国之间的经济合作构筑了总体框架。在以后的会议上,又进一步就扩大经济技术合作、合作方式和合作领域等问题达成了共识,并明确规定了贸易和投资自由化、便利化和经济技术合作的指导原则,从而使贸易投资自由化和经济技术合作成为 APEC 的两大支柱。

(二)亚太经合组织的特点

APEC 从成立伊始就显示出以下与其他区域经济合作组织不同的鲜明特点。

1. 开放的组织原则。开放性是 APEC 的重要特点,也是该组织区域经济合作的基本原则和根本性质。这一特点使 APEC 突破了以往关税同盟或自由贸易区等地区经济合作对内谋求自由化、对外实行保护主义的传统排他模式,因而成为一种全新的区域经济合作模式,被称为开放的区域经济组织。这种开放性主要表现在两个方面。

一是非歧视性。APEC 既要求区域经济成员间的相互开放,不搞歧视,减少区域内要素流动的障碍;同时可以将其在内部的贸易自由化利益以互惠或非互惠,即在有条件或无条件的基础上扩展至非成员国,也就是说在经济交往中对非区域组织的成员也不搞歧视,实行开放。这样每一个 APEC 成员都可以自由地、全方位地发展与其他国家的经贸关系,而不是把自己仅约束在一个区域集团内。从而使 APEC 成员既可以最大限度地获得发展区内贸易的好处,又可以避免因对区外的歧视政策而缩小区外经济活动空间所可能造成的经济损失。

二是灵活性。APEC 允许不同经济发展水平的成员根据其自身的需要和可能,实行每个经济体在一般原则和基本义务方面采取的单边行动与 APEC 作为一个整体在一些具体领域采取的集体行动相结合。前者坚持自主自愿行动,尊重差别;后者倡导协商一致,易者先行。同时各成员自由化的进程并不强求统一,而是允许各成员根据经济水平差异和各自情况,以自愿的方式确立其贸易投资自由化进程的速度。

2. 独特的合作方式与运作机制。APEC 的合作方式和运作机制与欧盟和北美自由贸易区的封闭性、排他性和强制性约束不同,它是一种建立在协商一致、自主自愿原则基础上较为宽松的区域经济合作方式,被称为“APEC 模式”或“APEC 方式”。

亚太地区各国的经济社会制度差异大,文化背景明显不同,民族、宗教多样化,以及各国经济发展水平悬殊等原因,决定了它不能采取像欧盟和北美自由贸易区那样用条约硬性规定成员完成关税削减等义务,而是采取兼顾各方利益、平等互利、协商一致、相互妥协、共同发展的原则。为了体现这一原则,APEC 成员的合作不是通过区域组织成员间签署条约和一系列协议而确定,其合作目标的实施也不是由这些协定或条约硬性约束,而是通过成员间双边、多边的定期会晤和一系列会议,包括高官会议、部长级会议和首脑会议,在自愿的基础上协商一致,并以领导人声明、宣言的方式作出承诺,推进区域经济合作的一体化进程。

虽然从成员的地域构成和合作方式上,看似非区域经济组织,但从规定合作目标和时间表等性质上,却充分体现了区域经济集团的特征。它不是一个超国家实体,不要求建立超国家的地区性行政和决策机构,各成员拥有经济和管理的决策权,虽然有成员间的地区协调和协商机构,但这些机构只是提出建议、行动议程和方案或一般原则,供成员执行时参照。因此说,APEC 是一种新的区域经济合作方式,是一种适合不同经济发展水平和不同社会制度,兼容性和灵活性更强的开放型区域经济组织。

在具体运作模式上，APEC 每年 11 月举行部长级会议和领导人非正式会议，每年定期举行 3 ~4 次高官会议，以磋商解决 APEC 进程中的重大问题。每次会议由成员轮流担任东道主，会议地点设在东道主国家。

（三）亚太经合组织的成效

亚太经合组织发展迅速，成效显著。目前 APEC 成员已由成立初期的 12 个扩大到 21 个，面积 73 万平方公里，总人口 24.7 亿人，约占世界的 40%，国民生产总值占世界的 50%，对外贸易占世界的 45%，总体规模超过了欧盟和 NAFTA，成为囊括除欧盟以外，集美国、日本、中国、俄罗斯和印度、东盟等大国和组织于一体的超级经济组织。APEC 的影响力已经超越亚太地区，成为具有全球影响的跨区域经济合作体。近年来，APEC 成员经济持续高速增长，经济规模、市场容量不断扩大，在世界经济中的地位和作用日益加强，并将在 21 世纪成为带动世界经济增长的“火车头”。

四、东亚地区的区域经济一体化

近 30 年来，东亚地区一直是世界上经济最具活力的地区之一，也是世界范围内区域自由贸易建设的活跃地区，各种区域性、次区域性组织层出不穷，对东亚广大发展中国家和地区的经济贸易发展起到了促进作用。

（一）东盟自由贸易区

东盟自由贸易区（Asean Free Trade Area，简称东盟 AFTA）的前身是 1967 年由印度尼西亚、马来西亚、新加坡、泰国、菲律宾、文莱 6 国成立的东南亚国家联盟（Association of Southeast Asian Nations, ASEAN），以后缅甸、越南、老挝和柬埔寨陆续加入，现共有成员国 10 个，总人口 5.21 亿人，总面积 447 万平方公里。

随着世界政治经济形势的发展变化和经济全球化趋势的加强，东盟加强区域经济合作的愿望越来越强烈。1976 年在印度尼西亚的巴厘岛召开了首次东盟国家首脑会议，通过了推动区域经济合作的《东盟协约宣言》，又称《巴厘宣言》（也称《巴厘协约》）。1990 年 10 月，在东盟第 22 届经济部长会议上，泰国率先提出建立“东盟自由贸易区”的设想。1992 年 1 月，在新加坡举行的东盟第四次首脑会议上，6 个老成员国的首脑正式决定设立东盟自由贸易区（Asean Free Trade Area，AFTA），会后发表了《新加坡宣言》和《加强东盟经济合作的框架协定》，决定从 1993 年 1 月 1 日起，在未来 15 年内，即在 2008 年前建立东盟自由贸易区（AFTA），到2018年使东盟自由贸易区成员的所有商品关税降为零。设立东盟自由贸易区的主要目的是:增强东盟地区作为单一生产单位的竞争优势;通过减少成员国之间的关税和非关税壁垒,创造出更大的经济效益、生产率和竞争力;加强东盟区域一体化和促进东盟区内贸易与投资。1992年10月,在东盟经济部长会议上,成员国达成了一项关税减让协议,即《共同有效优惠关税协议》,规定在2008年东盟内部成员国产品的关税降至0~5%。1994年1月1日开始,东盟国家降低了4万种工业品的关税。1995年9月,东盟第五次首脑会议通过《曼谷宣言》,决定提前到2003年建成东盟自由贸易区(AFTA),还签署了《东盟服务框架协定》和《东盟知识产权合作框架协定》。1998年12月第六届东盟首脑会议决定加速实行东盟自由贸易区计划,将原定的2003年实现贸易自由化的时间再次提前到2002年。2002年1月1日,东盟自由贸易区如期启动,为东南亚经济一体化迈出了关键性一步。2003年10月,东盟10国又在印度尼西亚的巴厘岛召开了第九届首脑会议,签署了东盟《第二巴厘宣言》(也称《第二巴厘协约》),计划在2020年把东盟地区建设成为以商品、服务与投资自由流通为特点的单一市场,成为一个经济、安全和社会文化全面合作的共同体。

(二)"10+3"对话机制

"10+3"对话机制起源于20世纪90年代初马哈蒂尔"东亚经济核心论坛"的构想。这一构想虽然没有直接付诸行动,但却间接引出了后来的东盟(10国)加中国、日本、韩国的"10+3"对话机制。

东亚领导人非正式会晤(原为"9+3",1999年4月柬埔寨加入东盟后为"10+3",即东盟+中日韩)是由东盟倡议举行的,是目前没有西方国家参与的、东亚领导人就加强本地区合作交换意见的重要渠道。1995年底的东盟曼谷首脑会议上提出举行"9+3"首脑非正式会晤的建议。1997年底,中、日、韩三国与东盟的"10+3"(当时是"9+3")经济合作构想正式启动,其目标是建成世界第三大自由贸易区。在1999年底第三次会晤后发表了《东亚合作联合声明》,确定了东亚合作的主要领域,即加强在经贸、金融、科技、人力资源开发、文化和信息交流等八个方面的合作,推动东亚国家间的对话与合作,促进相互理解、相互信任与睦邻友好。

2000年5月,首届"10+3"经济部长会议在缅甸首都仰光举行,并决定将其制度化,建立财政和央行副手对话机制、经济部长会议机制等。在韩国学者的进一步倡导下,中日韩三国学者开始了关于在三国间建立自由贸易区的共同研究,并得到三国政府的高度重视。

2000 年 11 月 24 日,中日韩三国领导人经过协商达成以下共识:一是在今后的"10+3"会议上三国领导人进行定期会晤;二是 2001 年 1 月启动三国研究机构合作;三是将 2002 年定为三国人员交往年;四是成立三国局级信息技术工作组;五是加强环保,建设环保信息网络。这次会晤后,各国明显加大了对"10+3"合作承诺的实施,以此为标志,中日韩三国合作开始进入实质性探讨阶段。目前,"10+3"货币合作的《清迈协议》已得到落实,迄今已签署了 12 项双边货币互换协议。东亚"10+3"合作制朝着平等协商、互利共赢、循序渐进、开放包容的合作方向发展。

五、中国参与区域经济合作的情况

(一)中国参与区域经济合作的现状

随着经济全球化的发展,积极参与区域经济一体化组织并实现自身的经济利益最大化,是当今世界经济发展的重要趋势。中国已经认识到这一点,积极参与各种类型的区域经济合作组织,以此增加与世界其他国家的经济联系与更深层次的合作,并从中发挥作用、获取利益。中国除了参与亚太经合组织和上海合作组织等论坛型的区域经济组织外,还积极参加各种层次的具有鲜明约束性的机制化的区域经济组织(包括区域经济组织 RTAs 和双边自由贸易协定 FTAs)。与更多国家和地区寻求在广泛领域、更深层次的合作,以实现互利共赢、共同发展。

表 14-2 中国参与区域贸易组织和双边贸易协定的情况

进展阶段	双边 FTA 协议	最新进展
已签订/实施的 FTAs	内地与香港 CEPA	CEPA 及补充协议分别于 2004 年 1 月和 2005 年 1 月实施
	内地与澳门 CEPA	CEPA 及补充协议分别于 2004 年 1 月和 2005 年 1 月实施
	中国—东盟	中国-东盟自由贸易区 2010 年 1 月 1 日全面启动,各项协议得到落实
	中国—智利	《货物贸易协议》于 2006 年 10 月 1 日实施,2007 年 10 月 31 日举行了服务贸易和投资领域第四轮谈判
	中国—巴基斯坦	2006 年 11 月两国签署以货物贸易为主的自由贸易协定,该协定已于 2007 年 7 月 1 日开始实施;2008 年 9 月,两国服务贸易谈判取得突破性进展

续表

进展阶段	双边 FTA 协议	最新进展
谈判中的 RTAs/FTAs	中国—新西兰	2004 年 11 月谈判启动,2007 年 7 月 21 日举行第 13 轮谈判
	中国—澳大利亚	2005 年 4 月 18 日谈判启动,2007 年 10 月 22 日举行第 10 轮谈判
	中国—海湾合作委员会	2004 年 7 月 6 日,中国与海合会国家签署了《经济、贸易、投资和技术合作框架协议》,启动了自由贸易区谈判; 2011 年 5 月,双方举行第二轮战略对话
	中国—南部非洲关税同盟	2004 年 6 月 30 日谈判启动,此后进展缓慢
	中国—新加坡	2006 年 10 月 26 日谈判启动,2007 年 9 月举行第 4 轮谈判
	中国—秘鲁	2007 年 9 月 7 日谈判启动,2007 年 11 月 12 日举行谈判工作组第 1 次会议
	中国—冰岛	2007 年 4 月 11 日谈判启动,2007 年 10 月 18 日举行第 3 轮谈判
	中国—挪威	中挪自贸区启动仪式暨第一轮谈判 2008 年 9 月 18 日在挪威首都奥斯陆举行,2010 年 3 月 23 日在京举行了第七轮谈判。双方就货物贸易、服务贸易、原产地规则、植物和植物卫生标准、技术贸易壁垒、贸易救济等议题进行了磋商
可行性研究中的 FTAs	中国—印度 FTA	中国和印度区域贸易安排的联合可行性研究已经完成,正在向着建立 FTA 的方向努力
	中国—哥斯达黎加 FTA	联合可行性研究于 2007 年 10 月启动
	中日韩 FTA	中日韩自贸区官产学联合研究取得积极进展,2012 年启动正式谈判

资料来源:转引自宫占奎 李文韬“中国参与区域经济合作组织分析”,《国际经济评论》2008 年第 2 期

(二)中国—东盟自由贸易区

中国—东盟自由贸易区构想始于 1999 年在马尼拉召开的第三届中国东盟领导人会议上。2001 年 11 月,在新加坡举行的中国—东盟(“10 + 1”)第四次领导人会议上,中国针对东盟国家对中国入世以来挑战的担忧,提出成立中国—东盟自由贸易区的可能性,并建议成立中国东盟经济合作专家组。经东盟反复磋商,2001 年 3 月 28 日,中国—东盟经济合作专家组在中国—东盟经贸委联合会第二次会议上正式成立。2001 年 11 月在文莱召开的第五次中国—东盟领导人会议上,双方正式达成共识:10 年内建成中国—东盟自由贸易区。2002 年 11 月

4日在柬埔寨金边中国—东盟第六次领导人会议上双方(东盟10国和中国)正式签署了《中华人民共和国与东南亚国家联盟全面经济合作框架协议》(以下简称《协议》)。《协议》的目标是双方结成全面经济合作伙伴。核心内容是确定自由贸易区的目标、范围措施和时间,为自由贸易区奠定法律基础。同时,该协议规定了长期实现自由贸易的“早期收获”方案和经济技术合作安排。根据协议,中国—东盟自由贸易区的涵盖范围和合作领域主要包括:货物贸易、服务贸易和贸易投资便利化。此外,还确定了在建立自由贸易区前进行全面经济合作的优先领域,即环境、能源、金融、电子商务和旅游业等。其中,货物贸易是自由贸易区的核心内容,除涉及国家安全、人类健康、公共道德、文化艺术保护等世贸组织允许例外及少数敏感产品外,其他全部产品的关税和贸易限制措施都应逐步取消。在经济合作方面,双方商定将以农业、信息通信人才、人力资源开发、投资促进和湄公河流域开发为重点,并逐步向其他领域拓展。通过上述措施,促进中国与东盟货物贸易和服务贸易自由化;促进相互投资。增强中国和东盟对外资的吸引力;扩大市场规模、提高企业生产效率、降低成本、促进资源有效配置,提高企业和产业竞争能力;推进成员国制度化和自由化改革,保持区域的政治稳定,提高中国与东盟在国际事务中的地位。协议还决定2010年建成中国—东盟自由贸易区,该协议于2003年7月1日正式实施。2004年11月,在第八次中国—东盟领导人会议期间,中国与东盟发表了《落实中国—东盟面向和平与繁荣的战略伙伴关系联合宣言的行动计划》。会后,双方签署了《中国—东盟全面经济合作框架协议货物贸易协议》与《中国—东盟争端解决机制协议》。2007年1月,中国和东盟又签署了自贸区《服务贸易协议》。

按照《中国—东盟全面经济合作框架协议》的时间框架,2010年1月1日,中国—东盟自由贸易区已全面启动。由中国和东盟10国共同组成的中国—东盟自由贸易区,拥有19亿消费者、近6万亿美元国内生产总值和13%的世界贸易。这是世界上人口最多的自由贸易区,是全球第三大自由贸易区,也是由发展中国家组成的最大自由贸易区。

自贸区启动后,中国和文莱、菲律宾、印度尼西亚、马来西亚、泰国、新加坡6个老东盟成员国之间,超过90%的产品将实行零关税。中国对东盟平均关税将从9.8%降到0.1%,东盟6个老成员国对中国的平均关税将从12.8%降至0.6%。越南、老挝、柬埔寨和缅甸四个东盟新成员国,也将在2015年对90%的中国产品实现零关税。关税壁垒的逐渐消除,为中国与东盟企业创建了更加便利的发展平台。

思考题

1. 何谓区域经济一体化?
2. 区域经济一体化发展的动因是什么?
3. 区域经济一体化有哪几种形式?具体内容是什么?
4. 目前世界上主要的区域经济一体化组织有哪几个?
5. 与其他区域经济组织相比,APEC 的不同特点是什么?

主要参考文献

1 李罗力. 对东亚区域经济一体化发展趋势的十个判断. 开放导报,2004(1)

2 韦丽红,王汉君. 欧盟、北美自由贸易区的发展及其对中国—东盟自由贸易区的启示. 东南亚纵横,2004(1)

3 姚大学,李芳洲. 全球化与东亚区域一体化. 内蒙古民族大学学报(社科版),2004(1)

4 World Bank. East Asia Integrates: A Trade Policy Agenda for Shared Growth, 2003(06)

5 陈漓高. 经济全球化与中国的对外开放. 北京:经济科学出版社,2001

6 宫占奎,李文韬. 中国参与区域经济合作组织分析.《国际经济评论》,2008(2)

第十五章 经济全球化及其发展趋势

在科学技术进步和社会生产力发展的推动下，经济全球化趋势不断加强，在相继经历了贸易全球化、生产全球化和金融全球化三个步步深入的发展阶段后，又进入了信息全球化的更高阶段。特别是20世纪90年代以来，经济全球化迅猛发展，成为当代世界经济的重要特征，并对世界经济发展以及世界经济格局的变化等产生了深刻的影响。

第一节 经济全球化及其发展

一、经济全球化的定义

“经济全球化”一词1985年由T. 莱维首次提出。他用“全球化”这个词来形容商品、服务、资本和技术在世界性生产、消费和投资领域中的扩散①。1997年国际货币基金组织在《世界经济展望》中给经济全球化下的定义是：“经济全球化是指跨国商品与服务交易及资本流动规模和形式的增加，以及技术的广泛迅速传播使世界各国经济的相互依赖性增强”②。国内学者认为，“经济全球化是世界经济发展到高级阶段出现的一种现象，它是在科技和社会生产力达到更高水平，各国经

① 江时学. 何为“全球化”. 学术动态. 1997(12)

② 国际货币基金组织. 世界经济展望. 中译本. 北京：中国金融出版社，1997：45

济相互依赖、相互渗透大大加强，阻碍生产要素在全球自由流通的各种壁垒不断削减，规范生产要素在全球自由流通的国际规则逐步形成并不断完善的这样一种历史过程”①。“经济全球化是指世界各国和地区经济日益融合为一个整体。从这个意义上说，经济全球化也就是全球（或世界）经济一体化”②。综上所述，经济全球化是世界经济发展到一定阶段的产物，是科学技术和生产力高度发展的结果；是生产要素的全球自由流动和合理配置不断加强，世界各国的经济相互开放、相互依赖、相互渗透，并日益融合为一个整体的历史过程，是伴随着世界经济运转不断深化而出现的世界发展的整体化趋势。

二、经济全球化的发展历程

经济全球化的历史进程主要有两条推动途径：一是由于科技革命的推动、生产力的发展、国际分工的日益深化以及跨国公司的全球战略和跨国经营，无形中加速了要素的国际流动和世界各国的经济联系，使世界各国和地区经济不同程度地日益融合为一个整体，这是一种随着世界经济运行过程的加深而逐步加强的客观经济联系和自然发展的过程，是市场机制的作用；二是在这种客观经济联系和自然发展的基础上，世界各国政府通过签订条约、协议等，制定经济活动规则，建立调节机制，消除要素流动或国际投资的障碍，通过联合的力量人为推动经济全球化的发展进程，是主观意志的作用。

作为一种客观的历史进程，经济全球化并非一种新现象，只是自20世纪80年代中期以来，才在世界经济的各个领域加速发展，并成为当今世界的重要特征。作为一个历史过程，全球化至少经历了三个高速发展的阶段，走过了贸易全球化、生产全球化、金融全球化这一由低到高层层推进、逐步升级的深化过程，每一次发展都在更先进的科学技术基础上将全球化推向更高的水平。

经济向全球扩张是从资本主义生产方式开始确立时就出现的趋势。1784年蒸汽机发明所引发的第一次科技革命，带动了各产业部门从手工生产向机器大工业的转变，劳动生产力大幅度提高，资本主义生产方式最终确立。一方面，机器大工业的发展使资本主义的生产能力迅速扩张，这不仅需要大量的原材料和劳动力，又需要广阔的市场，因而资本主义经济发展的内在动力促使其打破自给自足的自然经济。另一方面，蒸汽机用于交通，出现了轮船和蒸汽机

① 李琮．世界经济学新编．北京：经济科学出版社，2000：510

② 陈漓高．经济全球化与中国的对外开放．北京：经济科学出版社，2001：1

车，运输业的革命性变革，加速了要素资源的国际流动和商品的跨国界流动，为世界市场的形成提供了物质内容和前提。这些导致了18世纪末到19世纪中期的第一次全球化高速发展时期。19世纪中叶，以电力发展和广泛应用为标志的第二次科技革命不仅促进了已有工业的生产能力，而且推动了化工、汽车、航空等一系列新兴产业的诞生。新兴工业部门的不断涌现，使国际分工进一步深化，从而引起国家间技术合作、资金合作和劳务合作的增强。适应这种分工格局，世界性的生产组织——跨国公司应运而生。跨国公司在世界范围内进行专业化生产和投资，加强了生产和资本的国际化趋势。与此同时，由于铁路运输和无线电通信的出现，使各国相互独立的区域性市场逐渐连接成统一的世界市场，从而形成了19世纪末到20世纪中期的第二次全球化高潮。20世纪40年代以来，以电子技术、信息技术、新材料技术和核能技术等技术群的出现和发展为特征的第三次科技革命（有人将40年代到60年代的技术革命称为第三次科技革命的第一阶段）对经济和社会生活的影响在广度和深度上远远超过前两次。以电子计算机为本质特征的这次革命开辟了机器代替人的部分脑力劳动的新时代，工业劳动生产率成倍增长，新部门、新行业、新产品不断涌现，国际交换不断增加，跨国公司迅猛发展，世界市场迅速扩大。不仅如此，依靠这次科技革命的伟大成就和对传统工业的技术革新，一些国家一跃成为工业发达国家，不少发展中国家也迎头赶上，形成了今天的世界政治、经济和军事格局，以及由以自然资源为基础的世界范围的工业与农业的分工转变为以现代科技为基础的工业分工的国际分工新格局。在它的带动下，全球化也经历了20世纪70年代以来的第三次高潮。20世纪70年代初开始，生物工程、微电子技术、信息技术等高技术迅速发展，第三次科技革命进入了深入发展阶段（相对于第一阶段而言）。以信息产业为主要内容的技术革命，为资本的大规模越出国界、加速国际资本的循环运动和金融服务的全球化创造了便利条件，大大缩短了世界各国在时间和空间上的距离，为世界市场的整合和全球化提供了物质保障。世界经济信息化、市场全球化和世界贸易组织成立三大重要因素，推动着经济全球化进入了20世纪80年代末、特别是90年代以来的加速发展时期，并使这次经济全球化成为具有新的技术内涵和时代特征、范围更广、程度更深的全球化浪潮。

第二节 经济全球化的表现形式及特征

经济全球化目前还只是不断加深的一个过程或逐步加强的一种趋势，在这一过程中，呈现出如下一些现象。

一、全球贸易自由化

贸易自由化是指世界各国和地区对进出口商品不加歧视，逐步减少以致消除各种贸易壁垒和贸易限制，实现国际商品的自由流动。全球贸易自由化主要是通过相关国家以缔结条约或协议的形式，以共同的贸易规则和多边协调机制来运行和推动的。贸易自由化是经济全球化的主要表现形式和重要内涵。

（一）贸易自由化的历史进程

贸易自由化是与贸易全球化相伴而行的，其过程可谓崎岖坎坷。一般认为，首先完成产业革命的英国是贸易全球化的起始国，也是贸易自由化的首推者。18世纪中叶，资本主义生产方式首先在英国确立，随着社会生产力的蓬勃发展，英国成为当时世界上经济最强大的国家和最大的殖民帝国。其版图占地球陆地面积的1/4，殖民地面积超过本土100倍，工业产量占世界的30%（1850年）。成为世界工厂的英国，已经不满足于本国的狭小市场，不仅原材料等购自其他国家，生产的产品也销往全世界。这就决定英国必须冲破其他国家贸易保护的限制，扫清进入国际市场的障碍。从19世纪40年代开始，英国就积极推行自由贸易政策。当时英国采取的主要措施有：废除谷物条例，改革关税制度，同其他国家签订自由通商条约，取消对殖民地的贸易垄断等。德国从19世纪60年代起逐渐放松以关税为主的贸易保护措施，出现了自由贸易的倾向。美国则在南北战争前实行具有明显自由贸易色彩的贸易政策。1860～1880年，主要资本主义国家的自由贸易政策推动了贸易的自由化，使几乎所有国家都卷进了贸易全球化的旋涡，大大地推动了商品的跨国界流动和全球贸易的发展，贸易全球化经历了一个迅速扩张时期。但是，随着资本主义由自由竞争向垄断的过渡，自由贸易逐渐为保护贸易所代替。从19世纪80年代到第二次世界大战期间，全球贸易自由化处于低谷，全球性的多边贸易体系或世界多边自由贸易体制并未形成。

（二）第二次世界大战后贸易自由化的发展

无论是从历史进程还是从现实的经历看，全球贸易自由化都需要世界各国共同的努力。因为由于各个国家的经济发展水平不同，其商品的国际竞争力各异，因而在不同的时期会采取不同的贸易政策，或以自由贸易政策为主，或以保护贸易政策为主，或对一部分商品实行自由贸易，而对另一部分商品实行保护政策。这些政策对商品的自由流动和国际贸易的发展都会产生重大影响，因此有必要通过各国的协商，制定统一的贸易规则和协调机制，减少直至消除贸易壁垒，推动全球贸易的发展和贸易自由化的进程。

第二次世界大战以后，已经跻身于世界头号强国的美国，从自身的经济利益出发，竭力推崇贸易自由化，在其倡导之下，旨在消除贸易障碍、遏制贸易保护主义、推动全球贸易发展的多边贸易条约——《关税与贸易总协定》诞生。它的签署标志着全球性多边自由贸易体系的诞生，将全球贸易自由化的步伐推进了一大步。

在总协定的推动下，全球的关税大幅度削减，贸易数量限制不断放宽，世界贸易迅猛发展，其增长速度大大高于世界生产的增长速度。随着国际贸易的迅速增长，国际贸易规模不断扩大，世界贸易额从1950年的607亿美元增长到2010年的15.082万亿美元[①]，50多年间扩大了近250倍。

（三）20世纪90年代以来贸易自由化的新发展

进入20世纪90年代，国际贸易的增长速度继续加快。资料显示，世界贸易的年增长率在1979～1988年期间为4.5%，在1990～1996年期间提高到6.2%。世界范围的贸易自由化进程更加明显，其中一个重要原因是乌拉圭回合谈判达成协议和世界贸易组织（WTO）取代了延续40多年的关税与贸易总协定。世界贸易组织的正式成立，将贸易自由化的范围扩大到服务贸易、农产品、纺织品、知识产权和与贸易有关的投资措施等更加广泛的领域，在完善世界多边贸易体制、规范国际贸易竞争规则和促进贸易发展等方面作出了历史性的贡献，标志着全球贸易自由化进程进入了一个新阶段。

由于世界贸易自由化是在世贸组织所倡导的相互协调、相互监督、尽量有序的基础上进行的，因而世界贸易发展迅速，进入了新的增长期。1995～2010年，除金融危机的个别年份外，世界贸易持续增长，2010年世界贸易额达到15.082万亿美元。世界银行在《2007年全球经济展望：驾驭新一波全球化浪潮》的报告中预测，未来全球贸易自由化趋势仍十分强劲。世界商品和服务出口将从2005年的10万

① 世界贸易组织2011年3月14日。

亿美元增至2030年的27万亿美元，出口占世界GDP比重将从25%提高到34%。

世界贸易组织正式运作以来，组织了金融服务、劳工流动、基础电信和海洋运输四项在乌拉圭回合中未完成的服务贸易谈判并取得了实质性进展。1996年12月新加坡会议上，各成员方就取消信息技术产品的所有关税达成一致意见，并签署了《信息技术协议》。签约国允诺分四个阶段，到2000年将有关信息产品的关税降到零；1997年2月，占全球电信市场份额90%以上的68个国家和地区在日内瓦就全球电信自由化达成协议，签署了逐步开放电信市场的《全球基础电信协议》，为国际信息业的全球化打下了良好的基础；1997年12月，约70个国家和地区的代表同意对外开放银行、保险、证券和金融信息市场，有102个成员国作出了在金融服务部门开放市场的承诺，并签署了《金融服务协议》。此外，在世界贸易组织的监督和约束下，各成员方按照自己许诺的时间表，在商品和服务贸易市场准入的具体承诺上进展顺利。按照WTO的规定，世贸组织（乌拉圭回合协议生效）成立的10年之内，缔约国要在1986年基础上把关税平均削减40%，其中，发达国家的制成品进口税率从4.7%降至3%，发展中国家制成品进口税率从13%降至10%；扩大受关税约束的产品范围，发达国家从78%扩大到99%，发展中国家从21%扩大至73%，经济转型国家从73%扩大到98%。这些都大大推动了贸易自由化的进程，同时也为经济全球化的最终实现打下了良好的基础。

二、生产活动全球化

生产活动全球化是指世界各国和地区的生产过程日益形成环环相扣、不可分割的链条。生产活动全球化是经济全球化的深刻表现，其形成的基础是国际分工日益深化、跨国公司迅猛发展、世界经济信息化和交通工具现代化。

（一）日益深化的国际分工促进了全球性生产体系的形成

在科学技术革命的推动下，国际分工不断深化，内涵不断丰富，且出现了一些新的现象。国际分工由垂直分工向水平分工、再向垂直专业化或称内部生产专业化方向发展；由产业间分工向产业内分工再向企业内分工、产品生产过程的生产环节分工深入。特别是第二次世界大战后，以产品型号、零部件和工艺流程的分工为主要内容的企业内分工和同一生产过程中不同工序、不同增值环节之间的垂直专业化分工成为国际分工的主要形式。分工越细、专业化生产越细、同一产业内不同环节的升级在经济活动中所占的比重越大，对各国之间生产协作和合作的要求就越高，产品国际化生产的程度也就越高。这是因为在这种分工格局下，每一个国家或地区的生产只不过是世界性生产的一个环节或者是全球产品的一个零件，国际分工以同一生产过程不同环节的形式将每一个国家都纳入全球性的生产体系。从这个意义上说，每一个国家的产品又是全球性的产品，每个国家的生产都是全球性生产的一部分，从而在客观上推动了生产的全球化。国际分工的这种变化，使其无论在经济活动的内容上还是在参与分工的主体上都更具包容性。它不仅在产业和产品上，而且在产品环节上，为不同发展水平、不同优势类型的国家从事国际化生产提供了更广阔的空间。由此可见，国际生产体系的形成，是国家间在生产领域实行分工协作、进行产业重组、结为一体共同发展的一种生产活动方式，这种方式使生产的全球联系越来越紧密，分工越来越细，跨国界的协作越来越多，从而使各国的生产活动逐步形成一种相互依赖、互为一体、共同发展的全球化生产。

（二）跨国公司的迅猛发展推动了生产活动的全球化

生产活动全球化最直接的体现就是跨国公司对外直接投资的不断扩张。生产经营活动国际化，是跨国公司经营方式的基本特征，跨国公司的全球化生产和经营是推动生产活动全球化的主体力量。在获利动机的驱使下，一方面，跨国公司将产品生产、产品销售、研究开发等生产与流通环节设在最具区位优势的地方，在全球范围内进行要素资源和经营资源的有效配置和合理利用；另一方面，通过集中管理、统一决策和统筹安排的高效运转的内部控制体系，跨国公司将不同国家的经济活动有机地结合在一起，使分布于不同国家和地区的生产活动和生产过程之间建立起高度依存的关系。此外，跨国公司的跨国生产与经营活动，通过其市场的内部化打破了东道国的贸易壁垒，推动了生产国际化的发展，形成了范围更为广泛的国际生产体系，并使国际化生产成为经济全球化的核心特征。

第二次世界大战以来，跨国公司迅猛发展，分支机构遍布世界各个角落，经营活动渗透到社会再生产过程的每个环节。其经营战略由简单一体化向复合一体化的转变，使跨国公司将生产或供应转移到任何一个更能获利地点的能力大大加强，全球性的生产专业化协作体系更加完善，从而进一步推动了生产活动的全球化。据联合国跨国公司研究中心统计，1970 年，全球共有跨国公司 7 000 多家，在国外开设分支机构约 3 万家左右，国际直接投资 400 亿美元；1980 年，全球跨国公司达 1.5 万家，子公司 9.8 万家，国际直接投资 1 700 亿美元。

进入 20 世纪 80 年代中后期以来，以信息技术为主要特征的科技革命推动了现代信息和通信技术的发展，缩短了空间和时间的距离，使各种生产信息可以在极短的时间内到达分布在世界各地的分支机构，大大降低了全球通信费用和跨国生产的成本，特别是减少了跨国经营各个环节的交易和管理费用，增强了跨国公司对国家生产和国际市场的反应能力和对遍布全球各生产环节的统筹安排及协调能力，跨国公司增势更猛，生产全球化获得了长足发展。联合国贸发会议《世界投资报告》的数据显示，1990 年全球跨国公司 3.5 万家，子公司 15 万家，国际直接投资 2 430 亿美元，海外分支机构的产值占世界生产总值的 7%。2000 年，全球跨国公司猛增到 6.3 万家，海外分支机构 82 万家，国际直接投资 1.27 万亿美元。2009 年，全球跨国公司数量进一步增至 8.2 万家，海外分支机构超过 85 万家，国际直接投资 1.89 万亿美元。跨国公司控制的全球生产总值超过 40%。

由以上分析可以看出，从某种意义上说，生产全球化是跨国公司全球战略的实施结果，是跨国公司分支机构在数量和地域覆盖上的扩展，也是其通过各种形式的联系逐步建立跨国生产体系的过程。

（三）国际投资自由化促进了生产全球化

国际投资自由化是指消除对资本流出流入国境的限制和歧视，实现对外国投资和国外投资者的公平待遇。国际投资自由化主要是通过有关国家政府的双边、诸边或多边投资协议推动的，它为跨国公司的直接投资和生产全球化提供了制度保证。

在国际投资政策上，从资本扩张和追逐利润的角度出发，发达国家一般都主张资本的国际自由流动，而发展中国家和地区对资本国际流动的政策则随着本国经济发展的变化和需要而经历了一个逐步调整和转变的过程，由限制甚至歧视转变为鼓励和吸引。因此，虽然从二战以后国际投资就迅速增长，但国际投资自由化则是从 20 世纪 80 年代才开始的，90 年代以来呈现出加速发展的趋势。

20 世纪 80 年代以后，在贸易自由化和生产国际化的推动下，越来越多的国家认识到国际直接投资自由化不可避免，且将成为推动经济增长的重要力量。不仅发达国家成为投资自由化的积极倡导者和推动者，发展中国家也开始调整引进外资战略，不断完善外资法规，积极参与国际投资协议，在积极改善投资环境的同时，放宽或取消以往对外资的狭隘限制，为外国直接投资提供便利。为了进一步保护投资者的合法权益、促进国际资本的自由流动，各主权国家纷纷出台和签署各种单边、双边、区域性、双边和多边投资协议，统一投资规则，规范投资行为，从而使 20 世纪 90 年代以来国际资本流动的自由化速度加快。联合国贸发会议数年的《世界投资报告》显示，20 世纪 90 年代以来，在各国对国际直接投资政策的改革或变化中，95% 以上的内容是趋向于更加自由化的。世界各国签订的双边投资协议已涉及约 170 个国家。此外，世界贸易组织《与贸易有关的投资措施协议》以及经合组织29个国家的《多边投资协议》等诸边或多边协议的签署，推动了国际投资的自由化趋势，为国际直接投资的发展提供了良好的制度环境。

三、金融全球化

在贸易自由化和投资自由化的推动下，国际金融市场的发展也异常迅猛，金融全球化成为世界经济和金融发展的必然趋势。如同金融是现代经济的核心一样，金融全球化也是经济全球化的核心。金融全球化的本质是全球范围的金融自由化。它是指各国放松金融管制，取消利率限制，使利率完全市场化；取消外汇管制，使汇率浮动完全自由化；放松各类金融机构业务经营范围的限制，使金融业务经营自由化；减少或取消对国际资本流动的限制，允许外国资本和外资金融机构的进入，实行资本流动自由化；放松和改善金融市场的管理，实现市场运作自由化，从而形成全球统一的金融市场和运行机制，保证金融资源在全球范围的自由流动和合理配制。金融全球化的内容和表现主要包括以下几点。

（一）金融市场全球化

20世纪80年代以来，信息技术、融资证券化和金融创新等促进了金融市场的国际化。一方面，计算机和卫星通信技术，把遍布在世界各地的金融市场和金融机构紧密联系在一起，也将各国国内金融市场与国际金融市场连接在一起；另一方面，在经济全球化浪潮的冲击下，亚洲、拉美的发展中国家和地区，以及东欧等转型国家纷纷减少金融管制，开放金融市场，由此产生了大批新兴金融市场，如中国香港、新加坡等。这些新兴金融市场与发达国家或地区的金融市场相互联结，构成了全球化的金融市场运作体系。由遍及全球的金融市场和金融机构所形成的全天候、全方位的一体化全球金融市场，使得全球性的资金调拨和融通变得空前便捷，从而大大提高了资金流动的效率。

（二）国际金融自由化

金融自由化始于20世纪70年代。随着战争的结束和西方主要发达国家经济的恢复，国际贸易和生产国际化不断扩展，与此同时，布雷顿森林体系的瓦解也对国际金融制度提出了挑战。在这种背景下，西方发达国家纷纷放松或解除对资本和外汇的管制，实施利率和汇率市场化等金融改革和深化的措施，掀起了金融自由化的浪潮。20世纪80年代末起，许多发展中国家也开始开放其资本账户及资本市场，从而便利了资本在国家间的自由流动。伴随着各国金融市场的开放和金融管制的放松，金融自由化的结果逐渐显现：一是国际资本流动加快。20世纪90年代以来,国际资金流动的增长速度不仅超过了世界产出的增长速度,也超过了世界贸易的增长速度和国际直接投资的增长速度。截至2000年,全世界每天跨越国界的货币流通量平均约为1.5到2万亿美元,比10年前的1989年增加了10倍;二是全球外汇市场日交易额从1989年的6 200亿美元增至目前的4万亿美元;三是世界证券市场发展迅速,股票、债券发行与交易规模都日趋庞大,1980年,在国际金融市场融资额中,债券融资占14.3%,1994年这一比重达到62%。与此同时,国际股票的融资规模也不断扩大。2010年,全球股票市场共融资(包括首次公开发售和再融资)高达9 661亿美元。

（三）金融协调与监管国际化

全球化将世界各国相互分割的市场统一为一个整体,一方面使各国经济之间的互动性加强,不同行为主体的共同利益越来越多,形成了"你中有我,我中有你,一荣俱荣,一损俱损"的相互依存、共同发展的整体。另一方面,在各国经济相互传递障碍减少的同时,也加速了危机的传递速度和波及范围,使世界经济的不确定性增强。因此,在高度全球化的今天,无论国家的性质如何,只要一国经济或政治发生动荡,都会通过其与世界经济的紧密联系而影响到其他国家甚至全球。特别是各国金融市场的开放和金融自由化的过程,更是给各国带来了金融危机的威胁。防范金融风险、维护金融安全和经济安全,是全球化背景下各国共同面临的新课题。此外,资本的快速流动、以浮动汇率制为主要特征的国际货币体系、金融市场和金融机构的全球化、金融衍生产品的不断增加以及各国金融市场的开放等,都对金融监管提出了新的要求。这一要求已超过一国金融当局或一国政府的能力范围,而要求有相应的国际金融监管机构和协调机制,于是,金融协调和监管的全球化便应运而生。国际货币基金组织是典型的国际金融协调机构,它对国际收支平衡发生严重问题的成员国实施救助,以有效地防止金融危机的酿成及扩散,从而维护人类共同的经济安全。此外,由国际清算银行发起拟定的《巴塞尔协议》及《有效银行监管的核心原则》,标志着全球统一的金融监管标准趋于形成,同时金融协调与监管国际化本身也是金融全球化的重要标志。

（四）国际金融市场投机加重

金融全球化的另一个突出特征是国际金融市场投机加重。金融自由化使国际金融资本市场的规模日益扩大,逐步成为一个相对独立的经济系统。同时,国际货币交换已与国际贸易中的物品交换相脱节,规模庞大的金融活动早已失去了相应的物质生产与产品的支撑。现代信息手段和金融衍生工具的迅速发展,为国际游资的大量快速流动提供了条件,同时也为投机行为创造了方便。全球金融资本的交易量1980年为5万亿美元,1992年达到35万亿美元,2000年超过83万亿美元。在这些巨额流动资金中只有20%是与贸易或生产投资有关,其余80%都是在全球金融市场中寻找短期利益,进行投机买卖的。现在世界金融市场每个交易日的交易总额高达3万亿美元,但其中仅有2%同生产和商品贸易有关,其余98%是以投机为目的的交易。此外,随着金融全球化的深入发展,金融市场上实力雄厚的投资基金(如对冲基金)获得了更大的活动空间,它们蜂拥于全球各地的金融市场,赚取投机利润。这些投机活动明显增大了金融动荡的风险和各国经济运行的风险,对那些金融体制不完善、监管能力不强、金融市场过度开放的国家和地区造成严重的冲击。

四、世界经济信息化

世界经济信息化是20世纪90年代以来世界经济发展的一个重要特征。伴随着世界各国信息高速公路计划的实施,以计算机为代表的信息技术在全球迅速扩散,信息网络的覆盖面迅速扩展,并以惊人的速度渗透到生产、销售、科研、消费等生产和生活的各个领域。20世纪末世界贸易组织的《基础电信协议》和《信息技术协议》、亚太经合组织(APEC)部长级会议通过的《APEC电子商务行动蓝图》、欧盟的"E-Europe"计划以及东盟建设"电子东盟"的计划,全面推动了信息技术产业的快速发展。1994年使用互联网的人数只有300万,2000年增至3亿多,2003年达到10亿以上。信息技术和计算机网络在全球的蔓延,消除了信息传递的障碍,缩小了世界市场的距离,使管理者可以在瞬间了解全球市场的情况,跨国公司能够在最短的时间内在最能获利的地方安排生产,企业能够获得更多的发展机会和增长利益;使生产要素在世界范围内得到更快的流动和更有效的配置,为各国和各地区经济的日益融合提供了坚实的物质基础和现代化手段。信息技术的应用和推广带来了生产力的飞速发展,引起生产方式、贸易手段、经营手段、金融工具等的变化,促进了国际经济合作的加强和国际分工的深化,从而推动了生产、资本、金融和贸易的全球化进程。

因此,可以说,经济全球化的发展是以信息技术的发展和普及为前提的,或者说是建立在信息化基础之上的,信息化是推动全球化的重要手段。没有信息革命,没有互联网络,就没有20世纪90年代以来全球化的新高潮。正像经合组织一篇报告中指出的:全球化既是信息革命的原因,也是它的结果。电信技术不断完善,电子计算机功能不断加强,价格不断下降,互联网络等电信网络迅速发展,这些因素都推动着全球化。

五、全球经济市场化

市场全球化或全球经济市场化是20世纪90年代以来世界经济发展的又一重要特征。全球经济市场化包括两方面含义：一方面，世界市场的人为分割被消除，构成了全球统一的市场；另一方面，世界各国无不以市场经济为导向，进行经济改革，发展市场经济。各国市场经济联结成全球性的市场经济整体①。

市场经济体制是全球资源配置的有效机制，是经济全球化的制度基础。经济全球化本身就是有限资源在全球得到最佳配置的过程，因而也是世界经济市场化的过程，是市场经济体制在全球范围内的控制和渗透的过程。市场化是全球化的起点，也是全球化的客观要求，是全球化的体制基础。世界经济市场化为经济全球化提供了生产要素自由流动的国际性机制，使经济全球化的参与主体大大增加，参与程度大大提高，有力地促进了世界统一市场的形成和发展。可以说，市场经济体制在全球范围的形成和发展，促进了世界统一市场的形成和发展，推动了全球化的进程。没有全球统一的市场经济体制，就不会有经济的全球化。

首先，全球化是市场经济发展的结果。市场经济条件下，企业根据自己的意志和自身经营发展的需要，在世界范围内配置资源，以获取最大利润。只有自由竞争的市场机制才能使企业的利润最大化原则和消费者的效用最大化原则得以实现，并导致资源的帕累托最优配置。也正是这种市场经济典型特征的市场竞争和市场逐利行为，在经济上打破了国家和地域限制，把世界各地分割的市场联结成全球统一市场，把世界各国各自的经济联结为一个整体的全球经济。市场的力量还迫使一国内部经济自然而然地摒弃地域和民族色彩，参与到世界经济的分工中去，由封闭的国内分工走向开放的国际分工，从而获得更多的比较利益。因此，市场机制的调节作用是当代生产国际化和资本国际化的决定力量。

其次，经济全球化是全球经济市场化。全球化的历史证明，市场经济只有成为所有参与全球化的国家都接受的体制后，才呈现出加速发展的趋势，市场经济体制在全球的拓展推动了全球化的进程。第二次世界大战以后，特别是冷战结束后，前苏联、东欧和60多个发展中国家，开展了以市场化为导向的改革；与此同时，以中国为代表的社会主义国家实行经济改革，摒弃了超越生产力发展水平、很难实现社

① 李琮．世界经济学新编．北京：经济科学出版社，2000：512

会资源合理配置的计划经济，建立起社会主义的市场经济体制。目前，两个平行市场的对立已经消失，市场经济体制在全球范围内取代传统的计划经济体制。除极个别国家外，全世界都走上了市场经济的发展道路，一个世界范围的市场经济体系已经形成。冷战结束后市场经济在全球范围内的拓展，是这次全球化新高潮的重要因素。从全球的情况看，市场经济的体制已经或正在被世界大多数国家所接受，计划经济体制逐步消失，两个平行的市场统一为以市场经济为基础的统一市场。正是这个同一的、统一的市场为全球化的突破性进展提供了条件，使全球化的发展在冷战后的20年间超过以往400年的总和。

此外，市场经济规则是全球化条件下企业竞争的唯一规则。统一的世界市场的形成靠的是市场机制的推动，形成后的有效运行也要靠市场机制的力量。市场主体的竞争、市场环境的优劣、市场机制的效用，都依赖于所有参加者所能够共同遵守的规则——市场经济运行规则。

第三节　经济全球化的影响及趋势

一、经济全球化的影响

经济全球化作为人类社会发展的一个历史过程，对世界和各国经济的影响是广泛而深刻的。经济全球化促进了商品、资金、技术、人才等生产要素的自由流动，有利于资源在全球范围内的有效配置；经济全球化促进了世界贸易、就业和投资的增长，提高了全球的生产率，促进了全球经济的发展；经济全球化打破了传统的封闭状态，使各国原有分割、分散的狭小市场不断融合，并联结为全球统一的大市场；经济全球化促进了全球生产力的提高，在推动世界经济发展的同时，为世界各国提供了加快发展的历史机遇。然而，我们必须承认，在经济全球化的过程中，由于各参加国的经济发展水平不同，政治、社会和经济力量不对称，因此，全球化的成果和收益并不是所有国家和所有人都能够公平感受和享受得到的，不同国家所面临的机遇与挑战也各不相同。

（一）经济全球化对发达国家的影响

从经济全球化的进程来看，它首先是由发达国家发起和推动的。发达国家领先的科学技术和信息技术、完善的市场经济体系和在国际“游戏规则”制定中的有利地位等,都使其具有先发优势。因此,它们在经济全球化的发展进程中占据了极其有利或者说是主导地位,成为全球化的最大受益者。

1. 在全球贸易自由化中,发达国家获得了更多的利益。一方面,发达国家的先发优势和在世界贸易中的主导地位,使其在贸易自由化中可以获得更多的利益。据世界贸易组织分析,实施乌拉圭回合世界贸易自由化一项,2005 年,其有关开放市场的条款得到完全实施之时,世界收入每年增加 5 100 亿美元,全球商品贸易增加 24%。但世界各国从贸易自由化好处中的获利是不均衡的,发达国家是最大的受益者,发达国家将获利 2/3,发展中国家获利 1/3。另一方面,发达国家在降低关税壁垒的同时,利用其在科学技术和检测标准等方面的优势,以各种借口建立起了非关税壁垒,对来自发展中国家的产品实行贸易歧视,并从中获得单方面的贸易利益。如通过制定以发展中国家目前的水平很难达到的严格的技术标准、安全标准、包装标准、卫生检疫标准、认证标志和五花八门的特殊标准,将发展中国家的产品挡在本国市场之外。

2. 在生产活动全球化中,发达国家通过转嫁环境危机增强了可持续发展能力。在经济全球化的过程中,发达国家的跨国公司通过对外直接投资传导着世界产业结构调整的信息。一方面,跨国公司借产业结构调整和转移之机,将一些技术相对落后、附加值小、能耗高、资源消耗大且在国内市场萎缩的传统产业转移到发展中国家;同时利用其在环境标准方面的领先地位,将大量已在本国失去发展空间或受到限制的严重污染产业转移到环境标准低的东道国,在经济落后、低成本生产区位的发展中国家继续发展,并获得压低工资、降低福利、免遭淘汰的超额利润和继续发展的新的空间。另一方面,通过将国外赚得的资金投资于国内利润更大的新兴产业,又获得产业结构调整的好处。发达国家通过将落后产业转移出去的结构调整实现了产业升级,并借此转移了环境危机和资源危机。此外,跨国公司还通过跨越国界的生产活动,掠夺其他国家的资源,以此维护本国的生态平衡和可持续发展的环境条件,把自己的持续发展建立在对他国不断破坏的基础之上。

3. 在金融全球化中,发达国家通过多种途径获取了巨额利润。金融全球化实际上是金融资本向全世界扩张形成的,它代表着金融资本的利益,是由金融资本在全球范围内对利润的追逐驱动的。由于发达国家是拥有金融资本最多的国家,他们在金融全球化的过程中处于控制和支配地位。因此,无论是资金的流动、股票与债券的大规模交易,还是金融衍生工具的发展和金融业务的创新,都主要集中于较早放松金融管制和推行金融自由化、已有较成熟金融市场的发达国家。国际金融领域的这种利益分配格局决定了金融全球化过程中的利益分配:发达国家得到大部分利益,而发展中国家则承担大部分风险。发达国家除得到由国际资本流动推动的国际贸易规模扩大以及社会资源国家合理配置而带来的共同好处外,还得到来自以下几方面的特殊利益。

第一,利用其货币是国际货币的特殊地位获得低成本的资金来源。从目前世界各国的外汇储备看,几乎所有国家的储备货币都是发达国家的货币。仅美元一种货币在全球外汇储备中的比例就超过60%。除美元、日元、欧元和英镑四种发达国家和地区的货币外,其他货币占比不足10%(见表15-1)。进入新世纪,这种情况并没有发生多大变化,这同发展中国家的迅速崛起和世界经济格局的变化极不相称。

表15-1　全球外汇储备中各种币种所占比例(%)

	1995年	1997年	1999年	2001年	2003年	2009年
美元	53.4	59.1	64.9	66.9	63.8	61.65
欧元	—	—	13.5	16.7	19.7	27.75
日元	6.7	5.1	5.4	5.5	4.8	3.23
英镑	2.8	3.3	3.6	4.0	4.4	4.34

资料来源:IMF. Annual Report相关年份,2009年数据为2009年第三季度数据。

由于美元等发达国家的货币是国际储备货币,各国不得不把它们通过国际交换所得到的美元等保留下来用于国际支付。各国所持有的这部分国际储备货币一般存放在发行国的银行或用来购买发行国的国库券和政府债券,这就使美国等发达国家不但可以无偿享有世界各国以万亿美元计算的财富,而且还能获得低成本的资金来源。此外,这些国家还可以利用世界性货币的地位,从几乎无成本的发行国际货币中获得大量的利润——铸币税。如美国利用美元独一无二的国际地位,获得了当代世界银行家的身份。美元在国际贸易结算、外汇交易、国家债券净额、国际银行存款、发展中国家债务中所占比重分别为48%、42%、40%、46%、50.2%。目前世界60%的货币供应以美元提供,在美国以外流通的美元比美国国内流通的美元还要多。据估计,掌握在世界各国居民及财团手中的美元,可使美国每年得到100至150亿美元的好处。

第二,发达国家通过其机构投资者在他国的投机获取暴利。发达国家投机商利用其在经验和资金上的优势,到在金融市场中处于劣势的墨西哥和东南亚等发展中国家兴风作浪,掀起投机风潮以获取丰厚利润。仅在1997年的东南亚金融危机中,索罗斯量子基金就获利20多亿美元。发达国家的投机者企图把发展中国家变为其随心所欲的“提款机”。

第三,发达国家利用其在国际货币基金组织和世界银行这两个世界性国际金融组织中的支配地位,通过各种途径和方法掠夺发展中国家,获取经济利益。发达国家还通过国际货币基金组织对发展中国家的援助和世界贸易组织的多边协议,逼迫发展中国家在其各方面条件不成熟的情况下开放国内金融市场,为其掠夺发展中国家的财富扫清障碍。把发达国家的意志变为国际多边组织的协定,使其各种规则、制度等成为发达国家意志的翻版,使国际性组织成为其在金融领域的代言人。其中最典型的是国际货币基金组织的大宗融资需要得到美国国会的批准。

4. 在全球经济信息化中,发达国家经济获得了新的生机。随着信息技术的发展和推广,世界各国特别是在信息技术上具有先发优势的发达国家,纷纷将主导产业从钢铁、汽车、化工等传统产业转变为包括集成电路、软件、电子计算机、个人电脑、传真机、光缆等在内的信息技术产业。例如,20 世纪 90 年代初以来,美国的企业纷纷抓住信息化的机遇,对信息产业进行大规模的投资,使其信息技术产业蓬勃发展为一个具有 7 000 亿美元产值的充满活力的新兴产业,成为当今美国经济中新的龙头和支柱,其占国民经济总量的比重达到 10% 左右,对国民经济增长的贡献率在 1/3 以上,比过去美国经济三大支柱(钢铁、汽车和建筑业)加在一起的总和还要大。一份来自美国总统经济顾问的报告指出,1991 ~ 1997 年的经济增长中,有近 2/3 与计算机有关。1995 ~ 1998 年间,美国经济增长约有 35% 来自信息产业。在 1998 年美国 3.9% 的 GDP 增长率中,与信息有关的投资所产出的效果便占了 1.2%。美国在信息产业方面的投资不仅形成了一大批高新技术产业,而且传统工业也被新技术所改造,成为知识技术密集型产业。高技术的应用以及高技术产业的兴起,既提高了生产率,又促进了经济的持续增长。在日本,信息服务业的市场规模自 1980 ~ 1995 年扩大了 47 倍,年平均增长率达 26.4%,信息产业成为目前唯一一个年产值超过 100 万亿日元的产业部门①。美日两国在世界信息技术产品的出口总额中占 1/3,以它们为代表的西方发达国家之间的信息贸易占国际信息贸易的 90% ~92%,其他新兴工业国及发展中国家仅占 8% ~ 10%。欧洲发达国家的信息产业也在蓬勃地发展。1980 ~ 1995 年,欧共体的国民生产总值年均增长 2.3%,而信息产业的年均增长率却超过了 20%。据中国香港的《信报》2000 年

① 外经贸部国际经贸研究院跨国公司研究中心. 2001 年跨国公司在中国投资报告

12月19日提供的数字，每年全球信息产业产值的98%由发达国家或较发达国家占有。

此外，信息产业的发展为美国及其他国家提供了大量的就业机会。目前软件公司每年创造的新就业机会将增加13%，到2006年，几乎美国一半的劳动力都将投入到信息科技行业。正是这场信息革命给美国带来了经济增长、就业与工资增长。甚至有些经济学家认为，美国经济之所以能做到低通货膨胀率、低失业率、稳定的增长率，是因为电脑与通信技术的进步大大提高了生产率。信息产业的发展带动了文化、教育、服务产业和一些新兴产业的发展，形成了对新职业的更大需求，同样也给其他发达国家带来了经济利益。信息产业部门的劳动力在发达国家的就业结构中已占相当比例，在美、日、德、法、加拿大等发达国家，信息职业所占比重20世纪90年代已达到60%左右。这也是近年来发达国家失业率下降的一个重要原因。

5. 在人才流动全球化中，发达国家的人力资本更加充实。在科学技术和知识经济高度发展的今天，人的知识、能力、健康等人力资本的提高对经济增长的贡献远比物质资本、劳动力数量的增加更为重要。人作为生产力中最活跃的因素，构成了经济活动中起决定作用的部分，人的素质构成了国力的基础。人力资源作为当今社会发展的战略资源和资本，组织、动员、调配、更新和装备着其他要素和资源，人才优势已经取代了传统的资源优势，成为国际竞争的焦点。世界银行提出的“国民财富新标准”认为，在自然资源、生产资源和人力资本三者中，人力资本占64%①。可以说，在以科学技术为推动力，以知识经济为主要内容的全球化中，一国在国际经济体系中得到的份额与其拥有的知识资源优势、人力资本优势以及认识和利用这一优势的程度、规模、范围和效果呈正相关关系。谁拥有人力资本的优势，谁就掌握了增长的基础、发展的前提和创新的源头，谁就必然成为受益者和赢家。发达国家在人力资本的存量和增量上都占据优势，因而全球利益分配明显地偏向于具有丰富人力资本优势和知识资源优势的发达国家。此外，在人才的全球流动中，人才流动的规律也使发达国家受益匪浅。人才流动有两个特征：一是向生活质量较高、经济较为发达的地区进行的移民性流动，称为人才的“明流”；二是仍留在本国，但却是为跨国公司或国外的机构工作，称为人才的“潜流”②。发达国家较高的生活水平和优厚的物质待遇、良好的教育设

① 李长久．回首百年史，展望新世纪．太平洋学报．2000(1)

② 佟家栋．国际经济学．天津：南开大学出版社，2000

施和科研条件等,既吸走了"明流",又引走了"潜流"。这方面最典型的例子是一直处于吸引人才的领先地位的美国。据联合国公布的数字,1960~1987 年共有 82.5 万专业人员移居北美洲,全世界科技移民总人数的 40% 被吸引到美国。在美国,23% 拥有博士文凭的人出生地不是美国,在计算机行业,这个比例高达 40%。美国人口只占全球总人口的 5%,却拥有世界 50% 的研究生、35% 的大学生以及 1/3 的科技人员,其中许多来自世界其他国家。世界上最优秀的科学家和工程师汇集在西方发达国家,使其人才存量不断增加,人力资本更加充实,并为其经济的发展作出了重大贡献。据世界银行统计,1981~1995 年,美国每百万人平均有科学家和工程师 3 732 人,德国为 3 016 人,日本为5 677人,发展中国家中,韩国较高,达到 2 636 人,而那些最不发达国家则很少,多数国家每百万人平均科学家和工程师只有几十人或十几人。美国企业中高级应用型人才所占比例约为 38%,日本为 32%。中国社会科学院世界经济与政治研究所《国际竞争力研究》课题组,根据入学率、每十万人大学生数和经济活动人口占总人口比重几项指标综合分析所做出的世界各国人才排序表显示,排在前 20 位的国家除韩国和俄罗斯以外,都是发达国家(见表 15-2)。

表 15-2 人才排序

排序	国家	分值	排序	国家	分值	排序	国家	分值
1	加拿大	92.23	8	冰岛	59.56	15	日本	53.28
2	美国	83.88	9	荷兰	59.14	16	英国	51.76
3	芬兰	75.52	10	法国	57.17	17	俄罗斯	50.98
4	挪威	68.01	11	澳大利亚	56.94	18	瑞士	50.40
5	新西兰	66.72	12	德国	56.64	19	奥地利	49.00
6	韩国	61.92	13	瑞典	55.29	20	比利时	47.96
7	丹麦	60.96	14	西班牙	54.38	37	中国	34.75

资料来源:中国社会科学院世界经济与政治研究所. 国际竞争力研究

(二)经济全球化对发展中国家的影响

经济全球化对发展中国家具有深远的意义,它创造了非常重要的机遇——贸易市场扩大、贸易商品增加、资本流入增多、技术引进增加等。然而,全球化在给发展中国家带来发展机会的同时,也带来了更多的挑战和风险,它在缩小一些国家与发达国家差距的同时,又将另一些国家抛向了全球化的边缘。经济全球化对发展中国家来说是一把"双刃剑"。

1. 经济全球化对发展中国家的积极影响。经济全球化作为不可逆转的历史趋势,给发展中国家带来的最大益处是为发展中国家提供了利用后发优势、加快经济发展的历史性机遇,使许多发展中国家获得了进入工业化国家行列的机会。虽然开放并不一定成功,参与全球化未必有利益,但是在一个全面开放的社会里,在一个加速发展的全球化经济中,不开放必然会更加落后,不参与无疑会失去发展的机会,而失去机会将是最大的风险。从这个意义上说,积极参与经济全球化,可能是发展中国家后来居上,赶超发达国家唯一能够选择的道路。

(1)全球贸易自由化为发展中国家提供了加速发展的机会。这可从下述几方面来讨论。

第一,贸易自由化为发展中国家发挥比较优势提供了更广阔的空间。贸易自由化为发展中国家提供了充分利用国际市场、参与国际分工与分配、更好地发挥比较优势、在全球范围内重新配置资源的机会。贸易自由化使发展中国家受益的原因主要是:

首先,自由贸易可以打破一国或地区的资源瓶颈,为该国或地区丰裕资源的充分利用创造条件。根据要素禀赋理论,一国或地区应该专门从事能密集使用本国或本地区丰裕资源的生产。但是,在封闭条件下,该丰裕资源的利用往往因为相关资源的短缺而无法充分发挥作用。发展中国家通过参与经济全球化可以使国内资源得到最充分的合理配置,为其自身的发展提供全球化的市场、资金、技术、人才及先进的管理经验。

其次,自由贸易可以实现全球范围内的专业化分工,提高世界各国的资源利用效率。全球化使各国经济不断地纳入统一的世界市场体系和劳动分工体系之中,各国通过国际市场交换本国的优势产品,专业化分工越细,这种交换就越多。如果离开了世界市场和国际贸易,世界生产的1/3价值将无法实现。自由贸易使世界各国在立足本国优势的基础上,能够充分享有专业化分工带来的效率的提高。如通过贸易的自由化,发展中国家可以充分发挥劳动力成本低的优势,增强其劳动密集型产品的竞争力。

其三,贸易自由化使发展中国家获得市场准入条件改善的收益。在世贸组织的推动下,各国的关税壁垒和非关税壁垒逐渐降低,市场准入条件不断获得改善,从而使发展中国家降低了市场进入成本,获得了更多的市场准入机会。在关税方面,经过关贸总协定8个回合的多边关税减让,发达国家的平均税率降到3.7%,发展中国家的平均税率降到11%。这为全球贸易的发展提供了更加宽松的环境,促使各国商品更加快速的流通。目前发达国家对包括纺织品和服装在内的工业制成品的关税率为3%左右，而同样产品在发展中国家的平均关税是21%。多边贸易谈判促成的关税壁垒的降低，促进了发展中国家的出口和整个经济的发展。据对乌拉圭回合对发展中国家静态影响的测算，发展中国家的国民收入能够因此增加0.3个百分点①。此外，在非关税方面，过去许多国家多达2 500种的非关税壁垒将大幅度削减，全球电信市场、金融保险市场及服务市场的开放、信息产品的零关税等，都给发展中国家贸易的发展带来了更大的空间。

第二，贸易自由化为发展中国家的增长和赶超提供了可能。贸易自由化之所以能够促进发展中国家经济的发展，是因为高度融合的世界市场和全球化使贸易、资本、信息、人才等各种要素在最大的范围内自由流动，这对于发展中国家弥补本国资本、技术等生产要素缺口，利用后发优势以及迅速实现产业演进、技术进步、制度创新和经济发展非常有利。贸易增长与扩张的"溢出效应"会拉动发展中国家经济的全面发展，提高资源的有效配置程度，进而提高发展中国家物质财富的总体水平。这方面最成功的典型是"亚洲四小龙"。在过去10年中，迅速一体化的东亚经济年平均增长率达到8%，成为世界经济增长最快的地区。它们积极参与经济全球化，推动了经济发展，缩小了与发达国家的差距，创造出人类发展史上的"奇迹"。据世界银行估计，1987～1998年，亚洲每日收入1美元以下的赤贫人口比重由27%降至15%。这一下降速度比世界上其他任何一个地区都快。

通过积极参与贸易自由化，发展中国家对外贸易占其GDP的比重已从20世纪80年代中期的约33%增至目前的43%。在未来10年中这一比重可能会超过50%，预计到2020年将上升到约2/3②。世界银行在《2007年全球经济展望：驾驭新一波全球化浪潮》的报告中预测，发展中国家的GDP将从2005年的8万亿美元增至2030年的24.3万亿美元，占世界GDP的比重将从23%提高到33%。

(2)资本的全球流动与生产转移促进了发展中国家的产业结构升级。资本的全球流动与生产的转移是经济全球化的重要特征之一，也给发展中国家摆脱贫困、加速发展带来了新的机遇。近几十年来，许多发展中国家的发展战略从内向型转变为出口导向型，流入发展中国家的外国直接投资（FDI）迅速增长，占全球外国直接投资吸收量的比重由20世纪80年代中期的23% 增加到现在的30%。通过对外直接投资，发达国家将传统产业中主要是劳动和资源密集型的产业向资金缺乏、

---

① 世界银行．2002年全球经济展望与发展中国家：让贸易服务于世界贫困人口

② 胡适耕，曾庆豹．全球化——世界经济贸易大趋势．长沙：湖南大学出版社，1998

产业结构层次较低的发展中国家和地区转移。在对发展中国家进行资源掠夺和市场挤占的同时,通过各种要素的转移也为东道国带去了资金、技术和就业机会,为东道国吸收发达国家的资本输出创造了条件。而发展中国家则通过资金、技术和管理水平的引进和提高,逐步改变了主要生产初级产品和劳动密集型产品的单一结构状况。特别是一些外向型经济发展较好的国家,借助全球化的发展机遇,将跨国公司诸优势同本国的现实优势及潜在优势结合起来,有效地促进了当地产业结构的升级,由原来比较单一、低级的产业结构和出口商品结构,逐步向高一级的产业结构和出口商品结构转变,出口商品的技术含量不断增加,制成品在出口中的比重不断提高,经济自主能力有所增强。以发展最快的东亚地区为例,20 世纪 60 年代末 70 年代初,东亚大部分国家的经济还主要靠出口原料、进口制成品,国内加工业效率低下,且靠高额关税和进口限额的保护,大部分劳动力仍从事农业生产。而由于较好地实施了外向型战略和较好地利用了外国直接投资,该地区的经济取得了较快发展,目前已经成为以出口工业制成品为主的新兴工业化国家。从某种意义上可以说,东亚"奇迹"是建立在外来投资和出口导向型的经济基础之上的。

(3)金融自由化为发展中国家提供了加快发展的条件。金融全球化对发展中国家经济发展的作用主要体现在以下几个方面。

一是为发展中国家的融资提供了便利。发展中国家普遍存在着储蓄和外汇双不足的问题。在金融管制情况下,利率和汇率被人为压低,政府控制和操纵着信贷的发放,从而形成金融抑制,造成金融业的低效率。通过全球金融自由化运动,发展中国家逐步开放金融市场,一方面大量外资涌入发展中国家,与此同时发展中国家与国际金融市场的联系更加紧密,大大拓宽了发展中国家的融资渠道,弥补了这些国家在国内投资和外汇短缺方面的两个缺口,促进了本国经济的发展。如亚洲国家在 1990 ~ 1997 年的 7 年间,通过发行股票共在国外市场上筹资 200 亿美元。除了增加融资渠道这一直接的收益之外,增加市场导向的外资流入还给发展中国家带来了长远利益。如健康运转的股票市场可以更好地动员和配置经济资源。国家基金可以改善当地资本市场的价格机制,有助于当地公司以较低的成本利用本地的资金等。

二是带动了各种要素的国际转移。国际资本的流动特别是直接投资形式的资本流动,往往伴随着其他有形资本的形成、科学技术的转让、管理知识的传播、人力资源的培育、销售渠道的开拓等无形资产的转移,这些对发展中国家的建设都起到了不容忽视的作用。

三是推动了发展中国家的金融创新。被卷入金融全球化浪潮的发展中国家，面对不断变幻的金融交易手段和金融衍生品，不得不积极采用现代化的技术和管理手段，结合本国实际进行金融创新，提高金融业的服务意识和创新意识，使其金融业向高效的方向发展。

四是资金来源和金融工具的多样化使发展中国家的资金需求得到更好的满足。近几年来，流入发展中国家的资金来源扩大了许多（最初伴随着外逃资本的返回）。这些资金来自诸多方面：管理基金，机构投资者（如养老基金和人寿保险公司），以生产性投资为目的的证券商和有关国家的海外侨民。资金来源的多样化减少了资金流入突然或同时中断的风险。此外，借款方式的多样化意味着未来发展中国家市场的需求将更充分地得到满足，因为融资工具将更适应借款者的要求。外国投资者可以提供发展中国家本国资本市场上没有的融资工具。

（4）全球化推动了发展中国家的制度改革。如前所述，经济全球化是以市场机制为基础的，全球化的过程实际上也就是全球经济市场化的过程。全球化的推动和运作机制是市场机制。从市场机制的角度说，它要求商品和服务、生产和消费等各种活动都由市场的供求关系决定，价格是市场机制的核心，因此要建立敏感的、有效的价格机制；市场机制要求法律的完整性和政策的透明度，从而使这些政策的实施能为商业活动提供更好的经济活动环境；市场经济要求健康、有序、统一的市场，以保证生产要素的充分自由流动，实现资源的最优配置。市场经济的这种机制通过全球化传递给发展中国家，迫使发展中国家建立起以价格为核心的市场机制和规章制度以及健全的法律机制。全球化还借助发展中国家开放市场的契机，促使其在外部竞争的压力下，打破国内“诸侯割据”的地区垄断，形成有序、健康、统一开放的国内市场。从这个意义上说，全球化推进了发展中国家的经济体制改革，加速了其经济市场化和与国际经济的接轨的进程。

从全球化的角度说，它要求实施并保持一种自由的贸易与投资体制。在贸易领域，竞争愈来愈激烈，贸易迅速变化的可能性只会有利于具有更为灵活机制的国家。在资本领域，国际资本市场的一体化以及资本流动的潜在波动性，使发展中国家的宏观管理更加复杂。此外，全球化还增加了政策机制之间的竞争。在资本流动性加大的条件下，投资者在全球投资时的选择机会越来越多，范围越来越大，对一国的政策评价也越来越挑剔，他们不仅要从绝对量上考虑，而且要与其他国家进行比较。在这种形势下，反应敏捷、运作灵活的机制，良好的环境和稳健的经济政策都至关重要，这些都将进一步推进发展中国家的改革进程。

2. 全球化对发展中国家的负面影响。不可否认,全球化给广大发展中国家带来了加快发展的机遇,但是,它是一把“双刃剑”,在带来机遇的同时也带来了风险。建立在不合理的旧经济秩序基础上的全球化,从总体上讲对实力较弱的发展中国家不利,使它们在全球化的利益分配中处于劣势。对于那些选择了对外开放并较好地进行了改革的发展中国家,全球化的机遇与风险并存;对那些基础薄弱、经济发展水平较低的发展中国家来说,全球化更多的是挑战;对于那些长期闭关自守,与世界经济隔离的最不发达国家,全球化可能会使其与世界富国甚至与世界平均水平越拉越远。正如2000年联合国发布的《千年报告》所指出的:“全球化的好处和机会仍然高度集中于少数国家。全球化对许多人已经意味着更容易受到不熟悉和无法预测的力量的伤害,这些力量同时以迅雷不及掩耳的速度造成经济不稳定和社会失调。”

(1)贸易自由化使一些发展中国家陷入“贫困化增长”。发展中国家薄弱的经济基础和相形见绌的竞争力,使其在贸易增长的背后潜藏着更加高昂的代价和更加贫困的状况,面临着发达国家以低于资源价值的市场价格从发展中国家掠夺资源和以环境为借口限制发展中国家向其出口的双重压力。

近几十年来,在全球贸易自由化的推动下,发展中国家的出口有很大增长,但在世界出口总额中的比重仍不足1/3,且主要集中在发展水平较高的国家,非洲最不发达的国家出口只占世界出口额的0.5%。不仅如此,由于高科技产业和知识经济的发展以及国际市场上替代产品的增多,世界贸易的商品构成发生了很大的变化,初级产品需求减少,初级产品在世界出口总值中的比重急剧下降,1955年为38.2%,1970年降至23.6%,1980年再降至16.8%。与此同时,初级产品贸易的比价也不断下降,这意味着发展中国家的贸易条件不断恶化。比如,橡胶生产国在20世纪60年代用25吨橡胶便可购进6台拖拉机,而到80年代,用同样的橡胶数却只能购买2台拖拉机。发展中国家贸易条件的恶化不仅表现在初级产品对制成品贸易条件的恶化,还表现在发展中国家制成品对发达国家制成品贸易条件的变化。这使发展中国家不得不以更多的低价值产品换回附加值相对越来越高的进口产品,造成发展中国家出口越多亏损越多的恶性循环,贫困化增长问题日益严重。

(2)国际直接投资的自由化使发展中国家的经济蒙受一定的损失。这主要体现在以下几方面。

第一,使发展中国家的可持续发展能力遭到破坏。在科技含量日益成为产品竞争取胜重要因素的当代竞争中,发达国家纷纷转向主要发展资本、知识、技术密集型的高技术产业和服务业，与此同时，将本国淘汰的技术与设备，甚至有严重污染的产业输往环境成本内部化程度低的发展中国家，对发展中国家进行生态环境破坏和资源的掠夺，由此使发展中国家良好的自然环境受到污染、平衡的生态系统遭到破坏，社会负担成本日益加重，从而影响了发展中国家的可持续发展。据资料显示，发展中国家所吸收的外来直接投资中，污染产业高达30%以上。

第二，造成发展中国家部分经济资源的流失。跨国公司在对发展中国家的投资中，往往通过转移价格和不合理的分摊成本减少账面利润，造成虚假亏损，达到其避税、转移资金和控制利润的目的。它们利用转移价格把高税地子公司的利润转移到低税率或避税港的子公司那里，以减少向所在国家的纳税额；跨国公司还通过以高转移价格向子公司出售零部件、原料，而当产品返回时则以低转移价格收回的方法将其利润调回母国，损害了东道国的外汇收益；跨国公司还通过提高专利出口费用、商标使用费、技术开发等费用，使东道国子公司的成本增大，收益下降。跨国公司的上述做法对东道国会产生种种不利影响，使发展中国家的外汇收益和利润大大减少，甚至遭受损失。有的发展中国家只不过是发达国家跨国公司廉价原材料和劳动力的提供者和产品销售市场。发展中国家如果对外国直接投资没有有效的宏观控制和积极的引导，只能付出失多得少的巨大代价。

第三，给发展中国家的民族经济带来威胁。资本的自由流动和对外直接投资的进入，在给发展中国家带来资金、技术、管理经验的同时，也带来了对民族工业的冲击和威胁。发达国家实力雄厚的跨国公司利用合资、合作、独资和并购等方式，逐步占领和扩展其在发展中国家的市场，甚至采取"蚕食政策"垄断发展中国家的整个行业，使发展中国家尚不健全的市场和脆弱的民族工业处于困境，发展中国家的民族企业在西方巨型跨国公司的强大竞争压力下面临生存危机。跨国公司在全球范围的扩张，将既无思想准备又无选择余地的发展中国家卷入全球化浪潮，造成发展中国家对发达国家跨国公司在技术、管理和销售渠道等方面的依附性增大，以至于一些重要经济领域甚至经济命脉被发达国家的跨国企业操纵和控制，发展中国家企业的生存受到威胁。如《2001年跨国公司在中国投资报告》指出的那样：在很多情况下，由于外国直接投资产生的挤出效应，发展中国家企业的发展受到限制。发展中国家企业被外国直接投资挤出一般有两种途径：一种是在产品市场上外国企业对当地企业的学习和成长产生不利影响；二是在金融和其他要素市场上限制当地企业进入或提高当地企业的进入成本。在前一种情况下，一旦外国子公司的直接竞争妨碍了当地企业进行长期学习的可能性，就会限制或扭曲东道国企业的成长。虽然外国子公司也要经历当地学习和人员培训的阶段,但是它们拥有更多的资源,并拥有在发展中国家从事这种学习的很多经验。在此种情况下,如果拥有潜在竞争力的当地企业不能同跨国公司的子公司进行竞争,就会被排挤出市场。如果当地企业被挤出,阻碍了发展中国家国内生产能力的发展或减缓了国内创新能力的培育,就会给发展中国家的经济发展造成长期的不利影响。这会导致发展中东道国的技术提升和深化必须依赖于跨国公司的决策,并妨碍发展中东道国达到所应拥有的较高技术水平。第二种挤出反映了因当地市场分割而产生的不平等的竞争条件。由于跨国公司所拥有的声誉和规模,它们可能拥有获得诸如资金和熟练人才等要素的特权,跨国公司因此能够提高当地企业的进入成本,或使当地企业很难获得优质的生产要素。在这种情况下,发展中国家的企业由于不能以相同的条件获得资金和其他要素,从而在竞争中被跨国公司排挤出当地市场①。

(3)金融全球化给发展中国家带来金融动荡的风险。国际资本的流动,尤其是短期国际资本的流动会带来各国外汇储备的急剧变化和金融资产价格的剧烈波动,从而带来金融市场的动荡。在金融全球化的背景下,以美国为首的发达资本主义国家在向发展中国家投资和转移产业及技术时,强迫发展中国家实行自由市场经济,开放金融市场,为其机构投资者进行大规模投机以牟取暴利创造条件。由于发展中国家的市场发育不充分,经济结构比较脆弱,普遍存在金融体系不完善、金融监管经验不足的问题,因而往往在金融市场上处于弱势地位,更容易受到外部不利因素的冲击,一旦出现金融风险便会深受其害,有可能引发较为严重的金融危机甚至经济危机。如墨西哥1994年的金融危机、泰国等东南亚国家1997年的金融危机、中国香港1997和1998年的金融风潮都说明了这一点。在1997~1998年在亚洲金融危机期间,一些国家货币贬值30%~50%,债务增加数倍,数百万学生失学,1 300多万人丢掉了工作,东亚蒙受了3万亿美元的损失。此外,金融全球化使国际资本的流动越来越脱离实体经济运行,导致资本大规模无序流动和猖獗的投机活动,蕴藏着引发金融危机的风险,尤其使处于弱势地位的发展中国家的经济主权和经济安全面临着新的挑战。

(4)全球信息化使部分发展中国家与发达国家的差距拉大。信息化浪潮对世界各国发展的影响是不同的,各国经济水平上的差距必然造成在现有信息基础设施和信息技术水平上的巨大差异。据统计,整个非洲大陆所拥有的电话线,还不及

---

① 外经贸部国际经济研究院跨国公司研究中心.2001年跨国公司在中国投资报告

美国纽约曼哈顿区或日本东京的电话线拥有量。欠发达国家由于经济的匮乏将加剧知识和信息的落后，而知识和信息的落后又将加剧经济的落后，从而形成恶性循环，使其发展日益边缘化。因而，对一些发展中国家特别是最贫穷国家而言，信息化浪潮很可能会产生负面影响。其原因有二。

第一，发展中国家在信息资源的储备上处于劣势。在信息化已经高度发展的今天，各国已拥有的信息比较优势有很大差异。虽然信息资源分布和信息化发展的不平衡是工业化经济成果在一定程度上的延续，并不完全是信息革命自身的产物，但随着信息化社会向更纵深的发展，世界范围的贫富差距将会因为一些发展中国家无法顺利过渡到信息社会而继续呈扩大的趋势。美国等发达国家几乎在信息资源发展的所有领域都有强大的竞争力，尤其是在信息资源储备潜力上具有极强的比较优势，而广大发展中国家则处于劣势。发展中国家和地区的信息基础设施和信息技术的发展程度导致了全球信息化发展的极不平衡，严重阻碍了发展中国家利用信息革命的动力推动经济的发展。据世界银行和联合国的资料显示，在美国每2人就有一台计算机（电脑拥有量比世界其他地方的总和还多），相应地，加拿大为3人，欧盟为4人，韩国为6人，日本为4人，中国为113人，在非洲除南非每189人拥有一台计算机外，其余各国平均25 127人才有一台；从上网人口比例看，欧盟、挪威、瑞士、日本、美国、加拿大、新西兰和澳大利亚，虽然人口总和只占世界的17%，但他们的因特网用户却占全球总用户的82%。在西方发达国家，每6.8人中就有一名因特网用户，而发展中国家每440人中才有一名用户；受互联网业务的限制，电子商务90%在美欧国家之间进行，发展中国家只占10%。撒哈拉以南的非洲地区和其他一些发展中国家，由于既缺少技术，又缺少购买技术的资金和使用技术所需的技能培训，目前仍不能使用互联网。这种信息资源和信息资源储备上的劣势，造成了发展中国家众多的“信息盲”，在全球化的发展中形成了新的“信息贫困”①。

第二，最不发达国家在信息化建设中面临着更严峻的挑战。信息高速公路和网络的兴建，对有一定经济基础和资金实力的新兴工业经济体来说，是赶超发达国家的难得历史机遇，而对于最不发达国家来说，则是又一次挑战。当许多发展中国家还在把实现工业化、现代化作为自己的奋斗目标或是将建立和完善市场经济机制作为主要任务的时候，发达国家已经步入了信息时代。在发达国家网络经济硕

① 王伟中，郭日生，黄晶副．冲突与融合——全球化与可持续发展．长沙：湖南科学技术出版社，2003：112

果累累的同时,发展中国家在网络通信的基础设施建设方面却举步维艰。兴建信息高速公路、实现网络化和信息化需要庞大的资金,这成为贫穷国家进入信息社会的最大障碍。对它们来讲,信息高速公路和网络在相当长时期里是可望而不可即的东西。如在电话普及率仅有1.9%的很多非洲国家,每月的上网费比一名当地教授的工资还要高。在肯尼亚,由于基础设施薄弱,高额的网络许可证费用以及高达34美元的电话基本费用和500美元的网络使用费,使因特网发展和使用成为沉重的经济负担。贫穷国家由于经济的落后加剧了知识和信息的匮乏,而知识和信息的匮乏又将加剧经济的落后,从而形成恶性循环。由此,它们的资源优势、劳动力优势将在信息社会发展中逐渐丧失,同时也将失去经济加速发展的历史机遇,与发达国家甚至与其他发展中国家的差距都会进一步拉大,在世界经济中的地位也将日趋"边缘化"。

(5)人才流动的自由化导致发展中国家人力资本进一步丧失。全球化不断深化的过程,实际上是各国经济实力进行较量的过程,在这一经济实力的背后,反映的则是人力资源的较量和竞争。经济全球化中发达国家受益的最根本原因是它们不仅具有丰富的人力资源的存量,而且利用人才的自由流动通过各种渠道获取和积累着人力资源的增量,而发展中国家则由于种种原因,在全球化的过程中,大量优秀人才外流到美国等发达国家。发展中国家与发达国家在人力资本、知识资源方面的差距大大超过了财富的差距,而正是这种越来越大的人力资本和知识资源的差距,使两类国家的距离越来越大。

人力资本的储蓄对一国的经济发展具有绝对重要的意义。因为人才是社会经济发展的决定性因素。人才流动对于人才流入的国家来说,意味着获得了人力资源,节省了人力资本的投资。而对于流出国来说,则意味着失去人力资源,浪费了人力资本的投资,造成经济上的损失。对于本来就缺少人才的国家来说,从动态角度看,这种流出所带来的损失更是不可估量。几十年来,发展中国家的人才不断向发达国家流动,最近十几年经济全球化更加速了这一进程。联合国专家估计,1960年至1975年间,2.7万名非洲专业人员移居国外,而1975年到1984年间,这一人数增加到4万,1975年到1985年,这一人数达到8万。据国际移民组织估计,在工业化国家工作的非洲专业人员现在有10万人,占非洲熟练劳力的1/3。亚洲受影响最大的国家是印度,估计有40%~50%的大学毕业生,尤其是信息专业毕业生出国求职。撒哈拉以南非洲、加勒比和中美洲以及南亚的一些国家实际上已经损失了1/3的技术工人。中国也有许多优秀人才流往海外。而且青年学子、教师或研究人员出国留学、进修者最后返回国内的比重较低。据统计,我国改革开放以来,出国留学人员累计达40多万人,学成归国者仅占约33%[①]。美国国家科学基金会的数字显示,1995年美国科学和工程项目的工作人员达1 200万人,其中72%的人员出生在发展中国家;美国硅谷公司的主管中90%以上是华人。美国的科技创新能力在很大程度上依赖和取决于第三世界国家高素质的人力资源。

发展中国家的人才外流,实际上是在向发达国家廉价输出技术,在给发达国家带去更加繁荣的经济和更加高精尖技术的同时,损害了自身掌握现代农业和工业技术的能力,削弱了自身的技术源泉和创新能力,形成人力资本"危机",成为新形势下制约发展中国家发展的瓶颈。人才的缺乏将使发展中国家与发达国家的差距越来越大,并在全球化进程中处于更加被动的地位。

二、经济全球化的发展趋势

(一)互动性增强

随着世界经济全球化的深入发展,各国之间货物、服务、资金、技术和市场高度融合,经济联系不断加强,形成了"你中有我,我中有你,一荣俱荣,一损俱损"的相互依存、相互制约、共同发展的统一整体。在这一整体的形成过程中,各国之间的经济日益相互渗透,逐步融合。但在各国经济相互传递的障碍减少的同时,风险的扩散速度和危机的传递速度也在加快,各国之间经济的互动性明显加强。一方面,发达国家把经济发展与衰退通过对外贸易与投资等渠道传递给发展中国家;另一方面,发展中国家的经济和金融波动也将影响到发达国家。在高度全球化的今天,无论国家的性质如何,只要一国经济或政治发生动荡,都会通过其与世界经济的紧密联系而影响到其他国家甚至全世界。比如,1997年7月由泰国引发的金融危机并未使发达国家幸免;而2001年美国发生的"9·11"恐怖事件的波及范围更广,除美国经济受到沉重打击外,其他国家和地区的经济增长也受到了不同程度的影响。经济全球化程度越高,信息技术越发达,各国之间经济的互动性就会越强。

(二)冲突与合作并存

出于各自的经济利益和发展需要,伴随着经济全球化的漫长过程,发达国家与发展中国家之间的矛盾与冲突会长期存在下去,发达国家会利用其在方方面面的

---

① 经济全球化加速第三世界人才外流. 2000-12-27. http//finance. sina. com. cn

先发优势和在世界经济中的主导地位,继续在经济上掠夺发展中国家。由此发展中国家为争取国际经济新秩序的斗争不会停止,南北之间的争议也不会终止。但在一荣俱荣,一损俱损的全球化趋势下,越来越多的国家认识到,一国对另一国单方面采取"贸易保护"、"贸易制裁"或"贸易歧视"等措施,不仅伤害了别人,最终还会通过全球经济的快速传导机制而影响到自己,在制裁别国的同时也会使自己受到伤害。因此,人类需要各国共赢的经济全球化。只有增强全球意识,减少摩擦与冲突,增强协调与合作,保持南北双方和谐、平衡的发展,缓和及改善南北关系,世界经济才能得以健康地运行,各国才能从中受益。

一方面,发达国家是发展中国家赖以发展的先进技术、雄厚资本和管理经验的提供者,使后者通过学习和引进可以利用后发优势,促进本国产业结构的改善和经济的发展,甚至在某些方面实现"蛙跳式"赶超。如东亚国家在这次信息革命中,利用技术的成熟、成本的降低,越过了铜缆和模拟系统,直接采用光缆和数字系统。而先期在这方面起步较早、已经采用了铜缆的发达国家,由于成本缘故,不愿全部更新,只能在铜缆上兴建信息高速公路和网络,这为东亚国家提供了在这方面超过某些发达国家的可能。

另一方面,发展中国家的经济繁荣也影响着发达国家。特别是近年来,面对发达国家经济发展速度放慢的局势,许多发展中国家的经济却保持着较高的增长率。发展中国家市场的迅速扩张为处于衰退之中的发达国家创造了刺激经济增长的动力。发展中国家的经济繁荣至少可以从两个方面促进发达国家和整个世界经济的发展。

第一,由于国际分工的不同,作为发达国家主要原材料、初级产品提供者和其工业制成品的主要市场,一方面发展中国家为发达国家提供越来越多的物美价廉的产品,以满足发达国家经济增长对原料和消费品甚至某些资本品的需要,促进发达国家的经济增长和竞争力的提高;另一方面,随着发展中国家经济的发展和人均收入的提高,又为发达国家的产品提供了更加广阔的市场。

第二,发展中国家市场的迅速扩大、投资需求越来越旺盛以及投资条件的不断改善,为发达国家跨国公司的全球战略提供了更广阔的空间和更多的发展机会。不仅如此,一些发展中国家新兴的资本市场为发达国家的投资者开辟了选择资产的新领域,这些新兴工业国为发达国家的出口产品和对外直接投资提供了巨大的市场。由此可见,发达国家经济的长期增长,也有赖于广大发展中国家的繁荣和稳定。如果发展中国家经济长期萧条,市场萎缩,发达国家也很难真正从市场开发中获利。根据世界银行所做的关于发展中国家与发达国家经济关联的模型分析，发展中国家 GDP 年增长率每提高 1 个百分点，可使发达国家的 GDP 至少增加 0.2 个百分点。

因此，随着经济全球化的深入，国际竞争将逐渐由你死我活、以邻为壑的对抗性竞争，演化为"对内自强不息，对外协商共处"的合作性竞争；由非输即赢的零和游戏转变为"双赢"的博弈。发达国家与发展中国家的关系也将由领导与随从的关系转变为抗衡性加强基础上的更加紧密的相互依赖关系，发达国家和发展中国家将在"共同而有区别的责任"的原则下，发扬"全球合作伙伴关系"精神，进行更加紧密的国际合作。

（三）贫富差距扩大

随着发达国家主导的全球化进程不断加快，经济全球化并没有使所有国家获得收益，而是使发达国家与发展中国家之间的贫富差距急剧扩大，贫困问题更加突出。若这个问题得不到有效遏制，则将影响经济全球化的进程。世界银行承认，经济全球化的某些因素已使最贫穷国家受到损害，并使富国和穷国之间的"巨大差距"面临着进一步扩大的危险。

在经济全球化的过程中，发达国家与发展中国家贫富差距扩大已表现出明显的趋势。

1. 贫困国家增多。许多发展中国家未能跟上世界经济增长的步伐，被无情地抛在后面，落伍者的队伍日益庞大。1975 年，联合国认定的"最不发达国家"有 29 个，1981 增加到 39 个，目前全世界经联合国认定的最不发达国家进一步增至 49 个，其中非洲 34 个，亚洲 9 个，大洋洲 5 个，美洲 1 个。

2. 收入差距扩大。虽然在科学技术进步的推动下，发达国家和发展中国家的经济水平都在逐渐提高，但从总体上讲，后者慢于前者，且随着经济全球化的推进，二者之间的差距有加大的趋势。与最富裕的 1/3 国家相比，最贫穷和中等富裕程度的 1/3 的国家人均收入的增长在过去几十年中出现停滞，中等富裕程度的 1/3 国家的人均 GDP 相当于最富裕的 1/3 国家的比重从 12.5% 下降到 11.4%，而最贫穷的 1/3 国家的这一比重则从 3.1% 下降到 1.9%[①]。例如，1980 年，发达国家（OECD 成员国）人均国民生产总值 10 450 美元，是低收入国家人均国民生产总值 810 美元的 13 倍；1997 年，前者提高到 26 380 美元，后者提高到 1 250 美元，二者

① 世界银行. 1999/2000 年世界发展报告

差距扩大为21倍。同期,最不发达国家如撒哈拉以南的非洲国家,人均国民生产总值从640美元降到510美元,与发达国家的差距从16.3倍扩大到51.7倍。10年间,全世界5个最富国与最穷国之间的国民收入差距从60倍扩大到74倍。1999年,最富裕国家人均GDP(美国为30 600美元)与最贫困国家人均GDP(埃塞俄比亚仅为100美元)之比竟达到300倍。经济全球化的加速,并没有消除这种情况,反而更加强了这种趋势。2008年,发达国家(OECD成员国)人均国民生产总值与低收入国家人均国民生产总值之间的差距进一步扩大到26倍。再从人均国民收入看,2008年,高收入国家37 141美元,低收入国家1 407美元,前者是后者的26.4倍①。联合国开发计划署的统计数字显示,占人口1/5的约12亿最贫困的居民只消费着世界财富的1.3%,几乎只有30年前2.3%的一半。与此同时,最富有的20%的人的收入所占比例,则从70%增加到了85%。

3. 贫困人口增加。战后50年中,世界财富增加了7倍,而世界绝对贫困人口(每天生活费不足1美元)却不断上升。1990年为10亿,1995年为13亿,现在为15亿,且以每年2 500万的规模继续增加。如果这一趋势保持不变,到2015年全球贫困人口将达到19亿。目前,在全球60亿人口中,有30亿人每天的生活费不足2美元,其中15亿人每天的生活费不到1美元。除中国以外的其他地区的贫困人口几乎都在增加,仅南亚地区极贫人口就从4.95亿增加到了5.22亿;撒哈拉以南非洲地区的极贫人口增加了4 800万,达到2.91亿,消费水平每年实际下降1.2%。

4. 相对贫困加剧。以人文发展指标来衡量,发展中国家的贫困问题更加触目惊心。发展中国家的44亿人口中,1/3的人口得不到洁净的饮用水,1/4的人口缺少适当的居所,1/5的人口得不到现代医疗卫生服务,约1/5的儿童没有上完5年学,超过2.6亿的人根本就不能上学②。最不发达国家的情况更加糟糕,53%的人缺水,在撒哈拉以南非洲地区,这一数字高达59%,有些国家更高达80%。据《世界统计年鉴2010》显示,到2008年,人均预期寿命最高的高收入国家(日本)为82.5岁,最低收入国家尼日利亚仅为46.8岁,相差近一倍。高收入国家和地区的儿童死亡率为0.7%,低收入国家和地区为9.7%,贫困程度最严重的撒哈拉地区某些国家的婴儿死亡率高达20%以上。撒哈拉以南非洲地区有2.15亿人生活贫困;1.2亿成年人是文盲;1.7亿人吃不饱。有8 000多万适龄儿童无法上学;有20%以上的儿童在干活;每1.8万居民中只有1位医生(而发达国家是每390人就有1位医

① 数据来源:《世界统计年鉴2010》。

② 世界银行. 1999/2000年世界发展报告

生）。在世界上贫困人口最集中的南亚地区，情况也并不乐观。全球化加大了穷国和富国的差距，最贫穷国家的人民甚至享受不到发展的权利和过上富裕生活的权利。

（四）国家主权溃化

经济全球化在带来经济利益的同时，也弱化了国家主权，并由此给每一个参与全球化的国家的经济安全带来威胁。全球化越深入，国家主权的让渡越多，对各国经济安全的威胁也就越大。其原因主要有以下几点。

1. 经济全球化要求各国溃化国家主权。国际经济发展的实践和实证研究都表明，一国经济的增长与其参与全球化的程度或称开放程度存在正向联系，越开放的经济，效率越高。在全球化迅速发展且趋势不断加强的情况下，各国为获得更多的机会和更快的发展，都积极投身于全球化之中。发达国家利用其技术和资金优势，通过全球化不断扩大自身的市场。发展中国家为了学习先进的技术和管理经验、解决本国资金瓶颈及高失业率的问题，也要求助于加入世界经济体系。这就使得许多国家自觉地或被迫地放弃某些权力，放松某些管制，以便充分置身于国际市场，跟上全球化的步伐，并从中为自身发展谋求更大的利益及更好的条件。而这种主权的自愿放弃就是一种主权溃化的过程。要开放市场，就会增加风险，削弱国家的抵抗力；但拒绝溃化主权，又会被抛在全球化的门外，同样对经济发展不利。这样就形成了参与全球化与国家主权削弱的矛盾，而且经济全球化程度越深，各国的开放程度越高，这种冲突就会越尖锐。此外，以市场经济为基础的经济全球化发展过程，是市场力量的不断扩大和国家干预的范围和能力被不断地缩小和弱化的过程。在这个过程中，全球化趋势的加强，必然对各国市场开放程度的要求越来越高，而各国政府则越想通过干预和各种手段来保护在国际竞争与合作中可能会失掉的国家经济利益和由金融市场安全、国内产业和市场安全、战略物资和能源安全、经济信息网络安全等多方面内容构成的国家经济安全，尤其是在信息技术越来越先进、跨国公司越来越发达、游资和金融衍生工具越来越增多的情况下。这进一步强化了全球化发展与国家经济安全系数不断降低和国家主权逐步弱化的矛盾。

2. 跨国公司侵蚀了国家的部分主权。当今世界，全球的经济实力和经济控制权实际上集中在发达国家的跨国公司手中，它们主宰着全球的投资、生产和贸易。一些跨国公司已富可敌国，年销售额甚至超过了一些国家的国内生产总值。正是这些跨国公司巨大的经济实力，使它们的母国和东道国对其难以控制。世界上100 个最大的经济体中，49 个是主权国家，还有 51 个是跨国公司。美国排名前 5 位的 5 大跨国公司的资产总额超过 1 万亿美元，相当于拥有 13 亿人口的中国的国内生产总值。跨国公司是如此巨大,其机构遍及世界,以至于没有哪一个国家可以对其进行有效的实际控制。这些行为主体在利润的驱动下,有选择地在全球范围内最有利可图的地方进行大规模投资,又毫无顾忌地根据其需要任意撤资。跨国公司的这种活动一方面强化了西方发达国家对世界经济的控制权和主导权,另一方面控制了发展中国家的某些社会资源或某些行业,甚至是一些关键产业,如金融、通信、能源等具有战略性的行业,使东道国民族企业在西方巨型跨国公司的强大竞争压力下面临生存危机,从而严重损害了东道国对其经济命脉和经济发展的控制能力。

3. 沉重的外债使受援国付出主权的代价。受经济发展水平制约,在国际经济的发展中,大量接受外债的往往是那些经济较落后的发展中国家,特别是那些经济基础薄弱、资金缺乏的最不发达国家。这些国家对所借债务不仅要偿付高额的利息,而且要付出主权的代价。发展中国家和最不发达国家的债务主要来自两个方面:发达国家和国际经济组织。来自西方发达国家的贷款有着极为苛刻的条件,它不仅只能用于某个项目,还常常要以购买债权国的某种商品为前提。通过这种方式,发达国家不仅扩大了其产品出口,还以此要挟控制了债务国的经济领域,使国家对国民经济的宏观调控力严重下降,无法按照自己的方式发展本国的经济。国际经济组织的援助也不是无条件的,由西方国家控制的国际金融组织在援助发展中国家时常常附加种种损害其经济主权的条件,使受援国不得不接受其要求,实际上构成另一种形式的主权让渡。比如世界银行的贷款,不仅在款项应用方向上作了限制,甚至在建设项目进度和人员安排上也一样提出了要求,这给那些接受援助和优惠的国家特别是最不发达的贫穷国家带来让渡主权的巨大压力。沉重的偿债包袱使许多国家发展陷入被动境地,压得有些国家喘不过气来。

此外,加入国际经济组织也意味着主权的部分让渡。加入国际经济组织,享受全球化的利益,有时可能是以国家主权的某些让渡为代价的。以世界贸易组织为例,它在关税和非关税壁垒的削减、商品的检验、劳务贸易、知识产权保护、与贸易有关的投资政策、税收政策、金融货币政策等方面的规则和规范,无一不涉及国家主权。为了加入世界贸易组织,为了在国际贸易组织中得到互惠的回报和通过最惠国待遇原则得到其他国家让渡给国际组织的某些主权,成员国不得不放弃本国原来的某些政策或规定,承认和履行该组织确定的义务。最典型、最有说服力的是关税。关税是一国经济主权的象征,凡是有独立主权的国家,都能够自主地决定其进出口商品的税率。但世界贸易组织的最重要职能之一就是通过对各国关税的削减来推进贸易自由化。GATT 的每一轮谈判都涉及关税问题,以至于使全球关税总水平从第一轮谈判前的40%降至第八轮乌拉圭回合谈判后的6%左右(其中,发展中国家10%,发达国家为3%)。不仅如此,世界贸易组织对全球关税的进一步下调也进行了规划。乌拉圭回合最后文件规定:所有缔约方10年内工业品关税削减40%,关税加权平均水平由目前的6.4%降为3.9%。在农产品贸易方面,发达国家在2001年前将农产品关税降低36%,发展中国家在2005年前将农产品关税降低24%。凡此种种,都说明加入国际经济组织所引起的国家主权的让渡和国家决策范围的缩小。

思考题

1. 简述经济全球化的定义。
2. 经济全球化的主要表现形式有哪些?
3. 经济全球化对发达国家有哪些影响?
4. 经济全球化对发展中国家的主要影响是什么?
5. 经济全球化的发展趋势是什么?

主要参考文献

1 陈家勤. 国际贸易论. 北京:经济科学出版社,1998

2 宫占奎,陈建国,佟家栋. 区域经济组织研究. 北京:经济科学出版社,2000

3 宫占奎,朱彤,曹苏峰. 国际贸易发展趋势与中国政策选择. 天津:南开大学出版社,1999

4 胡适耕,曾庆豹. 全球化——世界经济贸易大趋势. 长沙:湖南大学出版社,1998

5 王列,杨雪东. 全球化与世界. 北京:中央编译出版社,1998

6 王伟中,郭日生,黄晶. 冲突与融合——全球化与可持续发展. 长沙:湖南科学技术出版社,2003

7 Alan M. Talor. Global Finance: Past and Present. *Finance & Development* March,2004

8 陈漓高. 经济全球化与中国的对外开放. 北京:经济科学出版社,2001

9 关白,赵晓晨,张元萍. 开放型经济理论与实务. 北京:北京理工大学出版社,2000

第十六章

区域经济一体化与经济全球化

第二次世界大战后，随着冷战的结束，各国之间经济上的竞争逐步取代政治上的对立而成为世界政治经济发展的主流。区域经济一体化和经济全球化迅速发展，二者互相补充、互相制约、互相促进、并行发展，成为当代世界经济发展的重要特征。

第一节　多边贸易规则对区域经济一体化的规定

从1947年《关税与贸易总协定》(GATT)的签署，到1995年世界贸易组织(WTO)成立，其所代表的世界多边贸易体制已经存在和运行了50多年。半个多世纪以来，在GATT/WTO推动贸易自由化并带动经济朝着全球化方向发展的同时，特定区域范围内的相邻国家之间通过协议组成的区域经济合作组织也在迅猛发展。目前，世界上的区域和次区域经济合作组织110多个，其中有以欧盟、北美自由贸易区、亚太经合组织等为代表的区域经济组织，也有以海湾合作委员会(1993年3月1日成立)和南锥体共同市场(1995年1月1日成立)等为代表的次一级区域经济组织。

一、GATT/WTO对区域经济一体化的态度

GATT并没有否定区域经济一体化的存在，也没有把区域经济一体化当做是全球贸易自由化的对立物，而是对其建立和发展持肯定态度。GATT/WTO认为，区域经济一体化有利于促进区域内的贸易自由化，并对世界经济一体化和全球贸易自由

化是有好处的。《关税与贸易总协定》第 24 条第 4 款说明了总协定对建立区域经济合作组织的上述态度:“通过自愿签订协定发展各国之间经济一体化,对扩大贸易的自由化是有好处的”。在 1994 年 GATT 第 24 条的谅解中,多边贸易体制对区域经济组织对自由贸易发展的作用进一步给予肯定:“考虑到自 1947 年 GATT 成立以来,自由贸易区和关税同盟在数量上和重要性上都有了极大的增加,并成为当今世界贸易的重要部分,则进一步确定,此类经济一体化可能对扩大世界贸易作出贡献”。①

二、GATT/WTO 对区域经济组织的规定及约束

虽然从总体上看,区域经济组织的成员国也大多是 WTO 的成员,但毕竟它们是两个不同性质的组织,其自由化所涉及的范围、内容和深度不同,局部利益与整体利益相矛盾的情况也会发生。为了使区域经济组织的目标同多边贸易体制所追求的目标基本一致,避免一些国家利用区域组织之名,造成区域组织与个别国家的对抗,或由于区域经济组织一些成员片面实施贸易措施而导致不公平贸易的产生,顺利推进贸易与投资自由化,并达到促进要素全球自由流动的最终目的,WTO 在对区域经济一体化组织持肯定态度的同时也对其成立的目的、涵盖范围、过渡期限、审议程序等作出了规定和约束(主要集中在《1994 年关税与贸易总协定》第 24 条和《关于解释 1994 年关税与贸易总协定第 24 条的谅解》及《服务贸易总协定》第 5 条中)。

(一)确定区域经济组织成立的目的

《1994 年关税与贸易总协定》第 24 条以及《服务贸易总协定》第 5 条规定了区域经济组织成立的条件不论是自由贸易区或关税同盟,任何区域经济组织的成立都必须有利于促进成员间的贸易,同时不应增加对非成员的贸易壁垒和对其造成不利的影响。GATT 要求:“关税同盟或自由贸易区的目的应是为便利成员领土之间的贸易,而非提高其他成员与此区域性组织之间的贸易壁垒”,“参加方应在最大限度内避免对其他 WTO 成员的贸易造成不利影响”。②《服务贸易总协定》也规定:区域化服务贸易的目的,必须是为了促进成员国之间的贸易,而非提高对外服务贸易的整体贸易障碍。③

(二)对区域经济组织进行适当约束

WTO 对区域经济组织的约束主要体现在以下几个方面:

---

① GATT/WTO. 关于解释 1994 年关税与贸易总协定第 24 条的谅解

② GATT/WTO. 关于解释 1994 年关税与贸易总协定第 24 条的谅解

③ GATT/WTO. 关税与贸易总协定. 第 24 条第 4 款

1. 在审查程序上。WTO 总理事会于 1996 年 2 月成立了区域贸易协议委员会(Committee on Regional Trade Agreements,CRTA),该委员会负责审理各国所提出的有关区域贸易协议的申请,并制定了一个可供依循的标准模式,评估区域贸易协议对多边体制所造成的影响。GATT 第 24 条第 7 项规定,WTO 会员欲签署关税同盟或自由贸易区及过渡协议时,应立即向货物贸易理事会报告,并由货物贸易理事会交由区域贸易协议委员会根据有关要求进行审查。审查中如发现所订立的内部壁垒减让计划和时间表不够合理,GATT 可向有关成员方提出修改的建议,如各方不遵照执行,该区域经济一体化的协议则不能保留和实施。

2. 对区域经济组织涵盖范围的规定。为了避免发生"并非真正要在区域之内实施自由贸易,而只欲就某些特定产品形成优惠待遇,以排斥或限制其他国家的产品进入其市场,从而形成区域壁垒现象",GATT 第 24 条第 8 项(A)款规定,不论是关税同盟或自由贸易区,其成员之间的实质上所有贸易取消关税或其他贸易限制,即区域性贸易组织必须实质上涵盖所有的贸易范围。

3. 对过渡期的限制。GATT 第 24 条第 5 项(C)款规定,签订任何临时的、最终将形成关税同盟或自由贸易区的过渡性协议,均应将形成关税同盟及自由贸易区的时间表及计划包括在内,其时间应不超过合理期间。合理时间一般最长为 10 年。如情况特殊,要求超过 10 年,则其应向货物贸易理事会提出其需要较长期间的充分理由①。

(三)对区域经济组织关税调整的限定

GATT 第 24 条第 5 项(A)款规定,关税同盟或自由贸易区对非区内成员的关税或其他贸易限制,在整体上不得高于或严于自由贸易区或关税同盟建立之前的水平,即不能对区外非成员提高贸易壁垒,以最大可能地避免对 GATT 其他成员的贸易造成不利影响。当与这一规定发生冲突时,应对受影响的区外成员给予补偿。GATT 第 24 条第 6 项规定,在符合第 24 条第 5 项(A)款的前提下,若成员方为成立关税同盟而必须提高关税,而此项提高并不符合 GATT 第 2 条(减让表)规定的,则必须适用 GATT 第 28 条所规定的"调整关税时对受影响国家的补偿"。《关于解释〈1994 年关税与贸易总协定〉第 24 条的谅解》第 5 项规定的补偿形式为:调低其他关税类别的关税。如果不被接受,双方应继续谈判;若在合理期间仍无法达成协议,关税同盟有必要进行修改或撤回其减让。

---

① GATT/WTO. 关于解释 1994 年关贸总协定第 24 条的谅解

第二节 区域经济一体化与经济全球化的关系

一、区域经济一体化与经济全球化的差异性与一致性

经济全球化与区域经济一体化是既相互联系又相互区别的两个范畴。区域经济一体化所表达的是各国经济在机制上的统一,而经济全球化所表达的是世界经济在范围上的扩大;区域经济一体化所指的是成员国经济高度融合的状态,而经济全球化则反映了各个相对独立的国民经济之间的联系越来越密切、并逐渐走向统一的过程。因此,这种全球经济纵向深化与横向扩张的过程,既表现为区域经济一体化与经济全球化在某些方面高度的一致性,同时也反映出二者在另一些方面的差异。

(一)区域经济一体化与经济全球化的矛盾与差异

第一,从合作的范围看,区域经济组织主要由地理位置邻近的若干国家构成,谋求的是区域范围内成员国贸易的自由化和经济的一体化,但同时造成对非成员国的歧视,带有封闭的排他性质;而经济全球化则包含了世界经济体系中的所有国家,具有最大限度的包容性和开放性,经济全球化合作的最终目标是要在全球范围内的所有国家间消除妨碍要素流动的障碍。

第二,在合作方式上,区域经济一体化是通过成员国之间签署协议、条约等方式确立的,是政府决策和国家推动的结果,是一种自上而下的行为。而经济全球化则是各国市场经济在生产力发展的推动下向外扩张的内在要求,是在市场力量作用下的贸易、投资、金融等经济行为在全球范围内的大规模活动,是生产要素的全球配置与重组,是世界各国经济逐渐高度依赖和融合的过程,是一种自下而上的经济行为和市场经济自发的过程。因此,如果说区域经济一体化是一个国家起着主导作用的进程,那么经济全球化则是一个自发的市场机制起着主导作用的过程。换句话说,区域经济一体化是通过国家对国家的谈判把那些愿意参加一体化结盟的国家联结在一起的,而经济全球化则是通过市场机制把世界各国联结在一起。

第三,在经济合作的进程方面,由于区域成员不仅在地理上接近,而且经济、社会、文化背景相似,因此,比较容易通过谈判达成协议,一般可以在10~20年内消除成员国间商品贸易的壁垒,因此,区域经济一体化的速度要大大快于经济全球化的进程。同时由于世界各国的经济、社会发展水平不同,社会制度、意识形态等方

面存在很大差异,要实现商品和其他生产要素在全球的自由流动,还有很长的路要走。WTO 推动的全球贸易自由化只是经济全球化的初始阶段,而经济全球化目标的最终实现需要一个漫长的历史时期。

（二）区域经济一体化与经济全球化的兼容与一致

经济全球化和区域经济一体化的一致性首先表现为二者本质的相同。经济全球化和区域经济一体化,都反映了生产社会化和国际化程度不断提高的趋势,具有客观必然性。它们都是以经济国际化和不断加深的各国之间的相互依赖关系为基础,以推动生产要素在国家间的自由流动和促进生产要素的合理配置为最终目标,追求规模经济、经济效率和产品的国际竞争力。无论是以世界贸易组织所倡导的经济全球化,还是以区域经济一体化组织倡导的区域经济一体化,实质上都是世界经济向一体化发展的过程,即超出国界而进行的各国间国际分工、国际投资、国际贸易等使各国经济成为一个相互依存的整体过程。因此,从这个角度讲,区域经济一体化与经济全球化是并行不悖、互相兼容的。经济全球化和区域经济一体化的一致性还表现在二者实现目标途径的相似。区域经济一体化与经济全球化都是资源(生产要素)跨越国界进行优化配置的形式,二者的起点都是从削减关税和非关税壁垒开始,促进贸易自由化,进而推行投资便利化,并在此基础上推动更大范围、更深层次的合作。

二、区域经济一体化与经济全球化相辅相成、并行发展

如上所述,区域经济一体化与经济全球化之间存在一定的隔阂,甚至在某个时期,区域经济一体化会削弱多边体系的约束力。但是从历史发展的全过程和经济发展的本质分析,二者绝非相悖、互不相容,而是同一目标的不同实现形式和必要步骤,是相互促进、相互补充、相辅相成的关系。这种关系表现在以下几个方面:

第一,从二者产生的动因看,以多边贸易体制为代表的经济全球化倡导的是全球自由贸易体系的建立,其根本宗旨和目的是清除妨碍要素流动的各种障碍,推动要素在全球更加合理的配置,而区域经济集团正是为了能够抵御和有效地攻破各种障碍,首先在经济实力和发展水平相当的国家之间,通过建立区域集团的方式寻求这一目标的实现,在区域范围内实现贸易及投资的自由化,增加抵御和战胜各种壁垒的实力。区域经济一体化内部实行生产要素的自由流动,必将加速资本的相互渗透,深化成员国之间的相互依存和国际分工,从而进一步推动全球的生产和资本一体化的过程。从这个意义上说,区域经济一体化是各国政府面对全球市场提高竞争力并在多边场合集结影响力的一种策略,是世界经济走向一体化以及国际

贸易走向自由化在市场区间和经济活动中的必然反映。它有利于全球贸易、生产和投资自由化的扩大，正如《关税与贸易总协定》有关条款中描述的："通过自愿签订协议发展各国之间经济的一体化，对扩大贸易之自由化是有好处的。"①

第二，从理论上分析，区域经济一体化具有对内自由、对外保护的倾向，因而产生贸易创造和贸易转移的双重效应。根据经济学理论，贸易创造与贸易转移的对比程度，是判断一体化集团是否合理、是否具有积极意义的标准。即如果二者相比，贸易创造占主导地位，大于贸易转移，则意味着贸易集团的建立使一定量的资源产生出更多的产品，带来效率提高的净利益，正面效应大于负面效应。事实上，许多数字和实证分析都说明，虽然区域经济集团对外实行不同程度的保护政策，但只要区域经济一体化组织的成立不对区域外国家和地区形成额外的要素自由流动的壁垒，那么，对世界经济推动和贸易自由发展而言，其开放性高于排他性，进步作用大于和超过阻碍作用。况且，在全球多边经济合作体系的保护、协调、控制和管理之下，其消极作用会受到限制，而积极作用则得到肯定和支持。从而使区域经济一体化和经济全球化互为补充、相互促进，成为推动区域内贸易增长和世界贸易与经济发展的重要因素。

第三，从制约程度上看，毋庸置疑，区域经济一体化的运作会在无形中助长区域保护主义，带来区域集团间的摩擦，甚至有时会削弱多边贸易体制，但是 WTO 的多边贸易体制仍然是指导世界贸易政策的主要机构和主导力量，区域经济一体化组织要接受世界贸易组织的领导，并始终在 WTO 的框架内运行。《关税与贸易总协定》条款中规定：区域经济一体化组织只能在 GATT 已取得的贸易自由化成果的基础上进一步走向贸易自由化，而不能反其道而行之，更不能借机提高对贸易的保护程度②。为了更好地协调区域集团与多边贸易体制的关系，恢复多边贸易体制对区域化排他性倾向的约束力，WTO 成立了一些特别工作组和区域贸易集团委员会。乌拉圭回合不仅对关税壁垒进行了限制，还对原产地原则、贸易技术壁垒、政府采购、反倾销、纺织品和服装、知识产权、服务贸易、保障条款以及与贸易有关的投资等问题达成协议，对可能产生的非关税壁垒进行约束。这样，WTO 的贸易规则及有关规定将区域经济一体化组织纳入其管辖范围，并通过贸易规则来监督、协调和指导区域集团朝着开放的、非排他性的方向发展。经济全球化的努力，将保障日益兴起的区域经济一体化浪潮健康发展，并使之成为全球经济一体化发展的推动力。

第四，从区域经济一体化和经济全球化的发展进程来看，二者相辅相成、互相促

① GATT/WTO. 关税与贸易总协定. 第 24 条
② GATT/WTO. 关税与贸易总协定. 第 24 条第 4、5 款

进。虽然经济全球化为世界各国所憧憬,但是由于各国经济发展水平的差异,使经济全球化的进程不可能超越大多数国家现阶段的发展水平,因而只能循序渐进。在经济全球化难以一步到位的情况下,在经济发展水平接近的国家首先实现区域内的经济一体化是必要的,也是必然的。在经济全球化的漫长历史过程中,区域经济一体化的成果作为更广泛、更普遍的全球经济体制协调的基础,是经济全球化的先驱和基石。因为,各区域组织内部实行更高程度的自由化和更密切的合作,而这些组织又在一定程度上是开放性的,因而其一体化程度的提高自然会在总体上促进经济全球化的发展。区域经济一体化合作在商品、资本、人员和劳务方面实现自由流通的程度越高,经济全球化的进程也就会越快。正如美国经济学家罗伯特·库特纳和理查德·N. 库珀所述:“从长远看,地区是对世界的一种有利发展。地区内实行自由贸易和地区间实行有管理的贸易,可能是通向世界自由贸易的漫长道路。从国别经济一下子跨一大步到世界经济,可能是步子太大了,难以跨越,有必要先采取一些较小的中间步骤,准贸易集团与有管理的贸易相结合,可能正是一种必要的中间步骤。”①

区域经济一体化的发展为经济全球化进一步发展提供了范例和模式,为经济全球化的发展指明了可供借鉴的发展方向。可以说,经济全球化的过程首先是以区域经济一体化的形式在全球的各个经济区域实现的。正是区域经济一体化的出现,才有实际的、超出国界的经济全球化过程的不断推进。

此外,经济全球化将越来越多的国家卷入全球经济体系,不仅促使各国加强与区域内其他国家的联系,而且促进了区域间的经济联系,使各区域组织的经济利益逐步接近,促进世界经济日益融为一体。由此可见,区域经济一体化是经济全球化的基础和推动力量,是实现经济全球化的重要步骤和必经阶段。从某种意义上说,没有区域经济一体化也就不可能最终达到经济全球化,区域经济一体化的迅猛发展将缩短经济全球化的进程,加快全球化的步伐,区域经济一体化的最终结果必然走向经济全球化。另一方面,经济全球化的发展反过来又促进了区域经济一体化的进程。因为经济全球化的发展意味着全球市场的竞争更加广泛和激烈,对任何国家都是一种巨大的外部压力。在这种压力下,为了增强经济实力、竞争实力和在世界经济中的地位,各个国家都在努力加强与其他国家之间的经济合作,当然首先是同经济发展水平相近、有着许多共同之处和共同利益、更容易见到成效的周边地区国家的合作。因为与分散孤立的各国经济联系相比,组成区域经济一体化组织

① 转引自陈漓高. 经济全球化与中国的对外开放. 北京:经济科学出版社,2001:230

不仅可以使成员国通过合作获得更多的经济利益从而迅速增强国家的经济实力，而且可以通过区域联合提高一国在国际事务中的地位。但随着经济全球化水平的提高，区域经济一体化的活动空间越来越小。当经济全球化实现了它的最终目标，即全部生产要素得以在全球自由流通、合理配置时，区域经济一体化组织也就没有存在的必要，而自然消亡。因此，从这个角度讲，经济全球化为区域经济一体化的发展提供了良好的外部环境，加速了区域经济一体化由发展到消亡的过程。

可以预见，在世界贸易组织的制约下，区域经济一体化将与经济全球化相互促进、并行发展，经过漫长的历史过程最终趋向汇合，各种要素在全球自由流动和最佳配置的最终目标将由憧憬变为现实。

思考题

1. 多边贸易体制对区域经济一体化持何种态度，有哪些规定？
2. 区域经济一体化与经济全球化的关系是什么？
3. 区域经济一体化与经济全球化的矛盾与差异表现在哪几个方面？
4. 从哪些方面可以看出区域经济一体化与经济全球化是相辅相成、并行发展的？
5. 为什么说区域经济一体化与经济全球化在本质上是一致的？

主要参考文献

1 林水源．论经济全球化．太平洋学报，2002(2)

2 GATT/WTO. 1947 年关税与贸易总协定

3 GATT/WTO. 1994 年关税与贸易总协定

4 UNCTAD. World Investment Report 2004

5 陈漓高．经济全球化与中国的对外开放．北京：经济科学出版社，2001

6 宫占奎，陈建国，佟家栋．区域经济组织研究．北京：经济科学出版社，2000

7 张伯里，朱邦宁．世界经济学．北京：中共中央党校出版社，1998

8 庄起善．世界经济新论．上海：复旦大学出版社，2001

9 姚大学，李芳洲．全球化与东亚区域一体化．内蒙古民族大学学报（社科版），2004(1)

10 李琮．世界经济学新编．北京：经济科学出版社，2000

后记

本书是为适应高等院校财经专业教学与研究的需要而编写的。

世界经济是一门新学科。经过世界经济学界的理论研究和教学工作者多年的辛勤探索，积累了丰富的研究成果和经验。本书作者正是在充分吸收和借鉴这些研究成果的基础上，结合自己多年从事世界经济研究和教学的体验，编写了这本教材，以期得到学界同行的指教。

本书由南开大学国际经济研究所博士生导师陈漓高教授，天津财经大学国际经济贸易系教授赵晓晨博士，上海金融学院国际经贸学院教授杨新房博士合作编著。具体分工如下：陈漓高负责编写绪论、第三篇第七章、第八章和第九章的第一至三节；第三篇第九章的第四节由陈漓高和杨新房合写；杨新房编写第一篇第一至三章，第四篇第十至十三章；赵晓晨编写第二篇第四至六章，第五篇第十四至十六章。

由于作者水平所限，书中难免有不足之处，还望读者不吝赐教。首都经济贸易大学出版社及地平线策划工作室对本书的出版给予了大力支持，在此表示衷心感谢！

作者

2011 年 7 月